現代の
諜報・捜査と
憲法

自由と安全の日独比較研究

小西葉子

法律文化社

はじめに

　本書は、筆者が2017年から2024年までに公表した諜報・捜査に関わる論文、ならびに2020年度に博士論文として上梓した論文を再構成したものである。

　本書の目的は、国家の秘密裡の情報収集活動としての諜報・捜査に共通する統制システムを素描し、ミクロ又はマクロに、そして統治機構との関係で検討することを通じて、私たちの自由という憲法が保障した価値を守る実効的な方法を探ることにある。その探究の試みは未だ途上にあり、本書は筆者の研究の現在地を示したものにすぎないが、読後なにか一つでも示唆を得ていただける書籍となっているのであれば本望である。

　筆者の問題意識は、佐藤幸治先生の『憲法［第三版］』（青林書院・1995）に触れて憲法学研究を志した学部二年次以降、常に「憲法が保障した価値を守るために、法は何ができるのか」ということにある。背景には、「将来は絶対法学を学ぶ」と決意した小学六年次以降、長きにわたって筆者が抱えている、法という権力に対する畏怖と懐疑がある。

　本書収載の諸論稿は、非常に多くの先生方に、最早生涯返すことの難しいほど多くの学恩を頂いたことによって執筆された（もちろん本書におけるすべての誤りは筆者の責任である）。「何ができるのか」を問うといいながら、実際の研究プロセスにおいては常に好奇心を優先してしまう悪癖を持った筆者に対して、先生方はいつもあたたかくご指導くださった。すべての先生方のお名前を挙げることは紙幅上叶わないが、ここではとりわけ筆者に多大な影響を与えた数名の先生方への謝辞を付したい。

　まず、修士課程及び博士後期課程の両者において筆者の指導教授をお引き受けくださった渡辺康行先生に、深く御礼申し上げる。筆者は修士課程修了後、私事により博士後期課程に進学することが難しかったため、鉄鋼業に就職し、法律とは関係のない仕事をしながら、夜間休日に研究を続けていた。仕事は楽しく充実していたが、就職後2年経っても研究への思いが絶えることのなかった筆者は、書き上げた論文（本書第四部第二章の基礎となる草稿）を、突如渡辺先生に送り付けた。

i

不躾極まりない弟子の不規則挙動にもかかわらず、渡辺先生は快く拙稿に目を通し、博士後期課程での学究の道筋を拓いてくださった。あの日の先生のご対応がなければ、筆者は今ここにいない。渡辺先生は、常に的確な研究指導をくださるのみならず、好奇心に駆られて猪突猛進する筆者の研究者としての危うさに、誰よりも心を配ってくださっている。いつか頂いた学恩に報いる論文を書きたいと思い、日々精進を重ねているつもりだが、その日は遥か遠い。

次に、曽我部真裕先生に御礼を申し上げる。曽我部先生にはじめてお目にかかったのは2019年の情報法制学会であった。不詳の大学院生である筆者の話を真摯に聴いてくださり、その後も現在まで、研究活動及び学会活動における継続的なご指導をいただいている。

また、研究の面でとりわけ大きな影響を与えていただいているドイツ憲法研究の先達として、故・畑尻剛先生、石村修先生、鈴木秀美先生、小山剛先生、宍戸常寿先生、實原隆志先生、山田哲史先生に厚く御礼申し上げるとともに、大学学部時代の筆者のゼミナールの指導教授であり、一橋大学大学院への進学を助言くださった椎橋隆幸先生、そして一橋大学大学院入学以来長きにわたりお世話になっている只野雅人先生、阪口正二郎先生にも謝意を表したい。

本書に収載された諸論稿の執筆においては、複数の研究助成を受けた（公益財団法人日立財団倉田奨励金、公益財団法人セコム科学技術財団 挑戦的研究助成、JST SICORP（JPMJSC2107）、日本学術振興会科学研究費助成事業若手研究（JP21K13220、JP23K12397）、挑戦的研究（開拓）（JP22K18255）、基盤研究B（JP23K24851）、国際共同研究加速基金（海外連携研究）（23KK0003））。またこの間所属した3つの大学（関西学院大学、高知大学、一橋大学）とその同僚にも、深く謝意を申し上げる。とりわけ高知大学の同僚であった野角孝一先生には、ご自身の作品を本書の装画として提供協力いただいた。

そして本書の出版にあたっては、株式会社法律文化社、とりわけ編集部の梶原有美子氏に格別のご高配を賜るとともに、公益財団法人KDDI財団の著書出版助成を受けた。両法人の助けなくして、本書が日の目をみることはなかった。深く感謝申し上げたい。

最後に、常時不安定で生活能力のない筆者を支えてくれる配偶者の豪、娘の菫をはじめとする家族に感謝を伝えるとともに、筆者が大学教員として就職する直前に没した祖母・久子に本書を献じたい。生涯本を愛した祖母の生前の書

架に、粗削りな本書を収めることにする。

　　　　　2025年2月　立春寒波の関西学院大学神戸三田キャンパスにて

　　　　　　　　　　　　　　　　　　　　　　　小西　葉子

初出・原題一覧

第一部
  第一章
  「テロリズムに対抗するための国家の情報収集活動の統制システムと憲法——日独比較の観点から——」一橋大学（博士論文）（2020年）の序章及び第一章を基礎に、序章及び第一章を加筆修正。
  第二章
  「プラットフォームを支えるビッグデータと公共圏」情報法制研究8号（2020）86-96頁
  第三章
  「国家の情報収集活動に関わる自動データ処理の法的課題」情報ネットワーク・ローレビュー21号（2022）1-13頁
第二部
  第一章
  「行政機関の透明性——欧州各国の諜報機関法制を題材として——」総合法政策研究会誌5号（2022）48-65頁
  第二章
  「基本権の『客観法的』側面と憲法訴訟——ドイツ連邦情報局法外国間通信偵察違憲判決を契機として——」一橋法学20巻1号（2021）269-314頁
  第三章
  「テロリズムに対抗するための国家的監視活動の統制——諜報機関の統制機構としての基本法10条審査会を中心に——」一橋法学18巻3号（2019）465-522頁
  第四章
  「国家による秘密裡の情報収集等の違憲性を争う訴訟——大垣警察市民監視事件を題材として——」判例時報2597号（2024）12-21頁
第三部
  第一章
  「暗号化通信の傍受に関する憲法上の課題——ドイツ刑事訴訟法上の端末通信傍受を題材として——」NextcomVol. 42（2020）36-45頁
  第二章
  「プラットフォーマーから刑事訴追機関への情報提供の法的課題——ドイツのSNS対策法5条を題材として——」情報通信政策研究5巻2号（2021）51-72頁
  第三章
  「国際司法共助により得た証拠の刑事手続における使用と憲法上の権利——Encro-

Chatへの欧州合同捜査を契機として──」高知大学学術研究報告70号（2021）127-138頁

第四章

「憲法学の観点から──主権侵害の違法性と憲法秩序──」指宿信・板倉陽一郎（編）『越境するデータと法──サイバー捜査と個人情報保護を考える──』（法律文化社・2023）212-224頁

第四部

第一章

「テロリズムに対抗する予防的警察活動と比例原則（1）je-desto公式と、法的概念としての『安全』」一橋法学16巻3号（2017）449-490頁、「テロリズムに対抗する予防的警察活動と比例原則（2・完）je-desto公式と、法的概念としての「安全」」一橋法学17巻1号（2018）27-63頁

第二章

「テロリズムに対抗するためのデータに関する立法と立法評価」一橋法学18巻1号（2019）169-213頁

第三章

「テロリズムに対抗するための国家の情報収集活動の統制システムと憲法──日独比較の観点から──」一橋大学（博士論文）（2020）の第三部を加筆修正

目　次

はじめに

第一部　自由と安全：情報技術の発展と諜報・捜査の展開

第一章　日独の諜報・捜査 …………………………………………………… 3
　　　　――「安全」概念の変遷と諜報・捜査の接近

　1　問題意識――「比例原則の空転」の重圧　3
　2　9.11を経た社会の変化と法的概念としての「安全」の変遷　10
　　　緊張の時勢　13／新しい「安全」概念と現代　15／「安全」に隠れた
　　　イデオロギーと立法　18
　3　性　質――リスクとしてのテロリズムと「安全」の意義　21
　　　テロリズムと法的リスク　21／「安全」概念と危険・リスク　23／客
　　　観的「安全」・主観的「安全」　28
　4　法的概念としての「安全」を脅かすテロリズムと国家の任務　35
　　　テロリズムに対抗する国家の任務――国家目的としての「安全」　35
　　　国家目的としての「安全」と基本権保護義務　40／秘密的・予防的・広
　　　域的な情報収集活動の特殊性と役割　47
　5　テロリズムに対抗するための国家の情報収集活動の実態　49
　　　主　体　49／態　様　51
　6　小　括　55

第二章　ビッグデータと公共圏 ……………………………………………… 56
　1　諜報・捜査の活動に変容をもたらす公共圏の変容？　56

vii

2 ビッグデータと公共圏　58
　　データ保護と民主主義　58／民主主義と人間像　61

3 公共圏の形成の基礎理論——Kant と Habermas　63
　　Kant　63／Habermas　65

4 インターネットを通じた公共圏の自由主義的形成　70
　　ビッグデータに支えられたインターネット上のプラットフォームと公共圏　70／Carl Schmitt の公共圏論とインターネット　71

5 小　括　74

第三章　国家の情報収集と情報技術　77
　　——自動データ処理の日独比較から

1 国家の情報収集活動におけるデータ処理　77

2 日本の通信傍受を用いた捜査における
　　「特定電子計算機」の自動データ処理機能　77
　　通信傍受法総論　77／通信傍受法上の「特定電子計算機」の定義　81／デジタル・フォレンジックの視点から見た法的評価　81

3 ドイツの刑執行後における電子的居所監視の自動データ処理機能　85
　　——BverfGE 156, 63, Beschluß v. 1. 12. 2020
　　"電子的足かせ"導入までの背景　85／事案の概要と異議申立人の状況　85／"電子的足かせ"の技術　86／決定の内容　88／考　察　89

4 小　括　90

第二部　諜　報

第一章　諜報機関の透明性　95
　　——日欧制度の鳥瞰的比較

1 問題の所在　95

2 諜報機関の定義と欧州各国の法制度　97
　　諜報機関の定義　97／欧州各国の法制度　98／諜報機関の国際協力と

目　次

　　　「サード・パーティー・ルール」　104

　3　欧州各国の諜報機関を監督・統制する機関の特徴　109
　　　諜報機関に対する監督・統制の意義　109／欧州各国の法制度　109

　4　小　括——秘密性が高い行政機関に対する法的統制のあるべき姿　115

第二章　独・連邦情報局法外国間通信偵察違憲判決の分析と検討 … 116
　　　——客観法的統制の観点から

　1　問題の所在　116

　2　国家の情報収集活動を統制する構造とその根拠　117
　　　情報管理という「統制システム」の横軸　117／統治機構という「統制システム」の縦軸　121／「統制システム」への根本的疑問と本章の問題意識　122

　3　連邦情報局法外国間通信偵察違憲判決　123
　　　事案の概要　123／判　旨　126

　4　諜報機関の「客観法的統制」の内容形成に関する近年の議論　132
　　　諜報機関に向けられた法的ドグマーティクの形成　132／連邦情報局法外国間通信偵察違憲判決に対する学説の影響　136

　5　基本権の客観法的側面と基本法の客観法領域における要請　140
　　　基本権の構造　140／基本権の客観的次元と客観法に関する一視角——Alexyの用語法を契機として　146／若干の分析とWahlの視点　152

　6　小　括　156

第三章　国家の情報収集活動の個別的統制機関 …………………… 159

　1　国家の情報収集活動に関する二つの仮説　159

　2　諜報機関の統制　160
　　　情報収集活動の主体としての諜報機関　160／諜報機関に対する監督と統制　163／日本における情報収集活動の監督・統制の現状　164

　3　ドイツにおける個別的統制機関の検討　167
　　　——基本法10条審査会を題材として
　　　基本法10条の保護領域　167／基本法10条審査会の組織　174／基本法

ix

10条審査会の機能　　180／基本法10条審査会の憲法上の位置付け　　185

　4　日本における国家の情報収集活動の個別的統制機関設置に向けて　　195
　　　設置形態の検討①――立法府　　196／設置形態の検討②――行政府　　200
　　　／第三者機関の設置と令状主義――捜査機関と諜報機関の接近・再訪　　205

　5　小　括　　209

第四章　諜報活動と予防的警察活動の共通点とその争い方　　212
　　　――日・大垣警察市民監視事件第一審を契機として

　1　はじめに　　212

　2　大垣警察市民監視事件岐阜地裁判決（第一審）の概要　　212
　　　事案の概要　　212／甲事件について　　213／乙事件について　　215

　3　憲法上の課題　　216
　　　従来の判決との関係における整理――違法性判断の重点の変遷から見る問
　　　題の所在　　216／憲法上の権利をどのように保障するか？　　221

　4　主張・立証責任の転換　　231
　　　――違法な情報収集であることの主張・立証責任を原告が負うべきか
　　　「伊方の定式」活用の余地？　　231／強制処分・任意処分二元論の再訪
　　　――憲法32条の観点から　　233

　5　小　括　　235

第三部　捜　査

第一章　暗号化通信の傍受　　241
　　　――独・刑事訴訟法における端末通信傍受とオンライン捜索

　1　はじめに　　241

　2　端末通信傍受の性質　　241
　　　端末通信傍受導入の技術的背景　　241／端末通信傍受の法的根拠　　242
　　　／端末通信傍受とオンライン捜索の相違　　243

　3　端末通信傍受に関するドイツ刑事訴訟法規定の改正経緯　　247

2008年改正以前の刑事訴訟法100a条　247／2008年の刑事訴訟法100a条改正　247／オンライン捜索判決（BVerfGE 120, 274）　249／2017年の刑事訴訟法100a条改正　249

4　現行刑事訴訟法100a条1項2文及び3文の憲法上の課題　250
　　100a条1項2文　250／100a条1項3文　252／若干の考察　253

5　小括　253

第二章　プラットフォーマーから刑事訴追機関への情報提供の法的課題…255
　　　　──独・SNS対策法5条を題材として

1　はじめに　255

2　ドイツにおける情報提供についての「同意」とプラットフォーマー　258
　　ドイツにおける先行判例　258／ドイツの情報自己決定権における「同意」　260／「同意」の射程と刑事訴追　261

3　情報提供の「自由意志」と「窓口」設置の義務付け　264
　　SNS対策法の制定過程における議論　264／2021年改正　274

4　日本におけるプラットフォーマーから刑事訴追官庁への
　　情報提供の法的課題への示唆　278

5　小括　281

第三章　国際司法共助により得た証拠の刑事手続における使用と憲法上の権利…282
　　　　──欧州・EncroChatへの合同捜査を契機として

1　はじめに　282

2　国際司法共助によるEncroChatへのオンライン捜索の背景　283
　　EncroChatへの捜索　283／欧州における国境を越えた情報収集　284

3　ドイツにおけるEncroChatへの捜索で得られた証拠の
　　使用禁止の議論　286
　　ベルリン地方裁判所決定　286／ベルリン上級地方裁判所決定　290／何が問題か──憲法学的観点に基づく考察　292

4　日本への示唆──最決令和3年2月1日との比較から　293
　　最決令和3年2月1日の概略　293／ドイツの事例を通じて明らかになった問題意識との対比・分析　294

xi

5 　小　括　295

第四章　国際司法共助を経ずに得た証拠の刑事手続における使用と主権… 298
　　　　──日・FC2事件から

1 　はじめに──主権侵害の違法性と憲法秩序　298

2 　主権侵害と「重大な違法」　299
　　憲法を頂点とする法制度を是認する国家にとっての他国の主権──法治国家のレーゾンデートル　299／「重大な違法」の限定の欠缺──誰にとっての「重大」さか？　302

3 　ドイツの裁判例から見る越境捜索と「主権」　305
　　EncroChat オンライン捜索事件第一審　305／抗告審を踏まえた検討と考察　307

4 　小　括　309

第四部　諜報・捜査の共通課題と統制システム

第一章　予防的国家活動における比例原則の空転……………………… 313
　　　　──je-desto 公式と「安全」

1 　国家の情報収集活動の裁判所による統制　313
　　比例原則と予防的警察活動　313／予防的警察活動に関するドイツの裁判例と je-desto 公式　316

2 　je-desto 公式と狭義の比例性審査　327
　　比例原則と je-desto 公式　327／je-desto 公式の位置付け──Alexy の重要性公式を用いた試論　330

3 　小　括　344

第二章　予防的国家活動を統制する立法における立法評価……… 346

1 　はじめに──刑事訴訟法上の捜査と個人情報　346
　　日　本　346／ドイツ　349

2　ドイツにおける立法の展開と裁判例　351
　　　世界同時多発テロ発生以降——反テロ立法の確立　351／2006年以降——
　　　連邦憲法裁判所判例と立法　352

　　3　立法のチェック機能——立法評価　359
　　　立法評価論の憲法学上の位置付け　359／テロリズム対策立法と立法評価
　　　——ATDG を題材に　362

　　4　小　括　376

第三章　統制システムの構想……………………………………………… 379
　　　——諜報・捜査の共通課題から

　　1　情報収集統制の視点　379
　　　「情報収集」と「監視」　379／情報管理の端緒としての情報収集　381
　　　／予防的且つ秘密的な情報収集の特徴——情報管理の視点から　383

　　2　情報の「提供」と憲法上の要請　384
　　　情報の「提供」と情報公開　384／情報の「提供」としての令状呈示
　　　386

　　3　統制システム・縦軸——憲法上の統治機構の役割　389
　　　情報管理と憲法上の統治機構　389／統制システムにおける情報管理の諸
　　　段階と情報収集　392

　　4　統制システム・横軸　393
　　　——憲法上の権利の保障のための段階的アプローチ

　　5　小　括　395

おわりに
事項索引

xiii

第一部

自由と安全

情報技術の発展と諜報・捜査の展開

第一章　日独の諜報・捜査
―― 「安全」概念の変遷と諜報・捜査の接近

1　問題意識――「比例原則の空転」の重圧

　本章では、9.11世界同時多発テロ以降の「安全」概念の変遷に着目した上で、本書全体を通じて検討する日独両国における現代の諜報・捜査を論ずる際の基本的視座を、諜報・捜査機関の接近という観点から整理する。

　具体的な制度概要と展開の議論に先立ち、筆者がなぜ、諜報・捜査の領域における国家の秘密的・予防的・広域的な情報収集活動による憲法上の権利の制約を問題視しているのか。この問題意識を明確にするところから、本書をはじめることとしたい。

　問題意識を捉える契機となるのは、「予防」という観点である。「予防」的な国家活動は、現代社会における技術の発展や、人々の活動の多様化に伴い、広く行われるようになった。[1]例えば、工業の発展により高まる公害リスク、遺伝子操作等その効果について予測可能性のない医療・生物学的技術への対応などが、その一例として挙げられる。[2]「予防」的な国家活動には、具体的危険発生前に行われる予防的な情報収集活動（予防的警察活動や諜報を含む）が含まれる。[3]背景には、犯罪自体の多様化やテロリズムの不安増加、インターネットや[4]

---

1) 小山剛「『安全』と情報自己決定権」辻村みよ子＝長谷部恭男（編）『憲法理論の再創造』（日本評論社・2011）381頁以下。
2) 環境法分野での予防的国家活動について、松村弓彦「ドイツ環境法における予防原則（その１〜その５）」法律論叢第86巻第１号（2013）177頁以下、同第６号（2014）245頁以下、同第87巻第１号（2014）207頁以下、同第６号（2015）173頁以下、同第88巻第６号（2016）163頁以下。環境分野での予防原則の哲学的分析に関し、佐々木崇「予防原則の哲学的考察」京都大学文学部哲学研究室紀要 Prospectus 第15巻（2012）37頁以下。
3) 予防的警察活動については、これまでにも多数の研究が発表されている。例えば、島田茂『警察法の理論と法治主義』（信山社・2017）、石川裕一郎「市民的自由と警察の現在」法学セミナー61巻11号（2016）48頁以下、淡路智典「予防警察的措置の限界と個人の自由」総合政策論集13巻１号（2014）159頁以下等。

監視技術の発達があるが[5]、具体的危険発生前に行われる情報収集には、具体的危険が発生した後に行われる個別の警察活動とは異なる憲法上の問題が生ずる。

　ここでは、個々の憲法上の権利の侵害のみに留まらない、憲法訴訟上重大な問題が発生する可能性がある。ドイツの違憲審査基準との関係において、この問題を象徴する現象が「比例原則の空転」である。第四部第一章にて詳述するとおり、比例原則（Verhältnismaßigkeit）とは、国家の活動が目的及び制約する憲法上の権利に照らして比例的なものであるかを判断し、比例的でなければ当該国家活動は違憲と判断される法の一般原則である。西原博史は、「比例原則の空転」の問題について、以下のように指摘する。「予防原則を主張する理論的枠組みにおいては、出発点が個人から離れた公的安全という独立の公益に見いだされているわけではなく、むしろ危険予防が個人の基本権と接点を持つからこそ妥協出来ない国家任務として理論化される傾向が強まっている」ところ、[6]（マテリアルな実体を持つ「安全」に対して）「『「安心』はいかなる実体をも手がかりとして踏まえていないため、比例性審査は必然的に空転する」[7]。「主観的な安心感」を「憲法上の地位に置」くことを「排除」する「排除ルールがなければ、基本権保障は空洞化する」、と[8]。この指摘によれば、（客観的な）「安全」のみならず（主観的な）「安心」をその保護すべき利益として含む限りにおいて、予防的な国家活動と「比例原則の空転」は本質的結合関係にあるといえる。

　比例原則の空転の理由を西原とは異なる捉え方で示すのは、Oliver Lepsius

---

[4]　多様化する予防的警察活動の具体的な例について、山本節子『大量監視社会：誰が情報を司るのか』（築地書館・2008）等。

[5]　具体的な事例に関し、監視カメラについて西原博史（編）『監視カメラとプライバシー』（成文堂・2009）、盗聴法の改正について海渡雄一「成立した拡大盗聴法と共謀罪法案の相乗効果をもたらす危険性」法と民主主義514号（2016）11頁以下参照。ドイツにおける監視技術の発達と犯罪の多様化に伴う監視関連法の展開について、*Sabine Leutheusser-Schnarrenberger*, Recht ist, was der Freiheit dient: Schlaglichter auf vier Jahre liberale Rechtspolitik, Recht und Politik 2013, S. 65 ff.

[6]　西原博史「リスク社会・予防原則・比例原則」ジュリスト1356号（2008）75頁以下参照。

[7]　西原、同上、78頁以下。

[8]　西原博史「比例原則の３つのモデルと事実認識・価値判断」高見勝利先生古稀記念『憲法の基底と憲法論：思想・制度・運用』（信山社・2015）583頁。

である。Lepsius は本章で詳しく論じるテロリズムと「安全」の関係から、比例原則の空転について、以下のように述べる。「テロに対する新しい理解は、自由と安全保障の調整における原則が変化していることを表して」おり、変化のメルクマールとして、自由の脱個人化・保護義務の拡大・公共の利益と個人の権利の比較衡量の三点を指摘することが出来る。そこでは「市民的自由の比較衡量は、もはや法的に展開される又は正当化を要する利益とは直面」せず、「目的の正当化が事実の理解に支えられているにすぎず」、「事実は比較衡量し得ないので、もはや通常の憲法上の『比較衡量の原則』は機能し」ない、と。Lepsius の見解の最も重要な点は、予防的な国家活動により保護される利益が法的利益とは言えないために、そもそも基本権との対立利益とはなり得ないにもかかわらず、無理に比例原則を適用するために、比例原則が空転するという点にある。これは、法的利益といえる（客観的）「安全」と、保護法益から除外する「安心」を区別する西原の考え方とは異なる。

比例原則はドイツの伝統的警察活動を起源とし、法治国家原理の発展産物として理解されてきたが、「比例原則の空転」は、ドイツ固有の問題ではない。後述するとおり、明示的に比例原則を用いたものとして理解されるわけではない我が国の予防的国家活動に関する裁判例においても、後述するとおり「比例原則の空転」類似の状況が発生している。このような状況発生の原因は、「比例原則の空転」という問題が、違憲審査基準のあり方だけに依存する問題ではなく、憲法上の権利を制約する国家の情報収集活動が従来と異なる保護法益に向けられていることを本質とする問題であることに求められる。

近年このような問題が顕著に見られるのが、テロリズム対策の場面である。なぜ現代のテロリズム対策という場面において、予防的な国家の情報収集活動と憲法上の権利との摩擦という問題が、特に大きく取り上げられるのだろうか。手がかりとなるのは、テロリズムの定義である。テロリズムと通常の犯罪の区別は容易ではない。2002年のEUテロ対策枠組決議（EU Council Frame-

---

9) オリバー＝レプシウス（著）河村憲明（編訳）「自由・安全・テロリズム：ドイツの法的現状」警察学論集58巻6号（2005）34頁。
10) レプシウス、同上、36頁以下。
11) 須藤陽子『比例原則の現代的意義と機能』（法律文化社・2010）6頁以下。
12) 岡本篤尚『《9.11》の衝撃とアメリカの『対テロ戦争』法制』（法律文化社・2009）92頁以下。

work Decision on Combating Terrorism）1条1項は、①国ないし国際的組織に対し、重大な損害を齎すこと、②人々を深刻な恐怖に陥れ、あるいは許容出来ない手段で、政府や国際的組織に何らかの行為を強要させたり、忌避させたりすること、③国あるいは国際的組織の、根源的な政治的・憲法的・経済的・社会的な構造を極めて不安定なものとし、あるいは破壊すること、以上3つをテロリズムの要件とした。[13] また国際法学者の初川満は、テロ行為は「『カメレオンのような』性質」をもち、「テロ行為が行われる状況による様々なカテゴリーの犯罪に該当し得る」とした上で、[14] テロ行為に共通する特徴として、（あ）犠牲者の非個性化、（い）国際又は国内の武力紛争との関連・人道への罪への重大さ等の国際的影響力、（う）犯罪を形成する行為であることの三点を挙げる。[15]

EUテロ行為枠組決議③と初川の定義（あ）の両者を併せ見ると、「非個性的な犠牲者を有する犯罪が全て国家構造破壊の目的に結びつく訳ではないが、国家構造破壊の目的を有する犯罪行為の犠牲者は非個性的たらねばならない」という特殊な不可分性があることがわかる。このことから、テロリズムとして認定される行為は、個人に対する攻撃というより共同体の根幹に対する攻撃の表出である、という特徴が炙り出される。

背景には、共同体への帰属意識を持つ多数者（を自認する人々）が、少数者の権利制約を問題視しない（あるいは黙殺する）状況が存在する。そして、このような状況は、日本を含む各国で発生していることが看取されるのである。[16] アメリカの法哲学・政治哲学分野で議論された「リベラリズム対共同体論」に見るように、共同体は、ある部分ではリベラリズムと対抗する性質を有する。[17] そのため、上記のような定義を有するテロリズムへの対抗者としての国家は、共同体の保全者たる役割をもって立ち現れざるを得ない。この共同体の保全者たる

---

13) Markus Thiel, Die „Entgrenzung" der Gefahrenabwehr, Mohr Siebeck, 2011, S. 31 ff. Vgl. OJ2002 Nr.L164/3.
14) 初川満「国際社会とテロ規制措置」初川満（編）『テロリズムの法的規制』（信山社・2009）26頁。
15) 初川、同上、27頁。
16) 大沢秀介＝小山剛（編）『自由と安全：各国の理論と実務』（尚学社・2009）参照。
17) 小泉良幸『リベラルな共同体：ドゥオーキンの政治・道徳理論』（勁草書房・2002）、駒村圭吾「共和主義ルネッサンスは立憲主義の死か再生か」井上達夫（編）『岩波講座憲法1 立憲主義の哲学的問題地平』（岩波書店・2007）132頁以下参照。

国家を支えるものが、各種のメディア（マスメディア・インターネットメディア[18]）であり、そこから生まれる一種の断片化した連帯である[19]。

世界同時多発テロ以降のテロリズムの特徴に関する議論において、メルクマールのひとつとして注目されてきたのは、行為主体がイスラム原理主義の過激派に属するという特徴であった[20]。しかし、イスラム原理主義の過激派に属する者は、イスラム教徒全体のごく一部に過ぎない[21]。しかし、イスラム教徒でない者が多数派を占める日本やドイツ、アメリカ等の各国においては、平穏なイスラム教徒の憲法上の基本権が、多数派の「不安」により正当化される予防的・広域的な情報収集活動により侵害されることとなる[22]。

例えば、日本におけるテロリズムに関わる予防的警察活動が問題となった公安「テロ」情報事件[23]では、イスラム教信者の多い国の出身であるというだけで情報収集の対象となり、テロ対策のための予防的且つ広域的な警察活動としての情報収集に対し、捜査対象となる個別の危険を認定し得ないにもかかわらず、国際テロ発生の危険が十分に存在していたと判断したことをもって、宗教をメルクマールとした個人情報の収集については合憲とし、流出についてのみ国家賠償法上の違法を認める判決がなされている。本判決の判断は、具体的な嫌疑を前提とせず、憲法上の権利として十分に保護されなければならない信仰の内容を基準とした情報収集を結果的に認めており、一部の研究者や実務家から厳しく批判された[24]。しかし、断片化した連帯の状況にある社会の大部分は、

---

18) 右崎正博「現代メディアと市民的公共圏」森英樹（編）『市民的公共圏形成の可能性：比較憲法的研究をふまえて』（日本評論社・2003）475頁以下。
19) ここでいう断片化した連帯は、従来の民主主義を支えてきた「連帯」ではない。西原、前掲注8）、572頁以下のいう、特に近年顕現するインターネットを通じた「相互に交渉を欠」く「断片化したコミュニケーション集団の存在によって特徴づけられる」「連帯の欠如」が、ここでいう断片化した連帯の性質である。
20) 例えば、国際テロ研究会（編著）『国際テロリズムの潮流』（立花書房・2018）。
21) 例えば日本のイスラム教徒について、店田廣文＝岡井宏文「日本のイスラーム：ムスリム・コミュニティの現状と課題」宗教時報 No.119（2015）2頁以下参照。
22) 西原・前掲注6）、75頁以下参照。
23) 最決平成28年5月31日（原審：東京地判平成26年1月15日判時2215号30頁以下）。
24) 渡辺康行「『ムスリム監視捜査事件』の憲法学的考察：警察による個人情報の収集・保管・利用の統制」同『「内心の自由」の法理』（岩波書店・2019）299頁以下。倉地智広「ムスリムという『恥辱』：公安『テロ情報』流出事件をめぐって」法と民主主義473号（2012）18頁以下、井桁大介「認められなかった『違法捜査』：公安『テロ情報』流出事件を問い直す」世界

7

このような状況に警鐘を鳴らしているようには見えなかった。それは、「情報収集の対象となった人々は自らとは異なる存在であるため、自らがこのような権利制約を受けることはない」という誤った安堵と、情報収集の対象となった人々は（具体的な嫌疑が存在せずとも）「我々の安全」のため、国家により情報を監視されることを受容すべきグループである、という認識が存在するためであると推察される。

この背景には、松原芳博が現代の刑事法について指摘する以下二点の特徴が影響している、と筆者は考える。①刑事法における「立場の交換可能性」の欠如、②現代型リスク社会においてリスクが可視化されないことに伴い、「客観的な危険性よりも主観的な不安感によって社会が動かされ」ることによる、刑事法立法の「政治化」である[25]。具体的には、①とは「犯罪者は我々一般国民とは異なる」という意識により、一般国民が刑事法を自らに適用することを想定し得ないことを[26]、②とは政治的な意図により刑事立法がなされたり、その運用が決定づけられたりすることを言う。

このことは、上記判決で対象となった捜査や予防的警察活動に関する、裁判所における憲法適合性判断だけでなく、いわゆるテロ等準備罪を含む組織犯罪処罰法改正法などの立法府による刑事立法にも影響しているが、①②の特徴を持つ刑事法は、共同体としての国家を強力なものとする一方、個人の憲法上の権利の保障を蔑ろにする危険性を内包する。なぜならば憲法は、テロリズムの潜在的な被害者だけでなく、捜査対象者の憲法上の権利の保障をも要請する

854号（2014）29頁以下、福田健治「地裁判決は本当に『原告勝訴』なのか：公安資料流出事件判決をめぐる誤解をただす」創44巻3号（2014）62頁以下、同「判決・ホットレポート モスク監視を全面的に擁護したムスリム違法捜査国賠訴訟一審判決［東京地裁2014.1.15判決］」法と民主主義487号（2014）47頁以下参照。

25) 松原芳博「リスク社会と刑事法」日本法哲学会（編）『リスク社会と法』［法哲学年報2009］（有斐閣・2010）78頁、82頁。また①について、榎原猛（編）『プライバシー権の総合的研究』（法律文化社・1991）116頁以下［山本晶樹］参照。

26) 刑事法における「立場交換可能性」の欠如については、従来から認識されている。榎原（編）、同上、116頁［山本晶樹］は「刑事法では、個人の尊重と公共の福祉の調和を図ることが、他の法律分野以上に要請される。というのは、規範対象が刑法では一般市民であるが、刑訴法では被疑者・被告人、刑事政策では受刑者というように、国民から漸次、距離をもつことになり、それだけ、それぞれの国家作用に対する国民の監督が困難となっていき、それにより、ともすれば社会秩序の維持の前に個人の尊重がおびやかされる恐れがあるからである」と述べる。

が、特に国民に大きな不安を与えるテロリズムに対抗するという目的のもとでは、①②が捜査対象者と「一般の国民」を分断する中で、国家が憲法の要求を軽視するに足る十分な動機を有しているためである。この分断の線引きは、①「立場交換可能性の欠如」という感覚のために、主観的には極めて明確なものであるように感じられる一方、客観的には②刑事立法の「政治化」により非常に曖昧なものとなっている。

本来、国家を拘束する最高法規としての憲法の機能は、テロ対策のように国家の恣意が顕現しやすい場合にこそ発揮されるべきものであり、更に憲法上の権利を実効的に保障するため、国家の恣意が暴走しないよう、自省的な運用を可能とする制度を法律上設ける必要がある。しかし我が国においては、ことテロ対策の分野に関する秘密的・予防的・広域的な情報収集及びデータ取扱いについて、情報収集の対象者のプライバシーを保護するための立法上の動きは十分なものとはいえないように見える。

テロリズムに対抗するための情報収集及びデータ取扱いのうち、特に予防的警察活動について、Ulrich Sieber[27]は次のように述べる。「捜査を最適化するため」のデータ取扱いに関する協働と介入をめぐり「新たな治安構築」がなされているが、特に「対テロのデータファイル」の場合には「予防と抑止の区別は、さらに曖昧になり」、また国際的テロリズムの捜査にあたって複数の国家の権限が関連する「新たな治安構築」は「コントロールの欠如」によって特徴づけられる。これにより、予防及び捜査の必要性が、従来の「刑法による対応と警察的な危険予防との区別を、広範囲にわたって相対化して」おり、「組織犯罪やテロリズムの領域における情報収集が、犯罪の嫌疑にではなく」「治安リスクに基づいて行われる場合に」特に顕著になる、と。[28]前述した公安「テロ」情報収集・流出事件で警察が行っていた情報収集活動のとおり、我が国でも同様の状況が生じているところ、Sieberが指摘するように、「これらの問題は、グローバルな規模で生じている、社会の技術的、経済的および政治的な変遷に起因して」おり、「この変遷は、刑法の根本にある、国法的および法理論

---

27) Ulrich Sieber は、2003年からマックス・プランク外国・国際刑法研究所所長を務める刑法学者である。
28) ウルリッヒ・ズィーバー（著）甲斐克則＝田口守一（監訳）『21世紀刑法学への挑戦：グローバル化情報社会とリスク社会の中で』（成文堂・2012）37頁以下。

的な指示システム」をも変化させる。[29]松村格は同様の視点から、我が国においても「組織犯罪と環境犯罪のグローバル化とボーダーレス化をシステム思考によって考察し、それに対処する刑法と刑法学をシステム思考すべきであるという刑法（学）の視座の転換」をすべきと訴える。[30]

　筆者は、松村やSieberの見解に同調するとともに、当該指示システムを反映した法制度は、明示的且つ具体的に構築されなければならないと考える。そしてその法制度が憲法上の権利を実効的に保障するものであるためには、比例原則の空転を防ぐ明確さ（例えば、秘密的・予防的・広域的な国家の情報収集活動を適切に統制することができる法理論や違憲審査基準を形成する営み）、多数者によって少数者が社会から迫害されることのない冷静さ（例えば、大規模なテロリズムが発生した際に、これに反発する強烈な民意により形成された立法について、その運用が拡大しすぎることのないように統制するとともに、時間を置いて、あるいは異なる主体がその内容をチェックする営み）を、併せ持っていなければならないとも考えるのである。

2．9.11を経た社会の変化と法的概念としての「安全」の変遷

　本節では、「安全」概念の変遷について考えるにあたり、現代のテロリズムと法の関係を捉えることから議論をはじめたい。議論の切り口は複数考えられるが、ここでは、法的概念としての「安全」を現代のテロリズムとの関係で再定位する、という手段に拠る。それは、主に第二部及び第三部で取り上げるテロリズムに対抗するための秘密的・予防的・広域的な情報収集活動に関する日独の裁判例の多くが、当該国家活動が守ろうとする保護法益として、ひいては当該国家活動による憲法上の権利の制約を正当化するための根拠として「安全（Sicherheit）」という用語を用いているものの、その内容が一義的でないように思われるためである。

　ドイツ連邦憲法裁判所は、2006年のラスター捜査決定において、以下のとおり述べる。「（引用者注：捜査対象者の）情報自己決定権の制限は、主たる一般利[31]

---

29)　ズィーバー、同上、58頁以下。
30)　松村格『システム思考と刑事法学』（八千代出版・2010）254頁以下。
31)　BVerfGE 115, 320, Beschluß des Ersten Senats v. 4.4.2006.

益（überwiegend Allgemeininteresse）のために甘受されることとなる。これらは、安全と保護（Sicherheit und Schutz）に関する全てのその他国民の権利から生ずる」ところ、「安全」とは、「連邦および州の存立・安全および人の身体・生命・自由」として具体化し、この「利益は、憲法上高い重要性を持った保護法益」であり、「平和と秩序を維持する、制度化された権力としての国家の安全と、それによって――個人の尊厳と固有の価値に基づく尊重のもとで――保障される住民の安全は、他の高い価値と同じレベルの憲法上の価値を有する」、と。ここで「安全」は、国家の安全と住民の安全に区分され、両者はともに憲法上高い価値を有する保護法益として言及される。このように、特に個人の尊厳等と距離をおいた「国家の安全」概念の価値の高さは、一方で大上段の理念に拠って基礎付けられ、もう一方で場合によっては世界情勢レベルの問題を語ることで具体化されようとする。

　ここで「安全」は、情報収集活動が終局的に達成しようとする目的として描かれる。後述するとおり、現代の比例原則においては目的審査の段階と手段審査の段階があると理解されているが、連邦憲法裁判所は、実のところ目的審査に比重を置いていないといわれる。その理由の一は、立法目的形成の権限分配にある。

　Jan Vollmeyerによれば、立法目的形成は、①立法による立法目的の設定、②解釈された立法目的による行政活動の拘束、③違憲審査における立法目的の審査の三段階を経て行われる[33]。①は、無論第一次的な創造的立法形成機能を果たすフェイズである。この意味で、目的設定権限は原理的に立法府にある[34]。そ

---

32) Ebd., Rn. 91.
33) *Jan Vollmeyer*, Zweckprüfung und Zwecksetzung: Wie weit gehen die legislativen Befugnisse des Bundesverfassungsgerichts? DÖV 2009, S. 55 ff. アメリカで、「目的審査への関心がもっとも先鋭に現れている」保護条項下での違憲審査を扱う平地秀哉「憲法上の平等保障と立法目的の審査」早稲田法学77巻2号（2002）147頁以下によれば、立法目的とは「一言でいえば、『その法律が達成しようとしている結末』のこと」であるが、それを判断する裁判所の能力の限界により、目的審査が二重の基準の内部でさえ困難を齎すということを示唆する。ここで平地は立法段階での目的と、裁判所で示される目的を意識的に区別するが、行政活動の拘束については捨象している。また目的手段審査の客観化を、立法過程を根拠に行うという観点から目的審査に切り込む新しい取り組みについて、小林祐紀「立法判断の客観化に向けた法的アプローチ：目的手段審査における立法過程への着目」法学政治学論究：法律・政治・社会101巻（2014）37頁以下。

れにもかかわらず、②③の段階においても、立法目的の解釈という意味での立法目的の付随的創造が行われ、特に③においては、形成された立法目的を違憲と判断することにより、消極的な創造的立法形成機能が発揮されることとなり、民主主義に根ざした立法府の独占的立法権限との間で問題が生じることとなる。Vollmeyerはこの問題について、「目的設定権限は原理的に立法府」に与えられているが、「基本法は権力分立の規律として厳格な要求をしていないため」必然的に例外を有する、と説明する。[35]

　裁判所による目的設定が問題となるのは「任務充足のために必要不可欠な限り」であり、その場合において裁判所の目的設定は許容されるとともに、その権限行使が要求される。この時、裁判所は法律上の目的と異なる他の目的を導くこととなるが、その内容は憲法上考慮されるべき事項の不考慮の補完であることが原則である。ここでVollmeyerは「裁判所による目的設定は、立法による目的設定の優位の例外の中で使い果たされるのか」という点に疑問を呈し、裁判所による憲法を通じた立法のコントロール権限と独立した目的設定権限の存在を意識する。この問題意識は、具体的な憲法訴訟における裁判所の関与する目的の範囲とコントロールの強度という二要素の相関性との関係で、特に強く現れることとなる。[36]

　他方Konrad Hesseは、立法府と裁判所の権限という問題点について、連邦憲法裁判所と他の最高位の国家機関にとって何よりも肝心なことは、双方が互いに尊重し合うことであり、「両者の実定憲法上の整序については、他に何らの保障も存在していない」と述べる。[37] 立法府とはいえ、憲法適合性の審査を免れないのは確かであり、基本権に対する正当化し得ない制約は裁判所により排

---

34) Ebd., S. 55 ff.
35) Ebd., S. 57.
36) これは、本書第四部第一章で扱うKlatt／Schmidtの主張とも関連する（ただし、Vollmeyerは、コントロール強度に対する独立性のみから目的設定権限を限定することは出来ないと考え、目的設定と目的最適化を区別して考えることで、コントロール権限と目的設定との関係を明確化するという手段をとる。目的設定は立法独自の権限であるが、目的設定の裁量は目的実現の段階（すなわち、実際に目的が最適化された状態で実現される段階）においては、立法者の裁量を示唆するという考え方である（*Vollmeyer*, a.a.O. (Anm.33), S.59)。）
37) コンラート・ヘッセ（著）初宿正典＝赤坂幸一（訳）『ドイツ憲法の基本的特質』（成文堂・2006）357頁。

除されるが、民主的な正統性を持つ立法府は、憲法という最低限の枠組みの中において立法裁量を有し、原則として合憲性の推定のもとで立法が行われる。憲法適合性の審査が行われるのは例外であり、権力分立の観点から、裁判所には自己謙抑が要請される[38]。

VollmeyerとHesseの見解から意識されるのは、裁判所による目的設定の可能性がどのような場面において生ずるのかという視点である。このような問題意識を共有する議論は、2000年代前後から日独両国において散見されるようになり、目的審査を正面から論ずる論稿も2000年以降増加している[39]。

本書は、国家の情報収集活動を適正に統制する法的手段の検討を志向するものであることから、訴訟上重要な意義を有する国家活動の目的として語られる「安全」という概念の検討を看過するわけにはいかない。そこで、まずは現代のテロリズムにより脅かされるとされる「安全」を取り巻く状況の理論的俯瞰を通じ、「安全」概念を再定位する意義について確かめる。

1 緊張の時勢

まず比較憲法・比較民主主義等を研究するアメリカの法学者・Michel Rosenfeldの議論を見ていきたい。本書が日独比較を中心としているにもかかわらず、ここでアメリカの議論を参照するのは、後述するChristoph Gusyの議論との対比を考えるにあたって有用であるのみならず、Rosenfeldの議論がグローバルな現代社会の姿を一定程度普遍的に描き出し、且つ国家の憲法上の形態と接続させることに一定程度成功していると考えるからである。

Rosenfeldはテロリズムとの対峙という場面での自由と安全のバランシング

---

38) *Werner Heun*, Funktionell-rechtliche Schranken der Verfassungsgerichtsbarkeit, Nomos, 1992, S. 11 ff.
39) *Rainer Wernsmann*, Wer bestimmt den Zweck einer grundrechtseinschränkenden Norm-Bundesverfassungsgericht oder Gesetzgeber?, NVwZ 2000, S. 1360 ff.; *Wolfram Cremer*, Rechtfertigung legislativer Eingriff in Grundrechte des Grundgesetzes und Grundfreiheiten des EG-Vertrags nach Maßgabe objektiver Zwecke: Gleichzeitig zur Begründungspflicht von Gesetzen, NVwZ 2004, S. 668 ff.; 松原光宏「立法裁量のセオリー・プラクシス：ベルリン・カールスルーエの鞘当て」法学新報116巻7・8号（2009）1頁以下、門田孝「違憲審査における『目的審査』の検討（一）（二）：自由権規制立法の違憲審査基準論を主たる素材として」広島法学31巻2号（2007）145頁以下、同31巻4号（2008）191頁以下、柴田憲司「比例原則と目的審査：自由権制限の局面を中心に」法学新報120巻1・2号（2013）201頁以下。

について、戦時法・刑事法・警察法の3つの法律のパラダイムを意識した考察を展開するが[40]、その前提として、自由と安全の対立を調整するアプローチを決定するため、社会が危険に晒されている程度を評価し、平時（Ordinary Times）／緊張の時勢（Times of Stress）／危機的時勢（Times of Crisis）の三段階に分けるという手法を採用する。

　Rosenfeldによれば、テロリズムと対峙する社会は「緊張の時勢」という状態にある[41]。緊張の時勢は、平時とも、軍事的・経済的・社会的ないし自然的な危機に直面した危機的時勢とも異なる。危機的時勢において、政府首脳陣は例外的な権限を持ちうる他、政治的表現の自由を含む基本的人権は広範な留保のもとに置かれうる。しかし緊張の時勢においては、行政部門への例外的な権限の付与や、基本的人権の広範な留保は認められない。緊張の時勢と危機的時勢を区別する要素は、①個別の脅威の程度（具体的には重大性・強度・持続性の差）と、②政治的グループ統合の程度である[42]。①に関して、緊張の時勢においては、危機的時勢に比して、重大性・強度は低く持続性は長い個別の脅威が存在する。②に関して、緊張の時勢は、自己と他者の対立構造という意味における政治的グループの統合程度について、平時と危機的時勢の中間の状況を生む。具体的には、国民利益の、重要で代表的な概念の包摂ないし統合の「強度と成功率」が低下する。

　従来型の戦争は危機的時勢の原因となり、テロリズムやテロリズムを起点とする争いは緊張の時勢の原因となる。従来型の戦争とテロリズムを起点とする争いの相違は、従来型の戦争が身体に対する危険を惹起するものである一方、テロリズム及びテロリズムを起点とする争いは精神に対する危険を惹起するものであるという点にある。強度は弱いが、持続性の長いテロリズムの影響力は、直接的な身体への危険というよりはむしろ、精神的な不安感を特徴とする。

　ここでRosenfeldは、通常の国内犯罪と戦争の行為主体の相違について、ヘ

---

40) Michel Rosenfeld, *Judicial Balancing in Times of Stress: A Comparative Constitutional Perspective*, in: Andrea Bianchi and Alexis Keller (Ed.), *Counterterrorism: Democracy's Challenge*, Hart Publishing, 2008, pp. 357.
41) *Ibid.*, p. 359.
42) *Ibid.*

イビアス・コーパスの観点から論ずる。[43] 通常の国内犯罪の被疑者の処遇は、手続の公正を重視する憲法上の基本的人権の保護を反映した刑事法パラダイムの内部にある。一方捕捉された他国軍隊の兵士は、敵国において軍事的な争いへの更なる参加を妨げる国際法規範に従う勾留が要求されているのみである。国家権力が対抗的位置におかれる犯罪の被疑者及び他国軍隊の兵士への中立主義の要求に加え、一般市民の「安全」を盾にとることは、全体あるいは一部の市民グループの基本的人権を制約する侵害を要求する可能性があると Rosenfeld は警鐘を鳴らす。これはまさしく、前述した「断片化した連帯」、そして日本でも「自由と安全」の議論にむすびつく。[44]

　Rosenfeld の議論は、個別具体的危険発生の蓋然性という国内公法の議論を第一の出発点とせず、戦時／平時の国家という国際法的観点をベースとした状態に対する評価という出発点から、テロリズムの脅威の性質まで落とし込んでいる点が特徴的である。国際法的リアリズムをベースに、憲法学に表れるものとは異なる「国家」の像の炙り出しを行うことで、テロリズムの脅威について、強度は弱いが持続性は長いという性質を持ち、また国民全体の統合の強度・成功率を下げる効果を有するという分析へ繋げる Rosenfeld の議論の背後には、国民の統合程度の低下を穴埋めするために必要な、強い国家のイデオロギーの存在に対する意識が透けて見える。

2　新しい「安全」概念と現代

　以上の議論を踏まえ、Gusy の主張を取り上げる。Gusy は安全概念に関する複数の論文を著しているが、ここではテロリズム対策との関連で語られる「新[45]

---

43)　このような議論は、米国では目新しいものではない。横大道聡「最近の判例 Boumediene v. Bush, U.S., 128 S. Ct. 2229（2008）」アメリカ法2009年第１巻（2009）163頁以下、木村元「グアンタナモの被拘禁者をめぐる訴訟と『法の支配』」法学第73巻２号（2009）262頁以下等。

44)　愛敬浩二「自由と安全のトレードオフ？」ジュリスト1422号（2011）31頁、白藤博行「『安全の中の自由』論と警察行政法」公法研究69号（2007）45頁以下等。Vgl. *Josef Isensee*, Das Grundrecht auf Sicherheit: Zu den Schutzpflichten des freiheitlichen Verfassungsstaates, 1983.

45)　Vgl. *Christoph Gusy*, Gewährleistung von Freiheit und Sicherheit im Lichte unterschiedlicher Staats- und Verfassungsverständnisse, VVDStRL 63, 2004, S. 165 ff.; ders, Rechtsgüterschutz als Staatsaufgabe: Verfassungsfragen der Staatsaufgabe Sicherheit, DÖV, 1996, S. 573 ff.

しい安全概念」について俯瞰する論稿の一部分を中心に取り上げる[46]。
　Gusyは旧来の安全概念を構成する要素として、以下の三点を挙げる。保護利益が①法的利益であること、②私的空間における法的利益であること、③国内における法的利益であること、である。②は対国家の「安全」は「平和」であるという理由から、③については国外における「安全」は国内法上の法的利益でありえないという理由から、このような限定がなされている。なお、当然のことのように思われる①について言及するのは、「安全」という話が指し示す保護法益が法的利益として限定的に認定できない場合、その利益はその他の法律上の利益との法的衡量には原則として値しないことを、現代の安全概念との関係で強調する意図があると思われる。
　Gusyは、伝統的な危険概念と比べ、国際的テロリズムの現象は「不正確な法的表現に甘んじる」とし[47]、国際的テロリズムの脅威と対立する「安全」を定義付けるため、新しい安全概念の組成を試みる。Gusyによれば、第一義的に法律論から成り立つ新しい安全概念の特徴は以下の三つである。(あ) 広域的且つ統合的であり、個別的でないこと、(い) ダイナミックであり統計的ではないこと、(う) 主観的であり、ありのままの客観性を欠くこと[48]。治安政策 (Sicherheits politik) が「永続的」に実現するためには、広域的且つ主観的な安全概念から要求されるリスクマネジメントが、社会生活の全領域において必要となる。一方、「矛盾を帯びた」ものとして治安政策が立ち現れるとき、独立した安全は最終的には到達し難いものとなる。この定義には、前掲のRosenfeldの主張に表れるよりも更に強く、政治的理想を追求する国家のイデオロギー性が析出されている。
　ここで重要な一例として取り上げられるのが、(ドイツ公法学者たるGusyの目から見た) アメリカ的安全保障である。アメリカ的安全保障論争を治安政治の題材とする法律論の前提には、三つの課題がある[49]。(a) 政体論 (Regimefrage)、

---

46) *Christoph Gusy*, Vom "Neuen Sicherheitsbegriff" zur "Neuen Sicherheitsarchitektur", in: Thomas Würtenberger/Chrstoph Gusy/Hans-Jürgen Lange (Hrsg.), Innere Sicherheit im europäischen Vergleich: Sicherheitsdenken, Sicherheitskonzepte und Sicherheitsarchitektur im Wadel, LIT, 2012, S. 71 ff.
47) Ebd., S. 72.
48) Ebd., S. 75 f.

(b) 権限論（Kompetenzfrage）、(c) 効果論（Effektivitätsfrage）である。特に①政体論については、アメリカ的安全保障を保持する政体が議論の客体となるが、具体的にこの意味における政体論が問題となるのは、「国際的な紛争状況下でテロリストに適用される法は、国家の法的な通常状態においても使用されうるか」という点においてである。

　ここでGusyは、アメリカ的安全保障政体論から一歩引いた目線を重視する。[50] Gusyの議論において問題に対するアプローチの糸口となるのは、戦争とテロリズムの相違、そして国内犯罪とテロリズムの相違である。特に、国内犯罪とは個別の保護法益の侵害である一方、テロ行為は全てが現在の具体的法益に向けられたものではなく、「法と国家の秩序の形成と受容」という法的基幹部分に関する持続的攻撃を含むという点に着目する。テロリストは法的秩序のみならず、国家の全てを否定する。[51]

　興味深いのは、GusyがRosenfeldと異なり、あくまで国内法的観点によりつつ、主観的危険・客観的危険という区分の前提にある個別具体的な危険に対し、損害発生の蓋然性の程度問題という方向ではなく、（Rosenfeldの議論に類似する）攻撃の持続性と重大性を前提とした「持続的且つ基幹的危険」の存否に関する視点を提示したことである。このことは、Rosenfeldの手法が、国内法に関する議論においても妥当する可能性があることを示す。テロリズムの脅威を持続的且つ基幹的危険と定義付けるとき、この法的議論の終着点は、テロリズムからの国民の安全のために制約される基本的人権の保障の如何に関する議論ではなく、立憲主義の根幹への攻撃たるテロリズムに関する議論となる。法の支配により個人の権力による支配を置換するという極めて古典的な立憲主義の本質的ロジックを脅かす、という点で、テロリズムに対する対策に関する国家活動は憲法上個別の取扱いを受ける対象となりうる。[52] Gusyにとってのテロリズムの脅威の本質は、ここにあるといえよう。しかし、Gusy自身が直後に述べるように、テロリズムの本質を解き明かしただけでは不十分であり、適切なリアクション、すなわち法的手段が何かということを追求する営為が、こ

---

49)　Ebd., S. 76 f.
50)　Ebd., S. 83.
51)　Ebd., S. 81.
52)　Ebd., S. 82.

の後に当然必要となる。ここでの Gusy の議論は、従来の「安全」とテロリズム対策の文脈で語られる「安全」が異なることを示し、「国家的自己主張」という国家の政治的イデオロギーの主張が顕現する側面を描写することで、「安全と自由」の議論に潜在する特徴を明らかにする点にある。

3 「安全」に隠れたイデオロギーと立法

　Rosenfeld と Gusy の主張の共通点は、2つある。①現代の「安全」を脅かす大きな一要素であるテロリズムに対抗する文脈における「国家」は、政治的イデオロギーの色合いを平時より強めることになるということ、②テロリズムの脅威の性質を、「持続性」や「対象」により、個別の国内犯罪とは異なるものと位置づけていることである。これらは、テロリズムとの関係において顕在化する現代の「安全」概念の基礎的な問題意識と特徴を示しているといえる。

　①に関連して、ドイツの刑法学者である Liane Wörner によれば、ドイツにおいては客観的なテロ行為も主観的にテロを標榜した動機をもつ犯罪も個別には処罰しておらず「テロリズムはそれ自体としては刑罰を厳格化する事情ではな」く、「むしろ処罰は国家や市民に対する重大な侵害の惹起の危険を前提にして」(a) テロ組織の創設及び支援（§129a, b StGB）、(b) テロ行為の計画・準備・指導等テロ組織創設の前段階の行為及び宣伝行為（§89 a, 90 b, 91 d StGB）という二方向に拡張されるという[53]。

　ここで注目したいのは、ドイツでは個別具体的な危険に付帯したテロリズムの目的に対し加重罰を与えるのではなく、個別具体的な危険が存在することが明確でないにもかかわらずテロリズムの「思想」を持つ集団の組成そのもの或いはその喧伝に特別な処罰が与えられていることである。なぜ、「行為」ではなく、「思想」を性質として持つ結社や表現に対する制約がなされることとなったのか。

　「イスラム過激派によるテロリズムが、安全を脅かす」という命題が、鮮烈な視覚的効果と共に、国際的に顕現する契機となったのは、2001年9月11日の世界同時多発テロ発生であった。9.11の前後で「世界が分断され」、9.11は

---

[53] リァネ・ヴェルナー（著）金尚均（訳）「ドイツ法におけるテロの可罰的予備：前倒しによる刑法の拡張に対する批判的考察」龍谷法学47巻1号（2014）205頁以下。

「アメリカのテロ対策をそれまでと比較にならないほど「飛躍的」に拡大・強化する起爆剤となった」[54]。同時多発テロの衝撃は、世論からの「テロリズムからの安全」に関する機運を高め、各国はテロリズム対策の法整備に奔走した[55]。2010年代に入り、世界同時多発テロの記憶が希薄化してくる中、今度はイスラム国（ISIS）等によるテロリズムが相次ぐ。

治安維持のための立法を政策的に進行させる国家にとって、9.11という最も大きなインパクトに関する「記憶の風化」は政策後退の危険信号である[56]。基本的人権保護の場面における「記憶の風化」が明確になったのがイギリスである。イギリスでは9.11以後、テロリストと疑われる者に限って拘留期間の長期化や財産等の制限の実施が可能となったが、2011年に移動の自由に対する包括的な制約となる管理命令（control order）については、最高裁判所による厳しい審査を受けて廃止され、その後更に明確な文言に基づく調査措置の執行がなされるようになった[58]。

群発的に発生するテロリズムと9.11の記憶を繋ぐものは、「イスラム過激派」が当該テロリズムの担い手であるという事実である。ドイツでは2014年9月12日、ボン基本法9条2項を終局的な法律的根拠として、文書・音声・図画等において「イスラム国」及びそれに関係する組織の名称を用いることが禁止され、財産の差押えが可能となった[59]。イギリスでも、2015年の法改正において、過激派思想そのものの封じ込めが企図された[60]。

---

54) 岡本、前掲注12)、v頁。ただし、岡本は9.11以前との政策の連続性に着眼している。
55) 初川、前掲注14)参照。
56) 湯浅成大「10年後の9.11：『過防備国家』の誕生と『日常生活リアリズム』の支配」東京女子大学紀要論集64巻2号（2014）195頁以降。
57) 2000年代前半イギリスのテロリズム規制法について、初川満「英国テロ規制法の分析」初川、前掲注14)、121頁以下。同123頁において初川が言及するとおり、「英国においては、このように（筆者注：1974年のバーミンガムパブ爆破事件を契機とするテロ行為法（1974年）、1998年のオマー爆破事件を契機とする刑事裁判法（1998年）、9.11世界同時多発テロを契機とする新たなテロ行為法（2001年）、2005年ロンドン同時多発テロを契機とするテロ行為法（2006））テロリストによる非道な事件が発生すると、それに呼応するようにして規制法が作られることが多」い。
58) 岡久慶「イギリスの2015年対テロリズム及び安全保障法：『イスラム国』台頭で変わるテロリズム対策」外国の立法 No.265（2015年）3頁以下。
59) 渡邉斉志「ドイツにおけるテロ対策立法：『イスラム国』への対応のための法改正」論究ジュリスト14号（2015）150頁以下。

国内における個人・結社によるテロリズムは、個別的危険が発生した後はあくまで刑法上個別の国内犯罪であることは、Wörner や Rosenfeld の主張においても明白な前提である。このことが意味するのは、国内犯罪として具象化したテロリズムは、被害者のみならず、加害者たるテロリストやその疑いを持たれている者も憲法の保護下にあることが想定されるということである。一方、前述した Gusy の議論に見られるとおり、「国家的自己主張の措置」における「国家的安全」は、内部からの国家システムの破壊や武力行使による国家の転覆などを含むイデオロギー的なものであり、この意味では国際的・軍事的な「国家の安全」に近似する。

　ドイツでは例外規定である基本法9条2項を根拠としてこの動きを正面から正当化する動きがあるが[61]、ナチズム暴走の歴史を前提とし、自由の保障のためには極めて厳格な運用が要求される本条項をもって、国際的・組織的ながら個別具体的な犯罪の積み重ねにより特徴づけられるテロリズムの思想を持つ結社等を禁止しうるのかという点については、大きな疑問が残る。まして我が国においては、本条項の如き結社の自由の例外は存在しない。政治的自由の根本の一として極めて重要な役割を持つ結社の自由に対して、行為ではなく「思想」を基準に、「国家的安全」のために制約を加えることは許されないという立場に対し、正当な反証を挙げうる理論は、少なくとも我が国においては示されてはいないように思われる[62]。また発生前の「テロリズム」が持続的且つ切迫した危険を伴わない性質の脅威であるにもかかわらず何らかの対応を必要とするとすれば、通常の比例原則に基づく審査ではない、持続性に対する対応を考慮した論理構成による憲法上の基本権の保護を行う必要があるのではないか、とも思われるのである。

---

60)　岡久、前掲注58)、12頁。
61)　基本法9条2項は以下のとおり定める。「目的もしくは活動において刑事法に反する結社、または憲法適合的秩序もしくは国際協調の思想に反する結社は、これを禁止する」。基本法9条2項に基づく結社の禁止が問題となった事件として、BverfGE 149, 160, Beschulß des Ersten Senats v. 13.7.2018がある（解説として、土屋武「基本法9条2項の結社の禁止とその限界」自治研究98巻11号（2022）136頁以下参照）。
62)　岡田順太『関係性の憲法理論：現代市民社会と結社の自由』（丸善プラネット・2015）第三部X章参照。

3　性　質——リスクとしてのテロリズムと「安全」の意義

1　テロリズムと法的リスク

　本章はここまでに、現代のテロリズムに直面する「安全」がどのような状況に置かれているか、ということを「安全」概念の再定位という視座から検討し、現代のテロリズムの特徴として、世論の不安を煽りつづける「持続性」の要素があることを把握した。この「持続性」が存在するがゆえに、重大なテロリズムが実際に発生すると、世論は強烈に刺激される。なぜなら世論は「テロが起こる*か*もしれない」という不安と、国家は「テロリスト」から、我々をもっと適切に保護しなければならないのではないかという鬱屈とした不満を、常に抱えているからである（それが、上述した「持続性」を有するテロリズムの存在の具体的影響の一例であろう）。

　「持続性」という観点から見たとき、テロ対策法制は地震対策を含む防災法制と大きな共通点がある[63]。大規模な災害やテロリズムが発生すると、実際に国民の生命や身体が傷付けられるのみならず、実際に発生した災害やテロリズムの発生を前提としていなかった立法の不作為あるいは行政の対応の不十分さが重大な問題となる。そのため、発生時期やその確度、重大性が明瞭でない想定事例に対応するリスクマネジメントの考え方を用いて「安全」を保障する傾向が強くなってきた。この傾向が、テロ対策法制と防災法制の重要な共通点である。下山憲治は、伝統的行政法学では「防災対策は社会秩序維持の上から重要であるため、保安警察の一類型としてとらえられてきた」が、近年では「災害行政法」という領域設定論が主張されるようになり[64]、組織法・手続法領域においては「一定の科学的合理性に裏打ちされた予防的災害対策、応急的（臨床的）災害対策、そして、戦略的災害対策を総合するリスクマネジメントの視点からの原理的転換も必要となっている」と指摘する[65]。

---

63)　林秀弥＝金思穎＝西澤雅道『防災の法と社会：熊本地震とその後』（信山社・2018）11頁以下参照。なお、日本の防災法制の基底をなす災害対策基本法は、地震や台風、津波などを対象とする（同基本法は、1959年の伊勢湾台風における防災行政の体制的不備の反省から、1961年に制定されている（同15頁以下））。

64)　例えば、村中洋介『災害行政法〔第２版〕』（信山社・2024）参照。

65)　下山憲治「防災法制の展開と今後の法的課題」生田長人（編）『シリーズ・防災を考える４

立法過程に着眼してこの傾向を描写すると、防災法制とテロ対策法制は、ともに甚大な被害を及ぼした個別の災害やテロ事件のインパクトを契機として、法制度を充実させてきたといえる。テロ対策立法については、前述のとおり9.11世界同時多発テロ以降、世界各国でテロ対策法制が整備されていったところ（ドイツのテロリズムに対抗するデータに関する立法とその評価については第四部第二章で扱う）、我が国の防災法制も、関東大震災や阪神大震災、伊勢湾台風を契機として法制度の構築が進んでいった経緯があり[66]、近年では東日本大震災が大きな影響を与えている。例えば、工学分野におけるリスクマネジメントの専門家らにより著された『震災工学』は、「工学システムの安全に関する分野では、従来、規基準類で定められた許容値を下回れば安全、そうでない場合は危険という二者択一的な考えが主流であった」が、東日本大震災の原子力発電所の事故を受けて、「安全と危険の間にはグレーゾーンが存在する」ということが再認識されたと指摘する[67]。このようなリスクマネジメントの視点は、東日本大震災後、行政によっても示され（ナショナル・レジリエンス[68]）、平成25年の災害対策基本法改正に大きく影響を与えている。

ただし防災法制とテロ対策法制には、憲法上の権利保障という観点から見ると、決定的な相違がある。防災法制は地震や台風といった「自然災害」を対象としていることから、これによって個人の憲法上の権利が制約される場面は例外的であり、例えば「望ましくない出来事が起こる可能性（確率P）×結果（被害の大きさ）の組み合わせ（影響度C）」というリスク定義を踏まえ、経済的合理性を考慮の上、対応の「意思決定をして継続的にリスクを極小化する」というリスクマネジメントの公式が比較的素直に妥当する[69]。一方テロ対策法制は、テロリズムを発生させる行為者が存在する「人的災害」を対象としている

　　防災の法と仕組み』（東信堂・2010）216頁以下。このような転換は国際的なものであり、同221頁以下では、2002年国連国際防災戦略事務局の報告書におけるリスクマネジメントに関する言及を取り上げている。
66）　下山、同上、209頁以下。
67）　矢代晴実（編著）『震災工学：被害想定・リスクマネジメントからみた地震災害』（コロナ社・2016）121頁以下。
68）　平成25年内閣府防災白書（http://www.bousai.go.jp/kaigirep/hakusho/h25/honbun/1b_3s_04_00.htm）。
69）　矢代、前掲注67）、126頁以下。

ことから、その法制度は本質的に個人の憲法上の権利を制約することとなる。そこでは、憲法上の権利を不当に侵害しない制度設計が要求されることから、事態はより複雑である。

このように、リスクマネジメントとしての性質を持ちながら、リスク計算の公式がそのまま妥当しないというテロ対策法制の特徴を踏まえ、テロリズムにより脅かされるとされる「安全」の法的性質について、更に議論を深めていこう。

2　「安全」概念と危険・リスク

ここからは、上述した「リスク」との関係から、「安全」概念について考えていく。

従来、安全（Sicherheit）は、危険（Gefahr）の対立概念として把握されてきた[70]。伝統的な具体的危険は、状態あるいは行為概念であり、警察法を元来の所在とする[71]。危険の対立概念として「安全」を捉えるとき、安全は「危険の欠如」として定義付けられる。しかし前述のとおり、国家活動は予防的な国家活動への志向性のもとで大きく変化している。このような状況下において、「安全」の対立概念をリスクとする見解が打ち出された。そこで、「危険」「リスク」との対立概念として「安全」を捉えることに関する議論を、Gusyの見解を軸に示し、違憲審査における「安全」の輪郭を明らかにする上で、危険・リスクとの対立を軸とすることの利点と問題点を簡潔に示し、両者の帰結の相違について検討する。

危険防御（Gefahrenabwehr）は、各州警察法の一般条項において、警察の任務の一として定められている。Gusy / Eichenhoferは、警察の危険防御の任務を、①公共の安全の保護、②私的権利の限定的な保護、③公共の秩序の保護、

---

70)　米田雅宏『「警察権の限界」論の再定位』（有斐閣・2019）第3章「危険概念の規範構造」、島田茂「ドイツ警察法における犯罪予防の目的と危険概念の関係」甲南法学49巻3・4号（2009）1頁以下、須藤陽子「ドイツ警察法における危険概念の展開」大分大学経済学論集48巻3・4号（1996）288頁以下、同「日独警察法理論の相違：『警察権の限界論』に対する批判に答えて」立教法学第80巻（2010）178頁以下、桑原勇進「危険概念の考察：ドイツ警察法を中心に」金子宏先生古稀記念『公法学の法と政策 下巻』（有斐閣・2000）647頁以下。

71)　*Christoph Gusy / Johannes Eichenhofer*, Polizei-und Ordnungsrecht, 11 Aufl., Mohr Siebeck, 2023, S. 58.

④他官庁との執行共助に分ける[72]。危険との関係で扱われるのは、①の任務である。

　危険概念について論ずる前に、危険防御という警察活動が保護法益とする「公共の安全」という概念について、ここで触れておきたい。米田雅宏によれば、「公共の安全」はフランス由来の「共同体の善き秩序」を由来とし、ラント高権の支配関係下で形成されてきたという歴史的経緯を持つ概念である[73]。プロイセン以降、公共の安全が法的概念として個別法に記載されるようになった。その代表たる警察法は、公共の安全を、警察が守るべき保護法益として提示する。ドイツで広く用いられている警察法教科書の一つであるPieroth／Schlink／Knieselによると、公共の安全は三つの要素を含む。①法秩序の不可侵性、②主観的権利または個別の法益の不可侵性、③国家の存立、及び国家やその他の高権の担い手の設備や行事の毀損である[74]。この三つの要素は完全に独立しているものではなく、重なり合っている（なお、後述する現代の「安全」と「公共の安全」は完全に一致するものではない）。

　では、この危険防御の核となる「危険」とは、どのような概念か。危険という概念は、各州並びに連邦警察法において定義付けられており、「個別の事件発生の十分な蓋然性の存在する場合に、予測可能な時点において公共の安全あるいは秩序に対する損害が生じると考えられる」状態を指す。危険概念の要素は二点ある。①個別の事件発生の十分な蓋然性があること、②予測可能な将来の時点において損害が発生すると予測されることである[75]。両者は個別の要素として理解されるが、パラレルな時間軸の中では相互に関連性を持つ。

　Gusy/Eichenhoferの警察法教科書は危険発生判断のメルクマールを「第一義的に権限を持つ機関の変更作用」に求め、危険概念のポイントについて、時

---

72) *Gusy/ Eichenhofer*, ebd., S. 41. なお執行共助に関し、重本達哉「ドイツにおける行政執行の違法性をめぐる最近の動向」近畿大学法学61巻2・3号（2013）193頁以下参照。

73) 米田雅宏「現代国家における警察法理論の可能性（1）：危険防御の規範構造の研究・序説」法学第70巻1号（2006）47頁以下。

74) *Bodo Pieroth/Bernhard Schlink/Michael Kniesel*, Polizei- und Ordnungsrecht, 7. Aufl., C.H.BECK, 2012, S. 118 f. 本書は2014年刊行の第8版よりThorsten Kingreen/Ralf Poscherに引き継がれ、第10版からは著者名義も、両教授に変更された。2025年現在の最新版は第13版であるが、ここでは原著者の最終版を引用する。

75) Ebd., S. 41.

的近接性を示す予測可能な「将来の損害」であるという点に置く[76]。危険が実際に捕捉され、損害が発生する間に、各官庁は危険予防・危険防御・損害発生後対応という過程を辿り活動を行うが、いまだ危険が存在していない場合、その対応は危険予防（Gefahrenvorsorge）と呼ばれる。予防的警察活動が行われるのはこの段階である。次に将来の損害発生が十分な蓋然性を持って予測されるという上記二点が満たされた段階で、危険防御（Gefahrenabwehr）が行われる。これを Gusy/Eichenhofer は、予防的（präventive）警察活動と対比して、抑止的（repressive）警察活動と呼ぶ[77]。その後、損害が発生すると、警察は司法警察活動を行う。ここで注目すべきは、損害発生前の行政警察と、損害発生後の司法警察の性質の相違という伝統的区分に加え、損害発生前の警察活動についても、「第一義的に権限を持つ機関の変更」と言えるような区別があると認識されている点である。危険が存在しない段階であっても、損害に結びつくおそれのあるものが何一つない状態において、無意味な警察活動（或いはその他官庁の活動）が行われるわけではない。そこにはリスク（Risiko）が存在する。

　では、「危険」「安全」との関係から見た「リスク」とは、どのような概念か。危険とリスクの関係については諸説あるが、まず、「リスク」が多層的な概念として構成されるということは、一定の合意を見ているように思われる。それは、「リスク」が如何なる概念かという問題についての争点が、「リスク」概念の範囲の広狭という問題に帰せられ、その範囲の内に従来「危険」と言われてきたものが含まれるかという点を重要な分岐点としていることから見てとることができる。

　Gusy は、「リスク」の不在そのものが「客観的安全」にあたるとして、「リスク」を従来の議論における「危険」を含む概念でもあるとの理解を示す[78]。すなわち Gusy の見解によれば、「リスク」という概念の多層性には、「危険」という次元が包摂される。これに対し、Josef Isensee や Erhard Denninger は、「リスク」とは、損害発生の遠い可能性または未知の可能性、ないしは単なる思考上の可能性にまで及ぶとする[79]。このような「リスク」概念は、状態あるい

---

76) *Gusy/ Eichenhofer*, a.a.O. (Anm.71), S. 54 f.
77) Ebd.
78) *Gusy*, a.a.O. (Anm.45), (2004) S. 157 f.
79) ヨーゼフ・イーゼンゼー（著）小山剛＝上村都＝栗城壽夫（訳）「保護義務としての基本権」

は行為概念である危険と、本質的な違いがある。つまり、「危険」と「リスク」の間には、時系列の広がりの相違ではなく、概念の考慮される次元の相違が存在すると解する余地があるといえる。

「リスク」に個人の主観的意識を含める見解を示す Isensee や Denninger の見解に対して、Gusy は個別の事例における個人の感覚を含めず、「リスク」の意義に客観性を内包させることで、「安全」の対立概念としての位置を獲得しうる性質を付与している。[80]「危険」「リスク」の析出方法は、対立する法的概念としての「安全」を捉えるにあたっても深く影響を及ぼす。後述するように、Gusy は主観的安全・客観的安全を含む「安全」を、「リスク」の対立概念と理解する。[81] ここで重要なのは、客観的安全が「状態概念」であるということである。Gusy は、客観的安全自体が独自の保護法益を形成するのではなく、一定の法規範が保護する法益が維持されている「状態」を客観的安全としながら[82]、対立概念を「リスクの不在そのもの」とするのである。Gusy にとっては、「リスク」も危険と同じ状態概念であり、多層性はあくまで状態概念という枠内において、時的限界の変動、将来の発生蓋然性の確信の程度の大小などによって描写される。それゆえこの立場からは、個別の主観的安全は、客観的安全という「状態」の附属物に過ぎず、主観的安全それ自体の保護を目的とした基本権に対する制約は認められない。

これに対し Isensee は、安全を「リスク」の不在と解することに懸念を示す。Isensee のリスク理解によれば、「リスク」は内在的限定を欠く概念であり、仮に「安全」を「リスク」の不在と理解すれば、自由及び「安全」概念の明確性が損なわれるためである。[83] Isensee は、保護義務の要件段階では、客観的リスクは安全の抽象的な対立概念の一部に含まれるとするが、具体的に「安全」概念が形成される段階においては、「リスク」は明確性を欠くことから含

　　［解説・小山剛］ヨーゼフ・イーゼンゼー（著）ドイツ憲法判例研究会（編訳）『保護義務としての基本権』第三章（信山社・2003）136-138頁、*Erhard Denninger*, Prävention und Freiheit, 2008, S. 8 f.
80)　*Gusy*, a.a.O.（Anm.45）(2004), S. 157.
81)　*Gusy*, a.a.O.（Anm.45）(1996), S. 578.
82)　*Gusy*, a.a.O.（Anm.45）(2004), S. 39.
83)　*Josef Isensee*, Aussprache, VVDStRL 63, 2004, S. 197.

むべきでないとする。この論理展開は、客観的リスクと主観的リスクを分けるという線引きをしている点で、議論の性質上 Gusy の理解と近い部分があるようにも思われるが、客観的リスクですら憲法レベルで具体化した際には安全の対立概念にはならないとする Isensee の主張の結論は、本質的に Gusy の見解と対立する。

　更に異なる観点として、「安全」の保護法益性から、「リスク」について考えてみたい。Gusy は客観的安全に限っても、その独立の保護法益性を認めない。これには、Robert Alexy が類似の見解を示している。Alexy は、「安全」はあくまで公共財且つ非技術的な概念であり、真正な意味における個別の基本権としては観念し得ないとする。[84] この背景にあるのは、完全なリスク制御に対する懐疑である。他方で、Markus Möstl は、Gusy や Alexy と対立する見解を提示する。[85] Möstl は、上述した「危険」と「リスク」という概念による安全保護のための国家活動に関する区分を前提に、公共の安全及び秩序という保護法益が害される蓋然性が存在する場合は、国家の介入を許容すべきとした。ここでの蓋然性は、危険判断の要件としての「十分な蓋然性」とは異なり、リスク防御的な局面をも含めて判断される、比較的要求の程度の弱い蓋然性を言う。

　ここまで、Gusy の見解を中心に、危険・リスクの捉え方とその対立概念としての「安全」について見てきた。では、テロリズムにより脅かされうる「安全」の法的性質を考えるにあたって、以上の議論がどのような意味を持つのか。

　まず「危険」を「安全」の対立概念ととらえる見解については、あくまで「危険」だけが「安全」の欠如と言えるのか、ということが問題となる。そもそも「リスク」という概念が登場した背景には、科学技術等の発展に伴い、現代社会が複雑且つ発生見通しの困難な新しい問題に対しての対応が必要ではな

---

84) *Robert Alexy*, Aussprache, VVDStRL 63, S. 194.
85) *Markus Möstl*, Die staatliche Grantie für die öffentliche Sicherheit und Ordnung, Mohr Siebeck, 2003, S. 159 f., S. 180 f. Möstl の議論について、小山剛「自由・テロ・安全：警察の情報活動と情報自己決定権を例に」大沢秀介＝小山剛（編）『市民生活の自由と安全：各国のテロ対策法制』（成文堂・2006）314頁以下、白藤博行「リスク社会下の警察行政」ジュリスト1356号（2008）83頁以下参照。

いか、という議論がある。「危険」を「安全」の対立概念ととらえると、個別の危険発生前に「安全」の保障を目的として行われる予防的な国家活動は、原則としてその目的の正当性が認められないこととなる。なぜなら、予防的な国家活動は、字義のとおり「事前の」段階で行われることを本質とするものであるからである。本書は、予防的な情報収集活動を全く認めない立場に立つことは現実的ではなく、実際に予防的警察活動や諜報活動が必要となる場面も想定し得ると考えていることから、この立場には立たない。

一方で、「安全」の対立概念を「リスク」と捉える見解については、二つの問題点が挙げられる。

第一の問題点は、概念設定の内在的な困難性である。すなわち、主観の程度や、損害発生の蓋然性とまで言えないがリスクとして認識される範囲に関する問題である。主観・客観といったリスク内部の分岐には一定の共通性があるものの、論者によってリスクの捉え方は異なり、その捉え方を決めるものが何かが明らかにされていないため、議論が水掛け論となりがちであるという問題点を指摘し得る。

第二の問題点は、第一の問題点とも関係するが、内在的限定をし得ないために保護領域が拡大し、従来の比例原則が機能不全を起こすとき、侵害される憲法上の権利保障の手段は確保されるのか、という問題である。この問題点は、「安全」概念の拡散に繋がる。「安全」概念の拡散は、「安全が重要な保護法益である」と言えたからこそ成り立って来た比例原則の機能不全を惹起する。このとき、果たして安全を指向する国家活動により侵害される基本権を保護するための手段が確保し得るのか、という壁に我々は直面することとなる。

3 客観的「安全」・主観的「安全」

上述のとおり、「リスク」と対置される「安全」という法的概念が、重大な問題を内包しつつも新たに形成されつつあることを踏まえ、更に「安全」概念の内在的な性質に迫っていきたい。ここでは、客観的「安全」と主観的「安

---

86) *Christoph Gusy*, Vom neuen Sicherheitsbegriff zur neuen Sicherheitsarchitektur, VerwArch 2010, S. 311 f.
87) *Isensee*, a.a.O. (Anm.44), S. 197、イーゼンゼー、前掲注79)、157頁。

全」に関する Gusy の議論を中心に扱うが、まずはその趣旨を説明したい。

　テロリズムの抑止と検挙を終局的な目的とする国家の情報収集活動の対象には、「数値化可能な実体」[88]が存在しないことがままある。厳密に言えば、数値化可能な実体が数値として認識出来るようになったとき、既にその実体は「リスク」でもなければ「危険」ですらない、「損害」となっているのである。数値化の困難さの影響が顕著に現れるのが、ここで扱う「客観的」安全・「主観的」安全の区別の困難性である。数値化可能な分野では、「数値化出来るものは客観的安全、出来ないものは主観的安全」と明確に区別しうるため、例えば前述した防災や環境の分野からは主観的安全（≒安心感）は一定程度捨象され、数値で推し量ることの可能なリスクがどこまで（客観的）安全として保護されるか、という議論に向かいやすい[89]。しかし、メディア（ここにはソーシャルメディアも含まれる）が事実に基づくニュース等を用い、生命を脅かされる恐怖（安全の欠如）に関する情報の伝播を拡大している現代においては、両者がどう区別されるかということ自体、曖昧である。特に、テロリズムは、前述の通り共同体の根幹に対する攻撃の表出という性質を有することから、（主観的）安全の欠如が著しく増幅される傾向にあるといえる。「主観的」安全の欠如が憲法上の利益と対立する法的利益として認識されるかどうか[90]という命題を否定するとしても、あるいは「安全」の一部が警察分野において「客観的」安全として法的保護を受ける可能性があるとしても、それを法的に確定するには、前提として「主観的」安全と「客観的」安全の区別を議論する必要がある。

　では、「主観的」安全の外縁を確認するために、どのような手段をとることが出来るか。Gusy の見解を中心として、具体的に検討していく。

　Gusy が議論のベースとするのが、安全文化（Sicherheitskultur）という概念である。安全文化・安全保障文化は、ドイツで注目を浴びている学際的な社会科学研究分野の一であり[91]、Rauer ／ Junk ／ Daase によれば、安全文化は、価

---

88) 西原、前掲注6）、79頁。
89) 環境分野の先行研究として、戸部真澄『不確実性の法的制御』（信山社・2009）、山田洋『リスクと協働の行政法』（信山社・2013）参照。
90) 西原、前掲注6）、78頁。
91) 日本では主に国際政治分野で扱われてきた（国際政治167号（2012）のテーマが「安全保障・戦略文化の比較研究」であった）。

値指向性としての政治文化（politische Kultur）と、行為指向性としての戦略的文化（strategische Kulutur）とのハイブリッドモデルであり、両者に関する問題（例えば危険応対の方法など）に関するコミュニケーションを通じて生成されてきた[92]。

それではこの安全文化の中で、法的な「主観的」安全と「客観的」安全は、どのように理解されるのか。Gusyは、より広い安全についての社会的現象である安全文化と、安全に関するコミュニケーションの議論されてきた元来のフィールドである安全保障政策（Sicherheitspolitik）、そして安全関係法令（Sicherheitsrecht）の3つが同一の理論に則って動くと指摘する。その基礎となるものが、安全に関するコミュニケーションについての理論である。安全文化の中での法的な「主観的安全・安心感」の位置づけを模索し、主観的安全と客観的安全との近似を目指す国家の取り組みを促すのがGusyの議論の方向性である[93]。

では、元来法的なものに限定されない広域的な範囲に存する安全文化の中で、法的な「安全」はどのような観点から位置づけられるのか。この点Gusyは、安全関係法令における「損害発生の蓋然性をも含む、一本の線からなる因果関係」を、安全文化において議論されるべき「危険概念の構成要素」として捉え、客観的危険を「リスク」のスペクトラムにおける特定の一断面と理解する[94]。国民が国家に危険防御を委ねている現状において、自由と安全の混合比（Mischungsverhältnis）（≠二者択一（Alternative））を語ることが、安全文化の中における憲法上の安全概念の位置づけであるとする。

次に、どのようにして「主観的」安全と「客観的」安全は区別されるのかが問題となるが、ここで、「客観的」安全からではなく、「主観的」安全の側から

---

92) *Valentin Rauer/ Julian Junk/Christopher Daase*, Konjunkturen des Kulturbegriffs: Von der Politischen und srtategischen Kultur zur Sicherheitskultur, in: *Hans-Jürgen Lange/Michaela Wendekamm/Christian Endreß (Hrsg.)*, Dimensionen der Sicherheitskultur, Springer VS 2014, S. 33 ff.

93) Gusyは後に、適切な情報開示を国家が行うことで、主観的安全と客観的安全の一定の対応関係構築を目指すようになる（transparente Staat）。Vgl. *Christoph Gusy*, Der transparente Staat, DVBl 2013, S. 941 ff.; *ders*, Informationszugangsfreiheit - Öffentlichkeitsarbeit - Transparenz, JZ 2014, S. 171 ff.

94) *Christoph Gusy*, Sicherheitskultur - Sicherheitspolitik - Sicherheitsrecht, KritV 2010, S. 111.

線を引いていくことが Gusy の議論の特徴である。従来の発想では、「客観的」安全を決定することで、その範囲から逸脱したものについてはそもそも「安全」ではないとされてきた。しかし、「主観的」安全の中にも法的な意味での「安全」として観念出来る部分があるか、という点について議論する上では、曖昧な「主観的」安全そのものを一定程度確定するメリットが認められる。これが、議論の出発点である。

　まず Gusy は、「主観的」安全は個人的なものに留まらず、社会的・政治的なレベルで感じられるものであると定義付け、個人的感覚を超えた意味付けを行う。そして、「主観的」安全に何らかの措置を施すにあたっては、様々な社会的レベルの手段があり、その中のひとつとして法という観点を扱う、とする[95]。それと同時に、アメリカ法秩序に端を発する（広い意味での）不安からの自由権（Grundrecht auf Freiheit von Furcht）について、近年の社会的認識・解釈に基づくものではなく、古くからあったものが時の流れの中で変化してきたものと理解する。このような自由権は国家による過度のコントロール禁止という形で（例えば、遡及効の禁止やデュー・プロセス条項と結合して）保障されていたが、近年基本権保護義務と結びつき、テロリズム等の安全を脅かす問題についての国家の秘密的な情報収集にも拡大している。Gusy の観点による不安からの自由権の本質は、事前の統制を許す点にある。事後的な基本権保護では足りない、という不安からの自由権に基づく発想である。この発想から生じるのは、不安からの自由権を根拠とした情報収集を容認する帰結であり、Gusy は国家からの自由を重視する立場から、この帰結を批判的に見る。

　「国家が合理的な理由なく、国民の自由な行動の規制をしてはいけない」という自由主義の基本的思考に鑑みると、不安からの自由権に関する理論は以下の二点において問題がある。一つめは不安を解釈するにあたり、単一の因果関係を認識するのが困難であるという問題であり、二つめは、個人の主観性（認識のみならず、経験や精神状態）に左右され、演繹的判断の合理性を妨げるという問題である。

　ここで、「主観的」安全の位置づけに関する議論に先立ち、主観的安全（subjektive Sicherheit）と安心感（Sicherheitsgefühl）の間に相違があるのか、という

---

95) Ebd., S. 118 f.

点を検討しておく必要がある。「『主観的』安全と安心感が同一のものかどうか」について正面から論じた法学分野の論文は、管見の限り日独共に殆ど見当たらない。

　Gusy、Matthias Kötter、Christoph S. Schewe はともに、主観的安全、安心感の他に、主観的安心感（subjektive Sicherheitsgefühl）という用語を用いていることが確認され[96]、両語は互換的に使用されるようにも思える。しかし、Gusy の議論の特徴を注意深く見ると、安心感を個人的な感覚として、「主観的」安全を法的な概念として位置づけているのではないかと推測される。この区別は、本書が法的な議論を対象としている以上、極めて重要である。

　Schewe は、安心感単独ではもちろん、安全にも独立した法律上の保護法益性を認めないことから、安全の中にこれを位置づけることは出来ないとした上で[97]、安心感の保護の憲法上の位置づけを、国家性（Staatlichkeit）や民主制（Demokratie）といった国家構造の維持に関わるものと理解し[98]、「安全」を必要不可欠な国家任務とする[99]。一方、連邦憲法裁判所における憲法上の権利の規制目的としての安全は、「主観的」安全と「客観的」安全の区別が明確にはなされていない。Kyrill-A. Schwarz は前述のラスター捜査判決や国勢調査権判決を取り上げ[100]、「連邦憲法裁判所が公益侵害を基礎として、直接的に『監視対象の感情』と萎縮効果（Einscüchterungseffekt）[101]との結びつけを援用するとき、基本権侵害のドグマは変更される」とし、現代における「個人の自由の重大な侵害は、現代のテロリズムが実在するというメルクマールとしての不安感から生じている」と指摘する[102]。

　「主観的」安全は、上記のように、「客観的」安全とは一線を画す独自の法的

---

96)　*Matthias Kötter*, Pfade des Sicherheitsrechts, Nomos, 2008, S. 241.; *Gusy*, a.a.O.（Anm.94), S. 118.; *Christoph S. Schewe*, Das Sicherheitsgefühl und die Polizei: Darf die Polizei das Sicherheitsgefühl schützen?, Dunker & Humblot, 2009, S. 94.
97)　*Schewe*, ebd., S. 140 ff.
98)　Ebd., S. 146 ff, S. 156 ff.
99)　Ebd., S. 51 ff.
100)　BVerfGE 65,1, Urteil des Ersten Senats v. 15. 12. 1983.
101)　Vgl. *Christian Rath*, Karlsruhe und der Einschüchterungseffekt - Praxis und Nutzen einer Argumentationsfigur des Bundeverfassungsgerichts, KJ 2009, S. 65 ff.
102)　*Kyrill-A. Schwarz*, „Gefühlte" Grundrechtseingriffe und „reale" Gefahren, S. 412, in: *Eric Hilgendorf/Frank Eckert (Hrsg.)*, Subsidiarität, Sicherheit, Solidarität: Festgabe für Franz-

効果を有する。その上、「客観的」安全との非対応関係を前提とした超領域的且つ不規則的な拡散が、安全文化において「主観的」安全に中心的な位置を与えていることから、現代の「安全」に関する論争においては「客観的」安全は脇役であり、主役はあくまで「主観的」安全である、と Gusy は指摘する[103]。この指摘は、安全概念の変化に深く関与している現代的特性が、警察の守るべき保護法益としての「安全」を捉えることを困難にしているという現代の問題状況を端的に表している。

　上述の通り「客観的」安全は、個別の損害発生の蓋然性により判断される一方[104]、「主観的」安全は、客観的なものとして発展する可能性を持った認識ということではなく、以下の三要素を持つ「不確定」で「コミュニケイティブな概念」として固有に判断される[105]。その三要素とは、①伝播性（Übertragung）、②自己増幅性（Selbstverstärkung）[106]、③他領域での思考・行動の変容（という効果）（Einstellungs und Verhaltenänderungen in anderen Bereichen）である。

　ここで Gusy の言うところの「コミュニケイティブな概念」は、コミュニケーションと情報の境界において、多層的に構成される。単一の「客観的」安全の欠如についてであっても、情報の既知・不知、その情報の性質などによって「主観的」安全は大きく左右される[107]。

　Gusy は「主観的」安全をこのような振れ幅をもって定義づけたあと、「客観的」安全と「主観的」安全を近づけるために国家の適切な介入を要求するが、国家の全面的な介入は、市民的な自由を妨げることとなる。そこで、安全に関するコミュニケーションを支える安全文化は、憲法上原理的に自由・私的なも

　　Ludwig Knemeyer zum 75. Geburtstag, Ergon, 2012.
103)　*Gusy*, a.a.O.（Anm.94）, S. 112.; *Kyrill - A. Schwarz*, Die Dogmatik der Grundrechte - Schutz und Abwehr im freiheitssichernden Staat, in: *Ulrich Blaschke u.a. (Hrsg.)*, Sicherheit statt Freiheit?: Stattliche Handlungsspielräume in extremen Gefährdungslagen, Duncker & Humblot, 2005, S. 30 f.
104)　*Gusy*, ebd., S. 116.
105)　*Ebd*.
106)　これは「自然に増える」だけではなく、「客観的安全に対応せずに、自律的に量的変化を起こす」という意味をも持つ。*Schewe*, a.a.O.（Anm.96）, S. 106 ff.
107)　*Christian Endreß/Martin Feißt*, Von der Sicherheit zur Sicherheitskultur: über den Umgang mit komplexität im Sicherheitsdiskurs, in: *Lange/Wendekamm/Endreß (Hrsg.)*, a.a.O.（Anm.92）, S. 27 f.

のとして、一旦全面的に許容される。ここで国家は、二次的に、安全に関する議論に参加する権限及び安全文化の形成に参加する権限を持つこととなる。その一方で、住民の信頼への応答、国家的情報任務の相対的且つ高度な客観性・中立性の担保、一般的安全喚起の差し控え、情報の選別等、一部の任務においては国家が中心的な役割を果たすことで、「客観的」安全と「主観的」安全の距離を近づけていくことが可能となる、というのが Gusy の議論の着地点である。

　以上の議論は、以下の三点において意義がある。①「主観的」安全の法的位置づけを「不安からの自由権」という潮流の中に位置づけながら、これに優位する国家からの自由を論じている点、②「主観的」安全をただの「感覚」から更に一歩進んだ形で措定し、「主観的」安全と「客観的」安全をつなぎ、また両者の合同さを損なわせているものの正体が、安全に関するコミュニケーションであると明らかにした点、③安全文化への国家による介入が、「主観的」安全と「客観的」安全を近づける役割を果たしうるという可能性を提示する点である。特に①②は、「ただの感覚」として片付けられていた「主観的」安全に積極的な位置づけを与えるとともに、「客観的」安全を区分し、また区分しきれない部分を不確定なコミュニケーション部分に集約するという意義を持つ。これは、憲法上の法益としての「安全」の範囲の決定という問題に向かい合う一助となり、法益として認められ得ない「主観的」安全を「客観的」安全から切り離すメルクマールとなりうる。

　ただし Gusy がこの議論の帰着点として、安全コミュニケーションに対する国家の介入と、コミュニケーションの適正化を要求している点には賛同しかねる。Gusy は、「安全」は国家目的であるとしても、基本権保護義務の行使の対象ではなく、あくまで立法者に対する統制内容に過ぎないと理解する[108]。その是非は別にしても、本来私的なものである（だからこそ民主制の過程に資するし、一方で不安定である）コミュニケーション[109]に対して、例え安全に関する分野に限定するにしても「国家の介入が中心的な領域」[110]とすることは、自由主義的・民主

---

108) *Christoph Gusy*, Grundrechte und Verfassungsschutz, 2011, S. 2.
109) *Gusy*, a.a.O. (Anm.94), S. 124 f.
110) Ebd., S. 126 f.

主義的な立憲国家の基礎たる生身のコミュニケーションを阻むことになるのではないか、という疑念が湧く。

更に、Gusyの議論に対する最大の疑問は、「危険」「リスク」の対立概念としての安全と、「主観的」安全・「客観的」安全との関係である。Gusyの定義を参照すると、「客観的」安全は危険の欠如とほぼ同義であるように思われる。だからといって、「主観的」安全≒リスクの欠如という関係は成り立つようには思えない。曖昧で広い範囲を含むリスクという概念には、一定程度客観視出来るものの、危険発生の蓋然性の程度が低い要素も含まれるからである。

筆者はこのような観点から、「両者の重なり合いはどのような形で起こり、また憲法上の権利と対立する規制目的として認めうる『安全』とはなにか」という問題を検討するため、前述したリスク概念の理解を深めた上で、ひとまずはGusyの挙げた伝播性・自己増幅性・他領域での思考・行動の変容効果という「主観的」安全ならではの不確定性をメルクマールとして、「主観的」・「客観的」安全に対応した「主観的」・「客観的」リスクに関する理解を深めるべきであると考える。その上で、「主観的」・「客観的」安全として理解した「安全」概念を「リスク」と対立させ、「危険及び客観的リスク」を最終的に「安全」と対立する概念と理解する、という帰結を仮説として提示したい。本仮説との関係では、この後に述べる国家目的論からの議論は、「客観的」リスクを具体的に捉える際の外縁を基礎付ける「安全」概念の性質を、歴史的観点から裏付ける役割を担うと理解される。

4 法的概念としての「安全」を脅かすテロリズムと国家の任務

1 テロリズムに対抗する国家の任務——国家目的としての「安全」

ここまで、テロリズムに対抗する秘密的・予防的・広域的な国家の情報収集活動の正当化根拠として用いられてきた「安全」という法的概念の現代的実体を明らかにしようとする試みに取り組んできた。

ここまでの議論は、あくまでも憲法との関係に限ったものではなく、より広範な視野のもとでの議論であったが、憲法や国家論との関係に限定して見ると、「安全」という法的概念は、非常に古い歴史のもと、国家の本性と深く複雑な関係性を有するものである。そこでここからは、憲法外在的に付与されたものとしての「安全」の、憲法の内部構造との連結に関する史的な視点をとり

あげる。キーワードは、国家目的（Staatszwecke）と基本権保護義務（Grundrechtsschutzpflicht）である。

Isensee によれば、「安全」の保障は憲法外在的な国家目的として位置づけられ、憲法上は基本権保護義務として具体化する[111]。憲法外在的な国家目的と憲法内在的な規範との関係については後述の通り諸論あるが、まずは国家目的の一般的な議論について俯瞰する。

まず、国家目的・国家目標（Staatsziel）・国家任務（Staatsaufgabe）の相違について示す。国家目的とは、基礎理論上の国家存立目的であり、国家の正当化根拠と接続する概念である。国家目標・国家任務との最大の相違は、国家目的が、憲法上の具体的な規定から直接取り出しえない憲法外在的な政治国家理論を本質的な所属とする点である[112]。他方、国家目標は当該社会秩序にとっての理想像（Leitbilder）追求を国家に義務づける憲法学上の概念であると理解される[113]。憲法上の目標規定として顕現した国家目標は、国家目標規定（Staatszielbestimmung）と呼ばれる[114]。そして、これをより具体化したものが国家任務である[115]。

Winfried Brugger によれば、国家目標・国家任務と区別される国家目的の機能は、主に四種類に分類することが出来る[116]。①国家の同質性確保、②国家（及び憲法）の正当化[118]、③立法裁量の統制場面における権力濫用の制御、④議論の複雑性の減少である[119]。

国家目的がこのような機能を有する概念として理解されるようになるまで

---

111) *Isensee*, a.a.O.（Anm.44）, S. 46 f.
112) *Christoph Möllers*, Staat als Argument, Mohr Siebeck ,2011, S. 193.
113) Ebd.
114) 例えば、ボン基本法20a 条。三宅雄彦「国家目的としての安全」法学教室329号（2008）14頁参照。
115) 藤井康博「近世・近代ドイツ国法学における国家目的『自由』『安全』『生命』（1）：環境国家論への予備的覚書」静岡大学法政研究16巻1-4号（2012）143頁以下。
116) *Winfried Brugger*, Staatszwecke im Verfassungsstaat, NJW 1989, S. 2429 f.
117) 石村修「今日の憲法国家における国家目的」同『憲法国家の実現：保障・安全・共生』（尚学社・2006）第5章［初出1997年］。
118) BVerfGE 49, 24, Beschluß des Zweiten Senats v. 1. 8. 1978., *Möllers*, a.a.O.（Anm.112）, S. XXXI f.
119) 小山剛「陰画としての国家」法学研究80巻12号（2007）143頁、*Brugger*, a.a.O.（Anm.116）, S. 2430 f.

に、国家目的論盛衰の歴史は以下四つの局面を経ており、現在の形は第五の形態であると理解し得る[120]。この五つの局面とは（a）19世紀前半まで、（b）19世紀後半、（c）19世紀末～第二次世界大戦、（d）第二次世界大戦以後～1970年代まで、（e）1980年代以降である。以下、史的展開と各局面における理解の特徴を辿ることで、国家目的論と安全に関する基本権保護義務の関係のルーツを確認する。

（a）第一の局面は19世紀前半までである。16世紀以来のドイツ自然法学は、「何らかの自然的な事態・秩序（＝自然）又は先験的な倫理的法則・価値に基づいて、必然的に存立する、正しい人間生活のための規範」と捉えられる自然法概念の上に成り立つものであった[121]。これがドイツでは、18世紀から19世紀にかけて、君主制の援護者となってしまう。背景には、非西欧的なドイツ特有の立憲君主制があったが、その後絶対主義に対する反発から、立憲主義的思想ないし同思想の観点から現実の憲法構造を実証的に分析する、いわゆる自然法論を基礎とした法実証主義的憲法学への転換が起こった。立憲君主制時代の包括的な公共の福祉理解が、自然法的基礎づけにより限定的且つ制約的なものへと変化したと言える[122]。

（b）第二の局面は、19世紀後半である。ここで国家目的は、一度目の「消滅」を経験する。この時期、国家目的論が一度目の消滅に瀕した理由は、主として以下の二つに整理出来る。

一点目は一般憲法学から一般国家学への移行が起こった点である。憲法学から一般国家学が分離するという憲法学の実態変化に直接起因するという意味で、国家有機体論から国家法人説への「移行」と、国家目的論の憲法学からの「消滅」はルーツを同じくする[123]。

---

[120]　以下参照する各文献から、明確な転換を複数の論者が指摘する点を転換点とし、筆者が整理を行った。

[121]　山下平八郎「自然法と実定法（1）」愛知工業大学研究報告. A, 教養関係論文集13（1978）22頁、ホッブズ（著）水田洋（訳）『リヴァイアサン（一）』（岩波書店・1992）208頁以下。

[122]　小林孝輔『ドイツ憲法史』（学陽書房・1980）82-88頁、102頁以下、栗城壽夫「ドイツ国家目的論史小考」同『十九世紀ドイツ憲法理論の研究』（信山社・1997）361頁以下［初出1979年］。

[123]　莵原明「『一般国家学（Allgemeine Staatslehre）』の存在理由？」大東文化大学法学研究所報（2006）2頁以下。

二点目は自然法思想に対する批判への応答の結果の顕在化である。伝統的・体制的君主制論復興の右派は、神学的国家論と結びついて自然法に対する批判を行い、一方で近代的・自由主義論の勃興を目論む左派は、有機体としての国家を固有の主体と捉える形で自然法と国家の切り離しを主張した。[124]

　（ c ）第三の局面は、19世紀末から第二次世界大戦終戦までである。第二の局面で消滅した国家目的論は、一度めのルネサンスを経験する。Georg Jellinek は、第三の局面における国家目的を、客観的・個別的目的としての国家目的と、主観的目的としての国家目的に二分する[125]。このうち、第一の局面で特に意識されて来た（自然法的な）客観的目的や、特定の国家の個別的目的といったものを、Jellinek は「まったく恣意的で規定し得ない」ものと断言し、是認しうる国家目的があるとすれば、それは主観的目的であるとする。Jellinek はその実在根拠を、国家の生命が人間の行為の不断の連続のうちにあり、人間のあらゆる行為は必然的にある動機・目的によって規定されているという事実に求め、これを否定することは国家を盲目的な自然力に貶位し、国家からすべての統一性と継続性とをただ奪うだけであるとまで述べる[126]。この考えは、1930—40年代、ナチスの国家運営の中において強調される（なお、同時期においても法実証主義の立場からは国家の自己目的的存在意義が強調され、国家目的論を批判する動きがあった）[127]。

　（ d ）第四の局面は、ドイツの第二次世界大戦敗北及びナチスの国家目的論濫用及びこれによる法秩序の骨抜きという事態に対する反省を踏まえた厳格な

---

124)　カール・シュミット（著）大久保和郎（訳）『政治的ロマン主義』（みすず書房・1970）参照。
125)　G・イェリネク（著）芦部信喜＝小林孝輔＝和田英夫（訳）『一般国家学〔第二版〕』（学陽書房・1976）186頁以下、Vgl. *Georg Jellinek*, Allgemeine Staatslehre, ‚O. Häring, 1900, S. 230 ff.
126)　イェリネク、同上、188頁。
127)　ここでの動きを「ルネサンス」と評価しうるのは、政治的なレベルでの動きも含めた社会全体の潮流自体に関する動きを指す。実証哲学からナチズム的思想への転換を描く1935年ドイツの哲学者の講演を収載した Eugen Herrigel（講演）秋沢美枝子（翻訳）山田奨治（解題）「オイゲン・ヘリゲル著『国家社会主義と哲学』『サムライのエトス』全訳と解題」日本研究32巻（2006）285頁。一方で実証主義者と自然法学者のナチズムを巡る議論をフランス憲法学・法哲学の大家が論じた Tropel Michel（著）南野森（訳）「ミシェル・トロペール論文撰（10）ナチス国家は存在したか？」法政研究74巻4号（2008）961頁以下は、第三帝国の哲学的背景を顕著に表す。

法治主義の実施である。これはボン基本法下での原則論としての実質的法治主義を意味する[128]。

（e）その後、現在に繋がる第五の局面が、1980年代以降に勃興する。これが第二の国家目的論ルネサンスの時期にあたる。第五の局面では、基本権保護義務論と結びつく形で、国家目的論が憲法の学壇に蘇ることとなることが最大のインパクトを持つが、この点については後に詳しく議論することとして、先に憲法学の領域外における第二の国家目的論ルネサンスの意義に触れたい[129]。

前憲法的な事実問題としては、自由主義的法治国家が二つの壁に打ち当たったことが挙げられる。①実質的平等が強く謳われる中、格差や高齢化に対応するため社会的・民主的法治国家への発展の道筋がつくられたこと、② IT、重工業、遺伝子工学等の著しい発展により、従来の自由主義的法治国家が経験して来なかった性質・程度の危険及びリスクに直面することになったことである。このような状況下で、共同体の保全者としての国家に対する期待が、事実上醸成されていった。ここで注目すべきは、規範の拘束力は価値観の合意から発するのではなく、社会的フィクションから発するというSofskyの指摘である[130]。ただしMöstlが適切に指摘するように、安全の庇護者としての国家に対する期待が社会的フィクションに過ぎないとしても、このフィクションこそが、基本権保護義務論の形成と、保護義務論の次元での国家の安全任務再発見という憲法領域での国家目的論ルネサンスの基礎となったといえる[131]。

またMöstlは、法律レベルで憲法上の基本権保護義務論発展を下支えした二つの法的要因を指摘する。一点めは、共同体の保全者としての国家像形成の先駆けとなった、環境分野における1970年代以降の予防的国家活動の法律化である[132]。そしてもう一点は、国家の給付能力の限界に起因する、私人との協力を通

---

128) 髙田敏「『形式的法治国・実質的法治国』概念の系譜と現状：その検討と『普遍化的法治主義』の提唱」近畿大学法科大学院論集 2 巻（2006）1 頁以下、ベッケンフェルデ（著）樺島博志（訳）「法治国家概念の成立と変遷」E.- W. ベッケンフェルデ（著）初宿正典（編訳）『現代国家と憲法・自由・民主制』（風行社・1999）26頁以下参照。
129) *Möstl*, a.a.O. (Anm.85), S. 18.
130) ヴォルフガング・ソフスキー（著）佐藤公紀（訳）『安全の原理』（法政大学出版局・2013）58-59頁、Vgl. *Wolfgang Sofsky*, Das Prinzip Sicherheit, S. Fischer, 2005.
131) *Möstl*, a.a.O. (Anm.85), S. 18.
132) 環境法分野での予防原則の展開について、松村、前掲注 2)、Bohm Monica（著）大久保規

じた危険の克服という観点の発生である。この観点は、自由主義的思想とは異なる発想から生まれている。

2　国家目的としての「安全」と基本権保護義務

以上のような各局面における多層的な変化を踏まえ、現代の憲法学を中心とした視座にうつる。上に述べたように、第五の局面では「基本権保護義務との接続」という形で国家目的論が再登場する。

この理論的基礎を創造し、以降犇めく議論の中心となっている論者が、Isenseeである。Isenseeは「安全」を、ホッブズ的な権力独占的近代国家が描かれる「歴史の第一段階」から継続的に存在する「憲法典の実効的妥当の前提且つ根本的な国家の成立目的」として描く[133]。Isenseeにとっての保護義務は、国家目的として構成される憲法外在的な「安全」を実現するため、国家に課された義務として基本法上に現れる。この主張の背景にあるのは、国家対国民という二項対立構造から、国家・国家の保護する被害者・被害者の法益を侵害する加害者という三面関係構造へ、という国家と国民の関係の捉え方の変化である[134]。

基本権保護義務については1989年の国法学者大会[135]をはじめとする学壇の端々で多様な見解が示されているが、これらは以下の形で整理することが出来る。

①(a)　独立した基本権保護義務を肯定する立場
　(b)　独立した基本権保護義務を否定する立場　　という第一の分岐

子（訳）「ドイツおよびヨーロッパ環境法における予防原則の展開」阪大法学57巻2号（2007）329頁参照。なお1994年のボン基本法改正における20a条の追加について、国立国会図書館政治議会課憲法室（山岡規雄・北村貴）「諸外国における戦後の憲法改正〔第三版〕」調査と情報687号（2010）8頁以下参照。

133)　Isensee, a.a.O. (Anm.44), S. 3ff.

134)　松本和彦「基本権の私人間効力：基本権保護義務論の視点から」ジュリスト1424号（2011）59頁以下、三並敏克「人権の私人間効力論と国家の基本権保護義務論：最近のわが国の学説動向」政策科学13巻3号（2006）190頁以下参照。また、ドイツ連邦憲法裁判所で基本権保護義務が初めて問題となった事件として、BVerfGE 39, 1, Urteil des Ersten Senats v. 25. 2. 1975（堕胎罪判決）、ドイツ憲法判例研究会編『ドイツの憲法判例〔第二版〕』（信山社・2003）67頁以下〔嶋崎健太郎〕参照。

135)　Christian Link, Staatszwecke im Verfassungsstaat - nach 40Jahren Grundgesetz, 1. Bericht, VVDStRl 48, 1989 (1990) S. 7 ff.; Georg Ress, Staatszwecke im Verfassungsstaat - nach 40Jahren Grundgesetz, 2. Bericht, VVDStRl 48, 1989, 1990, S. 56 ff.

②(a)　独立した基本権保護義務を肯定する立場　　のうち、
　(a-1)　保護義務を肯定する立場の中で国家目的から保護義務を導出する
　　　　立場
　(a-2)　基本権から保護義務を導出する立場　　　という第二の分岐

本節では、(a-1) 対 (a-2) (b)、及び (a-2) 対 (b) という二つの二項対立について、代表的な論者の見解と、相互の対立の中で現れる問題意識の所在を概観する。その後、「安全」を志向する予防的な国家活動と基本権保護義務との繋がりに関する議論を確認する。

(a-1) の立場の代表的論者は、前述した Isensee である。Isensee の考えに近い議論をするものとして、Möstl がいる。Möstl は、国家目的としての「安全」と基本権保護義務は、国家目的が基本権保護義務の考え方を発展させ、実現させていく手段として基本法上に顕現するという相互的関係のもと、基本法において再構成されると理解した。[136]また Johannes Dietlein は、独立国家の正当化根拠としての国家目的たる「安全」を、自由主義的国家理解に基づいて憲法に導入し、最終的に基本権レベルで完成するとするピラミッド型の構図を想定した。背景にあるのは、国民の忠誠義務・平穏義務・暴力独占の相関への再注目である。[137]

国家目的から直接保護義務を導出する立場 (a-1) と、国家目的を基本権に落とし込んでから保護義務を導出する立場 (a-2) (b) の間で意識すべきは、前述した国家目的論の史的展開にまつわる「なぜ国家目的論は二度も消失したのか」という問題であると筆者は考える。自由主義的法治国家としての厳格な機能を維持することの意義は、イデオロギーに侵犯されることを忌避するための国家の自己拘束であり、その実現にはテクストへの一定の依存が不可欠である。テクストへの依存により生ずる保護義務の狭窄性や硬直性が、憲法内在的な法治国家原理の必然であることを鑑みれば、[138](a-1) の立場は、法治主義の実

---

136)　*Möstl*, a.a.O.（Anm.85）, S. 53.
137)　*Johannes Dietlein*, Die Lehre von den grundrechtlichen Schutzpflichten, 2. Aufl., Duncker & Humblot, 2005, S. 22 f, S. 60 ff., 鈴木隆一「ドイツにおける保護義務の基礎：国家理論を援用する見解について」早稲田大学大学院法研論集76号（1996）93頁以下。
138)　山崎栄一『自然災害と被災者支援』（日本評論社・2013）215頁以下、同「日本における防災政策と基本権保護義務」大分大学大学院福祉社会科学研究科紀要第4号（2005）50頁、同「基

効的な維持継続に関する大きな問題を抱えているといえる。

　基本権から基本権保護義務を導出する（a-2）の立場の代表的存在といえるのは、連邦憲法裁判所である。連邦憲法裁判所は、第一次堕胎罪判決において、国家の保護義務は基本権的規範の客観的価値秩序の一部であり、国家の生命保護義務の存在と範囲は基本権の価値体系から推定しうると述べた。[139] Georg Hermesによれば、裁判所は保護義務を、個人的自立の包括的保障という意味における客観的な「基本権の権能」と位置づけている。[140]

　保護義務を否定する（b）の立場を代表するのは、Dietrich Murswiekである。Murswiekは保護義務に独自の意義を見いださない。しかし、仲裁者としての国家自体の現れを拒絶するわけではなく、防御権としての基本権の機能の一部として、保護義務が存在すると理解する。Murswiekの見解の最大の利点は、保護義務を基本権内在的に理解することで、保護義務という名を冠して恣意的な国家活動が広範に行われることを防ぐことが可能となる点にある。[141]

　（a-2）と（b）の考え方の本質的な相違は、防御権としての基本権と基本権保護義務の独立性の有無にある。基本権保護義務は、個人の尊厳を根本に置く基本権の思想からの制約を受けることはあっても、主観的な防御権としての基本権の限界という側面から制約を受けることはなく、独自の展開が可能であるという特徴を有する。このことは基本権保護義務に意義を認める最大の利点であり、最大の不安要素でもある。この不安要素を排除しながら、基本権保護義務の「機能」を承認する手段の一例が、Murswiekの主張なのである。

　以上に見たように、ドイツでは基本権保護義務（あるいは保護義務的な機能）が判例・通説により認められている。しかし、基本権保護義務に関する議論の成熟していない日本では、保護義務に独自の意義を見いださないMurswiekの議論にも特に注意を払う必要があろう。石川健治が的確に指摘するように、米

　　本権保護義務とその概念の拡大」六甲台論集43巻3号（1996）189頁以下参照。
139)　Vgl. BVerfGE 39, 1, Urteil des Ersten Senats v. 25. 2. 1975; BVerfGE 46, 160, Urteil des Ersten Senats v. 16. 10. 1977.
140)　*Georg Hermes*, Das Grundrecht auf Schutz von Leben und Gesundheit, C.F. Müller, 1987, S. 202 f.; 小山、前掲注119）、158頁。
141)　*Dietrich Murswiek*, Die staatliche Verantwortung für die Risiken der Technik: Verfassungsrechtliche Grundlagen und im missionsschutzrechtliche Ausformung, Duncker & Humblot, 1985, S. 107 f.

仏を比較対象国とする我が国の憲法論者の間には、基本権保護義務の問題自体、ドイツ特有の精神風土の中で産み出された仮象問題ではないか、との疑念が浸透している[142]。このことからも我が国においては、基本権保護義務というドグマ内での議論に留まらず、現代における「安全」概念を複合的に捉える必要性が高いといえよう。

　以上の議論を踏まえ、予防的な国家活動が保護義務の射程に含まれるかという点に議論を進める。ここで問題となるのは、予防的な国家活動が国家の積極的な作為として要求されるのか、ということである。Möstl は、前述のとおり、「安全」を「危険の欠如」と「リスクの欠如」状態の二つに分類した上で、危険防御の前段階では、公共の安全及び秩序という保護法益についても、これが侵害される十分な蓋然性が存在する場合には、保護義務の射程に含まれるとする[143]。危険・リスクの区別という問題と、国家目的と保護義務の関連性という問題は異なる次元の問題であるが、両者は共に「安全」概念形成に影響を及ぼしている。一方、基本権保護義務が国家目的論から直接に導かれるとした Isensee は、「主観的」リスク・「客観的」リスク・危険を分類し、国家により形成される「安全」の射程は危険に限定されるとする一方で、保護義務の射程と具体的に形成される「安全」については別のものと考えている。このように基本権保護義務の射程は国家目的と一致するものであり、実際に形成される「安全」は国家任務のレベルで形成されることになるという理解は、上述した国家目的・国家目標・国家任務という分類の位相と重ねて理解することが出来る。しかし、この保護義務の段階においてすら、不安の保護（「主観的」リスクの排除）はその対象領域に含まないとするのが Isensee の理解である[144]。

　Möstl と Isensee の比較により明確になるのは、国家目的から基本権保護義務を導出する、という同じ論理構成に立った場合でさえ、最終的な「安全」概念の確定には極めて大きな振れ幅が生ずる、ということである。この点 Gusy は、保護義務が仮に国家目的により形成されるとしても、国家に直接課せられる国家任務と保護義務との繋がりを否定する立場をとる。その根底には前述の

---

142) 石川健治「憲法の解釈 Round 6 - 3 基本権保護義務　隠蔽と顕示：高まる内圧と消えない疑念」法学教室337号（2008）41頁。
143) *Möstl*, a.a.O. (Anm.85), S. 159 f, S. 180 f.
144) イーゼンゼー、前掲注79)、154頁以下、179頁以下。

とおり、「安全への配慮」を担うのは第一義的に立法である、とする Gusy の立法への信頼がある。上述した実質的・理論的な問題点の克服が極めて困難であると考えられるところ、憲法上の権利の制約という強度の効果をもたらす国家活動を、憲法訴訟上正当化し得るほどの力を国家目的論に認めることは出来ないという意味において、Gusy の発想には賛同出来る。しかし Gusy が立法に「安全への配慮」を要求する理由として、あえて国家目的論を用いる理由は判然としない。ドイツ国内では、既に基本権保護義務の存在を無視することは困難であり、それを支える論拠の一つとなる国家目的論を正面から受け止める議論が主流となっているようにも思える。しかし、基本権保護義務の存在が議論の俎上にあがり、取り上げられ始めた日本の議論の中では、Gusy の見解について考えることで、この問題を客観的に見ることが可能である。筆者は、国家目的論に内在する基本権侵害の危険性を軽視し、基本権保護義務のテクニカルな有用性にとらわれて安易に日本へ輸入することには慎重になるべきであると考える。

　テロリズムに対抗するための国家活動の方法は、多様である。地理的範囲としては国内・国外の両者に及び、その手法は、爆発物によるテロを防ぐために公共交通機関のゴミ箱を一時的に撤去させたり、不審な郵便物に対処したりする官民が一体となったソフトアプローチから、法規制に基づくテロ組織の資金対策、更には刑事訴追というハードアプローチまでを広く含む。また時的範囲

---

145) *Christoph Gusy*, Reform der Sicherheitsbehörden, ZRP 2012.
146) 2020年東京オリンピック・パラリンピック開催に先立ち、テロの発生を未然に防ぐため「官民一体となったテロに強い社会の実現」を目指す警察庁国際テロ対策強化要綱が決定・公表された。警察庁及び警視庁が旗振り役となって推進する、官民が一体となったテロ対策について、佐藤安夫「官民連携のテロ対策」治安フォーラム24巻8号（2018）2頁以下。警察庁の方針を踏まえ、警視庁が発表したテロ対策東京パートナーシップが推進する項目のうち、予防的な警察活動を含む監視手段として注目すべきは「非常時映像伝送システム」である。同6頁以下はこのシステムを、「事業者のセキュリティカメラシステムに改良を加えた危機を警視庁本部に設置し、事業者の管理区域内でテロなどの非常事態が発生した場合、発生の蓋然性が極めて高い場合又は非常事態に発展するおそれのある場合に、事業者が閲覧している映像と同じ映像を警視庁に配信するシステム」であると説明する。非常事態の発生の「蓋然性」「おそれ」を判断する主体は警視庁ということになろうが、その手続や判断基準は判然としない。
147) 資金対策について、阿久津正好「我が国において関係行政機関及び事業者等が講ずるテロ対策に資する措置等について」警察学論集59巻11号（2006）67頁以下が詳しい。

としては、危険発生以前の予防的な対応から、既に発生した重大なテロリズムに対抗するための緊急状態における対応まで、ほとんどあらゆる時間軸において対応が行われているといえよう。特に現代においては、「持続性」のあるテロリズムのリスクへ対処すべく「予防」的なテロリズム対策が課題となっていることは、既に示したとおりである。

　ここでは「予防国家」という新たな国家像へのパラダイム転換という視点から、「予防」の本質について考えてみたい。その意図は、危険発生の個別具体的な蓋然性が存在する場合の対処や、危険発生後の対応と比較した場合の「予防」的手段の性質を明らかにする点にある。

　Dieter Grimm の見解によれば、「予防」とは、あらゆる時に公権力に要請され、自由に対する侵害を防ぎ、安全を保障するための事前的国家活動である[148]。例えば従来の治安維持活動の代表例である伝統的な警察活動において、予防的な活動は例外的である。しかしその例外たる理由は、伝統的な概念に現れている警察活動の目的そのものに予防的活動が資する程度が少ないためではなく、予防という場面においては警察活動に強度の人権侵害を伴う恐れがあるためである。Grimm は、予防的国家作用の特殊性を、起こりうる危機がその予防的措置を通じてはじめて発見されるという性質、そして、特定の個人や公衆の自由、国家の自由保障機能を害さない行為をも標的とする特徴に求める[149]。それにもかかわらず、予防的国家活動が要求される理由を、Grimm は以下のように指摘する。社会的・技術的条件構造は、科学技術の発展に伴う新たな危険の発生、（国家以外の）社会的強者の出現、抑圧的手段の有効性の相対的低下といった形で限定されており、このような構造下にある現代においては、伝統的法原則のみでは保護義務を全うし得ない、と[150]。

　このような予防的国家活動を、国家像のパラダイム転換の観点から描写するのが、Erhard Denninger である。「予防国家」は、法の安定から法益の安全へ、という重心の移動に基礎付けられ、国家活動が法益の安全保障に直接的に

---

148) *Dieter Grimm*, Verfassungsrechtliche Anmerkungen zum Thema Prävention, in: ders, Die Zukunft der Verfassung, 2. Aufl, Suhrkamp, 1994, S. 197ff.
149) Ebd., S. 197, 216.
150) Ebd., S. 211 f.

方向性づけられた国家像を指す。Denninger が「予防国家」と対置するのは、「(自由主義的)法治国家」である。ここでいう「(自由主義的)法治国家」とは、所謂法律の留保をその中核とする法学上の国家概念に留まるものではなく、市場原理に法益の現実的配分秩序を委ねている国家を指す。これは、「(自由主義的)」という枕詞に表されるように、小さな国家のもとで個人の自由意志を最上位のものとすることが最も法益保護に資するという考え方による[151]。

　Denninger の主張における最も重要な点は、両者の性格から演繹される機能論理の差異である。上述の「予防国家」と対置される「(自由主義的)法治国家」の機能論理は、以下の通りである。自由の保護のためには国家の介入を最小限に押さえ、出来る限り市場の開放性を要求することが必要となる。そのために、法律の明確性・手段の比例性が要求される、と。これは、従来の法学が依拠してきた機能論理であったといえよう[152]。

　Denninger は、「安全」と「自由」の緊張関係に基づく両者の間の理論的な非両立性を認めながらも[153]、「予防」という国家作用が伝統的法治国家の性質にそぐわない(しかし、一方で必要である)という認識から、二者択一ではなく、両理論の目的を理想的に組み合わせることを目指そうとする。「安全なくして自由なし」という事実上合致する前提から[154]、「安全であればあるほど自由になる」という誤った結論への飛躍という決定的な思考上の短絡性に対する危惧の[155]

---

151) *Erhard Denninger*, Der Präventions-Staat, in: *ders*, Der gebändigte Leviathan, Nomos, 1988, S. 33.
152) *Erhald Denninger*, Freiheit durch Sicherheit?, KJ 2002, S. 470.
153) このような観点自体は、例えば *Christoph Gusy*, Gewährleistung von Freiheit und Sicherheit im Lichte unterschiedlicher Staats- und Verfassungsverständnisse, VVDStRL 63, 2004, S. 165 ff. や *Wolfgang Hoffman-Riem*, Freiheit und Sicherheit in Angesicht terroristischer Anschläge, ZRP 2002, S. 497 ff. にも通ずる。岡田俊幸「ドイツにおけるテロ対策法制：その憲法上の問題点」大沢秀介／小山剛(編)『市民生活の自由と安全：各国のテロ対策法制』(成文堂・2006) 97頁は、ドイツでのテロ対策法の検討は「自由と安全の関係をどのように調整するのかという大きな構図を下敷きとして行われる傾向にある」と指摘する。
154) *Denninger*, a.a.O. (Anm.152), S. 470.
155) *Erhard Denninger*, Prävention und Freiheit, S. 16 f. なお、愛敬浩二「自由と安全のトレードオフ？」ジュリスト1422号 (2011) 31頁は、Cass Sunstein や Stephan Holmes 等のアメリカでの議論を受け、「トレードオフのテーゼは自由の削減によって安全が当然に高まることを含意するため、選挙で選ばれた権力者は効果的なテロ対策が見つからない場合、「自由の削減＝安全の増加」という根拠薄弱な前提に頼りがちになる」という、同様の問題意識を示している。

もと、伝統的な自由主義的法治国家と異なるモデルが妥当するようになってきている事態を、現代国家の「予防国家」への憲法パラダイムの内面的展開の様相としてとらえるのである（「自由・平等・友愛」から「安全・多様性・連帯」へ）。[156]

Denningerの問題意識は、安全の最適な保障によって最大限の自由を保障する法治国家における「機能的均衡」を形成し、予防的国家作用の内的限界を法的に決定することで保護しなければならないという点にある。[157] そうだとすれば、上記の指摘の最も重要な点は、「予防国家」という新たなパラダイム転換の可能性を示したことではない。パラダイム転換を理由に、これまで培って来た違憲審査の枠組みを安易に遺棄することなく、予防的な国家活動の場面において最大の自由を保護する違憲審査基準を応用出来る可能性がどの程度あるのか、真摯に見極めるべきだとする示唆を与えた点である。

予防的な情報収集活動の違憲審査基準論についての詳しい議論は第四部第一章に委ねることとして、ここではテロリズムに対抗するための手段の一である「予防」的な国家活動が、以上のような国家像の捉え方を背景としているということを指摘しておくに留める。

3　秘密的・予防的・広域的な情報収集活動の特殊性と役割

以上のとおり、従来の憲法学の思考様式からすれば重大な課題を抱えつつも、現代において重要な役割を果たす予防的な国家活動であるが、これは当然情報収集に限定されるものではない（例えば、前述した公共交通機関のゴミ箱の撤去のための行政指導や、入国審査における手荷物検査の法律上の義務付けも、テロ対策としては予防的である）。しかし、テロリズムに対抗する予防的な国家活動の中で、情報収集は特殊且つ重要な役割を果たす。ここでは、予防的な情報収集活動を論じる意義をより明確にするため、その性質について素描してみたい。

まず、情報収集の特殊性は、特定の個人や団体をその対象とする点にある。これは、ある一定の目的を持った情報収集の性質としては、当然のことである

---

156) *Erhard Denninger*, Vielfalt, Sicherheit und Solidaritat, in: *ders*, Menschenrechte und Grundgesetz: Zwei Essays, Beltz Athenaum, 1994, S. 24 f., S. 27 f.

157) *Denninger*, a.a.O. (Am.155), S. 33. 西浦公『「安全」に関する憲法学的一考察』栗城壽夫先生古稀記念『日独憲法学の創造力 下巻』（信山社・2003）89頁参照。

が、予防的な国家活動としては極めて特殊な性質である。この特徴はその他のテロリズムに対抗するための予防的な国家活動と比較したとき、特に際立つ。すなわち予防的な国家活動は、通常テロが発生した場合甚大な被害を及ぼす「場所」の警戒や、国内でのテロを未然に防ぐための対策として実行されるものであるが、そのような活動が中心となる理由は、予防の段階ではテロリズムの行為者は明らかではないためである[158]。しかし、情報収集の場合は（いかなる情報収集であろうと）一定の基準をもって対象を特定すること、ここでは「テロリストの可能性があるもの」、より厳密にいえば情報収集の主体が「テロリストの可能性がある」と考えているものを特定する作業が前提にあるのである。

　これは、テロリズムに対抗するための予防的な情報収集活動が、広域的にならざるを得ないということを示している。なぜならば、誰か分からない「テロリスト」に関する情報を、一定の基準に基づいて収集しようとするからである。しかも、ここでの「誰か分からない『テロリスト』」ということの意味は、ただ対象者が特定されていないということではもちろんなく、そもそも未だ何のテロ行為も行われていない「予防」的な段階における情報収集であるため、本質的に対象者を特定することが不可能であるということを意味する。実際に、上述した日本で行われた公安「テロ」情報の収集では、イスラム教徒の多い国の出身者やモスクに出入りするもの、といった基準で対象の特定が行われているし、第四部第一章で検討するドイツのラスター捜査事件でも、外国籍

---

158) 板橋功「講演 今後の我が国におけるテロ対策の課題」警察学論集69巻１号（2016）37頁以下参照。ただし、本稿は、同講演の内容に賛意を示すものではないことを強調しておく。例えば、東京オリンピック・パラリンピックといった「イベントに乗じて犯行を行えば、PR効果も大きく、この機会に一旗揚げてやろうと目論むテロリストがいないとは限らない。むしろその可能性は高い」（同43頁）とする理論的根拠には疑問を感じる。また、官邸のドローン偵察を行った原子力発電所に反対する個人が、約１年にわたって複数の原子力発電所の撮影などの準備を行ってきたことをもって、「この犯人は、具体的な着手時期は明らかではないものの、事件の実行に向けて着々と準備を進めていくといった、テロリストと全く同じ思考様式を見て取ることができ」、「こうした類いの者が、ひとたび方向性を誤ると、大きなテロや社会問題を引き起こすこともあり得る」（同44頁以下）としていることは、核に反対する活動家たちの動向を追い、その情報を民間企業に漏洩した大垣警察市民監視事件における岐阜県警の行動に通ずる思考様式であるといえよう。このような考えが、警察大学校や防衛大学校の講師歴もあり、警察庁をはじめとした国家関連のプロジェクトにも多く参画する板橋によって発信されていること自体に、「テロリスト」と「一般市民を自認する人々」を分断し、特定の活動や思想を持つ者を排除する「断片化した連帯」が加速していく危機感を覚える。

の男性といった極めて広範な基準で対象が特定されている。

　そして、これらの情報収集活動は、原則として秘密的である。秘密性は、予防的であることに先立ち、治安維持のために行われる情報収集全般に備わる特性である（ただし、予防的・広域的な情報収集である以上、テロリズムと全く無関係な多くの人々の情報を対象とする蓋然性が極めて高いことから、個人情報保護法との関係での開示可能性は個別に議論の対象とすべきであると筆者は考える。この点については第四部第三章で詳しく論ずる）。

　このように、秘密的・予防的・広域的な性質を持ち、憲法上の権利との関係において緊張関係を生ずる当該情報収集であるが、一方でその役割の一定の必要性は認めざるを得ない。本章で論じたとおり、現代においては国家が守るべき「安全」の概念自体が大きく変化している一方、第一部第二章及び第三章、更には第二部・第三部で明らかにするとおり、情報化の進展により危険やリスクの事前の確知が極めて難しくなっている。そのような状況下で、テロリズムに対抗する予防的な情報収集活動を全く否定することは困難であるという結論には、首肯せざるを得ない。そうだとすれば、不可欠となるのは秘密的・予防的・広域的な情報収集活動の特性に応じた法的統制であるといえる。

5　テロリズムに対抗するための国家の情報収集活動の実態

　以上のような秘密的・予防的・広域的な性質を持つテロリズムに対抗するための情報収集活動は、具体的にどのような実態を持つものなのか。ここでは、情報収集活動の主体と態様に着眼して、整理していきたい。

1　主　体

　テロリズムに対抗するための情報収集活動の主体は、大別して、捜査機関・諜報機関・その他行政機関に分けられる。

　まず、捜査機関は、警察的権力を前提として、犯罪の捜査を行うことを主たる目的とする機関である。本書では中心的には取り扱わない既に発生したテロ行為（犯罪）に関する捜査活動は、捜査機関により実施される。そうだとすると、捜査機関は本書が中心的に扱う予防的な情報収集活動とは無関係な機関であるとも思われるが、後述するとおり、実際には捜査機関による「予防的警察活動」が実施されていることは珍しくない。日本では、警察による任意の捜査

の根拠規範は刑事訴訟法197条1項本文にあるが[159]、警察官の「一般的職責の範囲」の確定は組織法である警察法2条1項によると理解されており[161][162]、少なくとも強制処分に該当しない範囲では、予防的警察活動が広く行われる蓋然性があるといわざるを得ない。更に、このような活動により入手した情報の利用方法についても、少なくとも日本においては十分な法的統制が存在しないという現状がある。この点は第三部で詳しく論ずるが例えば大垣警察市民監視事件では、岐阜県警が犯罪の嫌疑のない活動家らの情報を収集し、あまつさえ民間企業に当該情報を意図的に漏洩していることが報道されている[163]。

次に、諜報機関である。諜報機関は、国際的な自国の安全保障といった特定の目的のもとに法律上一定の権限を与えられ、広く情報収集を行う。諜報機関は、特定の犯罪の嫌疑について捜査することを目的としていないという点で明確に捜査機関と区別されるが、実際にはその情報収集の範囲は捜査機関のそれと重複している場合も多い。この重複発生の原因は、主に第四部で論ずるが、捜査機関と諜報機関との間に事実上の接近が生じていること、より具体的には、捜査機関・諜報機関双方の名目上の組織目的と実質的な情報収集の範囲に乖離が存在することにある(なお、情報収集の範囲に乖離がない場合であっても、収集後のデータの共有・目的外利用の可能性が開かれていることにより、実質的に両者の扱う情報の範囲は重なり合うことがある)。

その他に、その他の行政機関による情報収集活動も行われる。具体的には、入国審査官による上陸許可・在留資格の確認に伴う調査[164]や、税務署における税

---

159) 刑事訴訟法197条1項は、以下のとおり定める。「捜査については、その目的を達するため必要な取調をすることができる。但し、強制の処分は、この法律に特別の定のある場合でなければ、これをすることができない。」。

160) 酒巻匡『刑事訴訟法〔第2版〕』(有斐閣・2020) 35頁以下。

161) 警察法2条1項は、以下のとおり定める。「警察は、個人の生命、身体及び財産の保護に任じ、犯罪の予防、鎮圧及び捜査、被疑者の逮捕、交通の取締その他公共の安全と秩序の維持に当ることをもつてその責務とする。」。

162) 酒巻、前掲注160)、41頁。

163) 朝日新聞(名古屋本社版) 2014年7月24日。

164) 出入国管理及び難民認定法(以下、入管法) 5条は、以下のとおり定める。「次の各号のいずれかに該当する外国人は、本邦に上陸することができない。」本条各号のうち、例えば4号(1年以上の懲役・禁錮等の刑に処されたことのある者)、5号の2(国際競技会等の妨害)、8号(銃砲刀剣類所持)などは、テロ対策の水際対策で用いられる上陸拒否理由となっている(高宅茂「水際テロ対策とインテリジェンス」法律のひろば69巻6号(2016) 12頁以下)。また

務調査などに付帯して、テロリズムに関係する人物の在留や、テロ行為を行った組織への資金流出などの行為に関する情報収集が行われる場合がある。また、捜査機関や諜報機関がテロ対策の目的で収集した情報を、これらの行政機関が用いる可能性もある。ただし、これらの行政機関は限定的な局面における調査のみをその権限としていることから、本書では、これらの行政機関の個別の活動については取り扱わないこととし、以下では原則として捜査機関及び諜報機関を中心として議論を進める。

2 態　様

　捜査機関と諜報機関の接近は、情報収集の態様の面からも確認することができる。ここでは、捜査における任意処分・強制処分の理解を念頭に置きながら、情報収集の手段を整理したい。強制処分にあたる手段とは、その情報収集の態様が「相手の意思に反する重要な法益侵害」を伴うことを意味するものであるとする理解が有力なものとなっているが、それがどのような目的で行われるかにかかわらず（刑事訴追目的で行われるか、国家の安全保障目的で行われるかに依らず）、憲法上の権利保障の観点から見れば、法律上の統制あるいは司法手続による個別的統制に服する必要性が高いと考えられるからである。

　我が国の刑事訴訟法上の捜査は、その手段の強制力や権利侵害の重大性を基準として、強制処分（刑事訴訟法197条1項但書）と、任意処分（刑事訴訟法197条1項本文）に区分される。強制処分の場合であれば強制処分法定主義及び令状主義が妥当する。一方任意処分の場合は、利益侵害の程度や犯罪の重大性、捜査の必要性・緊急性などを総合考慮して、比例性が認められる手段でなければ捜査の違法性が認定され、同捜査過程で得られた証拠は証拠排除の法則により証拠能力を失う。

　強制処分と任意処分の区別は明確でなく、またその違法性の範囲も学説に

　　　上陸に関連して、税関のテロ対策の取り組みについて、小黒一正「国際テロ対策に係る関税局・税関の取組みについて」ファイナンス41巻1号（2005）20頁以下。
165)　入管法59条の2は、以下のとおり定める。「法務大臣又は出入国在留管理庁長官は、（中略。事例に応じて入国審査官、入国審査官又は入国警備官に）それぞれ事実の調査をさせることができる」。
166)　国税通則法74条の2～6は、国税の調査にかかる質問検査権を定める。

よって異なり、判例と学説の有力説にも乖離が見られる[170]。こと新たな技術を用いた捜査については、その性質に対する法的理解自体が統一されておらず、強制処分・任意処分のいずれに該当するか、強制処分であるとして当該処分が刑事訴訟法上定められたいずれの類型の強制処分にあたるのか、あるいはいずれの類型にも該当しないのか、といった点が明確でない状態が続くことがままある[171]。その場合、裁判所による刑事訴訟法条文の解釈と個別の事案に関する事実認定を前提に、各捜査態様について個別判断がくだされることとなる。このように我が国では、強制処分・任意処分のいずれに該当するかについての判断、またそれぞれの処分において必要な要件を欠く捜査ではないことの判断、いずれについても裁判所が主体的な役割を果たすという特徴があるといえる。

　情報収集の手段として、最も容易に想起されるのは尾行、すなわち情報収集を行う者が実際に特定の人物を物理的に追いかける行為である[172]。また、公の場所や、公の場所から目視することができる場所における監視も、尾行と連続する行為態様として連想される。これは現実の場所（例えば公道）に限らず、インターネット上に公開されている掲示板などを捜査や諜報の目的を持って継続的に閲覧することも含まれる。

　追尾や公の場所における監視のポイントは、情報収集の対象者が公の場所におり、情報収集を行う者がリアルタイムで情報を取得することを前提としていることである。無論、公の場所に居るならばいつでもどこでも情報収集の対象とされてよいということではなく、憲法上の権利の制約という観点ではむしろ

167）　白取祐司『刑事訴訟法〔第10版〕』（日本評論社・2021）99頁以下。
168）　令状主義の制度設計について、丸橋昌太郎「秘匿捜査の規律の構造について」刑法雑誌56巻2号（2017）185頁以下。
169）　池田修＝前田雅英『刑事訴訟法講義〔第7版〕』（東京大学出版会・2022）85頁以下。
170）　池田＝前田、同上、76頁以下。また川出敏弘「任意捜査の限界」小林充先生・佐藤文哉先生古稀祝賀『刑事裁判論集 下巻』（判例タイムズ社・2006）27頁は、強制捜査と任意捜査は、侵害された権利・利益の性質ではなく行為の方法・態様により区別されるとし、総合考慮による区別を懐疑的に見る。
171）　安冨潔『刑事訴訟法講義〔第5版〕』（慶應義塾大学出版会・2021）40頁は、任意処分と強制処分の関係を正比例のグラフで表現しているが、このグラフ中のどこにそれぞれの処分が位置付けられるのかという問題が、ここでの課題である。
172）　尾行の適法性について、指宿信「追尾監視型捜査の法的性質」指宿信（編著）『GPS捜査とプライバシー保護：位置情報取得捜査に対する規制を考える』（現代人文社・2018）20頁以下。

強度な制約を発生させる場合もある。例えば、GPS による監視との比較において、「GPS をつけられた車がラブホテルの駐車場に滞在する時間帯等も捕捉されていたが、尾行の場合には同伴者の顔すら確認されるわけで、どちらが侵害度合いが強いかは一概に言えない」とする議論もある。[173] しかし、少なくとも尾行や公の場所における監視は、その行為態様全体を強制処分と断ずることは難しい類型であると理解することができよう。

　公の場所にある監視カメラに記録された情報収集の性質については、争いがある。公道における写真撮影については、「現に犯罪が行われもしくは行われたのち間がないと認められる場合であって、しかも証拠保全の必要性および緊急性があり、かつその撮影が一般的に許容される限度をこえない相当な方法をもつて行われるとき」には、「その対象の中に、犯人の容貌等のほか、犯人の身辺または被写体とされた物件の近くにいたためこれを除外できない状況にある第三者である個人の容貌を含むものになつても、憲法一三条、三五条に違反しないものと解すべきである」とした京都府学連事件判決がリーディングケースとして挙げられるが、[174] 公の場とはいえ継続的な監視の場合、本件とは異なる性質を有するとも解される。[175]

　以上の態様と異なり、次の類型に属する態様は、行為態様全体が強制処分と理解されることが通説的である。まず、秘密裡の通信や信書を管理する第三者からの情報提供である。第三部第二章で扱うプラットフォーマーによる捜査機関への任意の情報提供の問題は、社会的にも大きな注目を浴びており、特に通[176]

---

173)　西原博史「監視社会と犯罪捜査：防犯カメラと GPS、ビッグデータ、顔認証」佐藤博史（編）『シリーズ刑事司法を考える 第 2 巻 捜査と弁護』（岩波書店・2017）56頁以下。太田茂「GPS 捜査による位置情報の取得について」刑事法ジャーナル48号（2016）61頁、清水真「『プライヴァシーの期待』についての考察」井田良ほか（編）『川端博先生古稀記念論文集 下巻』（成文堂・2014）参照。

174)　最大判昭和44年12月24日刑集23巻12号1625頁。

175)　松代剛枝『監視型捜査手続の分析』（日本評論社・2018）191頁以下。

176)　例えば、2019年 6 月25日にフランス政府のオ・デジタル担当相は、SNS にヘイトスピーチを書き込んだユーザー情報を司法当局に提供させる決定を、自らの Twitter 及びロイター通信のインタビューを通じて公表した（ロイター通信の報道について、「FB、ヘイトスピーチの容疑者情報提出へ　世界初＝仏担当相」（2019年 6 月26日（https://jp.reuters.com/article/france-tech-idJPKCN1TQ2B6）））。また、捜査機関への情報提供に関する事案ではないが、日本において最高裁判所が検索エンジン運営事業者の性質に言及したものとして、最決平成29年 1 月31日民集71巻 1 号63頁がある。

信内容そのものの開示を求める場合は信書開封の強制と同視しうる。

　また、後述する住居内の会話傍受や通信傍受は、住居の不可侵や通信の秘密、プライバシーの自由といった憲法上の権利を制約するものであり、同様に強制処分であると解されている。日本においては、諜報機関による会話傍受や通信傍受について法律上規定がないが、ドイツにおいては一定の手続を経て、諜報機関にもこれらの行為が認められている（この点は第二部第二章で詳述する）。

　その他にも、ドイツにおいては、ラスター捜査（Rasterfahndung）や、オンライン捜索（Online-Durchsuchung）[177]や端末通信傍受（Quellen-TKÜ）[178]といった手法を、明示的な法的根拠をもって利用する傾向が見られる。ラスター捜査については、第四部第一章において検討するが、オンラインの情報を網掛け式に調べる情報収集の手法であり、広域性が特徴となる。また第三部第一章で詳しく論ずるオンライン捜索と端末通信傍受は、いずれも「トロイの木馬」等のマルウェアによりコンピュータに侵入することによって暗号化された情報やコンピュータに蓄積された情報を取得する手法であり[179]、極めて秘密的且つ強度の権利侵害を伴い、技術的にも強い疑義のある手法である[180]。

　これらの多様な情報収集の手法により具体的に行われるそれぞれの行為が、強制処分であるのか任意処分であるのかを判断することは、難しい問題である。特定の態様全てが強制処分だといいうる場合もあれば、従来の行為態様に

---

177)　*Benjamin Derin / Sebastian J. Golla*, Der Staat als Manipulant und Saboteur der IT-Sicherheit?: die Zulässigkeit von Begleitmaßnahmen zu "Online-Durchsuchung" und Quellen-TKÜ, NJW 2019, S. 1111 f.; *Dennis-Kenji Kipker*, Vom Staatstrojaner zum staatseigenen Bundestrojaner: die Evolution einer überwachungssoftware, ZRP 2016, S. 88 f. 石村修「コンピュータ基本権：オンライン監視事件」ドイツ憲法判例研究会（編）『ドイツの憲法判例Ⅳ』（信山社・2018）50頁。

178)　加藤克佳＝辻本典央「インターネットにおける犯罪と刑事訴追：2012年第69回ドイツ法曹大会刑事法部会（ミュンヘン）」近畿大学法学61巻1号（2013）280頁。同稿では、Quellen-TKÜに「端末電話傍受」の訳があてられているが、TKÜ とは Telekommunikationsüberwachung の略称であり、トロイの木馬との関係も踏まえ、本稿では「端末通信傍受」と訳す。

179)　*Constantin Abate*, Online-Durchsuchung, Quellen-Telekommunikationsüberwachung und die Tücke im Detail, DuD 2011, S. 125.; *Felix Ruppert*, Die moderne Klaviatur der Strafverfolgung im digitalen Zeitalter: Zur Einführung der Quellen-TKÜ und Online-Durchsuchung in Zeiten von WhatsAPP, Skype & Social Media, JA 2018, S.1000.

180)　例えば、加藤＝辻本、前掲注178）、282頁以下では、国家によるトロイの木馬使用の法的・技術的問題が指摘されている。

54

照らしてみれば任意処分と考えられてきた態様に分類しうる行為でも、技術的手段の介入により、強制処分と解されるべき場合もあるからである。

6 小括

　以上、本章では、テロリズムに対抗する国家活動の目的となる「安全」概念の変遷に着目した上で、日独の諜報・捜査を論ずる際の基本的視座を、諜報・捜査機関の接近という観点から整理した。

　ここでは小括として、諜報・捜査の接近の重要な要因と評価される「安全」概念と憲法の関係についてまとめておく。

　まず、現代の「テロリズム」は、「持続的かつ切迫した危険を伴わない脅威」として描写される性質を有するため、テロリズムに対抗し「安全」を確保するためには継続的対応が要求される結果、政治的イデオロギーが読み込まれやすくなるという特徴がある。テロ対策法制は防災法制に似て、リスクへの対処という側面があると理解されるが、テロ対策法制は「人的災害」であることから、客観的なリスクの把握が困難であるにも関わらず憲法上の権利の制約を伴うことが予想され、これにより比例原則の機能不全の問題が生じる。本章では、この問題に対処するための道筋として、Gusyの議論を参考に、テロ対策法制「主観的」・「客観的」安全として理解した「安全」概念を「リスク」と対置し、「危険及び客観的リスク」を最終的に「安全」と対立する概念と理解する、という仮説を提示した。

　憲法との関係において語られる「安全」概念は、国家目的の重要な一として歴史的変遷を経て発展してきたところ、現代のドイツにおいては基本権保護義務と接続するものと解されている。基本権保護義務の根拠は諸説あるものの、日本においてはそもそも基本権保護義務による「安全」の確保を国家の任務として理解することが可能であるか、精査が必要である。

　テロリズムと「安全」の現代的側面を、憲法との接合から検討し直すことは、諜報機関・捜査機関により行われる予防的な情報収集によって制約されうる憲法上の権利と対立する法益は何か、ということを明らかにする一助となる。すなわち本書の探究は、単に現代の諜報・捜査の法的特性を明らかにするのみならず、秘密的・予防的・広域的な国家の情報収集活動の憲法適合性を審査するための具体的要素を明らかにするという訴訟上の意義を有する。

第二章　ビッグデータと公共圏

1　諜報・捜査の活動に変容をもたらす公共圏の変容？

　本章では、諜報・捜査の活動に変容をもたらす社会の変化として、ビッグデータと公共圏の問題に着目する。集会への介入に代表されるように、国家機関による公共圏への介入は、民主主義に対する危険であると捉えられてきた[1]。しかしその前提として、公共圏とは何であるのか、従来の公共圏は現代の技術的条件のもとで変容したのか、変容しているのであれば、その変容は如何なる点に現れているのかを認識する必要がある。国家の情報収集活動の行われるフィールドが変容しているのならば、当然に当該情報収集の方法も、その統制のあるべき姿も、変容するからである。

　情報化が加速度的に進行する現代において、SNSや検索システムといったインターネット上のプラットフォームは、市民が情報を受発信し意見を交換する公共圏として、重要な役割を果たしている。プラットフォームを支えるのは、ビッグデータの運用である。X（旧 Twitter）の「トレンド」機能やサーチエンジンのリスティング広告といったインターネット上のプラットフォームの機能により表示されるのは、その瞬間の統計結果ではなく、積み重ねられた過去の個人データをもとに個別化（パーソナライズ）された情報である。個別化された情報を表示するためには、ビッグデータが不可欠である[2]。インターネット

---

[1] 一例として、公共圏への国家の介入について、「公共空間からの排除」という観点から検討し、集会の「場」へのアクセスについて考える門田美貴『集会の自由と《場》への権利』（尚学社・2024）参照。

[2] ビッグデータとプライバシーの問題は、憲法学はもちろん、様々な分野の研究者により論じられている。一例として、山本龍彦『プライバシーの権利を考える』（信山社・2017）第四部、加藤弘則「プライバシー権はビッグデータ問題を解決できるか：古典的プライバシーの限界とメタデータの曖昧さ」東京大学教養学部哲学・科学史部会哲学・科学史論叢19号（2017）57頁以下、佐藤一郎「ビッグデータと個人情報保護法　データシェアリングにおけるパーソナ

上の言動から個人の興味関心や傾向を判断するには、当該個人のデータを蓄積するだけでは足りない。無数の人々のデータの傾向分析と当該個人の蓄積データを重ね合わせることで、精緻に個別化された情報の表示がはじめて実現するのである。[3]

　パーソナライズされた情報が各個人に与えられ続けることは、(その情報が商業的広告であるとしても) 公共圏にとって脅威となりうるといわれる。2014年にドイツ・Kassel 大学で開催された「ビッグデータ時代のプライバシー、公共圏、民主的意思形成」をテーマとする情報技術形成学会 (ITeG) 研究大会の成果を編んだ Richter は、[4] ビッグデータによる公共圏の断片化 (Fragmentierung) 現象について、以下のように述べる。企業が共同体に即した情報をどのように選び出すか、また如何なる基準に従って情報を提案するかは、第一には、重要な公共の福祉に即した種々の情報の要求ではなく、顧客ロイヤリティと広告収入の増大に関連している。そこでは情報の選択は常に個別化され、個々の利用者の偏向を形成する。[5] 政治的に重要な情報も同様に、高度に個別化された消費財となる。ここには、二つの問題がある。まず、各市民がそれぞれ他の情報を受け取ることで、討議による (diskursive) 公共圏の形成が困難となるという問題がある。インターネット上のアルゴリズムの助力を受けて、各々が個別に受け手専用の情報を受け取るため、個人はその人特有の小さな広告の泡 (Nachrichtenblase) の中に生き、広告を表示されないため (筆者注：の条件を) 事前に知覚することもできず、興味があると推定されるものをただ見るしかないこと (フィルターバブル) から、この問題が生ずる。[6] もう一つは、孤立した情報の受

　　ルデータの取り扱い」情報管理58巻11号 (2016) 828頁以下、荒井ひろみ＝佐久間淳「データベース問合せにおけるプライバシー保護モデル」情報処理 Vol.54 No.11 (2013) 1135頁以下。

3) ジェイミー・バートレット (著) 秋山勝 (訳)『操られる民主主義：デジタル・テクノロジーはいかにして社会を破壊するか』(草思社・2018) 28頁以下参照。

4) *Philipp Richter (Hrsg.)*, Privatheit, Öffentlichkeit und demokratische Willensbildung in Zeiten von Big Data, Nomos, 2015, S. 9.

5) *Philipp Richter*, Big Data und demokratische Willensbildung aus verfassungsrechtlicher Sicht, in: *ders (Hrsg.)*, Ebd., S. 60 f.

6) Ebd., S. 61. *See*, Eli Pariser, *The Filter Bubble: What the Internet Is Hiding from You*, Penguin Press, 2011. 邦訳としてイーライ・パリサー (著) 井口耕二 (訳)『フィルターバブル：インターネットが隠していること』(早川書房・2016)。山本龍彦「個人化される環境：「超個人主義」の逆説？」松尾陽 (編著)『アーキテクチャと法：法学のアーキテクチュアルな転回？』(弘文堂・

け手が容易に操作されてしまうという問題である。これは情報の受け手にとって、表示される情報がどのように選択されるのか、またその選択の前提は何かということが、常に不透明で示されることがないことから生ずる問題である[7]。
この問題提起から示されるのは、ビッグデータに基づく公共圏の断片化が個人を操作し、公共圏を基礎とする民主主義に影響を及ぼしうるという可能性である。ここでは、情報の内容がニュースか広告かということではなく、情報が利用者ごとに個別化されるという仕組みそのものが問題とされる。

本章ではこのような問題意識から、ビッグデータと公共圏の関係について、公共圏の形成主体たる個人と民主主義に関する憲法学的視点から検討する。検討対象としては、公共圏論の哲学的発祥地であるドイツの議論を中心として扱い、関連する他国の論者の主張についても一部論ずることとする。

2　ビッグデータと公共圏

まず、ビッグデータと公共圏の関係について、ドイツの公法学者でありメディア法・通信法の研究者でもある Volker Boehme-Neßler [8] の議論に沿って概観する。

1　データ保護と民主主義

Boehme-Neßler は、ビッグデータが（従来ドイツにおいて推進されてきた）データ保護の限界をもたらしていると指摘する[9]。ビッグデータを支えるのは、指数関数的に増大するインターネット上のデータ量と、ここから得られる新たな情報や知識である[10]。ビッグデータはもともと、「果てなきデータ（Daten ohne Ende）」であるが、ここから必要なデータが加工されて情報となり、「スマート

2017）72頁参照。
7) Richter, a.a.O.（Anm.5）S. 61.
8) Boehme-Neßler が2008年に教授資格論文を提出したのも、上述した Kassel 大学であった（ITeG は2005年発足）。
9) *Volker Boehme-Neßler*, Big data und Demokratie: Warum Demokratie ohne Datenschutz nicht funktioniert, DVBl 2015, S. 1282 ff. Vgl. *ders.*, Die Macht der Algorithmen-Anmerkungen zum Einfluss von Big Data auf die Demokratie, in: *ders.u.a.* (Hrsg.), Big Data: Ende des Datenschutzes?, Stämpfli Verlag, 2017, S. 111 ff.
10) Ebd., S. 1283.

データ」が生まれる[11]。データから情報が生ずるという営み自体は、人類にとって新たな挑戦というわけではない。しかし、利用可能又は必須なデータの量が指数関数的に増大し、そのために（場合によっては）知識の新たな性質がもたらされうる点は、「スマートデータ」の特徴である。ここでは、因果関係的関連性に従った伝統的な検索は、蓋然性と相関性に従った検索に取って代わる。（検索の対象となる）エクサバイト級の容量のデータは、数理統計的な手法によってのみ取り扱うことができるものであり、このことは我々の思考に変化をもたらす可能性がある[12]。

　データ保護は、デジタル情報化社会における人間の尊厳と人格的発展（die Menschenwürde und die Persönlichkeitsentfaltung in der digitalen Informationsgesellschaft）を保障するという明確な目標に向けられている[13]。ドイツ基本法上、「人間の尊厳」は同1条1項[14]、「人格的発展」は同2条1項に規定され、1条1項と結びついた2条1項が「一般的人格権（allgemeine Persönlichkeitsrecht）」と呼ばれる基本権を形成することは連邦憲法裁判所判例により確立されている[15]。そして国勢調査判決以来、一般的人格権から発展した固有の権利として、情報自己決定権が導出されてきた[16]。「人間の尊厳」には個人がその人格を自由に発展させることができる前提条件としての私的領域が必要であり[17]、更にデジタル情報化社会における人格的発展には、後述のとおり、情報通信技術を通じて伝えられた多様な情報について自身で決定するということも必要である[18]。データ保

---

11) Ebd.
12) Ebd.
13) Ebd.
14) 「人間の尊厳」条項は、表現の自由の規制根拠として各国で用いられており、特に1989年以降の旧社会主義国家新憲法では「表現の自由の制限としての人間の尊厳」条項が明記されるようになった（Thomaß Groß, Der Missbrauch der Menschenwürde als Schranke der Meinungsfreiheit, Jahrbuch des öffentlichen Rechts der Gegenwart 66, 2018, S. 187 ff.）。ただし近年のドイツでは、連邦憲法裁判所による具体的事例の解決に際し、人間の尊厳条項である基本法1条1項1文の助力を得ることはなくなってきているとGroßは分析する（Ebd., S. 203 f.）。
15) 上村都「ドイツにおける人格権の基本構造」岩手大学文化論叢7・8号（2009）93頁。
16) BVerfGE 65, 1, Urteil des Ersten Senats v. 15. 12. 1983.
17) Boehme-Neßler, a.a.O.（Anm.9）(2015), S. 1284.
18) Ebd. Vgl. Alexander Roßnagel/Peter Wedde/Volker Hammer/Ulrich Pordesch, Digitalisierung der Grundrechte?: Zur Verfassungsverträglichkeit der Informations- und kommunikationstechnik, 1990, Westdeutscher Verlag, S. 233 f.

護はその前提となる[19]。

　Boehme-Neßler は、ポストプライバシー時代ともいえる現代においても私的領域は人間にとって不可欠なものであり、法的保護を必要とすると述べる。その上で、社会学的・心理学的観点を踏まえ[20]、データ保護と民主主義の関係について以下のとおり論ずる。（私的領域と緊密に関係する）データ保護は、個人とその生活形成にとって大きな意味をもつだけではなく、社会と自由な民主主義に強い影響を有する。ここでの民主主義は、競争（Konkurrenz）と参加（Partizipation）により刻印づけられる「思想の競技会（Ideenwettbewerb）」として描かれる[21]。この公に実施される競技会を通じて、競合する思想の長所と短所、解決の手がかりが明瞭となり、詳細に議論され、個別に分析される[22]。「思想の競技会」は、最適化（Optimierung）と正当化（Legitimation）を目的とするモデルである。公の議論により質的にベストな解答を浮き彫りにする（最適化）とともに、全ての市民が参加可能な競技会において詳細且つ対立的に議論された結果として、ある思想が承認される（正当化）[23]。

　機能的な民主主義は強固な制度と効果的なプロセスを必要とし、（これが）政治的な「思想の競技会」への全市民の参加を可能とするが、憲法上保障された制度と手続が全てではなく、文化的な前提、とりわけ民主的な意識を持った市民を必要とする[24]。多くの対立的な異なる思想及び意見（そしてそこから生まれる政治的議論）は、民主的な「思想の競技会」が機能するために必要であるが、多数派への迎合（Konformität）という人間の心理学的傾向が活気ある民主主義にとって問題となると指摘し[25]、そのような状態に陥らないために、人々は十分な人格的自律性（persönliche Autonomie）を有していなければならないとする[26]。

---

19) イギリスの議論を参照に両者の違いについて言及する林紘一郎「『個人データ保護』の法益と方法の再検討」情報通信学会誌31巻2号（2013）81頁以下を参照すると、両者の法的理解は、主観的権利としてのプライバシーと資産（知的財産）としてのデータと区別しなければならない。
20) *Boehme-Neßler*, a.a.O. (Anm.9), 2015, S. 1284 f.
21) Ebd., S. 1286.
22) Ebd.
23) Ebd.
24) Ebd.
25) Ebd.
26) Ebd., S. 1287.

民主主義における市民の決定的要素は、(人格的)自律性なのである。この人格的自律性は、生物学的・文化的・社会的要素の複雑な相互作用の中で、複雑な心理社会的発展過程を経て生じる。この発展過程における自律的な思考と行為にとって必須となる心理学的観点における前提条件は、プライバシーとデータ保護である。保護された私的領域は、自分自身の矛盾した願望とセルフイメージについて熟考すること、そしてその生にふさわしい決断をすることを可能とする。[28]

2 民主主義と人間像

Boehme-Neßler は、我が国において主に表現の自由との関係で語られてきた人格の自律的発展と民主主義という展開を、データ保護との関係で語っている。「情報伝達行為は多かれ少なかれ情報収集活動に依拠するから、『表現の自由』は『情報収集の自由・権利』(以下「情報収集権」と呼ぶ)を包摂するものと解される」とした日本の憲法学者・佐藤幸治の見解[29]とは異なり、表現行為から独立したデータ取扱いについて民主主義の観点から論じている点が特徴的である。

インターネットと民主主義について積極的に議論し続けてきたアメリカの憲法学者・Cass R. Sunstein は、オンラインによる集団分極化や、分極化の結果として生じるサイバー・カスケード[30](多くの人がそう信じているようだという理由だけで、特定の事実とされる話や見解が広まる情報交換のプロセス)による社会の断片化がソーシャルメディアによって生じていることを、行動経済学的手法を用いて認定しながら[31]、それが民主主義にとって常に悪とはいえないと解する。パブリックフォーラム論の根拠の一つ、そして民主主義の重要な要素を、人々が「予期せぬ出会い」も「望まぬ出会い」も含んだ多様な話題や意見を見聞きす

---

27) Ebd.
28) Ebd.
29) 佐藤幸治『日本国憲法論〔第2版〕』(成文堂・2020) 278頁。
30) キャス・サンスティーン (著) 伊達尚美 (訳)『#リパブリック:インターネットは民主主義になにをもたらすのか』(勁草書房・2018) 103頁以下。
31) 同上、78頁、133頁以下。カスケード現象について、Cass R. Sunstein, *Democracy and the Internet*, in: Jeroen van den Hoven／John Weckert (ed.), *Information Technology and Moral Philosophy*, Cambridge University Press, 2008, pp. 103 も、併せて参照。

ることと想定するSunsteinにとっては、特定の意見しか聞かない人々が社会にあふれることで、「既存の意見を定着させ、嘘を広め、過激思想を助長し、共通の問題で力を合わせにくくなる」という社会全体にとっての危険が生ずることが最も危惧される事態である[33]。

熟議民主主義を主張するSunsteinが指摘したこのようなインターネットと民主主義の課題は、Boehme-Neßlerの描く「思想の競技会」モデルの想定と類似した人間像を前提としており、更にはビッグデータを用いた現代のインターネット社会の特性の一部が、このような人間像を実際に毀損する可能性があることを示唆している。すなわち、両者が想定する民主的な人間（多様な意見を見聞きする人格的に自律した人間）が、ビッグデータを通じた選好的な情報への遭遇の斡旋によって、自分と同じ意見しか見聞きしない人間となってしまうという可能性である。

ビッグデータを用いたインターネット上のプラットフォームを通じて形成される公共圏が、多様な意見を聞く機会を、技術的アルゴリズムを用いて排除することを可能としたことは事実である。この事実が民主的な市民の形成を毀損しうる、という上述の両者による指摘について筆者なりに考えてみると、一方では技術的な課題が公共圏の形成に深刻な影響を与えているようにも思われるものの、他方ではそのような市民は元よりフィクションであったのではないかとも思われる。Boehme-NeßlerやSunsteinは、心理学的観点や行動経済学的観点を踏まえて民主的な市民の毀損可能性について語るが、ビッグデータ登場以前には彼らが想定するような「多様な意見を見聞きする市民」のみによって公共圏が形成されてきたのだろうか。ビッグデータの登場により、公共圏の形成主体はどのように変化したと解するべきなのだろうか。

---

32) 同上、49頁以下。キャス・サンスティーン（著）石川幸憲（訳）『インターネットは民主主義の敵か』（毎日新聞社・2003）8頁は、「民主制度は、広範な共通体験と多様な話題や考え方への思いがけない接触を必要とする」とする主張に明確に賛意を表す。松尾陽「集団分極化と民主的憲法論の課題：キャス・サンスティーン『インターネットは民主主義の敵か』で問われた課題」近畿大学法学59巻4号（2012）51頁以下参照。

33) サンスティーン、前掲注30)、182頁。

3 公共圏の形成の基礎理論──KantとHabermas

この疑問に対する応答を試みるべく、公共圏を形成する主体の哲学的理解を参照してみたい。現代の公共圏に関する議論の基礎をなすのは、この後に論ずるJürgen Habermasの公共圏概念である。Habermasによれば、公共圏（Öffentlichkeit）とは、公的（öffentlich）という形容詞をもとに、英語及びフランス語におけるpublicity／publicitéを模して18世紀につくられた概念である。[34] 社会学者である梅津顕一郎はこれを、「主としてヨーロッパ系の哲学者、批評家が用いる概念で、元来は人間の生活圏における、他者や社会と関わり合いを持つ時間や空間のことを指」し、「近代以後の社会においては、公共圏における対話的コミュニケーションを通じ、公共の物事に関するまとまった意見（世論）が形成されることを、民主主義社会の理想形とする考え方が、広く正統性をもつものとして受け入れられている」とする。[35]

一方、公共圏を形成する表現行為とその行為主体の位置づけについては、Habermas以前に、Immanuel Kantが具体的な議論を展開している。そのことはHabermas自身、「市民的公共圏の理念」がKantの「公開性の原理」の展開により「理論的に完熟した形態を得た」としていることからも読み取ることができる。[36] 本節では、公共圏の形成主体について考えるにあたり、まずKantの理解を確認していきたい。

1 Kant

Kantは言論の自由（Freiheit der Feder）について、このように述べる。「国家市民には、元首が思いのままにおこなうことがらのうち公共体に対する不正であると思われるものについて自分の考えを公表する権限が、当然のこととして、しかも元首自身からの恩恵として、与えられるのでなければならない。と

---

34) ユルゲン・ハーバーマス（著）細谷貞雄＝山田正行（訳）『公共性の構造転換：市民社会の一カテゴリーについての探究〔第2版〕』（未來社・1994）12頁以下。なお、訳書では「政治的公共性」「文芸的公共性」とされている箇所は、以下本章では「政治的公共圏」「文芸的公共圏」と改めている（同49頁参照）。

35) 梅津顕一郎「情報公共圏と現代日本：『ポストモダン』時代の市民意識を考える」前納弘武＝岩佐淳一＝内田康人（編著）『変わりゆくコミュニケーション 薄れゆくコミュニティ：メディアと情報化の現在』（ミネルヴァ書房・2012）268頁。

ういうのも、もしも元首は考えちがいをすることも事情に無知であることも全くありえないなどと想定するとしたら、元首は神的な霊感に恵まれ人間性を超越した存在だとみなしていることになるだろうからである。それゆえ、言論の自由は、国民の権利の唯一の守護神である――ただし、われわれは体制の中に生きているのであって、言論の自由は、臣民のリベラルな考え方（これもまた体制が臣民に注ぎ込むものなのだが）によって、その体制に対する尊重と愛という限界を超えることはない（そして、言論自身もまた、その自由を失うことがないように、互いにその限界のなかへと自ら制限する）――」と[37]。Kantの描く言論の自由は、法律との関係では、「法律に効力を与える国家権力は、反抗を許さない（抵抗の余地がない）」ことと結びつく[38]。すなわち、「いかなる公共体においても、（全体におよぶ）強制法にしたがって国家体制の機構へ服従するということがなければならないが、しかし同時に自由の精神が存在するのでなければならない。なぜなら、各人は、自己矛盾に陥らないためには、人間の普遍的義務に関して、この強制が正当であるということを理性によって確信しているのでなければならないから。自由の精神のない服従は、秘密結社を誘発する原因となる」のである[39]。

　Kantが治世者の不正の可能性を認め、これを正す手段としての言論の自由を掲げることは、第一次的には、Thomas Hobbesがこれを一切認めないことに対する反論として位置付けられる[40]。その本質的な意義は、思想史学者・斎藤拓也が指摘するように、「カントにとって国家の成立は最終的な目的ではなく、いかにして統治と法的秩序をよりよいものにし、その中で人間がよりよく生きうる社会を作り上げるか」に眼目を置いているという点に求められる[41]。

---

36)　ハーバーマス、前掲注34)、143頁。
37)　イマニュエル・カント（著）北尾宏之（訳）「理論と実践」『カント全集14　歴史哲学論集』（岩波書店・2000）208頁以下。
38)　同上、201頁。
39)　同上、210頁。
40)　トマス・ホッブズ（著）本田裕志（訳）『市民論』（京都大学学術出版会・2008）166頁。ただしHobbesは、最高命令権を手に入れた者が「市民たちに対していかなる不法も行うことはありえない」としつつ、「たとえば残忍や不公平や侮辱その他の」「悪徳のような、多くの仕方によって、他の自然法に違反することはありうる」と述べ、しかも君主制の国家意志が君主の自然意思の発現であることから、「もし君主が何か自然法に反することを決定したならば、罪を犯しているのは君主自身である」としている。

Kant は、言論の自由の保障を強く主張することと同時に、体制を転覆させる抵抗権や革命権を全面的に否定しているが、1780年代後半から1790年代前半にかけてのドイツの歴史的背景に鑑みれば、むしろ言論の自由を保障すること（ひいては、治世者の不正や誤謬の可能性に言及すること）のほうが革新的であったことは言うまでもない。宮沢俊義は、「独裁制を基礎づける政治観は絶対的な権威者をみとめるそれであり、民主制を基礎づけるものは絶対的な権威者をみとめぬそれである」として、このような権威者を「信仰の基礎」の上にのみ立つものと述べ[42]、また Carl Schmitt は「国家の『全能』という言い回しは、事実しばしば神の全能という神学的定式の浅薄な世俗化にすぎない」と述べるが[43]、治世者を論駁するための言論の自由は、まさにこの信仰を突き崩すものだからである（実際に Kant は、共和制を論じている）。ただし、公共圏の形成主体について考えることを目的としている本章の立場からは、Kant が言論の自由を「国民の権利の唯一の守護神」とした直後に、その源泉となる「臣民のリベラルな考え方」を「体制が臣民に注ぎ込むもの」としている点も注目される[44]。

2　Habermas

Kant の理解を踏まえて Habermas が想定するのは、私的領域と公権力の領域の間に存在する公共圏の存在である（なお Habermas の公共圏理解は、のちに『公共性の構造転換（新版）』で追加された序言において公共圏の「多元性と多様性」に対する明確な認識を表しており[45]、これが公共圏の議論の起爆剤となってきたわけだが[46]、

---

41)　斎藤拓也『カントにおける倫理と政治：思考様式・市民社会・共和制』（晃洋書房・2019）138頁。

42)　宮沢俊義「民主政より独裁政へ」同『転回期の政治』（岩波書店・2017）18頁以下［初出、中央公論1933年9月号］。

43)　カール・シュミット（著）菅野喜八郎（訳）「政治的なものの概念」長尾龍一（編）『カール・シュミット著作集1　1922-1934』（慈学社出版・2007）267頁。

44)　斎藤、前掲注41)、141頁以下、322頁。

45)　山本啓「訳者あとがき」クレイグ・キャルホーン（編）山本啓＝新田滋（訳）『ハーバマスと公共圏』（未來社・1999）342頁以下。

46)　森英樹「憲法と公共・公共性・公共圏」同（編）『市民的公共圏形成の可能性：比較憲法的研究をふまえて』（日本評論社・2003）3頁が指摘するように、『公共性の構造転換』の1990年新版の序言は、ドイツ再統一という転機に直面した Habermas の変化を表しており、「日本の論壇も、多かれ少なかれこの文脈で『市民的公共の復権』に言及」してきた経緯がある。

ここでは『公共性の構造転換』本文における公共圏形成主体の歴史的遷移の理解についてのみ概観する)。民間人により形成される公共圏は、本来的に私的領域に属する[47]。Habermas によれば、18世紀における公共圏は、私的領域としての「小家族的内部空間」と公権力の領域としての「宮廷」の間に存在する「文芸的公共圏」、私的領域としての「市民社会」と公権力の領域としての「国家」の間に存在する「政治的公共圏」に区分される[48]。サロンや会食クラブにおける「私人たちの間の持続的討論」の組織化を通じて形成されてきた「文芸的公共圏」[49]と、「法律規範という中心的カテゴリーについて実証された」自己理解に支えられる「政治的公共圏」は相互に連関している[50]。「文芸的公共圏」における人間形成（Humanität）[51]は、「政治的公共圏」に「実効性をもたせる媒介」となっていた[52]。一方、「文芸的公共圏」の基礎となる家族（親密圏）は、一見独立しているが、「政治的公共圏」を支える市場（私有圏）の要求に深く巻き込まれ、依存してきた[53]。

その後、マスメディアの台頭により「文化を論議する公衆から文化を消費する公衆」へと公衆の在り方が変化する過程で、両者の均衡は損なわれ、「文芸的公共圏」は「その固有の性格を喪失した」[55]。マスメディアは「統合同化」を求めるのみならず、その内部に現体制の「広告」としての機能を内包する[56]。そこにあるのは、「社会学的にも法律学的にも公私のカテゴリーには包摂しきれない特殊な、再政治化された社会圏」である[57]。この社会圏においては、「私生活圏の自立性」が失われることで、公的討論が法規範の「普遍性と真理性という二つの契機（正義＝正論）」を形成することが最早不可能となり、「国家と社会の分離が克服されて、国家が計画、分配、管理という形で社会運営の中へ干

---

47) ハーバーマス、前掲注34)、49頁。
48) ハーバーマス、同上。
49) ハーバーマス、同上、56頁。
50) ハーバーマス、同上、76頁。
51) ハーバーマス、同上、72頁以下。
52) ハーバーマス、同上、67頁、216頁。
53) ハーバーマス、同上、77頁。
54) ハーバーマス、同上、67頁、76頁。
55) ハーバーマス、同上、231頁。
56) ハーバーマス、同上。
57) ハーバーマス、同上、232頁。

渉してくるので、規範の普遍性を原理として守りぬくこと」はできない状況に陥っている、というのが Habermas の分析である（Habermas はこのような状況から脱するため、周知のとおりコミュニケーションに関する行為を統制する理論を提唱するが、本章では公共圏の形成主体に議論を限定する）。すなわち、「商業的に拡張された公共圏は、もはやかつてのような政治的批判の場としては機能しない」。[58]

　Habermas にとって理想的な公共圏は、「自由意志、愛の共同体、教養」という三つの契機からなる人間形成（Humanität）を前提として市場から解放された討論により法規範の普遍性と真理性を担保しており、私的空間の重厚さに始原を持つ「政治的公共圏」として、行政の正統性、公的な政治システムとは異なるアプローチで民主的な意見形成・意思形成に関与する公共圏である。[59] 国家の介入は、この普遍性を原理的に崩壊させる。ここではこのような Habermas の理解の特徴について、政治学者・齋藤純一の整理を参照したい。齋藤によれば、「政治システムと異なった政治的公共圏の特徴」は、①「政治的に扱われるべき諸問題を敏感に察知し、それらを公共の議論における主題として争点化していく」こと、②「意思決定を求める圧力を免れている」こと、③「正統ではない権力の自立化を阻止する、民主的統制の最後の拠り所」であること、以上三点にあるという。[60]

　本章の問題関心からは、これらの特徴が、政治的公共圏が強制的な力の制約を受けず"開かれていること"によって基礎づけられるということを強調したい。すなわち、政治的公共圏に対して特定の力がかけられることで、公共圏に歪みが生ずる事態は、許容されないということである。これは、公共圏の自由主義的側面を表している特徴である。

　日本の憲法学においては、佐藤幸治がプライバシー権について論ずる際、類似する理解に基づいた権利論を展開してきた。佐藤は憲法13条から導かれるプ

---

58) 阿部潔『公共圏とコミュニケーション：批判的研究の新たな地平』（ミネルヴァ書房・1998）73頁。なお同80頁が的確に指摘するように、Habermas は「近代的マス・メディアの機能を全面的な支配や管理としてではなく、支配と解放の両側面を含むものとして位置づけることを可能にしている」。
59) ユルゲン・ハーバーマス（著）河上倫逸＝耳野健二（訳）『事実性と妥当性（下）：法と民主的法治国家の討議理論にかんする研究』（未来社・2003）29頁以下。
60) 齋藤純一「ハーバーマス」同（編）『岩波講座 政治哲学5 理性の両義性』（岩波書店・2014）190頁以下。

ライバシー権を「人間にとって最も基本的な、愛、友情および信頼の関係にとって不可欠の環境の充足という意味で、まさしく『幸福追求権』の一部を構成するにふさわしい」とする。佐藤のプライバシー権論の背景には、「自然法論には端的には与しえず、といって、今日多くの国では『人間性』とか『人間の尊厳』とかによって根拠づけることで充分だと考えているからといった論法にも満足できないものを感じ」るという問題関心がある。この問題関心に対する応答として、佐藤は自説の位置づけを以下のとおり明らかにする。「『人権』の主体として奥平教授は『一人前の人間』、樋口教授は『強い個人』を想定されるのに対して、私は、十全の自律性ないし理性的判断能力を備えたそうした個人を基本に据えながらも、自律性獲得・維持の過程も射程に入れて『人権』を捉えるべき」と考える、と。この人間像は、「超越的権力者が被支配者に恩恵的に与える権利というような場合はともかく、主権者＝憲法制定権力者たる国民が、それぞれ独自の自律的存在たる個人として相互に尊重し合い共生できる社会を作ろうとする場合、人間や社会のあり方に関する基本的な見方・考え方を構成し、それに従って基本的な権利を導き出し、それを法的に保障する」という構造を前提としている。

　佐藤の見解を媒介に、憲法上の権利論の言語によってHabermasの論旨を言い換えてみると、興味深いことに気づく。"プライバシー権の内実を形成する実体は、公共圏における政治的表現の自由を下支えするものであったが、国家の介入がこの関係を崩壊させる"と言い換えることができるのである。このことは、独立した権利として論じられる表現の自由（憲法21条1項）とプライバシー権（憲法13条）が、公共圏の形成に対する国家の介入という視点で見ると、一体的な法的利益を形成するといえるのではないか、という仮説を導くにあたっての礎を築く。この仮説は、既に本章で扱ったBoehme-Neßlerの主張と同様の帰結を示唆する。これはデータ保護がプライバシーの保護をその主観

---

61) 佐藤幸治『憲法〔第3版〕』（青林書院・1995）454頁。
62) 佐藤幸治『日本国憲法と「法の支配」』（有斐閣・2002）157頁。
63) 佐藤、同上、159頁以下。
64) 同上、158頁。川岸令和「プライバシー権とは何のための権利なのか」阪口正二郎（編）『自由への問い3　公共性：自由が／自由を可能にする秩序』（岩波書店・2010）105頁は、プライバシーについて、「個人がどのように社会的に生存していくのかという構想と密接に関連している。その意味で本来的に公共的な事柄を前提としている」と述べる。

的実体として伴うことを思えば当然の帰結であるが、公共圏との関係におけるビッグデータの課題が、従来から憲法学で意識されてきた問題意識に通底することには、重要な意味があるように思われる。

　もう一点、公共圏の形成主体について考える上で、重要と思われる内容を指摘しておきたい。佐藤の見解は、憲法学者・樋口陽一が「『人』権主体としての『個人』」とは「ほんとうに強い個人でよいのか」と問うた「反・近代の主張」に対する構造的一回答である。樋口は、現代的課題との関係で先鋭化するこの問題が、「実は、『人』権を支える『近代』の論理のなかに、はじめから、二つの要素の緊張関係として内在していた」とし、「人」権の形式と内容の間の緊張関係について指摘する。

　樋口にとって、この問いに応答するために重要となるのは「強い個人」ないし「強者であろうとする弱者」という擬制（フィクション）である。これは、社会契約論のそれと同視される。あくまでも社会的フィクションなのだが、それは「弱者が弱者のままでは、それによって担われる『権利』は、恩恵的、慈恵的な性格にとどまる」ことを認め、（実際に権利を主張する必要に迫られる者が弱い個人であるにもかかわらず）「強い個人」により権利が獲得されたと解することで「権利のための闘争」の素地をつくるためのものなのである。この考えは、実に明瞭である。これと比較すると佐藤の見解は、「強い個人」の擬制を排しないまま、（現実に）自律性を獲得・維持する過程という事実上の段階を含んでいる点で複雑なものに見える。同様の構造は、前述したBoehme-NeßlerやSunsteinの主張にも見られる。フィクションとしての個人と実際の人間像の混載は、公共圏の形成主体の議論を混乱させ不正確な結論を招きかねないため、どの段階の議論をしているか意識することは重要である。

---

65) 樋口陽一『国法学　人権原論〔補訂版〕』（有斐閣・2007）54頁以下。
66) 樋口、同上、61頁以下。
67) 樋口、同上、68頁以下。
68) 中島茂樹「憲法における人間像：自由、平等、そして連帯」立命館法学333・334号（2010）1929頁は、樋口と佐藤の描く人間像が同じく「現実的・具体的な人間の姿やその諸特徴をはぎとって、人間の理性や人格自律に焦点を据えた抽象的な法主体として構成された」フィクションであると解するが、前述のとおり、佐藤が意識的に奥平・樋口と異なる人間像を選択していることには、完全なるフィクションとしての人間像への葛藤が現れているように筆者には思われる。

4　インターネットを通じた公共圏の自由主義的形成

1　ビッグデータに支えられたインターネット上のプラットフォームと公共圏

　Kant と Herbermas の公共圏の形成主体の描写に対して、ビッグデータに支えられたインターネット上のプラットフォームを重要な要素とする現代の公共圏の形成主体は、どのように変化したと解するべきであろうか。

　フランスの社会学者 Dominique Cardon は、元々インターネットの「唯一の意思とは、ネットの接続性を高めること」にあり、ソフトウェアによる技術的イノベーションという「頭脳は、インターネットの中枢ではなく、『末端』に配置され」ていたと分析する。[69] 中枢機構がないインターネットは、「中立な基盤」であるがゆえに、自由であるとともに「管理が難しい」。[70] 国籍を超えた「知識の解放」と、匿名性に基づく「人々の解放」という、インターネット黎明期に描かれた「現実世界との分離」は、[71]「流動性が高く開放的で寛容な交流によって、世界が再統合されることを夢見」た理想であったが、大衆化された現在のインターネット世界は「社会的、地理的、文化的に同じ特徴をもつ個人の集結したコミュニティ」の再構築にすぎなかったのである。[72]

　「民主主義の強力なツール」として期待されたインターネットは、結果として「市場の戦略と利益の中核に位置する」存在とはなったものの、[73] 民主主義の革新の担い手となっているかは疑問である。社会学者の佐藤俊樹は、インターネットに期待された民主主義の実現という機能について、「情報技術と民主主義は半身の双子なのだろうか、それとも現代という手術台で出会ったミシンと蝙蝠傘なのだろうか」との命題を提起し、「一般成員が自分たちのことについ

---

69) ドミニク・カルドン（著）林香里＝林昌宏（訳）『インターネット・デモクラシー：拡大する公共空間と代議制のゆくえ』（トランスビュー・2012）24頁。
70) 同上。
71) 同上、38頁。A Declaration of the Independence of Cyberspace, Davos, Switzerland February 8, 1996（https://www.weforum.org/agenda/2018/02/a-declaration-of-the-independence-of-cyberspace/）。
72) 同上、47頁。
73) 同上、155頁以下。

て決定する」「自己決定（autonomy）」としての側面と、「一般成員の意見や感情を最大限反映させて決定する」「声の表出（expression）」としての側面を併せ持つ民主主義が存在するという切り口から論ずる。この理解は、Cardonのように「インターネットによって、人々の期待を知ることができるように」なり、「そのような人々の期待が、どのような民主主義を望んでいるのかを描き出」すことができるとする考え方に懐疑的なものと位置づけられる。なぜなら、情報技術が「自己決定」としての民主主義と「声の表出」としての民主主義の「結びつけ方に新たな自由度をあたえる」との理解からインターネットの構造と公共圏形成に対してアプローチし、「理想の『熟議』も『データベース』ももたない」両者の「再分離という可能性にどう対処するか」という「現代の社会科学が答えるべき、本当の問い」を炙り出そうとするからである。

このような懐疑を前提とすると、「国民の自己支配ないしは治者と被治者の同一性という直接民主制的な構想が、実際にはデマゴーグ的な指導者による支配を隠蔽するイデオロギーとして機能する危険を免れないとすれば、憲法論にとって重要なのは、他者による支配が不可避であるという冷徹な現実認識に立脚した民主制の理論を打ち立てること」という憲法学者・林知更の鳴らした警鐘は、本章の問題意識においても極めて重要な意義を有する。すなわちインターネットを重要な構成要素とする公共圏においては、その自由なユートピアとしての側面を誇張することと民主主義にとってのリスクとしての側面を誇張することは同じくらい危険であり、公共圏の理想とは区別された他者による支配を避けることはできないという現実を、正面から認識すべきではないかと思われるのである。

2　Carl Schmitt の公共圏論とインターネット

以上の議論を踏まえ、インターネットを重要な構成要素とする公共圏について、敢えてインターネット出現以前のドイツ国法学者である Schmitt の主張を

---

74)　佐藤俊樹「制度と技術と民主主義」佐藤卓己（編）『岩波講座 現代 第 9 巻 デジタル情報社会の未来』（岩波書店・2016）17頁以下。
75)　カルドン、前掲注69）、17頁。
76)　佐藤、前掲注74）、21頁。
77)　林知更「政治過程における自由と公共」阪口（編）、前掲注64）、145頁。

参照しつつ検討してみたい。その意図は、インターネットを重要な構成要素とする現代的公共圏の淵源が、インターネット出現以前の時代のどこにあるのか、考えを深める点にある。

　自由主義と民主主義との不可分な結合を正面から否定したSchmittにとって、民主主義は「実質的平等」と「同質性」を前提として成立するものであった。多元的な社会を前提とするHabermasは、これをエスノナショナリズムの是認となるとして批判しており[78]、「シュミット学派のように自由主義的な法治国家のドグマに固執するのは、社会的諸関係の変化を正しく評価していない」と述べるが[79]、まずは「同質性」とは何を指すのかを確認したい。

　Schmittは、「社会学的および心理学的に異質」の「大衆」が、抽象的にのみ「国民」と呼ばれていることを指摘する[80]。そこで「国民」は、「多数決で敗れた少数派の意思は実は多数派の意思と同質なのだという、―やがて明らかになるような―本質的に民主主義的な論拠」に支えられる。しかし、この同質性は「手にとらえることのできる現実ではなくて、同質性の承認」、すなわち「同一視」でしかない[81]。このような民主主義の思想は、議会主義の思想の正当化と関連して語られがちだが、例えば「国民の名においてただ一人の信任を得た人」が議会に代替することができるとき、民主主義は放棄されぬまま議会主義を放棄することができるし、議会の特色を「公の討論」に求めるのであれば、それは民主主義の要請ではないとSchmittは指摘する[82]。その理解によれば、自由主義は（民主主義ではなく）「理性の断片の担い手が議会に存在する」ことと直接に関係する[83]。すなわち、自由主義が前提とする「自由競争と予定調和」は、公の市場だけでなく、公の討論にも当てはまるのである[84]。「自由主義

---

78) ユルゲン・ハーバーマス（著）高野昌行（訳）『他者の受容：多文化社会の政治理論に関する研究』（法政大学出版局・2004）159頁、大竹弘二「シュミット：自由主義批判のジレンマ」杉田敦（編）『岩波講座 政治哲学4 国家と社会』（岩波書店・2014）180頁参照。
79) ハーバーマス、前掲注34）、xvii頁。
80) カール・シュミット（著）樋口陽一（訳）「現代議会主義の精神史的状況」長尾（編）前掲注43)、61頁以下。
81) シュミット、同上、63頁。
82) シュミット、同上、69頁以下。
83) シュミット、同上、70頁。
84) シュミット、同上。

の体系において討論の占める中心的な地位が正しく認識されるとき」にのみ、「政治生活の公共圏の要請と権力分立の要求」は正しさを獲得する[85]。そこでは、「公の意見（öffentliche Meinung）よりも意見の公共圏（Öffentlichkeit der Meinung）が重要」である[86]。公共圏は、政治と外交の秘密性の排除という政治腐敗への「万能薬」として「絶対的に実効的な抑制手段」として機能する一八世紀の啓蒙主義の産物である[87]。この意味でも、自由主義がもたらす公共圏と、民主主義がもたらす少数者の否定は、対立的である[88]。

　ここでSchmittが想定する公共圏は、国民を討議から排除する議会主義を前提としたものである点には注意が必要であり、「討論の結果生まれる力への信頼が失われたとき、公共では指導者への『喝采』が現れ、非同一的なものへの排除が始まる」状況をSchmittの理論が支えたことによる歴史的実証の悲惨さを看過することはできない[89]。ただ本章の立場から興味深く思われるのは、Schmittが公の意見そのものよりも公共圏を重視する理由として、市場原理とのアナロジーが用いられている点である。上述したHabermasの見解[90]や日本における一般的な公共圏理解からすると、自由主義の構成要素としての公共圏という理解は逆説的ともいえる。しかし、「同質性」が自由主義や議会主義に内在せず、民主主義にのみ存在するフィクションであるとする理解に限って見れば、空間としての公共圏を中立的に捉えることに成功しているとも思われるのである。前述したBoehme-NeßlerやSunsteinが設定した「多様な意見を見聞きする市民」は、民主主義にのみ存在する「同質性」のフィクションであると解される。そうであるとすれば、ビッグデータに支えられたインターネッ

---

85) シュミット、同上、74頁（なお後述のとおり、樋口はÖffentlichkeitを「公開性」と訳すが、本章では一貫して「公共圏」と訳す。ただし毛利透『表現の自由：その公共性ともろさについて』（岩波書店・2008）6頁のとおり、SchmittとHabermasのÖffentlichkeitの意味は異なる）。
86) シュミット、同上。
87) シュミット、同上、76頁。
88) シュミット、同上。
89) 毛利透「国家意思形成の諸像と憲法理論」樋口陽一（編著）『講座・憲法学 第1巻 憲法と憲法学』（日本評論社・1995）66頁。
90) 本多幸子「公共圏論の歴史的展開に関する一考察：ハーバーマスのÖffentlichkeit概念と市民的公共圏の歴史的位相」同志社政策科学研究13巻2号（2012）86頁が指摘するとおり、Habermasは公共圏形成における自由競争の役割を認識しつつ、これを冷笑的に評価している。

ト上のプラットフォーム普及の帰結として「多様な意見を見聞きする市民」と対立する像が描写されることの意義は、少なくとも民主主義との関係では失われる。理想とすべき像そのものがフィクションである以上、現実の事象を科学的に解明しようとする心理学的分析や行動経済学的分析に基づいて描かれた市民像が理想と対立するものであっても、なんの不思議もないからである。

　Schmittの「同質性」理解をもとに、インターネット上のプラットフォームにおける公共圏について考えると、インターネット出現以前の公共圏と比較して、「自由競争と予定調和」という市場原理がより強く機能していると評価することができる。マスメディアが公共圏を支配していた時代、あるいはその前史となるジャーナリズムが生まれた時代には、公共圏において叫ばれる意見は多くの人の手を介して検証された見解が主であり、自由競争には主体や時間の観点で（国家による規制に留まらない）一定の制限がかけられていたが、現代では共通のプラットフォームを通じ、"誰でも即座に自分の意見を発信できる"し、更にはその意見が市場原理により形成されるビッグデータを経由して公共圏に還元されうるからである。

　ではこの理解は、本章が扱ってきたビッグデータと公共圏に関する議論に、どのような影響をもたらすのだろうか。この理解によれば、市場原理に従ったビッグデータの運用の上では、民主主義的観点を含んだ理想的な「思想の競技会」モデルは存在せず、多様な意見を見聞きすることのない市民が多数を占めた断片化したコミュニティしか存在しないと評すべきかもしれない。ただ我々は、インターネット上のプラットフォームにアクセスすることにより、"誰でも即座に自分の意見を発信できる"公の手段（単独・即時の発信可能性）を手に入れた、ということだけは明らかである。名もなき市民が（束になってかかるのではなく）一人で声をあげることができるようになったということは、「自由競争と予定調和」にとって革命的である。そして単独・即時の発信可能性という要素は、プラットフォームにアクセスするという技術的要件の充足さえあれば発生するものであるから、実際の人間像の理解ではなく、フィクションとしての公共圏の形成主体の特徴として付加された要素であるといえよう。

5　小　括

　本章の目的は、インターネット上のプラットフォームを支えるビッグデータ

と公共圏の関係を検討することであった。この検討は、諜報・捜査の活動に変容をもたらす社会の変化の基盤的理解として、重要な観点である。本章では、データ保護と公共圏に関する議論を契機として、「公共圏の形成主体が、ビッグデータの登場によりどのように変化したと解するべきか」という問いを検証するため、公共圏形成に関する議論を辿った。

　本章の議論を踏まえると、Boehme-Neßler や Sunstein が期待する熟議のフォーマットの提供を、インターネットを重要な構成要素とする公共圏に要求することは困難である、と筆者は考える。なぜなら、単独・即時の発信可能性を担保する現代のインターネットの価値は、多様な情報が多くの人に開かれていること（開放性）にあり、その開放性を支えるのは情報通信技術という（基本的には）政治的無関心を基礎とする科学技術である、と考えるからである。Herbermas は、技術至上主義の下での「イデオロギーとしての技術と科学のゆるやかな支配」を危惧するが、その中で「技術的課題の解決は公開の討論を必要としない」と述べ、科学技術の本性は政治的無関心にあるとする。[91]科学技術は現実に我々の生活様式を支配し、私的領域を形成する役割を担っているが、前掲の Schmitt の論稿を訳出した樋口が Öffentlichkeit を「公開性」と訳したように、[92]今昔問わず公共圏の本質は「公開されていること」、すなわち、（各時代における）一定の条件がそろえば誰でもアクセスできることにあったはずであり、インターネットはまさにそのような意味における「開放性」を特徴とするツールである。しかし公共圏に親和的な「開放性」は、Boehme-Neßler や Sunstein の指摘によれば、ビッグデータの運用次第では狭窄してしまう。ではこの狭窄に対して、何らかの対応をすることはできるのだろうか。また、そのような対応を行うことが民主主義にとって望ましいことなのだろうか。ビッグデータの運用を私企業のみに委ねず、適切な公共圏を形成するための対応を加えることによって、インターネットの「開放性」を維持する代わりに何を失うこととなるのだろうか。公共圏の断片化を回避するため、ビッグデータの運用を市場原理から引き離すことは、何を意味するのだろうか。[93]

---

91)　ユルゲン・ハーバーマス「イデオロギーとしての技術と科学」ユルゲン・ハーバーマス（著）長谷川宏（訳）『イデオロギーとしての技術と科学』（平凡社・2000）88頁。
92)　シュミット、前掲注80)、74頁の樋口訳参照。
93)　類似した問題意識を示す見解として、大屋雄裕ほか「〈座談会〉法学におけるアーキテク

この問いに法学の視点から応答するにあたっては、公共圏の形成に向けられた国家の介入により制約される法的利益についての仮説（本章第3節2款）が重要な役割を果たすのではないかと推測されるが、本章は問いを明らかにするところまでを射程とした。

チャ論の受容と近未来の法」松尾（編著）、前掲注6)、254頁［栗田昌裕発言］。

第三章　国家の情報収集と情報技術
―― 自動データ処理の日独比較から

1　国家の情報収集活動におけるデータ処理

　本章では、国家の情報収集活動に関わるデータの自動処理が、いかなる法的評価に値するのか、検討する。

　データの処理方法自体は、本来中立的な技術的手段であり、特定の法的評価を導くものではない。しかし、現代の法律においては、特定の法的評価を受ける結果を導く（あるいは特定の法的評価を受ける結果を回避する）ことを目的として、自動データ処理機能が実装される場合がある。

　本章では、日本の犯罪捜査のための通信傍受に関する法律（以下、通信傍受法）における「特定電子計算機」の自動データ処理機能と、ドイツの刑法・刑事訴訟法における刑執行後の指導監督の一手段としての「電子的足かせ」による電子的居所監視の自動データ処理機能、この二つの実例に関する法的課題の検討を通じて、技術的手段に対する法的評価の在り方について考える。

2　日本の通信傍受を用いた捜査における「特定電子計算機」の自動データ処理機能

1　通信傍受法総論
（1）　通信傍受法制定までの議論――制約される憲法上の権利

　本論に入る前に、日本の通信傍受法の背景について確認しておきたい。通信傍受法の制定にあたっては、通信の秘密（憲法21条2項後段）の観点から激しい議論があった。奥平康弘は、日本国憲法における「通信の秘密」が「『検閲』『拷問』『残虐な刑罰』等とほぼ同列に『通信の秘密』を禁止線上に置いた」と評価し、憲法21条2項後段の規定を「権利保障の規定というよりも、より多く国家機関に向けてなされた特定の権利行使のありようを禁止することに重点を置いた規定」であると理解することを通じて、通信傍受を批判した。[1]

ただしこのような理解が、日本において一般的であるとはいえない。例えば広く、長期的に法学徒の間で流通してきた芦部信喜執筆（高橋和之補訂）の教科書は、「憲法21条2項後段が通信の秘密を保障しているのは、通信（はがき・手紙、電信・電話等すべての方法による通信）が他者に対する意思の伝達という一種の表現行為であることに基づくが、さらに、公権力による通信内容の探索の可能性を断ち切ることが政治的表現の自由の確保に連なる」ものであるとともに「私生活の自由を保護する」という趣旨も含むとし、専ら権利保障の規定であると理解する[2]。この考え方を踏襲すると思われる長谷部恭男は、より端的に「通信の秘密はプライヴァシーの核心部分の一つであり、憲法はこれをとくにとりあげて明文で保障したものである」とする[3]。佐藤幸治は、「『表現の自由』は、その核をなす情報提供権についていえば、不特定または多数者に向けられたいわば外的コミュニケーション過程を保護しようとするのに対し、『通信の秘密』は、内的コミュニケーション過程の保護を通じて個人間の私的接触を可能としようとするところ」にその価値を見出す[4]。

では通信の秘密の保障の意義を、多数説と同様に自由権的に捉える立場を前提とする論者からは、通信傍受法に対していかなる批判があったのだろうか。刑事訴訟法学者の小田中聰樹は、「盗聴という捜査方法は、会話、通信に秘密裡に侵入し無制約的に通信当事者の思想・信条・表現やプライバシーを捕捉し証拠しようとするもの」であり、「盗聴の現実的対象者および潜在的（可能的）対象者たる一般市民に、思想・信条・表現の自由やプライバシーが絶えず侵害されているとの恐怖感を抱かせ、相互理解と信頼関係の形成・維持を阻害する」と批判する[5]。このような理解は、国境を越えて一定の普遍性があるだろう（だからこそ各国で、プライバシーを侵害する態様の捜査には、裁判所または裁判所に類似する機関の審査が必要とされている）。

---

1) 奥平康弘「いま市民的自由を語る意味：通信傍受（盗聴）法を考える」奥平康弘＝小田中聰樹（監修）『盗聴法の総合的研究：「通信傍受法」と市民的自由』（日本評論社・2001）10頁以下。
2) 芦部信喜（著）髙橋和之（補訂）『憲法〔第八版〕』（岩波書店・2023）242頁以下。
3) 長谷部恭男『憲法〔第八版〕』（新世社・2022）237頁。
4) 佐藤幸治『日本国憲法論〔第二版〕』（成文堂・2020）356頁。
5) 小田中聰樹「盗聴立法の違憲性」小田中聰樹＝村井敏邦＝川崎英明＝白取祐司『盗聴立法批判：おびやかされる市民の自由』（日本評論社・1997）60頁。

問題はここから先である。日本ではこの司法審査の手続が、憲法上明確にされている。憲法33条は「何人も、現行犯として逮捕される場合を除いては、権限を有する司法官憲が発し、且つ理由となつてゐる犯罪を明示する令状によらなければ、逮捕されない。」と定め、憲法35条は「何人も、その住居、書類及び所持品について、侵入、捜索及び押収を受けることのない権利は、第三十三条の場合を除いては、正当な理由に基いて発せられ、且つ捜索する場所及び押収する物を明示する令状がなければ、侵されない。」と定める。

重要なのは、日本においては司法審査そのものではなく、令状（warrant）に焦点が当たっていることである。それは「処分の対象の確定および被処分者に対するその手続的保障」が、33条及び35条の「根本的趣旨」であるからである[6]。

(2) 通信傍受の法的位置づけ

次に、通信傍受の法的位置づけから2016年の通信傍受法改正について、確認しておきたい。

通信傍受法は捜査を前提としているので、傍受を実施する主体は、警察をはじめとする刑事訴追機関である。吉川＝小田中は、警備公安情報を必要性の観点から３つに分ける。「（１）犯罪発生後その捜査のための情報収集活動（捜査情報）、（２）具体的に公安を害する事態または犯罪発生の虞がある場合その予防鎮圧に備えて情報を収集する活動（事件情報）、（３）具体的に公安を害する事態あるいは犯罪発生の虞はないが一般的に公安の維持または犯罪の予防鎮圧に備え平素から情報を収集する活動（基礎情報）」である。このうち捜査情報活動は刑事訴訟法189条２項、事件情報活動・基礎情報活動は警察法２条１項にその権限の根拠があるとされるが[7]、日本では1950年代から住居内監視（盗聴）が基礎情報活動として（法的根拠のないまま）幅広く実施されてきた[8]。通信

---

6) 同上、76頁。
7) 吉川経夫＝小田中聰樹『治安と人権』（法律文化社・1974）54頁以下。なおこれら以外に、公安調査官、内閣調査室、自衛隊の情報部隊による調査活動がありうる（同110頁参照）。
8) 同上、71頁以下は、1950年代〜70年までの住居内監視（盗聴）の事例をまとめている。小田中聰樹『治安政策と法の展開過程』（法律文化社・1982）263頁はこれを端的にまとめて、「今日においては、市民の批判活動は民主主義運動や人権闘争という組織と運動の形態をとることが圧倒的に多いが、このような運動に対する刑事弾圧の準備は、まず情報収集活動から始まる。（中略）情報収集の手段としては、視察内偵、聞込み、張込、尾行、スパイ獲得、組織潜

傍受法における「傍受」とは、現に行われている他人間の通信について、その内容を知るため、当該通信の当事者のいずれの同意も得ないで、これを受けることをいう（通信傍受法2条2項）。

（3） 2016年通信傍受法改正

2016年6月3日公布の改正法に基づき、通信傍受法上、傍受に用いる「特定電子計算機」が新たに定められた。改正法のうち、「特定電子計算機」の使用に関する部分については、2019年6月1日に施行された。

「特定電子計算機」の導入に際して、法制審議会特別部会の示した基本構想において指摘された改正前通信傍受法の課題は、①「傍受手続の適性を確保するため、通信事業者等による立会や傍受の原記録の封印等の手続」のために、「運用上、通信傍受を行うため数週間前から捜査機関と通信事業者側との間で立会人の確保等のための協議を開始する必要があ」り、また「通信事業者にとっても立会人を供することが大きな負担となっている」こと、②立会人が必要であることにより傍受の「場所が極めて限定されていること」の2つであった。[9] この課題に対処するための提案として、「傍受対象通信について、通信事業者の施設から暗号化して送付し、警察施設においてこれを傍受する際には、スポット傍受の機能を組み込んだ専用の傍受装置でこれを復号化することとした上、傍受の原記録は暗号化することにより、立会人がいなくても、傍受対象通信以外の通信の傍受ができず、また、傍受した通信の記録を改ざんできない仕組み」が提案されたのである。[10] その仕組みを搭載した警察内部に置かれるコンピューターが、通信傍受法上の「特定電子計算機」である。

　　入、信書開封、盗聴、窃盗、臓物故買、誘拐、監禁などが用いられている」とする。
9）　法制審議会新時代の刑事司法制度特別部会「時代に即した新たな刑事司法制度の基本構想」（2013）15頁。（https://www.moj.go.jp/content/000106628.pdf）。
10）　通信傍受法第36条に基づく令和2年（2020年）における通信傍受に関する国会への年次報告（https://www.kaiho.mlit.go.jp/info/kouhou/r3/k210219/k210219.pdf（初出の2022年当時は警察庁HPで公表されていたが、本書刊行の2025年現在はアクセス不可になっているため、海上保安庁HPを引用）によると、傍受件数は前年に対してほぼ倍増していることが分かる（なお令和2年及び令和3年（https://www.kaiho.mlit.go.jp/info/kouhou/r4/k220225/k220225.pdf）の傍受は、全件が「特定電子計算機」を通じたものである）。この点に対する強い批判がある（例えば埼玉弁護士会「通信傍受につき慎重な運用を求める会長声明」、https://www.saiben.or.jp/proclamation/000969.html）。

2　通信傍受法上の「特定電子計算機」の定義

　通信傍受法上の「特定電子計算機」は、従来の日本の法律上における「特定電子計算機」とは全く異なる。例えば不正アクセス行為の禁止等に関する法律（以下、不正アクセス禁止法という）においても「特定電子計算機」という語が登場するが、ここでの定義は「電気通信回線に接続している電子計算機」であり、広義の意味を有する用語である（不正アクセス禁止法2条1項）。

　一方で通信傍受法上の「特定電子計算機」は、法律により与えられた8つの個別要件を具備するプログラムを実装した端末のことをいう（通信傍受法23条2項各号）。暗号化信号の一時保存機能（1号）、暗号化信号の復号処理機能（2号）、傍受内容の自動暗号化処理の上での記録機能（3号）、情報伝達の原信号の自動暗号化処理の上での記録機能（4号）、3号・4号の記録と同時に、暗号化せずに他の記録媒体に記録する機能（5号）、入力された対応変換符号の復号以外への使用防止機能（6号）、入力された変換符号の暗号化以外への使用防止機能（7号）、1号を復号後、自動的に消去する機能（8号）の8つである。

　「特定電子計算機」には、自動データ処理の機能が複数実装されている。自動暗号化処理、自動的消去などである。法的評価について考える上で重要なのは、これらの機能がいかなる目的の下で要求されているか、ということである。特にここでは、8号に基づく自動的消去機能を中心に考えてみたい。

3　デジタル・フォレンジックの視点から見た法的評価
（1）　デジタル・フォレンジックと通信傍受

　分析の一視点として、デジタル・フォレンジックの視点を取り上げる。警察白書によると、デジタル・フォレンジックとは「デジタル犯罪の立証のための電磁的記録の解析技術及びその手続」をいうと定義づけられている[11]。ただし安冨潔が指摘するとおり「サイバー犯罪に限らず、およそさまざまな犯罪の実行にあたって、電磁的記録が証拠となることはけっして少なくな」[12]く、特に通信

---

11)　平成18年以降の警察白書参照。なお警察白書上は「デジタル・フォレンジック」ではなく「デジタルフォレンジック」と記載される。
12)　安冨潔「刑事事件におけるデジタルフォレンジックと証拠」産大法学49巻1・2号（2015）50頁。

傍受は、デジタル・オーディオ・フォレンジックの枠組みにおいて古典的に論じられてきた問題である[13]。

イギリスのデジタル・オーディオ・フォレンジックに関する基礎的な文献は、デジタル・オーディオ・フォレンジックの枠組みにおける通信傍受の歴史について、以下のとおり振り返る。「音声の収集は、特に法執行と政府のセキュリティサービスの領域において行われる。この領域は、犯罪に関係する情報を捕捉するであろうという見込みのもとで音を収集するための種々のデバイスの使用を含む。(中略) デジタル時代の到来以降、有線接続された電話の利用は減少し、電話通信の多数派はデジタル方式で機能す」るようになったので、「直接の物理的接続のために必要なものなく、電話の記録の収集をする」ことが可能になった。「従来、保護された記録を『盗聴器を取り付ける(wearing a wire)』主体による収集されることは、各人の盗聴器によりマイクを取り付けたデバイスを隠すことを含むと思われた。今日では、ワイヤレスネットワークを通じた伝達の可能性と、かさばるハードウェアを削減したデバイスのサイズダウンのために、これがより容易になった[14]」。

上述の警察庁の定義づけのとおり、デジタル・フォレンジックの内容には技術的側面も含まれるのだが、ここでは主に後者の「手続」に着目して、通信傍受法上の「特定電子計算機」について検討していきたい。

(2) デジタル・フォレンジックと第三者検証性

デジタル・フォレンジックの観点において、「手続」の側面については3つの要素が重要であると指摘されている[15]。その3つとは、①「正当な手続にのっとった上で、電磁的記録を含む電子機器・媒体等を取り扱うという『手続の正当性』」、②「論理的にも技術的にも正しい手法で電磁的記録の解析を行うという『解析の正当性』」、③「事後に電磁的記録の解析結果について、検証や再現

---

13) 特定非営利活動法人デジタル・フォレンジック研究会(編)『改訂版　デジタル・フォレンジック事典』(日科技連出版社・2014) 81頁以下 [林紘一郎]。

14) James Zjalic, *Digital Audio Forensics Fundamentals*, Routledge, 2021, p. 7.　なお近年においては、法律に基づく盗聴を意味する語としては wire tapping よりも lawful interception (合法的傍受) の用語が使われることが多い。

15) 羽室英太郎＝國浦淳(編著)『デジタル・フォレンジック概論：フォレンジックの基礎と活用ガイド』(東京法令出版・2015) 23頁以下。

か可能なようにするという『第三者検証性』」である。

　通信傍受法上の「特定電子計算機」について、特に興味深く思われるのは、③の第三者検証性がどのように確保されているのか、という点である。そもそも③の第三者検証性が必要とされる趣旨は、「電磁的記録は、誰でも容易に作成や削除、修正、改変、複写ができるため、適正な捜査を実施した証拠でなければ、後の公判において証拠能力が認められない場合もあり、電磁的記録を対象とした犯罪捜査には慎重な対応が求められ」るからである。[16]

　この視点から考えて興味深いのは、データの自動消去にあたり、消去したデータの復元を不可逆的に妨げる技術的手段の実装が、少なくとも通信傍受法上明示的には要求されていない点である。筆者は2021年に行った情報公開請求により、実際に警察庁で利用されている「特定電子計算機」の仕様書を取得し、この点の実装状況を確認した。[17]当該資料によれば、送信装置の送信ソフトウェアにおいては、送信終了後又は未送信の暗号化信号が存在する場合、当該信号が「復元できないよう自動的に全て消去される」仕様を求められていること[18]、特定電子計算機の特定記録ソフトウェアにおいては、復号が終了した暗号化信号又は「復号・再生の処理の過程で装置本体の内蔵HDDに復号後の信号を一旦保存」した当該信号について「復元できないよう自動的にすべて書協される」仕様が求められていることが確認された。[19]またテキストの傍受を行う際の通話再生画面（メール等）においては、再生開始後、対応変換符号を使用して本文のテキストファイルを復号するとともに、「対応する復号前の暗号化信号を復元できないよう自動的に全て消去する」ことが要求されていることがわかった。[20]

　通信傍受法23条2項8号が定めている「全て、自動的に消去する」という要件については解釈を要するが、運用上は「全て」という文言に不可逆的削除を読み込み、厳格な解釈に沿った対応をしている、とひとまず言えそうである。[21]

---

16) 安冨潔＝上原哲太郎（編著）『基礎から学ぶデジタル・フォレンジック：入門から実務での対応まで』（日科技連出版社・2019）135頁。
17) 令3警察庁甲情公発第82-2号、3号。
18) 令3警察庁甲情公発第82-2号、18頁。
19) 同上、32頁。
20) 同上、56頁。

しかし不可逆的削除を行う運用は、捜査機関側が消去すべきデータを手元で保管することに対する懸念を排斥できる一方で、消去したデータの復元の余地がなくなり、第三者検証性が縮減されるとも評価できる。すなわち復元を妨げる技術的手段を採用することは、一見すると違法なデータ利用（自動消去されたデータを必要に応じて復元し、法の趣旨を潜脱する運用）を不可能にする点で人権保障に資すると思われるが、他方で「何が自動消去されたのか」を事後的に第三者が検証できるという利点を失わせることになる。

通信データを必要とする警察にとって、暗号化信号は復号鍵がなければ基本的には意味をなさないため、仮に「復元できないよう」データを自動消去することを求めておらずとも、法の趣旨を潜脱する運用の可能性は低いだろう。一方で特別な処理を行うことで復元可能な状態であれば、すべての暗号化信号が適切に消去されているか、ということを確かめる第三者検証可能性は残存することになる。このような視点から見ると、8号の規定自体は、デジタル・フォレンジックの第三者検証性を確保しながら人権の不当な侵害を惹起しないための工夫として評価に値するものともいえ、「復元できないよう」消去するという手法が本来の趣旨にかなっているのか、法律の趣旨と運用の実態について検証する余地がありうる[22]。

更に、送信ソフトウェアにおいては音声信号の受信・暗号化・データ送信・データ消去の一連の流れ、特定記録ソフトウェアにおいては暗号化信号の受信・復号・再生・記録媒体への記録についても「人為的な捜査を介さず自動的に処理されること」を求めているなど[23]、取得した情報をその後に消すだけでなく、そもそも経緯をたどることによる推測も許さない仕様が要求されている点も注目される。

---

[21] 特定電子計算機の運用について、川崎英明＝三島聡＝渕野貴生（編著）『2016年改正刑事訴訟法・通信傍受法 条文解析』（日本評論社・2017）224頁以下では、厳格さを求める立場が強く打ち出されている。

[22] ただし、仕様書上「装置内から復元できないよう」とする留保がある場合がある点にも注意が必要である。装置内以外の機器からであれば、復元の余地があっても構わないとも読めるからである。

[23] 令3警察庁甲情公発第82-2号18頁、25頁。

3 ドイツの刑執行後における電子的居所監視の自動データ処理機能
―― BVerfGE 156, 63, Beschluß v. 1. 12. 2020

1 "電子的足かせ"導入までの背景

ここからはドイツにおける実例を題材として、自動データ処理機能の法的課題について、更に検討を深めていく。具体的には、刑執行後の措置として24時間の自動的なデータ収集・転送・蓄積を含む監視技術である"電子的足かせ"と、その違憲審査について見る。

"電子的足かせ（elektronische Fußfessel）"とは、2010年の保安拘禁法再編に伴い、指導監督の枠組みにおける命令として採用された技術的手段であり、一定の刑の有罪判決を受けた者が指導監督の期間において、裁判所の判断に応じて、24時間、その足（片足のみ）に装着される電子端末を指す。電子的足かせを通じて行われる「電子的居所監視（elektronische Aufenthaltsüberwachung、文献によってはEAÜと略される）」は、電子的足かせに実装されたGPSにより居所決定を行うことで、警察的監視なく刑執行後の居所に関する指導監督命令の実効性を担保し、更なる犯罪発生を防止する予防的な措置である。

電子的居所監視そのものの背景について整理したAnnette Guckelbergerによれば、精神疾患患者及び犯罪者の電子的居所監視を創始したのは1960年代のRalph Schwitzgebel[24]らのハーバード大学での心理学実験であった。社会的実装については、1983年に「裁判官Jack Loveが、投獄の代わりになるべき犯罪者の電子的監視のアイディアを前に進め」、「"tagging"の試行実験に従い、アメリカの技術が多く組み込まれ、今日多くの国で採用されている」という[25]。

2 事案の概要と異議申立人の状況

"電子的足かせ"に関する違憲審査を伴う連邦憲法裁判所決定が、2020年12

---

24) Ralph Schwitzgebel/Robert Schwitzgebel/Walter N. Pahnke/William Sprech Hurd, *A program of research in behavioral electronics*, Behavioral Science 9(3), 1964, pp. 233. Schwitzgebelの電子的居所監視の考え方は各国で受容が見られる。*See*, Matt Black/Russell G. Smith, *Electronic Monitoring in the Criminal Justice System*, Australian Institute of Criminology, No.254, 2003（https://www.aic.gov.au/sites/default/files/2020-05/tandi254.pdf）.

25) *Annette Guckelberger*, Die präventiv-polizeiliche elektronische Aufenthaltsüberwachung, DVBl 2017, S. 1121.

月1日に下された。本決定の異議申立人は2名である。両者ともに、1990年代〜2000年代初頭に犯した犯罪行為（強姦殺人、刑務所内での暴動／度重なる強姦）を理由とした自由刑の刑期を終えたあとの指導監督の一環として、一定期間"電子的足かせ"をつけるよう、刑法68b条1項1文12号に従った命令を裁判所から受け、その根拠となる法律及び当該処分の違憲性を主張した事例である。

　刑法68b条1項1文12号に従い、"電子的足かせ"を通じて執行される電子的居所監視命令は、刑事訴訟法463a条4項の手続に則って実施される。本項は、「刑法68b条1項1文12号に従った命令の際、監督機関は有罪判決を受けた者の居所の内部におけるその者の存否（Umstand ihrer Anwesenheit）を超える居住データが収集されないことを保証することが技術的に可能であるかぎり、有罪判決を受けた者が携帯する技術的手段の助力を得て、そのものの居所及び万一のデータ収集の妨害についてのデータを自動的に収集・蓄積する（以上、1文）。当該データは、以下の目的にとって必須である限り、関係者の同意なく使用することができる。1．刑法68b条1項1文1号、2号又は12号に従った命令に対する違反の確認のため、2．刑法68b条1項1文1号、2号又は12号に従った命令の違反に関連しうる指導監督の措置を講じるため、3．刑法68b条1項1文1号、2号又は12号に従った命令に対する違反を罰するため、4．生命、身体の不可侵、第三者の個人の自由または性的自己決定に対する重大な現在の危険を防御するため、5．刑法66条3項1文に示された種類の犯罪行為の訴追のため（以上、2文）。2文に従った目的拘束の遵守のために、刑法68b条1項1文1号または2号と結びついた2文1号違反の確認のためのデータ処理を自動的に行う必要があり、特に不正なアクセス（unbefugte Kenntnisnahme）から当該データを守らなければならない（以上、3文。以下略）。」と規定する。

3　"電子的足かせ"の技術

　"電子的足かせ"の実装においては、ドイツにおける情報自己決定権に対する詳細な配慮がなされている。この点を確認するため、本決定内に引用されるメクレンブルク・フォアポンメルン州司法省の示した一般的な電子的居所監視の技術的な枠組み条件を概観したい。

"電子的足かせ"は、住居外において衛星の信号を受信し、被験者の現在地を算出し、居所関連命令の場合、端末のメモリ上に記憶された監視対象者の命令内ゾーンと禁止ゾーンに対してその現在地をチェックする(いわゆるGlobal Positioning System (GPS) 位置測定)。更に、モバイル通信端末位置測定(いわゆるLocation Based Services (LBS) 位置測定)が実施される。被験者の現在地、万一の場合のゾーン違反、端末の操作又は端末の運転状況についてのデータ転送は、モバイル通信を経由して技術的監視本部に送られる。その上、端末の運転状況と監視命令に対する違反があった場合には、バイブレーションとLED通知を用いた視覚的な信号が被験者に送られる。[26]

私的生活形成の中核領域を絶対的な保障のもとにおくドイツの情報自己決定権を保障しながら目的を達成するために、このシステムを補完するのは、被験者の住居内に設置されたホームユニットである。その身体に監視端末を身に着けた被験者が、ホームユニット周囲半径平均30メートル以内に到達するとすぐに、両端末は無線周波数技術の上での無線通信を開始する。端末のGPS位置測定とLBS位置測定は、ホームユニットの受信領域に滞在が継続している間オフになり、監視端末は住居内に居所があるという事実だけを報告する。これにより、監視させる者の住居内で、存在状況を超える居所データが収集されることはないということが保障される。[27]

更に監視当局が基本権侵害の責任を問われないための手段として、データ自動処理が用いられる。24時間体制で監視本部を運営する当局は、その監視方式を権限のある指導監督部局の規定に従ったシステムの中で設定し、変更し、ソフトウェアを通じて自動的にコントロールし、依頼したラントのデータ受信の権限ある部局に、事象通知を即時且つ自動的に転送する、いわゆる技術的モニタリングの役割を担う。[28] 装着された監視端末の運転ステータスについての詳細な位置データと報告は、監視本部において蓄積されるが、そこでは技術的監視が実行されている連邦・ラントのIDを伴い、被験者番号に基づいて、匿名化されたデータのみが記録されるのであって、また識別データ (Identifikationsdat-

---

26) BVerfGE 156, 63, Beschluß des Zweiten Senats v. 1. 12. 2020, Rn. 139.
27) Ebd., Rn. 140.
28) Ebd., Rn. 141.

en、被験者の匿名化されたデータ）と事象（移動データ、命令内ゾーンまたは禁止ゾーンの違反、データ収集の侵害）は区別されるのであるから、個人関連データ（の内容）は、監視本部の知るところではない[29]。すべてのデータは、権限のない介入に対抗して特に保護されるデータバンクに蓄積され、排他的・自動的に処理される。このようにして、監視本部において収集されたデータの内容上の評価は考慮されない。事象通知の転送により、指定された部局が、排他的・自動的なかたちでデータを受信する。したがって、位置データの永続的な監視、または被験者の監視はリアルタイム（Echtzeit）では行われず、必要に応じて（機会相関的に）データにアクセスする場合には、その時と処理者が記録されることとなる[30]。

4　決定の内容

　以上のような特徴を持つ技術的手段について、本連邦憲法裁判所決定は、刑事訴訟法463a条4項と結びついた刑法68b条1項1文12号3文の法律上の規定は、形式上憲法に適合しており、異議申立人の基本権及び基本権と同等の権利を侵害しないと判断した。

　違憲審査においては、幅広い基本権及び憲法上の要請との関係が審査された。具体的には、①人間の尊厳（基本法1条）、②一般的人格権（情報自己決定権、社会復帰原則）（基本法1条1項と結びついた2条1項）、③身体の不可侵性の権利の遵守（基本法2条2項1文）、④人身の自由（基本法2条2項2文）、⑤移動の自由（基本法11条）⑥職業の自由（基本法12条）、⑦住居の不可侵（基本法13条）、⑧引用原則（基本法19条1項2文）、⑨遡及処罰禁止（基本法103条2項）、⑩法治国家的信頼保護原則（基本法20条3項）の各項目についてであるが、ここでは自動データ処理に関わる部分のみを取り上げる。

　自動的なデータ収集・蓄積が問題となる核心的な局面は、①人間の尊厳に関連する。連邦憲法裁判所は先行判例において人間の尊厳と両立できない"全体監視（Rundumüberwachung）"を定義しているが[31]、"電子的足かせ"による常時

---

29)　Ebd., Rn. 142.
30)　Ebd., Rn. 143.
31)　Vgl. BVerfGE 109, 279, Urteil des Ersten Senats v. 3. 3. 2004; 112, 304, Urteil des Zweiten Senats v. 12. 4. 2005; 141, 220, Urteil des Ersten Senats v. 20. 4. 2016.

の自動的監視はこれにあたらないとした。その理由として本決定は、「データ収集は自動的に行われ、それは単に居所の確認を可能にするだけで、関係者の意思に反したデータの使用は刑事訴訟法463a条4項2文1号から5号の場合においてのみ問題となるからである。たしかに居所決定のために必要なデータは継続的に収集される。しかしながらデータの収集は、居所に関連するのみであり、当該データは単に機会相関的に使用されるにすぎない。また住居内では、存在状況を超えたデータが収集されることはなく、聴覚的または視覚的監視も行われない」ため、[32]「電子的居所監視と結びつく統制密度（Kontrolldichte）は、ほとんど完全な全ての行動や生活表現を含んで人格プロファイル（Persönlichkeitsprofils）を作成する可能性があるような包括的なものではない」とするのである[33]。

自動的なデータ収集は、②情報自己決定権の侵害との関係では、以下のとおり評価された。「命令の関係者の居所をいつでも特定する」ことにより「重大な犯罪から一般社会を保護し、有罪判決を受けた者を新たな処罰に値する行為から保護するという目標に達するという正当な目的」を達成するために、「より穏当な手段（milder Mittel）は、明白でない。特に関係者の永続的な観察は、関係者の居所データの継続的で自動的な収集と比べ、人格権へ強度に介入するだろう」[34]。

5 考 察

ここでの自動データ処理は、基本的に国家機関が人権侵害の責めを負わないことを目的としているが、憲法適合性の審査という場面では、審査の対象となる基本権に応じて、その評価に相違があることが分かる。①と②を比較してみると、①では自動的に収集される対象となるデータが単なる居所にすぎないことを根拠として、"電子的足かせ"による監視には"全体監視"という性質がない旨を認定している。"全体監視"にあたるかどうかは、侵害の相対的な強度の問題ではなく、個々の国家活動の性質の問題である。なぜならここでいう人間の尊厳は、絶対的な保障の下に置かれるからである。一方②では、まさに

---

32) BVerfGE 156, 63, Rn. 250.
33) Ebd., Rn. 251.
34) Ebd., Rn. 297.

他の手段と比較された場合の侵害強度が問題となっている。情報自己決定権の制約については、最終的に狭義の比例性審査を充足していると判断された場合には、その制約が正当化されうるからである。ここで重要なのは、同じ技術的手段であっても、そしてその立法趣旨が特定されていても、その法的評価は審査基準との関係で変化しうるということである。

4 小 括

　本章では、異なる場面において自動データ処理機能が法律上要求されている日独の事例を確認してきた。日独の事例を見る限り、広義の刑事手続に関わる自動データ処理機能には、少なくとも2つの顔があることが分かる。それは、国家機関側の利便性向上機能と、被告人等を含む刑事事件の関係者の人権、特に憲法上の権利の保障機能である。

　前者（国家機関側の利便性向上機能）について、ドイツの事例は、自由の剥奪をしないまま、また人的監視に労力を用いないまま、自動的なデータ収集を通じて対象者を監視し、その自由を間接的に拘束することに成功したといえる。日本の事例では、そもそも「特定電子計算機」を導入すること自体が、通信事業者の立会いを必要としてきた改正前の通信傍受法の不便な点を改善しようとした結果である。

　前者の機能を追求する際、特に問題となるのは、憲法上の権利を侵害してしまうことである。本質的に、憲法上の権利が侵害されるという、憲法の最高法規性のもとであってはならない状況が作出されてしまうこと自体が問題だが、特定の技術的手段を用いて何らかの結果を出すことを目的とする国家機関側からしても、憲法上の権利の不当な侵害に基づく法令違憲又は適用違憲が認定されることにより、当該技術的手段そのものの採用が困難になりうるという重大な問題が生じることになるといえる。

　そこで、後者の機能（憲法上の権利の保障機能）を果たすという法的評価を受けるに相応しい立法上の措置を徹底して確保することが、極めて重要である。この点、日本の通信傍受法上の「特定電子計算機」の事例は、自動データ処理と暗号化を組み合わせることで、憲法上の権利保障と第三者検証性の担保のバランスをとっているとも評価できる。ドイツの事例の場合は、刑事訴訟法463a条4項2文1号から5号に該当する場合に、データへの人的アクセスを制限

し、通常すべてのデータを自動処理することで、憲法上の権利侵害の危険を最小化しようとした。

　筆者が重要であると考えているのは、特定の技術的手段を法令に取り込む場合、立法時点でその技術的手段が生み出す帰結がいかなる法的評価を受けるのか、とりわけ個々の憲法上の権利との関係から想定しておくこと、そして実際の運用を経て、その想定が適切であったかをチェック（立法評価）することである[35]。特に自動データ処理機能のように、それ自体が国家活動の手段として相手方に認識されない技術的手段については具体的争訟の問題として争いにくいことから、立法評価の要請は大きいといえよう。

---

35) 本書第四部第二章参照。

第二部

諜　報

第一章　諜報機関の透明性
――日欧制度の鳥瞰的比較

1　問題の所在

　本章は、特に秘密性の高い行政機関の代表例である諜報機関を題材として、行政機関の透明性の確保について考えるものである。

　まずは本章が取り上げる問題の所在を、持続可能な社会という観点から明確にしておきたい[1]。SDGs16.6は「あらゆるレベルにおいて、有効で説明責任のある透明性の高い公共機関を発展させる（Develop effective, accountable and transparent institutions at all levels）」というターゲットを置く。これはSDGsの目標16「平和と公正をすべての人に（Peace, justice and strong institutions）」の下に掲げられる小目標と位置づけられている。

　はじめに、持続可能な社会の形成と公的機関の透明性がどのように関連するのかを説明しておかなければならない。環境保護や貧困・飢餓撲滅といったSDGsの目標設定は、持続可能な開発を実現するという観点で理解しやすい。環境資源や人的資源が枯渇し、享受の平等性が失われることは、社会の歩みを止めさせるからである。

　しかし公的機関の透明性の必要性は、（少なくとも邦語の）SDGsの目標16を一見する限り分かりにくい。その分かりにくさの一因を作っているのは、日本政府によるSDGsの邦訳であると筆者は考えている。SDGsの17の目標のうち、16は平和について述べたものであるところ、邦語の政府による定訳は前述のとおり、「平和と公正をすべての人に」である。原文を直訳するならば「平和、公正、そして強固な公的機関を」であろうところ、明確に「strong institutions」が脱落しているのである。国際的にこのような訳出が一般的なのかといえば、そうではない。ドイツ語版では「Frieden, Gerechtigkeit und starke Institutionen

---

[1]　SDGsとの関係について言及するのは、本章の初出時の執筆経緯による。

(平和、公正さ、強固な公的機関)」、中国語版では「和平、正义与强大机构(平和、正義、強大な公的機関)」とほぼ原文そのままの仕様となっていることからすると、邦語の政府定訳には、strong institution を意図的に訳出しない恣意性が感じられる。ターゲット16.6は、まさにここで訳出されなかった「strong institutions」に関連する。

　具体的な説明になってもなお、政府による邦訳には違和感がある。ターゲット16.6における「institutions」を「公共機関」と訳出しているにもかかわらず、類似表現を用いた目標16の説明文「Promote peaceful and inclusive societies for sustainable development, provide access to justice for all and build <u>effective, accountable and inclusive institutions at all levels</u>」の下線部については、「あらゆるレベルにおいて効果的で説明責任のある包摂的な制度を構築する」と訳出しているのである（傍点は筆者が付した[2]）。

　仮にこれらの点が意図的なミスリーディング（ターゲットまで読み込まないと公的機関に対する要求であることが分からないようにすることを目的とした意図的な訳の不一致）であるとすると、公の機関の透明性が国際比較の観点から見て相対的貧弱な日本の現状（一例について、本書第二部第三章参照）について、政府がコミットするSDGsの目標から見た場合に改善が必要であると国民に認識させないことを目的としているようにも邪推されるが、この点については推測に留めて先に進むこととしたい。

　ターゲット16.6について日本政府が積極的な取り組みをしている形跡は見られず、むしろ近年では公的文書の改竄や破棄、開示文書における過剰と思われる黒塗り、仮定の質問であることを理由とした説明責任の回避などが横行している。立法においては、2014年に施行された特定秘密保護法の制定が耳目を集めたが、情報公開制度における不開示情報の範囲の広さや、そもそも情報があるのかないのかを知ることすら困難な手続法上の不備など、現行法に不足している透明性向上のための立法についても検討が不十分という状況である（本書第二部第四章参照）。

2）　総務省の場合、目標については https://www.soumu.go.jp/toukei_toukatsu/index/kokusai/02toukatsu01_04000212.html、ターゲット訳については https://www.soumu.go.jp/main_content/000562264.pdf 参照。外務省・環境省などでも全く同じ訳出が用いられている。

そのような状況下で本章が取り組もうとしているのは、本質的に秘密性が高い組織である諜報機関を題材として、その法的統制を整備し、私たち一人ひとりの基本的人権が脅かされることがないようにするための手段を検討することである。説明責任を果たし、透明性を向上させることを回避し続けるような状況を容認するのではなく、説明責任を果たさない為政者が現れることがあろうとも、私たちの基本的人権が見えないところで勝手に脅かされることがないようにするための制度設計を、法的観点から鳥瞰的に考えようとするものである。その検討の手段として、欧州各国の諜報機関を取り巻く法制度を参照していく。

2　諜報機関の定義と欧州各国の法制度

1　諜報機関の定義

　日本におけるインテリジェンス研究の第一人者の一人である小谷賢は、スパイが「最も古い職業の有力候補」であることについて、旧約聖書や孫子の記述も踏まえて論じた上で[3]、現代から歴史を振り返れば「スパイやインテリジェンスは一義的には戦争を有利に戦うための手段として発達」したものであり、「ヨーロッパで特にインテリジェンスが発達したのは、戦争の頻発とそれに伴う国民国家の成立と無縁ではない」とする[4]。

　このような歴史的理解を念頭に置いた上で、まずは本書における「諜報機関」と、いわゆる「インテリジェンス」と呼ばれるものの関係について示しておきたい。警察や内閣情報調査室の要職を務め、現在では政策研究を進める小林良樹が述べるとおり、「インテリジェンスの概念に対しては様々な異なる見解が存在し、学術的にも実務的にも普遍的な定義を示すことは困難」である[5]。このような多義性を前提に、小林自身は自著におけるインテリジェンスの定義を「国家安全保障上の重要な問題に関する知識が、要求に基づいて収集・分析されて政策決定者に提供される仕組み（プロセス又はシステム）」及び「そうした仕組みによって生産された成果物（プロダクト）」であるとする[6]。ひとまずこ

　3）　小谷賢『インテリジェンス：国家・組織は情報をいかに扱うべきか』（筑摩書房・2012）26頁以下。
　4）　同上、41頁。
　5）　小林良樹『なぜ、インテリジェンスは必要なのか』（慶應義塾大学出版会・2021）16頁。

の認識との関係で見ると、本書における「諜報機関」は法律上の主体の一としての「機関」であることから、後者（成果物としてのインテリジェンス）を意味しないことは明白である。その上で、前者（仕組みとしてのインテリジェンス）を「諜報機関」は内包するが、法的にはその仕組み（プロセス又はシステム）自体を「諜報機関」というわけではなく、あくまで主体としての「諜報機関」に関連する各種法律によりその仕組みがつくられる、ということを意味している。そこで、本書における法律上のカテゴリとしての「諜報機関」は、法律上の行政機関のうち、仕組みとしてのインテリジェンスを内包する主体であると定義づける（後述のFRA資料における「intelligence services」が、本書における「諜報機関」に該当する）。

2　欧州各国の法制度

ここからは欧州各国の諜報機関法制について、European Union Agency for Fundamental Rights（FRA）[7]の Surveillance by intelligence services: fundamental rights safeguards and remedies in the EU Volume Ⅰ : Member States legal frameworks（2017、以下FRA資料Ⅰとする）[8]及び Surveillance by intelligence services: fundamental rights safeguards and remedies in the EU Volume Ⅱ : field perspectives and legal update（2017、以下FRA資料Ⅱとする）[9]を参考に概観する。

なお周知のとおり、2018年のGDPR施行によりデータ保護のための独立機関の設置が各国に要請されたことから、とりわけ後述する監督・統制機関設置の状況は現状とは異なる[10]。しかし、GDPRにより一元化が為される前の状況は各国の実情を表している側面があると思われるため、EU域外に位置する日本への参考とする趣旨で、諜報機関の設置状況も含めて、2017年資料上の状況を

---

6)　同上。
7)　FRAは欧州基本権機関と訳されることが多いが、欧州委員会の人権に関するブレインとなっている機関である。
8)　https://fra.europa.eu/sites/default/files/fra_uploads/fra-2015-surveillance-intelligence-services-voi-1_en.pdf.
9)　https://fra.europa.eu/sites/default/files/fra_uploads/fra-2017-surveillance-intelligence-services-vol-2_en.pdf.

第一章　諜報機関の透明性

そのまま示している。

　FRA資料Iによれば「民主的な社会における諜報機関の主たる目標は、国の安全と開かれた社会の基本的価値を守ること」である[11]。この定義づけは、学術的な諜報機関の定義とは異なり、歴史的文脈や民主主義国家のイデオロギーに依存している。これは例えば、ドイツが基本法21条2項により国内において民主的な基本秩序を脅かす政党を（第二次世界大戦時の自国の経験に基づいて）排斥していること（憲法違反とすること）と似ている。ただしEU加盟各国の間でもその歴史的発展や外的脅威の在り方は異なるので、GDPRのような規律により強制的な平準化がはかられない限り、当然インテリジェンス・コミュニティの在り方にも大きな相違が生じる[12]。ほとんどのEU加盟国は軍事・非軍事の区分により2以上の諜報機関を有しているが、いくつかの国では責任ある諜報機関が5ないし6存在する場合もある[13]。例えばフランス・ドイツ・イタリア・ルーマニア・ポーランドは、非軍事的な諜報機関が更に2つに分けられ、それぞれが国内・国外を所管する[14]。その他、スペインでは組織犯罪、ポーランドでは贈収賄、ハンガリーではテロといった特定の脅威に特化した部署がインテリジェンス類似の手段をとることを認められている例もある[15]。次頁表1は、FRA資料Iの添付資料（Annex）を基に作成した、2017年時点でのEU加盟各国の諜報機関のリストである。

　行政機関の透明性に着目する本章の視点から、表1から看取できる重要な事実は二つある。

　第一に、国内の非軍事的諜報を機能として有する機関を持たない国は1つもないという事実である。リトアニア・ルーマニア・マルタ・オランダ・スロヴェニアは国内のみを対象とする機関はないが、国内外両者を対象とする非軍事的諜報機関を有している。ただしこれらの任務を担う機関の位置づけは多様

10）　例えばチェコは、FRA資料上は機関なし（司法的救済のみ）となっているが、GDPRに則した国内法整備としての2019年の個人情報手続法（ZZOÚ）制定により個人データ保護独立機関を設置している。
11）　FRA資料I、前掲注8）、p. 27.
12）　*Ibid.*, p. 13.
13）　*Ibid.*, p. 27.
14）　*Ibid.*, p. 14.
15）　*Ibid.*

99

第二部　諜　報

【表1　2017年時点のEU加盟各国の諜報機関】

※カッコ内は各国で用いられる各機関の略称。機関が存在する場合は網掛け、存在しない場合は白抜きとしている。

	非軍事的諜報機関			軍事的諜報機関
	対象地域：国内	対象地域：国外	対象地域：国内外	
オーストリア	連邦国防・反テロ局（BVT） ※警察の一部局	—		軍事諜報機関（HNA） 国防局（HAA）
ベルギー	国家警備部[16]（VSSE）	—		総合軍事諜報・保安部（ADIV/SGRまたはSGRS）
ブルガリア	国内保安局（SANS） "専門技術活動"国内治安局（SATO）	—		軍事的情報機関
キプロス	中央諜報庁（KYΠ）	—	—	—
チェコ	保安・情報庁（BIS）	国際関係・情報省（UZSI）	—	軍事諜報機関（VZ）
ドイツ	連邦憲法擁護庁（BfV）	—	連邦情報局（BND）	連邦軍事局（BAMAD）
デンマーク	—	—	デンマーク保安・諜報部（PET） ※警察の一部局	デンマーク防衛諜報機関（FE）
エストニア	エストニア国内保安庁（KAPO）	情報委員会（TA）		エストニア防衛軍事諜報部
ギリシア	国家諜報庁（EYP）	—	—	国防参謀幕僚軍事諜報理事会
スペイン	重要インフラ保護のための国家機関（CNPIC）	—	国家諜報機関（CNI） 対組織犯罪・テロリズム諜報機関（CITCO）	軍事諜報機関（CIFAS）

16）　FRA資料IではSV/SEと表記されているが、公式ウェブサイト（https://www.vsse.be/nl）の標記に従う。

第一章　諜報機関の透明性

	非軍事的諜報機関			軍事的諜報機関
	対象地域：国内	対象地域：国外	対象地域：国内外	
フィンランド	フィンランド保安諜報庁（SUPO）※警察に属する機関	—	—	フィンランド防衛諜報局（FDIA）
フランス	国内保安総局（DGSI）	国外保安総局（DGSE）	—	軍事諜報局（DRM）
クロアチア	保安諜報局（SOA）	—	—	軍事保安諜報局（VSOA）
ハンガリー	憲法擁護部国内保安特殊機関（NBSZ）反テロリズムセンター（TEK）※警察に属する機関	—	情報部（MKIH）	軍事的国家保安機関（KFH）
アイルランド	国家警察国家諜報部（NSU）※警察内部	—	—	諜報局（C2）
イタリア	国内保安・情報局（AISI）	国外保安・情報局（AISE）	—	情報・保安部（RIS）
リトアニア	—	—	国家保安部（VSD）	国防省第二調査部（AOTD prie KAM）
ルクセンブルク	—	—	国家諜報機関（SREL）	—
ラトヴィア	治安警察[17]	憲法擁護部局（SAB）	—	軍事諜報保安機関（MIDD）[18]
マルタ	—	—	保安機関	—

---

17) 2019年1月1日より、ラトビア国家安全局（VDD）に名称変更された（https://vdd.gov.lv/en/about-us/history/）。
18) FRA 資料では SV/SE と表記されているが、公式ウェブサイト（https://www.midd.gov.lv/en）の標記に従う。

第二部　諜　報

	非軍事的諜報機関			軍事的諜報機関
	対象地域：国内	対象地域：国外	対象地域：国内外	
オランダ	―	―	総合諜報・保安機関（AIVD）	軍事諜報・保安機関（MIVD）
ポーランド	国内保安局（ABW） 中央反腐敗部局（CBA）	国外保安局（AW）	―	軍事防諜機関（SKW） 軍事諜報機関（SWW）
ポルトガル	―	―	保安諜報機関（SIS）	戦略的諜報・防衛機関（SIED）
ルーマニア	ルーマニア諜報機関（SRI） 情報・国内保護部（DIPI）	外的諜報機関（SIE）	―	情報防衛総局（DGIA）
スウェーデン	保安機関（SÄPO）	―	無線防衛当局（FRA）	軍事諜報局（MUST）
スロヴェニア	―	―	スロヴェニア諜報・保安局（SOVA）	国防諜報・保安部（OVS MORS）
スロヴァキア	国防当局（NBÚ）	―	スロヴァキア情報機関（SIS）	軍事諜報機関（VS）
イギリス	イギリス保安部（BSS）	秘密諜報機関（SIS） MI6 政府通信本部（GCHQ）	―	国防諜報機関（DI）

（出典）　FRA 資料Ⅰ（前掲注 8 ）Annex をもとに筆者作成。

　である。独立した機関がある国が多いが、警察の一部局が国内の非軍事的諜報を担っている国もある。
　諜報機関の行政組織法上の位置づけを明確化するための視点としても、警察に代表される法執行機関と、諜報機関に代表される治安維持機関の相違は重要である。筆者自身は、法的統制の客体としては同じ情報の収集・管理等を担う警察と諜報機関を区別する必要が必ずしもあるとは考えないが[19]、組織ごとの権限や命令系統について論ずるのであれば、組織法上の両者の区別は当然不可避

である。組織的な分離は、１つの組織への権力集中、そして秘密裡に手に入れた情報を恣意的に利用するリスクの防止に資すると考えられている。[20]

　ここでFRA資料本文に例として挙げられるのが、ドイツのBND（連邦情報局）である。表１のとおり、連邦情報局はドイツの非軍事的諜報機関であり、本章のみならず第二部全体で繰り返し登場することになるところ、同機関の法律上の根拠である連邦情報局法は、1990年の制定時に、連邦情報局に「警察権限を付加することは許されない」としているが（２条３項）、基本法においては警察と諜報機関の分離は明示的に規定されていない。FRA資料Ⅰではこの点について、学会では議論があるものの「連邦憲法裁判所は直接この問題に触れていない」とする。[21] ただしこの点について、連邦憲法裁判所がなんの言及もしていないわけではなく、実際には情報自己決定権（基本法１条１項と結びついた同２条１項）、通信の秘密（同10条１項）、住居の不可侵（同13条１項）に関わる違憲審査の中で、警察と諜報機関の扱うデータの分離について論じており、両者は２つの原則（①行政組織法に由来する「目的拘束の原則（Grundsatz der Zweckbindung）」、②情報自己決定権という憲法上の権利から要請される「情報の分離原則（informationelles Trennungsprinzip）」）により統制される。[22]

　表１から看取できる第二の事実として、軍事的諜報機関をほとんどの国が保有していることが挙げられる。キプロス・ルクセンブルク・マルタの３か国は軍事的諜報機関を持たないとされるが、ここからこれらの国が軍事的諜報機能を持たないと即断するのは適切でない。キプロスは現在も南北に分裂しており、それぞれに外国軍が駐留しているなど特殊な背景を有し、駐留外国軍と自国軍の連携の中で情報収集が実施されているものと思われる。[23] ルクセンブルク及びマルタは軍隊の規模自体がそれほど大きくないため、独立して諜報を担う機関がないとも思われる（内陸のルクセンブルクは陸軍1000人弱のみで海軍・空軍は

---

19) 本書第二部第二章及び第三章参照。
20) 同上。
21) FRA資料Ⅰ、前掲注８）、p. 14.
22) BVerfGE 133, 277, Urteil des Ersten Senats v. 24. 4. 2013. 入井凡乃「情報機関・警察の情報共有と情報自己決定権：テロ対策データファイル法判決」ドイツ憲法判例研究会（編）『ドイツの憲法判例Ⅳ』（信山社・2018）46頁以下参照。
23) キプロスの歴史的背景について、Oliver P. Richmond, *Mediating in Cyprus: The Cypriot Communities and the United Nations*, Routledge, 1998参照。

なし、マルタは全兵士の合計が約2000人である[25]）。なお軍事的諜報機関は、各国軍隊の活動に直結する機関であることから、どの国でも非軍事的諜報機関とは独立した命令系統のもとにある。

3 諜報機関の国際協力と「サード・パーティー・ルール」

　諜報機関の国際協力は、古くから戦時中の共同戦線の文脈の中で行われてきたが、現代におけるEU内での諜報機関相互の協力体制は、組織的な観点から分析することができる。

　ドイツ連邦安全保障政策アカデミー（BAKS）がFRA資料と同じ2017年に刊行した調査報告書（Working Paper、以下BAKS報告書とする）は、国防に直結する諜報機関の特性のために、従来ヨーロッパレベルに権限を委譲するための法的根拠が設定されてこなかったことを指摘する[26]。ただし、それは諜報領域における協力関係を行う組織的素地が現実に存在してこなかったということではない。BAKS報告書は、EU内における協力関係が複数存在すること、これらが統合的アプローチと非統合的アプローチの2つに分けることができることを説明する[27]。統合的アプローチは、共通の情報収集や情報のシェアのためのEUレベルの主体により実施されるものである。一方で非統合的アプローチとは、二国間あるいは多国間の諜報機関の提携として行われるもので、非公式な協力であることが多い。

　アプローチの主体として、報告書が取り上げる主要な機関を表2に整理した。

24）　外務省ＨＰ参照（https://www.mofa.go.jp/mofaj/area/luxembourg/data.html）。
25）　外務省ＨＰ参照（https://www.mofa.go.jp/mofaj/area/malta/data.html）。
26）　Pia Philippa Seyfried, *A European Intelligence Service?: Potentials and Limits of Intelligence Cooperation at EU Level*, Security Policy Working Paper No.20/2017, 2017, p.2（https://www.baks.bund.de/sites/baks010/files/working_paper_2017_20.pdf）．
27）　*Ibid.*

【表2　欧州の諜報協力主体】

アプローチ	名称（日本語訳、略称）	位置づけ
統合的アプローチ	European Union External Action Service（EU対外行動機関、EEAS）	EUの外交を担う機関。The High Representative of the Union for Foreign Affairs and Security Policy（欧州連合外交・安全保障政策上級代表）を補佐する。The Common Security and Defence Policy（共同安全保障・防衛政策、CSDP）の策定・実行を担う。
	EUMS INT（The European Union Military Staff Intelligence Directorate、EU軍事スタッフ諜報庁）	EEAS内部の軍事専門部門 European Union Military Staff（EU軍事スタッフ、EUMS）の諜報担当部署。[28]
	European Union Intelligence and Situation Centre（EU諜報・情勢センター、IntCen）	1999年に開設され、現在はEEASのワーキングユニットの一として、国内治安及びカウンターテロリズムの問題を扱う。調査結果は欧州連合外交・安全保障政策上級代表や欧州連合理事会などに提出されてCommon Foreign and Security Policy（共同外交・安全保障政策、CFSP）の一部たるEUの基準のためのディシジョンメイキングの過程において用いられる。なお2007年につくられたEUの戦略的情報のハブとしての枠組みであるSingle Intelligence Analysis Capacity（単一情報分析力、SIAC）には、EUMS INT 及び IntCen が内包されている。
	European Union Satellite Centre（EUサテライトセンター・SatCen）	1991年にCFSPとともに作られ、EUレベルでは最大の準諜報部門（quasi-intelligence agency）であるとされる。
	Europol（欧州警察）	諜報領域における権限はないが、情報の共有を通じてEU加盟国の警察的協同を促す機能を持つことから、欧州の安全保障構造の制度的中心となっている機関。
非統合的アプローチ	Club de Berne	1971年創設の欧州における非公式の情報共有フォーラム。非公式ではあるが、全EU加盟国及びノルウェー・スイスの諜報機関の長により構成されている（なおEU離脱後のイギリスが継続加入しているかどうかは未確認）。
	Counter Terrorist Group（反テロリストグループ・CTG）	元々はClub de Berneのワーキンググループとして9.11世界同時多発テロへの対応のために創始されたグループ。2016年には国内安全保障に関する永続的な協働プラットフォームとして発展。

（出典）　BAKS報告書（前掲注26）をもとに筆者作成。

---

28) https://eeas.europa.eu/headquarters/headquarters-homepage/5436/european-union-military-staff-eums_en.

第二部 諜　報

　諜報機関の国際協力は国家安全保障の観点から見ても重要であるが、基本的人権との関係で見ると重大な問題をもたらすことがある。憲法上の権利、特にいわゆる自由権は、国家からの介入を禁止することを念頭に置いて形成されている。ここで想定されている構図は、国家とその国家に所属する国民という一対一の関係である。通信の秘密や私的生活の自由を侵害しないために、国家が国民の生活を監視することが憲法で禁止されている立憲主義国家では、当該国家活動は憲法上正当化できない限りにおいて違憲無効と判断されることになる。

　このように憲法との関係において、諜報機関の国際協力によって生じうる問題状況として想定されるのは、自国での情報収集が憲法上困難な自国民や自国領土内の情報を、他国との交換を通じて入手するという状況である。実際にこのような活動が行われていたことが明らかになり、批判が噴出したのは既によく知られたスノーデン事件においてである。ここでは少なくとも米国NSAが、各国の諜報機関とそれぞれの国の自国民等に関する情報を交換していたことが分かっている[29]。ただしスノーデン事件で暴露された状況は、歴史的に見て稀有なものというわけではない。UKUSA（米国・英国館の通信傍受協力）は1946年の締結であったが[30]、「1967年から当時のジョンソン大統領の命令で、アメリカ国内における学生の反戦運動に対する監視活動」として行われていた「ケイオス」作戦は、「明らかにアメリカの情報機関が国内でアメリカ国民を監視していたことを物語って」おり、1974年の本作戦についてのリークを契機として「情報活動調査特別委員会（通称チャーチ委員会）」が設置され、1978年のFISA（外国諜報監視法―米国）制定に結びついたという経緯があることは、既に小谷が詳細に紹介しているとおりである[31]。FISAは、アメリカ政府がアメリカ国民を監視するという実態が問題視されたからこそ実現した制約であるが、UKUSAを利用することでその制約は骨抜きとなっていることは、予てより認識されてきた状況であった[32]。

---

29) この点、本書第二部第三章において触れる。
30) 小谷賢『インテリジェンスの世界史：第二次世界大戦からスノーデン事件まで』（岩波書店・2015）第2章。
31) 小谷、同上、122頁以下。FISAの展開について、大林啓吾『憲法とリスク：行政国家における憲法秩序』（弘文堂・2015）163頁以下を併せて参照。

第一章　諜報機関の透明性

　現在もこの問題に対する国内法上の対応策について、適切な選択肢は見つかっていないように筆者には思われる。各国における諜報機関法制の差異はもちろん存在する上、そもそも憲法の適用領域は原則として自国領土内（あるいは自国の権力が及びうる範囲）に限定されるからである。現在でもその存在自体が公にされていなかったり、（一般的な行政機関に対する統制のほか）何の法的統制にも服していなかったりと、法的な位置づけを明確化することが難しい諜報機関は多く存在する。だからといって何の対応策もないというわけではない。国際原則を国内法秩序に組み込むかたちでの統制の実践例として、「サード・パーティー・ルール」がある。

　「サード・パーティー・ルール」とは、諜報機関の国際連携により自国の安全保障が脅かされたり情報が漏洩したりすることのないよう、他国から得た情報を情報提供元の許可なく第三者に提供することを相互に禁止する国際原則である。

　国際原則たる「サード・パーティー・ルール」は、諜報機関の国際連携に関する国内法上の規定との関係で、どのように位置づけられるのだろうか。この点について興味深い示唆を与えるのは、2020年5月19日のドイツ連邦憲法裁判所判決の判旨である。連邦情報局法における外国間通信偵察の規定の憲法適合性に関する本判決の具体的な内容については本書第二部第二章にて論ずるが、国内法における諜報機関とその統制を責務とする機関（以下、統制機関）との関係という視点から「サード・パーティー・ルール」について、本判決は以下のとおり整理する。「統制機関は、その活動上、影響力の行使から効果的に遮られなければならず、その限りでは完全な独立性が与えられる。その他の点で、立法者は統制機関の制度的形成の問題について大きな形成余地がある。（中略）憲法上は、ひとつ屋根の下で裁判所類似の統制と行政上の法的統制とを制度的に統合し、——その構成員の裁判官同等の独立性の維持のもとで——裁判所類

---

32) 小谷、同上、126頁。
33) 欧州では、このような問題意識と諜報領域での国際協力の必要性の両者に対処すべく、諜報機関の協働という局面における議会的統制を通じた市民の保護とそのための透明性の向上について、2000年代以降国際的な議論が推進されてきた（Vgl. *Wolbert Klaus Smidt*, Nachrichtendienste im Spannungsfeld der Demokratie, LIT Verlag, 2018, S. 122 f.）。
34) BVerfGE 154, 152, Urteil des Ersten Senats v. 19. 5. 2020.

似の決定的な仲裁機関を包括的な統制機関に統合するかどうか、あるいはそれぞれが独立して形成されるべきかどうかも定められていない。もっとも、制度的に明確な構造を作ることは必須である」[35]。

「立法者は、統制官庁を形成し、他の機関と連邦情報局の協定に相応した措置を定めることにより、統制官庁に異議を唱えられえない『サード・パーティー・ルール』の条件を定める必要がある。ただし『サード・パーティー・ルール』は、諜報機関の間でのパートナーとなる機関との協定に起因する一般的に定評のある行動規範であり、非公式の取り決め措置に従って外国の部局からの情報を同意なく第三者に提供することはできない。連邦政府も、外国当局から既に提供された情報に基づく相応の約束を与え、これに引き続く『第三者』への伝達が問題となっている場合に、このルールを引き合いに出す可能性がある。(中略) 統制官庁を『サード・パーティー・ルール』の意味における『第三者』とみなしうるかどうかは、一般的に定義づけられるものではなく、組織的形成と相応の協定に従う。『サード・パーティー・ルール』は、法的には拘束力のあるものではないが、他国機関との調和に基づく連邦政府の実践的意味の柔軟な行政慣行である。たしかに連邦政府と連邦情報局は、適切な承諾に結びつけられたままである。しかし今後は、統制官庁の形成の性質及びそれについての外国当局との取り決めを変えることを通じ、法的統制を任せられた官庁がもはや『第三者』とみなされないための条件をつくりださねばならない」、と (傍線は引用者が付した)[36]。

この判示から読み取ることが出来るのは、国際原則たる「サード・パーティー・ルール」と国内法上の統制との緊張関係と、この緊張関係から生じる問題を解決するため、「サード・パーティー・ルール」において統制官庁が「第三者」とみなされないことを要求するという条件づけである。「サード・パーティー・ルール」における典型的な「第三者」は第三国の機関であるが、国内における共有がどこまで「第三者」への提供とみなされるのか、という点がここでの争点である。この要件を充足する限りにおいて、「統制のために必要な書類すべてへのフルアクセス (vollen Zugriff) が可能」となるとの理解を[37]

---

35) Ebd., Rn. 281 f.
36) Ebd., Rn. 291 ff. 傍線は筆者が付記した。

連邦憲法裁判所は示している。

3　欧州各国の諜報機関を監督・統制 (oversight) する機関の特徴

1　諜報機関に対する監督・統制の意義

　前述した統制機関は、秘匿性の高い行政機関の透明性向上のための重要且つ限られたアクターである。そのため諜報機関の監督・統制（Oversight of Intelligence services）についての叙述には、FRA 資料 I において多くのページ数（30頁）が割かれている（FRA 資料 II においても10頁が割かれている）。このことは欧州のデータ保護法制が、官民双方を監督する独立した監督機関に注目していることとも関連しているのだが、まずはここでいう oversight の意味について確認することからはじめたい。

　米国 CIA 長官補を務めた米国インテリジェンス・安全保障アカデミー会長である Mark M. Lowenthal は、主に米国の諜報機関について詳述した著書のコラムで、以下のとおり述べる（訳は邦訳書に従った）。「oversight には、正反対ではないにせよ異なる2つの定義がある。・監督、注意深い配慮（例「われわれはその活動をオーバーサイト（監視）している。」）・見落とし、無考慮（例「われわれはそれを見過ごした。オーバーサイト（見落とし）であった。」）インテリジェンスを監視する際、議会や行政府は、前者を実行し後者を避けるよう努力する」[38]。FRA 資料における oversight は当然、前者の意味で用いられている。本書では、広義の監督（ここでいう oversight）には狭義の監督（指揮命令系統にある下位機関を上位機関が oversight すること）と統制（指揮命令系統にない外部機関が実行機関を oversight すること）の両者が含まれると解している。そのため FRA 資料中の oversight を、ここでは原則として「監督・統制」と訳出することとする。

2　欧州各国の法制度

　諜報機関を監督・統制する機関に関する欧州各国の法制度について、FRA

---

37)　Ebd., Rn. 295.
38)　マーク・M・ローエンタール（著）茂田宏（監訳）『インテリジェンス：機密から政策へ』（慶應義塾大学出版会・2011）245頁。

資料Ⅱを参考に概観する。

　諜報機関の監督・統制の場面においても、中核として要請されるのは説明責任（accountability）の充足である[39]。しかし、本質的に秘密性が高い性質（本質的な透明性の欠如）を有する諜報機関において、通常の行政機関と同様の手段によって透明性を確保することは困難である。ここで誤解してはならないのは、透明性の確保は目的ではなく、説明責任を果たすための手段であるということである。秘密性が高く透明性確保の手段が限定的にしか講じられない諜報機関の場合、説明責任を果たすための手段として採用されるのが、監督・統制機能を有するなんらかの主体の機能であるといえる。

　この監督・統制的機能を有する主体は、諜報機関の監督・統制を法律上の権限として有する主体と、事実上監視の効果を持つ行動をなしうる主体に区別される（後者は諜報機関に対して直接的な監督・統制をなしうる主体ではない）。後者の主体としては、マスメディアや公衆、Watchdogs を含む民間団体、告発者（whistleblower）が想定されているが、本章で取り扱うのは主に前者の主体についてである。

　法律上の権限としての諜報機関の監督・統制は、大別して6種類ある。①行政的コントロール（executive control）、②専門家集団（expert bodies）による監視、③データ保護コミッショナー（いわゆるDPA）による監視、④議会的統制（parliamentary oversight）、⑤司法的統制（judicial oversight）、⑥オンブズマンによる統制である。このうち、⑤司法的統制を除く5つの主体については、各国により設置状況が異なる。更に同じ分類に属する機関であっても、それぞれの主体が行使しうる権限は、一律ではない。112頁の表3ではFRA 資料ⅡのTable 6[40]及び Table 7[41]をもとに、2017年時点（GDPR 施行前）の各国の監督・統制機能を有する機関の設置状況及び各機関の権限についてまとめた。

39）　FRA 資料Ⅱ、前掲注9）、pp. 55.
40）　同上、p. 112.
41）　同上、pp. 115.

表3からは、憲法上の権利保障の観点から見て重要と思われる3つの傾向が看取される。

第1の傾向は、フルアクセスの権限を持つ機関が比較的多いということである。この傾向を理解するためには、凡例で挙げた4つの権限の役割について考えることが肝要である。通知及びレビューの権限は、市民社会と諜報機関の間の透明性を高め、決定に対する審査を可能とすることを趣旨とする。これに対して、監督・統制機関による決定に法的拘束力を認めるのは、諜報機関・監督・統制機関間のパワーバランスの調整を趣旨とする（監督・統制機関の決定に拘束力があると、諜報機関の自律的裁量が制限される）。

では、必要な情報へのフルアクセスは、いかなる趣旨のもとで認められるのだろうか。情報のフルアクセスが認められたからといって、監督・統制の主体が得た情報を市民にそのまま開示することは基本的にない。つまり、秘匿された情報を市民から見えるようにするという狭義の透明性に資するわけではない。しかしフルアクセスの権限がないと、秘密性の高い情報を主として扱う諜報機関に対する調査は、不十分なものに留まらざるをえない。つまりフルアクセスの権限は、監督・統制機関の十分な判断能力を担保するために必要な前提条件として重要であるという趣旨から認められるものであるといえる。表3を見ると、一般的に拘束力ある決定が難しい反面、市民により近い立場の者が参画するオンブズマンにもフルアクセスの権限が認められている国が複数あることが注目される。ただし前述のとおり、国内の監督・統制を任務とする機関にフルアクセスの権限を与えることは「サード・パーティー・ルール」との緊張関係にあることは重要である。

第2の傾向は、（GDPR施行以前の段階では）専門家集団による監視とデータ保護コミッショナーによる監視のいずれか一方のみを採用する国が多く見られたことである（2017年の調査時点で両機関を併置する国はオーストリア・ベルギー・ドイツ・フランス・クロアチア・アイルランド・ルクセンブルク・スウェーデンの8か国に留まっていた）。データ保護コミッショナーの内部に、専門家への諮問の制度やルートが置かれている（または事実上そのようなルートがある）場合には、専門家集団を独立した機関として置く必要がない場合もある。

第3に、専門家集団とデータ保護コミッショナーの権限を比較した場合にも、特徴ある傾向が看取される。それは、オーストリアの一例を除き、専門家

第二部　諜　報

【表3　諜報機関の監督・統制機関の権限】

	行政	専門家集団	データ保護機関（DPA）	議会的統制	オンブズマン
オーストリア			拘束力・フルアクセス・通知権限		機関のみ存在
ベルギー		拘束力・フルアクセス・通知権限	フルアクセス・通知権限		フルアクセス・通知権限
ブルガリア			拘束力・フルアクセス	フルアクセス・通知権限	
キプロス			拘束力・フルアクセス		
チェコ	2017年時点では機関の設置なし（司法的救済のみ）				
ドイツ		拘束力・フルアクセス	フルアクセス・通知権限	フルアクセス	（理由のある異議のみを議会的統制機関に移送）
デンマーク		フルアクセス			
エストニア					フルアクセス
ギリシア			フルアクセス		
スペイン					フルアクセス
フィンランド			拘束力・フルアクセス	拘束力	
フランス		フルアクセス・通知権限・レビュー	フルアクセス・通知権限・レビュー		フルアクセス
クロアチア		機関のみ	拘束力	機関のみ	機関のみ
ハンガリー	拘束力		拘束力	フルアクセス	機関のみ
アイルランド		拘束力・フルアクセス・通知権限	フルアクセス・通知権限		
イタリア			拘束力・フルアクセス		
リトアニア			拘束力	フルアクセス	機関のみ

第一章　諜報機関の透明性

	行政	専門家集団	データ保護機関（DPA）	議会的統制	オンブズマン
ルクセンブルク		フルアクセス・通知権限・レビュー	機関のみ		
ラトヴィア	2017年時点では機関の設置なし（司法的救済のみ）				
マルタ		フルアクセス			
オランダ		拘束力・フルアクセス・通知権限			
ポーランド	2017年時点では機関の設置なし（司法的救済のみ）				
ポルトガル		拘束力・フルアクセス			機関のみ
ルーマニア			拘束力・フルアクセス		
スウェーデン		拘束力・フルアクセス・通知権限(SIUN)	機関のみ		
		フルアクセス(SIN)			
スロヴェニア			拘束力・フルアクセス	フルアクセス	機関のみ
スロヴァキア			通知権限		
イギリス	Investigatory Powers Tribunal が存在するが、審判所であることから（通常裁判所ではないが）、FRA 資料においては非司法的統制主体とは分類できないと評価されている。				

【凡例】
各機関の有する権限（※権限には類型的に以下の4つがある）
①拘束力ある決定をする権限（Decisions are binding）➡拘束力
②収集データへのフルアクセス権限（Mayfully access collected data）➡フルアクセス
③調査結果についての異議申立人への通知権限（Control is communicated to complainant）➡通知権限[42]
④決定を再検討する権限（Decision may be reviewd）➡レビュー

（出典）　FRA 資料Ⅱ（前掲注9）Table 6及び7をもとに筆者作成。

42）　FRA 資料Ⅱ, p. 14

集団とデータ保護コミッショナーの決定双方に拘束力が生じていた国は存在せず、比較的専門家集団の決定を重視している国が多いという点である。これはどちらの判断を優先するかという政策的な問題にとどまらず、統治機構に関する理論的な側面からも影響を受けていると思われる。データ保護コミッショナーは独立性があるとはいえ、行政機関としての位置づけをその行動の正当化の背景とするところ、より中立的な立場からの統制が重視されることで公正性を保つという考え方がありうるということである。もちろん専門家集団にも行政機関としての位置づけが与えられているが、専門家集団はその専門的知識を、自らの行動の正当化の根拠とする。[43] そのため専門家集団とデータ保護コミッショナーの両者が併置される上記8か国のうち、ベルギー・ドイツ・アイルランド・スウェーデンの4か国は、中立な立場で専門家としての意見を発する合議体専門家集団の決定にのみ拘束力を持たせることで、より公正中立な判断による諜報機関の統制を試みていると評価できる。なお残り4か国のうちクロアチア以外の3か国も、専門家集団の権限がデータ保護コミッショナーの権限より強いか、両者が同等の権限を持つ。

ただし専門家集団の判断に重きを置く考え方が、その後GDPRにおいても採用されているかどうかについては慎重な判断が必要である。GDPR51条以下は、各国に1つ以上の独立の監督機関の設置を要求していて、この監督機関に情報へのフルアクセス・法的拘束力のある命令や譴責、警告、是正・助言などの幅広い権限が与えられている（GDPR58条）。[44] この機関の構成員は、GDPR53条2項において、「任務を遂行し権限を行使するために要求される、特に個人データ保護の分野における資質、経験および技能を有しなければならない。」とされるが、[45] 具体的な資質や資格、任命手続については各国の立法事項として定められているのみである（GDPR54条1項）。

---

43) 専門家に対する信頼を基礎づける理解について、村上陽一郎（編）『「専門家」とは誰か』（晶文社・2022）収載の諸論稿は、科学史・科学哲学等の観点からアプローチしており興味深い。とりわけ、隠岐さや香「科学と「専門家」をめぐる諸概念の歴史」同73頁は、「expert」という概念について「単なる職業を指す言葉ではありえ」ず、「何らかの具体的な問題や課題にあたって呼び出され、鑑定・検証をする存在である」と位置付けている。

44) 小向太郎／石井夏生利『概説 GDPR』（NTT出版・2019）132頁以下。

45) 条文訳は、宮下紘『EU 一般データ保護規則』（勁草書房・2018）264頁による。

4　小　括——秘密性が高い行政機関に対する法的統制のあるべき姿

　本章では、欧州各国の諜報機関法制の鳥瞰的比較を題材として、秘密性が高い行政機関が透明性を確保したり一定のコントロールを及ぼしたりするために必要な要素について検討してきた。

　小括に代えて、秘密性が高い行政機関の法的統制に要求される要素や構造について、本章で検討してきた内容を日本の現状との関係から簡単にまとめる。

　秘密性が高い行政機関は、権限の適切な可視化が難しいことや、場合によっては（実体としては法律上の行政機関であるにもかかわらず）その存在が国内法上明確になっていないことさえある。しかしそのような状況下におかれる行政機関にもかかわらず、このような機関が国内外の法的関係における重要なアクターとなっていることは珍しくない。その代表例が、諜報機関である。

　諜報機関の活動を統制するための方法として、本章では特に2つの点に注目した。1つは、「サード・パーティー・ルール」を例として説明した国際原則の国内法秩序への組み込みである。現代社会においては、国際社会からの視線を無視して各国家が活動することは難しい。国防の一翼を他国に委ねている我が国は、特にその傾向が顕著であることから、国際原則の国内法秩序への組み込みをテクニカルに実行する意義は高い[46]（ただし、従来からの国内法秩序との均衡を慎重に評価する必要があることは言うまでもない）。もう1つは、専門家集団による監督・統制である。この点については本書第二部第二章及び第三章において詳述するが、GDPR施行以前のEU各国の状況を見るにつけてもその重要性が再確認できる。我が国においても、（例えば個人情報保護委員会をはじめとする）現行機関の活用・強化、そして新たな統制機関の設置という観点から具体的な制度設計を論じることが重要である。

---

46)　本書第三部第四章参照。

第二章　独・連邦情報局法外国間通信偵察違憲判決の分析と検討——客観法的統制の観点から

1　問題の所在

　本章は、国家の情報収集活動の法的統制に関する現在のドイツの議論状況を題材に、「客観法」に向けられたドイツ基本法の要請という視点から、「裁判所が違憲審査を通じて、立法による憲法上の権利を保護するための適切な仕組みづくりが実行されていないと判断する場合、どのような手段で法の内容形成にアプローチすることができるのか」という命題の検証を試みることを目的とする。背景にあるのは、日本ではいまだ積極的に行われているとは言い難い違憲審査が大きな力を持つドイツで、統治機構間でのパワーバランスにどのような変化が生じているのか、という問題意識である。

　この問題意識は、筆者が本書全体を通じて検討している国家の情報収集活動の統制の方法たる「統制システム」の構築により裏付けられる。まず第2節で、本書全体に通ずる国家の情報収集活動を統制する構造とその根拠について簡単に説明し、本章の位置づけを示す。次に、具体的な題材として取り上げる2020年5月19日に連邦憲法裁判所が下した連邦情報局法外国間通信偵察違憲判決について、第3節で分析する。第4節では、同判決に学説（及び行政）が与えた影響を探るという観点から、2010年代後半以降、特に盛んに議論されてきた諜報機関法制の「客観法的統制」について確認する。更に第5節で、この「客観法的統制」について立法が不足していると裁判所が判断をする場合に、違憲審査を通じていかなる言及をなしうるのか（あるいはなしえないのか）、基本権の客観法的側面と基本法の客観法領域における要請という観点から検討する。最後に第6節では、小括として、いまだ違憲審査が積極化しているとは言い難い日本において本章の議論がどのような意味を持つのか、その意義を示すこととする。

2 国家の情報収集活動を統制する構造とその根拠

1 情報管理という「統制システム」の横軸

　筆者は本書全体を通じて、国家の情報収集活動を統制する複数の手段を有機的に結びつけるための考慮要素を示し、具体的な統制構造の全体像について継続的に、多角的な視点から分析を行っている。この構造を、本書では「統制システム」と呼ぶ（本書第四部第三章参照）。

　情報収集を始点とした国家活動としての情報管理を前提として統制システムについて考える筆者は、情報管理の諸段階を①収集（Erhebung）、②加工（Verarbeitung）、③蓄積（Speicherung）、④利用（Auswertung）、⑤提供（Übermittlung）という５つに分ける。

　情報の「収集」は、諜報活動や予防的警察活動、捜査活動のほか、行政調査や第三者からの情報提供などの手段により行われる。まず言及すべきは、情報管理という枠組みの中で考える場合、収集の形態や権限はひとまず据え置かれ、「収集」の事実そのものを情報管理の端緒として理解する必要があるということである。情報収集活動に対する統制は、収集の形態や権限に応じて個別に行われることとなるが、その統制の手段は、「収集」単体で行われるべきものもあれば、「収集」以降の情報管理の諸段階において行われるべきものもあり、達成しようとする目的に応じて整理されなければならない[1]。このことは、情報収集活動の統制にあたり情報管理の過程を前提とすることが、情報収集活動の統制に限定した統制手段の検討では看過されかねない課題を析出する機能を有することを示している。

　次に、「加工」とは、他のデータと結びつけたり、必要なデータのみを抽出したりして、収集したデータを必要な「情報」に変化させることと定義付けることができよう。「収集」したばかりの取得物は、それだけで情報といえることもあれば、単なるデータに留まる場合もある。この意味では、「加工」とは、取得した生のデータを情報収集主体の目的に即して意味のある情報に変え

---

1) 本書第四部第二章で詳細に扱う反テロデータ判決（BVerfGE 133, 277, Urteil des Ersten Senats v. 24. 4. 2013）のように、蓄積されたデータを加工し、異なる権限を持つ官庁と共有しようとする場合、「収集」に対する個別の統制と、「加工」「蓄積」「利用」の諸段階での統制の両者が併存することにより、はじめて統制の目的たる個人情報の保護が達成されよう。

る営みであるともいえる。

　「蓄積」とは、文字通り「収集」「加工」した情報を蓄積し、保管しておくことをいう。「蓄積」の段階で注目すべきは、この段階での取扱いによっては、収集主体と異なる主体による情報へのアクセスが可能となる点である（例えば、権限を有する複数の官庁による情報共有を前提としたドイツのデータベースの例について、第四部第二章参照）。「蓄積」を評価するにあたっては、蓄積そのものの行為としての側面と、蓄積構造としてのデータベースの側面の両者が存在することを失念してはならない。

　「利用」とは、「収集」「加工」「蓄積」された情報を、ある特定の目的のために取り出し、用いることである。情報の「利用」には必然的に「目的」が存在するということは、我々の日常的な情報の活用場面においても言えることだが、国家により収集された情報が「利用」される場合には、その意味が異なる。まず、情報の「利用」が当該情報の収集主体と異なる主体により実行される場合、「利用」が独立してデータ主体のプライバシーに対する侵害を構成する可能性がある。「収集」は「利用」を前提としているところ、収集主体と利用主体が異なることで、収集時とは異なる目的による「利用」が生じうるからである。[2]

　最後に、「提供」である。この点は、我が国における治安維持のための情報収集についての先行研究ではあまり注目されてこなかった観点であるが、情報収集の対象者への通知とこれに代わる法制度の構築の要請は、第三者への情報公開と並び、情報の「提供」という段階の一要請であると位置づけることができよう。

　このような情報管理の五段階の設定は一般的な区分ではなく、これまでの研究を通じたドイツの各争点に関する議論の俯瞰を踏まえて、筆者が整理したものである。例えば山本龍彦はこの段階を「収集」「保存・管理」「分析・利用」と区別し、前述の小向は「情報の取得」「情報の保有」「情報の提供」と区別す[3]

---

　[2]　なお、同一の主体による行為の場合も、例えば収集した情報を別件捜査に用いる場合など、異なる目的による「利用」が発生しうるが、主体が異なる場合、各主体の達成すべき組織目標が異なる以上、基本的に同一の目的での情報の利用は原則として想定しがたく、この問題は常に発生するといえる。そのためドイツでは、取得した主体と異なる主体による情報の利用においては、目的の分離原則（Trennungsgebot）が要求される（本書第四部第二章参照）。

ることから、筆者がなぜこのような五段階の設定を試みたのかという点については、敷衍を要する。特に国家の情報収集活動に関わる我が国の状況下において、情報の「提供」がいかなる憲法上の価値を担保するものであるのかという点については、この後扱うドイツ連邦憲法裁判所判決の「拡張された独立の客観法的統制」の要請の拡大と対置される透明性の要請との関係を検討する前に明確にしておかなくてはならない。

　個人情報の保護に関する法律（以下、個人情報保護法）及び行政機関の裁量を尊重する行政機関の保有する情報の公開に関する法律（以下、行政機関情報公開法）における情報公開を契機として考えてみたい。情報公開は、「民主制の正常な運営の前提」であり、憲法21条にその根拠を持つ所謂「知る権利」の重要な要素であると理解される。一般に憲法21条から直接的に開示請求権を導くことができるとは考えられておらず、開示請求は立法による制度化が必要であるわけだが、ここでは、国家の安全や捜査中の事件に関する事項が「不開示情報」であるとされていることに注目する。個人情報保護法78条１項５号は、「開示することにより、犯罪の予防、鎮圧又は捜査、公訴の維持、刑の執行その他の公共の安全と秩序の維持に支障を及ぼすおそれがあると当該行政機関の長又は地方公共団体の機関が認めることにつき相当の理由がある情報」を不開示情報とする。村上裕章は、改正前の行政機関個人情報保護法の本号にあたる

3）　山本龍彦『プライバシーの権利を考える』（信山社・2017）93頁以下。山本は、プライバシーを問題とする裁判所の違憲審査にあたって、構造審査の採用を提唱している。構造審査とは、特定の個人情報の個別の処理ではなく、情報管理システムの構造全体の堅牢性や健全性を審査する方法である（同54頁）。

4）　小向太郎『情報法入門〔第７版〕』（NTT出版・2025）77頁以下は、情報の取得・情報の保有・情報の提供と区別するところ、少なくとも本章が対象とするテロリズムに対抗するための予防的警察活動及び諜報活動の局面での官庁の情報管理という観点では、取得と作成（加工）の間には連続性があるが、生のデータを取得するための手続と、その後の加工では後述するとおり異なる法的問題が発生する場合がある。また、保有（蓄積）は利用とは原則として異なる主体により行われ、その形態も全く異なるので、区別すべきである。

5）　宇賀克也＝長谷部恭男（編）『情報法』（有斐閣・2012）８頁。ただし、行政機関情報公開法において「知る権利」の明記はなく、「国民主権の理念にのっとり（同１条）」とされている。「知る権利」の憲法上の明記に関する議論として、「第193回国会衆議院憲法審査会議録第７回」（2017）14頁以下［宍戸常寿発言］参照。

6）　渡辺康行ほか『憲法Ⅰ 基本権〔第２版〕』（日本評論社・2023）260頁以下［宍戸常寿］。

7）　なお、「行政機関の長が認めることにつき相当の理由がある」かどうかという基準の意義は、情報公開法５条４号の趣旨と同様に、行政機関の裁量を認めるものと解されている。宇賀

規定について、「制定過程では比較的狭い裁量が想定され、国会審議において被告に立証責任がある旨明言されていたにもかかわらず、広範な裁量を認めたり、原告に立証責任を課す裁判例があ」るとして、法解釈に疑問を呈す[8]。

　ここには2つの意味があると筆者は考える。一つは、国家の安全や捜査中の事件に関して行政の保有する情報は、一般的な開示により、本質的に収集の目的を損なうおそれがあるということである。これは本書で繰り返し登場する、「本質的な透明性の欠如」を意味する。もう一つは、逆説的だが、国家の安全や捜査中の事件に関する情報についても、個人情報保護法制及び情報公開法制の適用対象に含まれるということである。個人情報保護法60条1項本文は、同76条1項以下で開示請求の対象とされる「保有個人情報」について「行政機関等の職員（中略）が職務上作成し、又は取得した個人情報であって、当該行政機関等の職員が組織的に利用するものとして、当該行政機関等が保有しているもの」と定義する。不開示情報の規定を見ても明白であるように、情報収集の目的が国家の安全や捜査中の事件に関する調査であっても、情報収集の主体が捜査機関であっても、同法制の適用除外となっているわけではないのである。これは、ただ法制度上の状況を示しているだけのものではないと筆者は考える。本来的にはこれらの情報に対しても、個人情報保護法制や情報公開法制を含む情報法制の趣旨、そして情報法制の基礎を成すプライバシーや知る権利の保障といった憲法上の要請が妥当することを前提として、このような法制度が構築されているのである。すなわち憲法下に構築される情報法制は、「本質的な透明性の欠如」をその情報収集活動の性質として持っている国家活動をも、包摂するのである。

克也『新・個人情報保護法の逐条解説』（有斐閣・2021）558頁以下。国家公安委員会・警察庁「国家公安委員会・警察庁における情報公開審査基準」（2017）13頁は、より詳らかに、「行政機関の長が認めることにつき相当の理由がある」という基準について「司法審査の場においては、裁判所は、第4号に規定する情報に該当するかどうかについての行政機関の長の第一次的な判断を尊重し、その判断が合理性を持つ判断として許容される限度内のものであるか（「相当の理由」があるか）否かについて審理・判断するのが適当であり、このような規定振りとしているものである」と述べる。

8)　村上裕章『行政情報の法理論』（有斐閣・2018）58頁。

2 統治機構という「統制システム」の縦軸

　以上の情報管理の五段階を統制するために重要となるのは、統制主体として相互に作用する憲法上の統治機構の役割である。

　情報管理の諸段階の全てを通じて、情報管理の主体として立ち現れるのは、行政府である。情報収集の主体としてだけではなく、その蓄積や利用、提供にあたっても、行政府が主体となることが多い。ただし、行政府の役割はそれだけではない。行政内部では、情報の収集や利用の主体となる行政庁に対し、監督・統制を果たす機関を設置しうる。行政内部の監督・統制機関は、情報管理の主体となる行政庁にとっては抑止的存在であり、当該情報管理の過程で制約される憲法上の権利の保障の一翼を担うものともなりうる。一方で、行政内部の監督・統制一般に言えることだが、立法府・裁判所による統制に比して柔軟且つ臨機応変な対応が可能である一方、同じ行政府による対応であることから、その監督・統制の客観性や実効性は劣る場合がある。この点を補完する組織的・手続的な工夫が必要であるとともに（例えばドイツの基本法10条審査会のように独立の監督・統制機関を立法府に組織する工夫など）[9]、原則として当該監督・統制機関の判断が終局的決定とならないことが要求される[10]。

　なお、情報管理の主体の内部に実質的に包摂される組織は、筆者が想定する「統制システム」においては、監督・統制機関として充足すべき一次的要件を欠く。なぜならば、本章にて論ずるように、実効的な監督・統制機関にはその性質上、独立性・中立性が要求されるからである。

　立法府は、法的枠組みをつくる。特に「統制システム」の中におけるその具体的な役割には、情報管理全体を司る法制度の構築のみならず、情報収集の権限を法律上設定することや、情報提供を行わなければならない条件を法律上明確にすることなどを含む。憲法との関係から見れば、立法府は、情報管理の諸段階において制約されうる憲法上の権利を適切に想定し、当該権利の保障を実効化する法制度を実現する義務を負っているといえる。

　情報管理の枠組みの構築について、立法府は、あくまでも憲法上の要請に反しない範囲で立法裁量を与えられている、と言い換えてもいい。立法府は、特

---

[9]　本書第二部第三章参照。
[10]　同様のメカニズムは、現行法の行政不服審査法と行政事件訴訟法との関係にも見られる。

定の立法により与えられた権限の運用や、この運用をめぐって発生する社会的諸事象を分析し、また裁判所による司法審査における言及を十分に考慮し、当該立法を評価する[11]。その評価は、当該立法や周辺各法の改正・制定に結びつく。ただし当然ながら、立法府は選挙を通じた国民の信任に基づく議員から構成され、多数決での決定を前提としているため、立法の評価内容が常に制定法に反映されるとはいえない。

　裁判所は、まず、事前の手続的審査を行う主体として立ち現れる。その最たる例が刑事訴追のための捜査手続における令状審査であるが、令状発布のための手続や制度に遺漏がなくとも、それ以降の制度の形態によっては令状審査という手続が骨抜きになるおそれがある点には留意が必要である。これは、その他の手続において、事前に裁判所が関与する場合も同様である。

　更に通常の裁判所の権限の行使として、国家の情報管理を対象として提起された訴訟における法の適用が行われる。そこでは、違法性判断及び違憲審査が行われるが、違法性判断についてはその他の行政訴訟の例に漏れず、裁量の踰越濫用の有無が争点となると想定される。また違憲審査については、制約される憲法上の権利の画定及び審査基準の決定が重要である。この訴訟上の審査の結論は、個別の事案における終局的な法の適用の結論として、行政や立法の活動に一定の影響を及ぼす。

3　「統制システム」への根本的疑問と本章の問題意識

　以上のとおり、筆者は国家の情報収集活動に対する「統制システム」を、情報管理を横軸、統治機構を縦軸とする統制構造として描く。しかしこのような構造化には、根本的疑問がある。統制システムの内部にある各々の統制手法については、個別の基本権かあるいは特定の法的要請から描写されているが、それらの統制全体を構造化するという要請は、憲法秩序のどこから導かれるのだろうか？という疑問である。

　統制システムの個別の構成要素が一定の法的根拠に基礎づけられているとすれば、構造化は論理的帰結として自然なことと理解することもできよう。しかしここで本質的な問題は、横軸としての情報管理の諸段階が縦軸の各統治機構

---

11) 本書第四部第三章参照。

の働きにより統制を受けるという構造ではなく、縦軸の各統治機構間の関係にある。実は、本章第２節第１款において横軸同士の関係を説明したが、各統治機構間の関係については「憲法上の」という一語でしか説明していない。憲法上の各統治機構の関係は相互の抑制、均衡として描かれるが、それ以上の説明を要しないのだろうか。この問題が鋭利に顕出される一つの場面が、統制システムの内部で要求される要請を立法府が満たしていないとき、裁判所はどのような手段で／どこまで法の具体的な内容形成に干渉し得るのか？という問題に直面する場面である。

この場面に関する一つの示唆を与えるのではないかと思われるのは、2020年５月19日にドイツ連邦憲法裁判所により下された連邦情報局法外国通信偵察違憲判決の判旨が、「拡張された独立の客観法的統制」という要請を比例原則から導いていることである。そこで本章は、「客観法」に向けられたドイツ基本法の要請という視点から、「裁判所が違憲審査を通じて、立法による憲法上の権利を保護するための適切な仕組みづくりが実行されていないと判断する場合、どのような手段で法の内容形成にアプローチすることができるのか」という本章冒頭の命題について検証を試みたい。

3　連邦情報局法外国間通信偵察違憲判決

1　事案の概要

本事案において連邦憲法裁判所は、連邦情報局法に基づいた外国居住者間の通信の傍受について法令違憲判決を下した。異議申立人は８名おり、国境なき記者団（Reporters sans frontières）及び外国に居住する５名のジャーナリスト、ドイツに居住するジャーナリスト、そしてグアテマラに住みスイス・ジュネーブに拠点を持つドイツ国籍の弁護士である[13]（本判決は異議申立人の主張に基づき、プレスや弁護士が情報提供者や顧客との間で結ぶ信頼関係の保護について、特別な考慮を必要とすることを明言するが、この点は後述する）。外国間で集中的に電子的テレコミュニケーションサービスを使う彼らには、連邦情報局の監視活動が多方面にふりかかる。[14]本件は異議申立人らに対する特定の傍受が明らかとなったこと

---

12) BVerfGE, 154, 152, Urteil des Ersten Senats v. 19. 5. 2020, Rn. 268.
13) Ebd., Rn. 34.

を端緒とした訴えではなく、メールや電話、インスタントメッセンジャーなどの電子的な手段を用いて私的・職業的に活動している異議申立人らの、基本権侵害にあたる措置の蓋然性を前提とした訴えである。[15]

　問題とされたのは、外国間通信偵察に関わる諸国家作用を基礎づける連邦情報局法の規定の憲法適合性である（連邦情報局（Bundesnachrichtendienst）は、ドイツの連邦レベルの諜報機関であり、連邦首相官房（Bundeskanzleramt）に所管される）。結論として複数の規定が違憲となったが、特に中心となったのは外国間通信偵察について定めた連邦情報局法6条及び7条である。[16] この条文は2016年に改正されたばかりであったが、当時の同6条は以下の通り定めていた。
「（1）連邦情報局は、次の各号についてデータが必要なときには、その任務の遂行のために、国内において技術的手段を用いて、外国において外国人同士で行う通信についての通信網（通信網）から個人データを含む情報を収集し及び処理することができる（外国間通信偵察）。1．ドイツ連邦共和国の国内外の安全に対する危険を早期に発見し、これに対処することを可能とするため、2．ドイツ連邦共和国の行為能力（Handlungsfähigkeit）を維持するため、3．連邦首相府が外務省、連邦内務省、連邦防衛省、連邦経済・エネルギー省及び連邦経済協力・開発省と協議してその種類及び範囲を定めた出来事に関して、外交及び安全保障政策上重要な意義を持つ他の情報を獲得するため。このデータ収集

---

14)　*Michael Sachs*, Grundrechte: Geltung für Ausländer im Ausland, Jus 2020, S. 706.
15)　BVerfGE, 154, 152, Rn. 36. なお、ハンス＝ウーヴェ・エーリヒセン（著）工藤達朗（訳）「ドイツにおける憲法異議による基本権保護：憲法を形成する基本決定の一局面」比較法雑誌46巻2号（2012）52頁のとおり、「憲法異議の権利（レヒト）保護作用は、連邦憲法裁判所の見解によれば、国家およびその機関の行為に対する基本権主体の特別の権利救済に限られるもの」ではなく、「むしろ連邦憲法裁判所は、憲法異議を『同時に客観的憲法の特殊な法（レヒト）保護手段である』と把握しており、それゆえ、憲法異議に理由があるか否かを審査するにあたって、異議申立人の主張する基本権侵害が存在するか否かを調べることに制限されるものではない」。
16)　連邦情報局法の条文は、渡辺富久子「ドイツの連邦情報庁法：対外情報機関の活動の法的根拠」外国の立法275号（2018）64頁以下から引用。より原文に近く訳出すべきと考えた部分については、一部報告者が改訳している。なお本書で一貫して「連邦情報局」としているものは、同稿が「連邦情報庁」とするものと同じBundesnachrichtendienstを指す（ドイツの行政組織法体系に鑑みると、Dienstは「局」と訳すのが妥当と考えるため、「連邦情報局」と訳すもので、小山剛「『戦略的監視』と情報自己決定権：BVerfGE 100, 313を中心に」法学研究79巻6号（2006）5頁以下の訳出と同趣旨である）。

は、連邦首相府が事前に命令により指定した通信網でのみ可能である。(2)連邦情報局は、外国間通信偵察の枠組みにおける通信内容のデータの収集を、検索語を用いる方法によってのみ、行うことができる。検索語は、第１項第１文に規定する事情の解明のために指定され、かつ、適切でなければならず、その使用は、ドイツ連邦共和国の外交及び安全保障政策上の利益と一致していなければならない。(3)欧州連合の施設、その加盟国の公的機関又は欧州連合の市民を対象とした調査の検索語は、次の各号に掲げる目的のいずれかのために必要である場合に限り、使用することができる。1. G10法第５条第１項第３文にいう危険を発見し、これに対処するため 2. ドイツ連邦共和国の安全にとって特に関係の深い第三国における出来事に関するデータを専ら収集する場合に限り、第１項第１文第１号から第３号までにいう情報を入手するため。欧州連合の市民を対象としたデータ収集の検索語は、基本法第10条関係法第３条第１項にいう犯罪を発見・対処するために必要な場合にも使用することができる。(4)ドイツ国籍を有する者、国内の法人又は連邦領域に滞在する者の間での通信往来からデータを収集することは、許されない（５項以下省略）」。続いて、同７条は以下の通り定めていた。「(1)連邦情報局が通信偵察の手段を用いて国外で収集したデータの更なる処理のために、第６条第１項第１文及び第３項から第６項までの規定を準用する。(2)第６条第３項に規定する要件を満たす場合に限り、連邦情報局を通じて、外国の公的機関を介し、欧州連合の施設、その加盟国の公的機関又は欧州連合の市民を対象とした国外における調査をさせることができる」。

外国間通信偵察に関する異議申立の具体的内容は、以下の３点が中心である。①基本法10条に従った通信の秘密の侵害、②同４条１項２文に従ったプレスの自由の侵害、③同３条１項に基づく一般的平等原則違反である。②については、外国のテレコミュニケーションの戦略的監視について連邦情報局法が、プレスとその情報提供者との間の信頼関係の保護のためになんの特別な規定も含んでいないことが問題とされた。③については、異議申立人の一部（パリに本拠地を置く国境なき記者団及びEU圏内（ドイツ・イギリス（当時）・スロヴェニア）に居住する３名）が、ドイツ人と同様の保護を享受できていないことを平等原則違反として主張したものである。[17]

2 判　旨

本判決には複数のポイントがある。まずはそのポイントを概観した後、本稿の立場から特に重要と思われる「拡張された独立の客観法的統制（ausgebaute unabhängige objektivrechtliche Kontrolle）」についての判旨を、詳細に見ていくこととする。

（1）判決のポイント

前提として本判決は、ドイツの国家権力に対する基本権の保護がドイツの領土に限定されるものではないことを、基本権と国家権力の関係に関する基本法1条3項に基づいて明らかにした[18]。これは、ドイツの領土外においてドイツ国籍を持たない人物に対して行われる基本権侵害についても、侵害主体がドイツ基本法により統制されるべき国家権力であれば憲法違反を問いうるとした点で画期的である。この点はグローバル化の最中における通信偵察について非常に重要な点であるが、本書に収載されない別稿にて詳細に論じたため割愛する[19]。

次に、連邦情報局法に基づく外国間通信偵察により、基本法10条1項及び5条1項2文の制約が認定される。この制約は正当化されず、関連する連邦情報局法の複数の規定は憲法に違反する。正当化が否定される理由は、大別して二つある。一つは形式的に基本法19条1項2文に違反すること、もう一つは基本法10条1項及び5条1項2文の中核的な実体的要請を満たさないことである。

初めに基本法19条1項2文違反について、簡単に見ておく。外国間通信監視の権限は、基本法73条1項1号に規定された「対外関係の案件」に関する立法権限に支えられる[20]。確かにこれは、外国に関連した犯罪の偵察そのものに開かれてはいないが、連邦政府の政治的な情報獲得の任務のみに連邦情報局の権限の根拠があるわけではなく、固有の、直接的に行使されるのではない任務として、他国からの国際的な局面での切迫した危険を早期発見すること（Früherkennung）にも転用される[21]。しかし、連邦情報局法の権限規定は、基本法19条1項

---

17) BVerGE, 154, 152., Rn. 33.
18) Ebd., Rn. 88 ff.
19) 小西葉子「国家の情報収集に関わる外国人の通信の秘密とDPF規制」法律時報96巻5号（2024）27頁以下。
20) Ebd., Rn. 122 ff.
21) Ebd., Rn. 128.

2文6の明示要請（Zitiergebot）[22]を考慮することなく同10条1項2文に基づく通信の秘密を侵害する権限を与えることから、形式的に違憲であると結論付けられた[23]。

次に、戦略的監視を中心的手法とした外国間通信偵察に関する連邦情報局の規定が、基本法10条1項及び5条1項2文の中核的な実体的要請を満たさないこと、すなわち実質的に違憲となると判断した点について整理する。

実質的違憲性の根拠は、大きく分けて4点ある。第一に、戦略的監視の手法は原則として比例原則上正当化されるとしつつ、現行の連邦情報局法の規定に基づくデータの使用・加工を実質的に違憲とした点である。第二は、戦略的監視の手法に基づき取得された個人関連データの他機関への伝達が根拠ある侵害閾に基づいていないとした点ある。第三は、基本法は他国機関との協働に開かれているが、協働する他国諜報機関も基本権上の限定を満たさなければならないとした点である（第四は次目で説明する）。

第一の点については、1999年の戦略的監視判決[24]との違いが極めて重要である。戦略的監視判決は、連邦情報局が行う諜報活動についても、「介入閾値（Einschreitsschwelle）」を問題としてきた。個人の利益の侵害と公共の利益の確保の比較衡量される中で、公共の利益となる法益が重大なものであればあるほど、「介入閾値」を低く設定することを許容するというのが、戦略的監視判決の採用した見解であった。

しかし本判決は連邦情報局の戦略的監視について、技術的な状況を背景に、もはや諜報活動において客観的な侵害閾値（Eingriffsschwelle）を前提とすることはできないという。具体的には、一般社会において広く戦略的監視の手段が用いられうることを指摘したあとで[25]、裁判所は、形式的検索語を用いて行われ

---

22) ドイツ基本法19条1項「法律により、あるいは法律の根拠に基づいて、基本法上の基本権が制限されうる場合、当該法律は一般的に効力を持つものでなければならず、個別の場合にのみ効力を持つものであってはならない（1文）。加えて同法律は、条文を挙げて基本権を示さなければならない（2文）。」1文は個別法律による基本権制限を禁止し、2文はこれを担保するため①法の明確化に奉仕する警告的機能、②基本権の射程の画定機能を果たす（コンラート・ヘッセ（著）初宿正典＝赤坂幸一（訳）『ドイツ憲法の基本的特質』（成文堂・2006）214頁以下）。

23) BVerfGE 154, 152, Rn. 134 f.

24) BVerfGE 100, 313, Urteil des Ersten Senats v. 14. 7. 1999.

第二部　諜　報

る諜報活動も、個人的なテレコミュニケーションの監視に接近しているが、これは外国偵察という諜報機関の本来的任務の中では、憲法上正当化されうると説明する[26]。ただし、そこでは限定的な基準による保護が必要なければ正当化できないところ、現行の規定にはこの限定が足りていない、というのである（例えば外国通信偵察のデータ処理について定めた連邦情報局法6条は、フィルタリング、目的限定、対象となる個人に関する検索語の使用、特定職種保護などの規定が不十分であるとして、違憲と判断される[27]）。ただし連邦憲法裁判所は、外国偵察にも憲法上の権利保障の要請はあるものの、ドイツ国内における通信に対する偵察において要請されるものとはその要請は異なるものだ、ということを強調している[28]。

　第一の点と異なり、第二の点である他機関への情報伝達については、上述の戦略的監視判決が示した侵害閾値の考え方が維持されており、更にその後蓄積されてきた分離原則（Trennungsgebot）の考え方が踏襲されている。すなわち、戦略的監視の手法に基づき取得された個人関連データの伝達は、根拠ある（客観的な）侵害閾に基づいていないため、他機関への伝達にあたっては目的変更に関する従来の判決に従って仮想のデータ新規利用（hypothetische Datenneuerhebung）が認められる場合にのみ許される[29]。特に危険防御・刑事訴追を目的とする警察や検察官へのデータ伝達については、より明確な規定が必要である[30]。一方、連邦政府への直接の伝達にはなんら制限はない[31]。

---

25) 連邦憲法裁判所は、具体的には以下のとおり述べている。「（連邦憲法裁判所が戦略的監視判決を下した1999年の：引用者注）当時は、実際上の観点でテレコミュニケーションの監視を厳密に限定し、特定の状況において利用されたテレコミュニケーション手段とだけ関連させていたのに対して、今日では既に量として比較することのできないほど多くのデータの流れが認識されている。これに伴い、電子的通信の形式で見通しきれない数（のデータ）が伝送され、有効利用される。通信サービスの偏在的且つ重層的な使用は、増大する各方式の間での個人の行為と、電気信号での人間間の相互作用の表出を見つけ、それゆえにテレコミュニケーションの監視が使用可能となる。同時にこの監視は、日常に深く関わり、また写真や書類の公刊を含めた最も私的且つ自発的な通信事象を巻き込（み、音声・画像認識、翻訳などの手法も広く一般に用いられているなど、）ひっくるめて戦略的テレコミュニケーション監視は、さしあたりおおよそ市民社会でも一般的な通信にわたって潜在的に広がる」と（BVerfGE 154, 152, Rn.151.）。

26) BVerfGE 154, 152, Rn.151 f.
27) Ebd., Rn. 303 ff.
28) Ebd., Rn. 172 ff.
29) Ebd., Rn. 216 ff.
30) Ebd., Rn. 220 f.

第三の点については、特にドイツ国内の人物の基本権保障の観点から、ドイツ国内のデータを他国から受け取る循環交換（"Ringtausch"）の禁止を明示した[32]。また、他国にデータを伝達する場合は、他国の指示した適切な検索語に基づく結果の伝達が自動化されていることが必要であるということも示し[33]、他国機関との協働（Kooperation）を否定せず、情報技術の利用形態を特定することで基本権の侵害を断ち切る仕組みづくりを求めている点が特徴的である。

（2）　拡張された独立の客観法的統制

　次に裁判所は、データ処理の透明性の保障にむけられた要請は原則として諜報機関に対しても有効であるが、効果的な任務遂行のために不可欠である点において制限されうるところ、外国偵察には相当な機密保持が要求されるために、透明性及び個人的な権利保護の可能性はわずかになるという。これを補うのが、第四のポイントである「拡張された独立の客観法的統制」である[34]。国内の人物に対する戦略的監視措置と異なり、他国の人物に対する戦略的監視措置については、立法者は原則として開示要求や通知義務を考慮にいれなくてよいために、国家的行為の透明性の要請と個人の権利保護を獲得するための実践的可能性は大きく後退することから[35]、構築された独立の客観法的統制が継続的・包括的に遂行されるときにのみ、比例原則の要請に適合するといえることになる[36]。

　憲法上の要請は、極めて限定的な回答・通知義務のために毀損される個人の権利保護との均衡を保つこと、そして監視権限の最終的な指導（Anleitung）を本質的に補うことの二点にあり、前者のために裁判所に類似した独立性と自主性を持つ担当部局による客観的統制が、後者のために手続的構造化が必要であるとされた[37]。実際に改正後の連邦情報局法においては、これらの要件の充足を

31）Ebd., Rn. 223 f.
32）Ebd., Rn. 248.
33）Ebd., Rn. 254 ff.
34）Ebd., Rn. 266.
35）Ebd., Rn. 268 ff.
36）Ebd., Rn. 272.
37）Ebd., Rn. 273 ff. なお本判決は2021年末までに、連邦情報局法上で違憲とされた箇所を改正するように求めていたところ、2020年6月19日付で同法3条、4条、6条、8条、22条、32条が改正されているが（2020年6月27日施行）、これは本判決に対する応答としての法改正ではな

目指した新たな第三者機関として、独立統制院（Unabhängige Kontrollrat -UKRat）が設立されている[38]。

　本書において展開される筆者の研究との関係からまず注目される特徴的な点は、透明性・個人的権利保障の縮減に伴い、客観法的統制の要請が高まっている（その背景には、外国間通信偵察における開示義務・通知義務の非原則化がある）という論理構造である。本判決を日本の視点から見るにあたって、ドイツでは日本と違い、捜査機関には侵害閾値（具体的危険の存在）の設定、諜報機関には（本判決によれば未だ憲法適合的ではないにしても）透明性の要求あるいは客観法的統制の設定が法的に認められ、この点について裁判所が比較的厳格に違憲審査を行っている点を看過してはならない。つまり、外国間通信偵察では開示義務や通知義務が非原則化されたことが客観法的統制の要請の高まりに結び付くところ、この客観法的統制は、「連邦情報局（諜報機関）の外国間通信偵察だから要求されているというわけではない」といえる。この論理の本質は、開示義務・通知義務が非原則化される場面では、個人の権利を保護するために、客観法的統制を厳格に行わなければならない、そして厳格に行われているかチェックしなければならない、ということにある。

　そしてもう一つ特徴的な点は、特定の条文に基づく憲法上の権利による保障ではなく、全体として主観的な憲法上の権利を保護しうるような比例原則から導かれる客観法上の構造の必要性が、ここで語られていることである。実は類似する要請は先行判例においてもなされているが、判例の文言中での位置づけは変化しているように思われる。例えば第一次連邦刑事庁法判決では、データ利用・加工の透明性と秘密的な監視措置に対する個人の権利保護の可能性は極めて制限された範囲でのみ確保されるために、保障されなくてはならないのは

　　い（BGBl. I, 2020, S. 1328）。これは、2018年に連邦内務省が「Bundesministerium des Innern」から「Bundesministerium des Innern, für Bau und Heimat」と名称変更したことを、各法に反映する改正の一部である））。本判決に対応する改正は、2021年4月21日公布、2022年1月1日施行の改正（BGBl. I, 2021, S. 771）である。
38)　独立統制院が、真に連邦憲法裁判所の要求を満たす機関であるかどうかは、とりわけその透明性の低さから論争的であるが、この点は別の機会に検討する。さしあたり独立統制院について検討する先行研究として *Christian Tombrink*, Der Unabhängige Kontrollrat, GSZ 2024, S. 28 ff.; *Jan Schlömer*, Rechtskontrolle nachrichtendienstlicher Maßnahmen, ZRP 2024, S. 143 ff 等を参照のこと。

「効果的な監督的統制（effektive aufsichtliche Kontrolle）」であるとされており、「それゆえ、比例原則は、法律の水準にも行政実践の高められた要求にも向けられた統制の効果的な形成を私的領域に深く達する監視措置のために作用する」。この論理は反テロデータ法判決[39]から継承されたもので[40]、基本的な構造は本判決にも引き継がれている（反テロデータ法判決については本書第四部第二章参照）。しかし本判決は、「客観法的統制」という従来と異なる表現を採用する。更に、これらの先行判例では特定の基本権侵害に関する狭義の比例性審査の内部で語られている統制の内容を、本判決は狭義の比例性審査とは切り離した独立の章で論じている点も特徴的である。

　この点の分析にあたって、Bertold Huber による本判決の評釈を参照したい。「連邦憲法裁判所から要求された連邦情報局の外国間通信偵察の統制の複線化（Zweigleisigkeit）は、1990年7月14日のG10法判決（引用者注：戦略的監視判決）における諜報機関の通信偵察の統制についての同法廷（引用者注：連邦憲法裁判所第一法廷）の従来の判決の実践との関係を確かに断絶する。（中略）連邦憲法裁判所は、明らかに統制権力のモデルを参考にしており、これはイギリスの Investigatory Power Act の模範にならっている。基本法10条が連邦情報局の外国間通信偵察の領域に関連する場合でも、法的手段に変わって国民議会から選ばれた機関または補助機関を通じた（引用者注：通信の秘密の）制限措置の再審査に歩み出ることで、第2項第2文の出番が来る。連邦憲法裁判所は適切にも、基本法は『詳細な組織の指導をなんら』表現して『いない』ということを立証する。統制機関は、行政の機能領域の内部での独立した機関としても形成されうる[41]」。

　引用の冒頭にある「複線化」という表現は英米法圏の同一領域の研究においても好んで用いられている用語であり[42]、それを踏まえて連邦憲法裁判所がイギ

---

39) BVerfGE 141, 220, Urteil des Ersten Senats v. 20. 4. 2016, Rn. 140 f.
40) BVerfGE 133, 277, Rn. 214.
41) *Bertold Huber*, Das BVerfG und die Ausland-Ausland-Fernmeldeaufklärung des BND, NVwZ Beilage 1/2020, S. 8. なお基本法10条2項2文の「補助機関」の内容を基本法が何ら示していないという内容を明示した連邦憲法裁判所判決の例については本書第二部第三章で詳しく扱う。
42) 例えばアメリカの修正4条に関する法律の構造とメカニズムについて論じた Daphna Renan, *The Fourth Amendment as Administrative Governance*, Stanford Law Review, Vol.68, 2016, p.

リスの法制度を手本としてこの要請を導き出したという Huber の考察は極めて興味深いが、本章で特に注目したいのはこの複線化モデルについて、基本法が詳細な制度設計に何ら言及していないことを Huber が明らかにする点である。基本法が具体的になんら言及していないところから、連邦憲法裁判所が「客観法的統制」という言葉を用いて要求した法の内容形成は、何によってその正当性が裏付けられるのだろうか。基本法10条2項2文を参照することは諜報機関を監督する新たな機関の設置を具体的に要求する根拠としてふさわしいのであろうか。

比例原則という基準から特定の法の内容が導かれるわけではないことは、本判決がこの点について改めて立法裁量について言及していることからも看取できるところ、本判決における「拡張された独立の客観法的統制」は（その引用文献から見て）近年学術的に形成された諜報機関法制の理論を理論的支柱としていると推察される[43]。そこで第4節では、この学説の理論についてみていきたい。

4　諜報機関の「客観法的統制」の内容形成に関する近年の議論

1　諜報機関に向けられた法的ドグマーティクの形成

2010年代以降のドイツ法学では、基本法の理念や基本権と関連した諜報機関法制のドグマーティクの形成に強い関心が向けられており、ここに公法学者をはじめとする各法学分野の論者が結集している（ただしこのドグマーティクの形成には、行政の関与が見られることを看過してはならない）。

判例と学説の叙述を具体的に結びつけて見る前に、諜報機関法制のドグマーティクという聞き慣れないテーマについて、まずは案内を試みなければならな

1125は、「効果的な監督ガバナンスは、線状（linear）ではない」と表現する。

43）　本判決は、2018年3月15日及び16日のシンポジウム（このシンポジウムには連邦首相官房及び連邦内務省が深く関与している）の成果を編纂した *Jan-Hendrik Dietrich/Klaus Ferdinand Gärditz/Kurt Graulich/Christoph Gusy/Gunter Warg (Hrsg.), Reform der Nachrichtendienste zwischen Vergesetzlichung und Internationalisiernng*, Mohr Siebeck, 2019に掲載された複数の論文を延べ10回、*Wolf-Rüdiger Schenke/Kurt Graulich/Josef Ruthig (Hrsg.), Sicherheitsrecht des Bundes*, 2 Aufl, C.H.BECK., 2019からは延べ12回、*Jan-Hendrik Dietrich/Sven-R. Eiffler (Hrsg.), Handbuch des Rechts der Nachrichtendienste*, Boorberg, 2017からは延べ6回、それぞれ引用している。影響を及ぼしている具体的な内容については後に一部検討するが、引用回数を見るだけでも、2010年代後半の諜報機関法制に関する学術的な研究の蓄積が、本判決に強い影響を及ぼしていることが看取される。

い。ここで最初に参照するのは、Josef Franz Lindner/Johannes Unterreitmeier が2019年に公表した論稿である[44]。なお、Linder はアウクスブルク大学の教授、Unterreitmeier は同大学の所在するバイエルン州内務省官僚である。「本稿はもっぱら筆者の個人的解釈を言い表すものにすぎない」との注釈が冒頭にあるが[45]、これは同論稿における主張が行政府の見解を示していないことを強調するものである。

　Linder/Unterreitmeier は、基本法の規範的命題と諜報機関法制のドグマティクの関係について、以下のとおり整理する。ドイツの安全構造（Sicherheitsarchitektur）の憲法上の出発点は、基本権の保護義務の次元と、「好戦的」ないし「闘う民主制」という基本法上の概念の形成である。自由権は、国家的侵害に対する防御権を保障するだけでなく、国家が個人の生命・身体の不可侵や個人の自由を保護することを義務付け、同時に基本法は、ナチズム支配の全体主義的システムによるおぞましい経験に直面して、これを乗り越えるための民主制概念を打ち立てる[46]。基本法上、諜報機関は「闘う民主制」の一部分として構成される[47]。このことは、諜報機関を憲法適合的秩序の保持と安定性のために必要且つ正当な手段とみなすのみならず、制度的保障（institutionelle Garantie）を構築するものでもある[48]。諜報機関の制度には法治国家と自由の概念という基本法上の価値が重要な役割を果たし、諜報機関の偵察は憲法内在的な自由の制約を描く。ここから、基本法33条５項に定められた官僚の伝統的諸原則に関する制度的保障に言及した任期付大学事務局長規定に関する連邦憲法裁判所判決[49]を引用し[50]、このような構造的原理によれば、「一般的に定評のある見解に従うと任務から擁護すべき必要不可欠な権限の帰納的推論が許容されないときに

---

44) *Josef Franz Lindner/Johannes Unterreitmeier*, Grundlagen einer Dogmatik des Nachrichtendienstrechts, DÖV 2019, S. 165 ff.
45) Ebd., S. 165.
46) Ebd., S. 166.
47) この理解は、判例においても示されている。Vgl. BVerfGE 146, 1, Beschluß des Zweiten Senats v. 13. 6. 2017, Rn. 110.
48) *Linder/Unterreitmeier*, a.a.O. (Anm.44), S. 167.
49) 早津裕貴「ドイツ公勤務者の法的地位に関する研究（２）」名古屋大学法政論集273号（2017）50頁以下参照。
50) BVerfGE 149, 1, Beschluß des Zweiten Senats v. 24. 4. 2018.

も、その任務が効果的かつ制度適合的に行使されるような法律上の権限を与えられるべきだということが諜報機関の制度的保障から導かれる」という。[51]そこで、いわゆる盗聴判決[52]を踏まえて注目されるのは、基本法10条審査会の基本法上の根拠となっている基本法10条2項2文である。[53]「諜報機関に対する基本法10条2項2文の調整的な規定は、基本法が、特に技術的な措置の隠された使用を必要不可欠な手段とみなすことを模範的に示す」事例であると解される（傍点は引用者が付した）。[54]

この素描だけを見ると、諜報機関法制自体が基本法から枠づけられるように誤解されかねないが、もちろんそうではない。Christoph Gusy が指摘するように、「諜報機関法（Recht der Nachrichtendienste）は、まずもって法律上の法（Gesetzesrecht）である。そして立法は議会の任務である。立法者は専門的に形成され付随する政治的論理に従って行動するが、代替することはできない。改革の展望は、第一に政治的な任務である」。[55] Gusy は諜報機関法制の改革を目的として、憲法上及び法体系上の（gesetzessystematisch）文脈における現状調査（Bestandsaufnahme）を試みているので、次にその整理を見ていくこととしよう。

憲法上の要請から、諜報機関法制の統一的構築の必要性が導かれるが、これは以下のとおり整理される。①憲法保護（Verfassungsschutz）は、中心的には自由の保護である。保護対象と保護活動は、強制的に相互に関連させられ、両者は必然的に矛盾するものではない。②基本法は、諜報機関及び連邦とラントのレベルにおける諜報機関法を分割する。ラント官庁の自由意思による統合はラント法を通じて相互に問題となり、新たな調整関係、特に統制の問題が生ずる。③基本法のテクストにおいては、（テロリズムの撲滅のみならず）同様の任務における複数の権限の正当化に狙いが置かれている。とりわけ高度な秘密保持の条件のもとでの相当な権限の重なりや二重活動、協働権限とは逆に、類似の

---

51) *Linder/Unterreitmeier*, a.a.O.（Anm.44），S. 167.
52) BVerfGE 30, 1, Urteil des Zweiten Senats v. 15. 12. 1970.
53) 基本法10条2項については、本書第二部第三章以下参照。
54) *Linder/Unterreitmeier*, a.a.O.（Anm.44），S. 167.
55) *Christoph Gusy*, Reformperspektiven des Rechts der Nachrichtendienste, in: *Dietrich/Gärditz/Graulich/Gusy/Warg (Hrsg.)*, a.a.O.（Anm.43）（2019），S. 19.

官庁の権限は、任務遂行の実効性を高めるとは限らない。④分離とともに、協働の規定が存在する。以上のGusyの見解は、①は諜報機関の中核的権限の性質の問題、②～④は諜報機関同士及び（警察等）他の機関との分離・協働といった組織的な問題を、それぞれ基本法から導かれる問題として捉えているといえる。

　次に、この憲法上の要請とは区別される法体系上の要請についてのGusyの整理を見ていく。Gusyは、「諜報機関法制が独自の法的領域を描くかどうか」という問題をここで取り上げており、Linder/Unterreitmeierのいう諜報機関法制のドグマーティクに関する問題を、狭義の意味では法体系の問題であると解しているように思われる。この問題は治安法（Sicherheitsrecht）の形成と深く関わっていて、「治安法を統合すればするほど、独立した法的領域としての諜報機関法の特徴は弱まる」。（諜報機関を）統制する法は、諜報機関法のその他の規定が「内的な」ものであるのと同様に、基本法や議会法、手続法といった「外的な」ものに体系的に関連するものと認識されているが、諜報機関法の法的領域の特徴は、いまだ開かれていて、且つ少なくとも現時点では一義的に確定されていないという。そのような理解の下で、Gusyが描く法体系上の文脈での現状調査は、「治安法の法体系上の（rechtssystematisch）文脈における、目標と現状のアンビバレントを諜報機関法に認める」営みである。この営みは、以下のとおり整理される。（あ）正当性・法形成・法実践・効力の統制の体系的統一性をもたらすこと。憲法保護の主題はその正当性・任務・権限を刻印する。そこでは、基本法の自由権的要求と治安法的要求の両者が問題となる。（い）領域特定的な情報法（bereichsspezifische Informationsrechts）の文脈において新たにヨーロッパで刻印されたデータ処理規定を考慮し、諜報機関の特性を具体化すること（「新たにヨーロッパで刻印されたデータ処理規定」とはもちろんEUデータ保護規則（GDPR、ドイツ語ではDSGVO）を指す）。これは、諜報機関に関して欠如したEUの規制権限を強調することを前提とする。判決と学界における新たな枠組み条件とその検証に注意を払い、手を加え、形作っていくこ

---

56) Ebd., S. 23 f.
57) Ebd., S. 24 f.
58) Ebd., S. 25 f.

第二部　諜　報

ともまた必要である。その際は、関連した情報法の体系化（Systematik）を用いることが自然である。（う）治安官庁との協調について諜報機関の立場を明らかにすること。諜報機関は第一に、強制力を伴う警察とその他の治安官庁の前域的組織として理解され、それゆえに（諜報機関法制は）警察法上刻印された原則との近似が容易に想起されるが、この想定に反して、諜報機関は独自の前域的・早期警戒任務を伴う情報職務遂行者（Informationsdienstleister）として理解する方が適切である。（え）諜報機関法制における細分化傾向を克服すること。多数の細目がそこに規定されればされるほど、各細目における自己隔離と法的ドグマーティク上の不一致の傾向が強く存続する。

　まず注目すべきは、（い）である。本章冒頭に述べた通り、筆者は国家的情報収集活動の「統制システム」の構築を試みてきたが、これは縦軸を憲法上の統治機構、横軸を情報管理の諸段階として、統治機構の役割を明らかにするものであった。そして横軸の情報管理の諸段階の理解は、情報法における情報の流れを捉える考え方に依拠している。Gusyの諜報機関法制の法体系上の現状理解は、筆者が試みたこの構造化が、法律の次元での問題であること／情報法体系の内部で理論的に成熟していくべきものであることを示唆している。更に（う）（え）は、治安官庁の前域という相対的な存在としてではなく、独自の機能領域を有する諜報機関法制を通貫する法的ドグマーティクの形成に対する志向が、（憲法から演繹されるものとしてではなく）法律の領域において形成されるべきことを具体的に示す。

　憲法学の観点からこの問題について論じるとき最も気にかかるのは、憲法上の文脈と法体系上の文脈が、どのように接合するのかである。この接合を理論的に説明するためには、基本法の要請と裁判所による客観法の内容形成との関係が重要となるように筆者には思われるが、この点については後述する。

2　連邦情報局法外国間通信偵察違憲判決に対する学説の影響

　次に「諜報機関に対する独自の客観法的統制」について示した上述の連邦情報局法判決と関連する学説について、具体的に見ていきたい。

　ここでは、学説上有力に提唱されてきた枠組みであり、本判決に大きな影響を与えていると思われる「透明性ある国家（transparenter Staat）」という国家観に基づく諜報機関法制の位置づけを確認してみよう。本判決の「拡張された

独立の客観法的統制」が拡大的に要求される理由は透明性と深く関係しており、その背景には外国間通信偵察における開示義務・通知義務の非原則化があるからである。ここでは Philipp Wolff の論を主に参照する。

Wolff は国家論の視点から、諜報機関と透明性の均衡についての基本法上の手法の問題について論じている。具体的には「ほとんど完全な透明性とは、ひょっとしたらポストモダンの民主主義的法治国家における諜報機関の不可欠の前提条件ではないのか？このような透明性ある諜報機関は十分に内密な行為可能性を満たすので、法治国家的諜報機関は不必要なのか？あるいは、国家的諜報機関に与えられる秘密性の程度を適切に決めることは闘う（wehrhaften）憲法国家にとっての試金石とはならないのか？」という疑問を投げかける[59]。

歴史上国家は、（透明性を獲得する以前に）秘密性を前提とする組織体として発展してきた。そのため少なくともヨーロッパでは、現代国家は「絶対の秘密的イデオロギー」から、原則として「透明性ある国家」へ向けて発展してきた（20世紀の独裁的・全体主義的国家形態は除く）[60]。「基本法の国家は、公開性の中の国家である。これは、――解釈上も――共和制国家（res publica）である」[61]。とりわけ民主主義原理と法治国家原理は、基本法20条1項及び3項という一般的透明性規定を憲法上の基礎とする国家の責務によって支えられる。連邦憲法裁判所は、「民主制の一般的公開性原則」という言葉を用いるが、これは「可視可能性（Sichtbarkeit）」と「理解可能性（Verstehbarkeit）」の信頼の基礎となる条件を通じて記述される。「法治国家における個人は主体（Subjekt）であって国家行為の客体（Objekt）ではなく、その人そのものが国家的決定の受取人であり、国家的措置の関係者である」[62]。

この点 Matthias Jestaedt は、民主制原理から以下3つの「国家法上の開示要求」を浮き彫りにする。①資格の証明行為（Legitimationsakt）[63] 選択の前提条

---

59) *Philipp Wolff*, Auskunfts- und Informationspflichten der Nachrichtendienste, in: *Dietrich/Eiffler (Hrsg.)*, a.a.O.（Anm.43）S. 1660 f.
60) Ebd., S.1661.
61) *Matthias Jestaedt*, Das Geheimnis im Staat der Öffentlichkeit - was darf der Verfassungsstaat verbergen?, AöR 2001, S. 205.
62) *Wolff*, a.a.O.（Anm.59）, S.1665.
63) 「資格の証明行為」の訳は、臼井豊「ドイツにおける表見代理法律行為説（Rechtsgeschäftstheorie)」の再興：メルクト（Merkt）の唱える『法律行為説への回帰』を中心に」立命館法学

件としての公開性、②国家的行為の付随的・社会的統制の前提条件としての開かれた情報、③現代大衆デモクラシーを仲立ちする公共圏（Öffentlichkeit）の必要性の3つの要求である。これに対して、自由で民主的な法治国家の保持にとって必要不可欠な例外的事態としての、—特に諜報機関についての文脈では—闘う民主制の顕現としての「帝国の秘密（arcana imperii）」による国家的組織形成の原則としての秘密保持の意味におけるパラダイムにおいて、秘密国家が描かれる。

本判決は基本権との関係及び諜報機関の性質から、公の国家と秘密国家という性質の顕現の濃淡については国内・国外で異なると理解する。判決は、国内の人物に対しては広く通知義務を保障する個別の規定が必要であると述べる。これに対して、他国の人物に対する戦略的監視措置については、立法者は原則として通知義務を考慮にいれなくてもよいとする。他国における諜報機関の存在または偵察可能性の具体的な公開は、特にその情報源を危険にさらす可能性があるため、広く制限される。実際に到達し得る法的保護の可能性や、公開の目標・信頼を作り出すことも、そのような措置のもとでの民主的議論を可能とする機能も、（国内における通知と同じようには）外国における通知によって達成することができない。むしろ他の法秩序における関係者のための通知は、場合によっては危険ですらある。なぜなら、特定の当局の注意と不信感、場合によっては第三者の目にも、彼らはさらされることになるからである。

この理論展開の基礎的部分で、判決は先行判例とともに連邦情報局法コンメンタールの記載を引用する。例えば外国間通信偵察においては原則として立法者が通知義務を前提とする必要はないとする判旨において引用された2019年刊行のSicherheitsrecht des Bundesの第二版（Dietrichの執筆した連邦情報局法6条の解説）は、このように説明する。「基本法10条1項の基本権侵害は、法の根拠に応じて実現し、正当な公共の福祉の利益に貢献し、比例原則を充足する限りにおいてのみ許容される。私的生活領域の中心領域に関係する限り、侵害は

310号（2006）73頁による。
64) *Jestaedt*, a.a.O.（Anm.61）, S. 216 ff.
65) *Wolff*, a.a.O.（Anm.59）, S. 1666.
66) BVerfGE 154, 152, Rn. 268.
67) Ebd., Rn. 269.

排除される。連邦憲法裁判所判決に従い、正当な公共の福祉の目的として諜報機関の任務の充足が承認される。これは、基本権侵害の重要性との衡量におかれる。侵害の強度は、外国間通信偵察の場合、実際的・法的観点において限定される。(中略) 6条1項1文の法的任務は、個人の捜査ではなく、ドイツ連邦共和国にとっての治安リスクの外国政治戦略上の偵察と明確に結びついている。それゆえに、相応の補整的な手続法の確保 (angemessene kompensatorische verfahrensrechtliche Sicherungen) がある限り、具体的な危険の前段階において低い侵害閾が充足される」。[68]

　ここまでの議論を見ると、諜報機関法制のドグマーティクは、客観法上の内容形成に貢献しているように見える。しかし違憲審査との関係で諜報機関法制のドグマーティクをどう理解するかは、非常に難しい問題である。なぜなら学説が実際の法内容を決定づけうるのは、①立法過程においてその提案が取り入れられるか、②終局的には裁判所が決定する特定の法規の解釈内容として容れられるか、いずれかのアクセスポイントを経由する場合であり、何ら法規が存在していない場合に突如学説で形成したドグマーティクが裁判所の"主張"として顕現するということは、法治主義のもとではあってはならないことだからである。その危険性は、ここまでに見てきた諜報機関法制のドグマーティク形成が行政の意図を含んでいるということからも看取される。

　このような問題意識は、「法獲得が法適用ではなくドグマーティクにより行われるようになり、法獲得が広く学問化する傾向がある」というJestaedtの主張を詳細に紹介する實原隆志の問題意識と通底する。實原の示すJestaedtの主張の基礎は、Robert Alexyの唱える「原理理論」をベースとした思考により基本権ドグマーティクの「システム的な展開」が「最適化思考を志向した基本権理解」「憲法適合的解釈」を志向することで、「いかなる法命題もドグマーティクのシステムに引き寄せられ、法認識と法創造、学問と実定法の区別は失われ、さらには学問と法も合体」するという事象への危惧にあるところ、[69]

---

68) *Schenke/Graulich/Ruthig (Hrsg.),* a.a.O. (Anm.43) (2019), S. 1458 f [Jan-Hendrik Dietrich]. なおここで引用したDietrichの見解は、先行判例に沿って侵害閾を前提とした立論をしている点で、本判決と異なる理論構成を採っている。

69) 實原隆志「国法学と実務の近さを批判する純粋法学的言説について」戸波江二先生古稀記念『憲法学の創造的展開 上巻』(信山社・2017) 154頁以下。なおJestaedtの見解は、後述する

第二部　諜　報

ドイツの諜報機関法制の領域ではまさにこのような事象が現実化していることは前述したとおりである。

5　基本権の客観法的側面と基本法の客観法領域における要請

ここからは、第4節までに論じてきたドイツの諜報機関法制をめぐる議論の内容を踏まえて、基本法という実定法と客観法という法領域、そして立法府と裁判所の権限の問題に正面から向かいあっていきたい。裁判所が違憲審査を通じて及ぼしうる法の内容形成への影響は、ドイツにおける基本権ドグマーティクの議論とも、またドイツ特有の法哲学の議論の展開とも深く関連している[70]。この全貌を解き明かすことは本章の任に堪えるものではないが、Alexyの主張を意識しつつ論を進めてみたい。

1　基本権の構造
（1）　基本権と客観的ななにか

ドイツにおいても日本においても、憲法上の権利が条文上明確且つ直接に要求するのは、主観的権利の保障である。その意味で客観的なものは、憲法上の権利との関係が文言上明確なものとはいえない場合も多い。

例えば、日本国憲法23条は「学問の自由は、これを保障する。」と定める。我々はこの条文から、典型的且つ端的な主観的権利の保障を読み取ることができる。日本国憲法23条から直接読み取ることが出来るのは「学問の自由」という主観的な権利であるにもかかわらず、通説的には同条から大学の自治などが導かれると解されている[71]。他方、ドイツ基本法5条3項1文は、よりその主観的権利性が明白なものとなっており、「芸術及び学問、研究及び教授は自由である（Kunst und Wissenschaft, Forschung und Lehre sind frei.）」と定める。ドイツ

Alexyの議論の文脈においては「観察者」の視点を採る（この点についてはKelsenの純粋法学との関係から論ずる先行研究として、三宅雄彦『保障国家論と憲法学』（尚学社・2013）231頁以下参照）。

70)　ただし篠原永明『秩序形成の基本権論』（成文堂・2021）235頁［初出2016年］の注46が述べるとおり、「客観法」の議論と基本権の客観法的側面の議論とは「厳密には合致していない」点には注意が必要である。

71)　渡辺ほか、前掲注6）、212頁以下〔松本和彦〕、長谷部恭男『憲法〔第8版〕』（新世社・2022）240頁以下参照。

基本法は日本国憲法と異なり、学問の自由とは区別して学校制度（Schulwesen）を同7条に定めているが、「学問の制度的インフラとしての大学を設置し維持する」という「客観」的な国家の義務は、同5条3項から導かれると伝統的には理解されてきた[72]。すなわち日独双方において、自治的な大学制度は学問の自由そのものから導かれるものであり、これは本章でいう主観的権利との関係における客観的ななにかの一例である。小貫幸浩が引用するように、Daniel Krausnick は「大学自治という制度化モデルが基本権的に保障されているか否かは、学問の自由の客観法的内容の問題として究明されるべきだ」という[73]。

ただし、客観的ななにかの全てが、このような類型に帰するわけではない。少なくとも前節で示した諜報機関法制のドグマーティク論は、学問の自由と大学の自治のように、憲法上の権利からある制度を導く一対一の関係を前提としていないことは前述のとおりである。この点については後述するが、ここではまずドイツの通説的見解において、基本権から導かれる客観的ななにかがどう位置付けられているのか、という基本的な理解について確認しておきたい。

ある基本法コンメンタールは、次のように記述する。「憲法は、本質的な部分として基本権を含」み、これは第一次的に主観的な防御権を成立させる。「その上で基本権は、特に生命や健康といった特定の法益のための保護義務を含み、参加・手続・実行の権利を根拠づけることができるもので、国家の客観法的価値秩序の象徴（Ausdruck der objektiv-rechtlichen Werteordnung des Staates）、すなわち統治機構の基礎と基盤（basis and foundation of government）である」[74]。

また、基本権に関する基礎的且つ網羅的な教科書の一つは、次のように記述する。基本権の客観法的な機能は「基本権が国家の行動・決定の裁量の範囲を限定すること」や「基本法で規定されている権利が、それより進んだ積極的地位の権利によって、かつても今も補完されるところの指導概念」など、複数の意味を示す。理論的発展の基礎となっているのは、Ernst-Wolfgang Böcken-

---

72) 小貫幸浩「D. クラウスニック『保障国家と大学自治』へのノート：とくに大学の民主的正当化について」駿河台法学30巻2号（2017）7頁。
73) 同上、9頁（Vgl. *Daniel Krausnick*, Staat und Hochschule im Gewährleistungsstaat, Mohr Siebeck, 2012, S. 101.）。
74) *Hans Hofmann/Hans-Günter Henneke (Hrsg.)*, Kommentar zum Grundgesetz, 15. Aufl., Carl Heymanns, 2022, S. 58 [Axel Hopfauf].

förde の行った現代の基本権理論の分類（「制度的、価値体系的、民主主義機能的、社会国家的基本権理論」）である。同時に、連邦憲法裁判所はリュート判決以降、「単純法の解釈適用だけでなく、単純法の形成に関しても客観法的理解を及ぼし」た。ここで明らかにされていったのは「客観法的に制定されたものは、最終的に主観法的に適用され」ること、例えば「保護義務から保護請求権が、また制度の配分形成、給付、手続の基準から配分請求権が生じる」ことである[75]。

　両者の記述から分かることは、2つある。1つは、基本権の中核は常に主観的権利（防御権）にあるということである。もう1つは、基本権の保障によって実現が目指される価値への志向性として、基本権の客観的機能は、立法者を通じて一般法の中で実現されるということである。そのために、基本権の主観的機能が直接に果たされる場合よりも、客観的機能が論じられる場合の方が、統治機構との強い結びつきを示す。

　基本権の客観的機能を認めた先駆的な判決は1958年のリュート判決であり[76]、この判決がその後現在に至るまで判例・学説に多大な影響を及ぼしていることは周知の事実である。同判決については日本でも既に多く検討されているため改めて詳述することはしないが、栗城壽夫によれば「基本権規定は客観的価値秩序を樹立するものであり、この価値体系は憲法的基本決定として法の全領域に対して妥当しなければならないとする思想を基礎とする」リュート判決の思想は、「その後も連邦憲法裁判所による意識的・自覚的に継承され」、「基本権が国家に対する国民の防禦権であるのみならず、そして客観的規範として価値体系を樹立するものであるのみならず、客観的規範として価値体系を樹立するものであるとすることは確立した判例となっている」という[77]。

（2）　基本権モデルの変遷

　基本権の構造についての議論は我が国でも多数紹介されているため、ここで

---

75)　ボード・ピエロート＝ベルンハルト・シュリンク＝トルステン・キングレーン＝ラルフ・ポッシャー（著）永田秀樹＝倉田原志＝丸山敦裕（訳）『現代ドイツ基本権〔第2版〕』（法律文化社・2019）37頁以下。

76)　BverfGE 7, 198, Urteil des Ersten Senats v. 15. 1. 1958.

77)　栗城壽夫「最近のドイツの基本権論について：基本権の客観法的内容をめぐる議論に即して」憲法理論研究会（編）『人権理論の新展開』（敬文堂・1994）93頁。

詳述することはしないが、本章の議論に必要な範囲でその展開を俯瞰するため、Christian Bumke の論稿における「三つの基本権モデル」の整理を参照しよう。[78]

1980年代以降形成されてきた基本権モデルは、①防御権としての基本権、②最適化原則あるいは原理としての基本権、③多次元的保障としての基本権の3つであるところ、これらのモデルは並列的なものではなく、時系列に沿って発展してきたものと Bumke は捉えている。[79]それぞれのモデルの概要について、客観法的な要請の位置づけを意識しつつ見ていきたい。

まず、①先に述べた防御権としての基本権のモデルである。[80]このモデルにおける基本権は2つの側面を示さず、基本権の客観的作用は、必要な限りで防御権的に把握されることとなる。[81]このモデルは、更に2つの種類に分岐することができる。[82]一つ目の類型は、1960年代のリベラルな基本権理解の上に築かれている。代表的な論者は Böckenförde である。[83]Böckenförde の基本権論についてはわが国でも既に非常に多くの検討・分析がされているのでここでは詳しく立ち入らないが、元来は「基本法に合致した『基本権の一般的性格、規範的目的方向および内容上の射程についての、体系的に整除された見解』が存在するはずであり、これに解釈を導かしめる」というかたちで基本権を解釈することを提唱し、[84]②③の基本権理論が台頭してきてからも Alexy 批判の文脈で「『立法国家』から『裁判国家』への権力構造の変化がもたらされるという批判を行

---

78) *Christian Bumke*, Die Entwicklung der Grundrechtsdogmatik in der deutschen Staatsrechtslehre unter dem Grundgesetz, AöR 2019, S. 1 ff. Bumke の法ドグマーティクに関する言及を他の論者との主張との関係で示す赤坂正浩「憲法ドグマーティクと憲法裁判権」立教法学102号（2020）149頁以下参照。同164頁以下は、*Christian Bumke*, Rechtsdogmatik, JZ 2014, S. 647などが言及する「法の体系化」についても詳しく論じており、これは本章が論じることの叶わないドイツのドグマーティク論の重要な諸相を照らし出す。
79) Ebd., S. 63 ff.
80) Ebd., S. 63.
81) Ebd.
82) Ebd., S. 63 f.
83) *Ernst-Wolfgang Böckenförde*, Grundrechtstheorie und Grundrechtsinterpretation, in: *ders.*, Staat, Verfassung, Demokratie, Suhrkamp 1991, S. 119 ff.
84) 小山剛『基本権の内容形成：立法による憲法価値の実現』（尚学社・2004）73頁、*Ernst-Wolfgang Böckenförde*, Die Methoden der Verfassungsinterpretation- Bestandsaufnahme und Kritik, in: Ebd., S. 53 ff.

い、防御権一元論への回帰を主張」している[85]。二つめの類型は二面的な権利関係の制限を課すもので、Jürgen Schwabe が基礎を築き[86]、Ralf Poscher が強化した[87]。

次に、②最適化原則あるいは原理としての基本権である[88]。代表的な論者は、言うまでもなく Alexy である[89]。Alexy は「主観的権利としての基本権」を発展させ、主観法概念を明確にした。そこでは保護領域（基本権（Grundrecht））と憲法上の侵害権限（基本権制約（Grundrechtsschranke））の共演が追究されるとともに、基本権の客観的作用（国家の積極的行為に向けられた権利（Recht auf positive Handlungen des Staates））を分析する。この分析は一般的な自由権のために行われ、連邦憲法裁判所の一般的平等権の統制に基づく類似の恣意的公式が研究された[90]。Alexy はルールと原理を分けた上で、基本権を原理として捉える。原理は最適化原則として描写されるのである。

最後に、③多次元的保障としての基本権への発展モデルである[91]。今日ではこのモデルによった理解が支配的であると Bumke は評する[92]。このモデルは、基本権が主観的側面と客観的側面の二面を備えていると理解する立場である。実際的で重要なものとして描かれるのは防御権であり、そのあとに保護義務と、整備保障あるいは例えば手続法的な内容のようなその他の次元が続く。ただし両者の関係は（前者が後者を支配する関係ではなく）相互に作用する（zueinanderstehen）。連邦憲法裁判所とともに、その他の基本権の作用に対して防御権の優位を強調する見解が支配的であるが、Stern のように客観的側面に規範的秩序描写の中核を見出し、防御権もここからその基準を獲得するのだと考える見解もある[93]。しばしば強調されるのは、基本権的自由の考えは一般的行為の自由

---

85) 篠原、前掲注70)、237頁以下。
86) *Jürgen Schwabe*, Probleme der Grundrechtsdogmatik, J. Schwabe, 1977.
87) *Ralf Poscher*, Grundrechte als Abwehrrechte, Mohr Siebeck, 2003.
88) *Bumke*, a.a.O.（Anm.78)（2019), S. 65 f.
89) *Robert Alexy*, Theorie der Grundrechte, Suhrkamp, 1985, S. 75 ff.
90) Ebd.
91) *Bumke*, a.a.O.（Anm.78)（2019), S. 66.
92) Ebd.
93) *Klaus Stern*, Das Staatsrecht der Bundesrepublik Deutshcland, Band Ⅲ, 2 Halbbd, C.H. BECK, 1994, S. 1794 ff.

（allgemeine Handlungsfreiheit）の保護に使い果たされるものではなく、実現可能な自由（realisierbare Freiheit）に向けられているということである[94]。保護領域のレベルでは消極的自由概念が認められており、広い侵害理解が承認されているとともに、憲法上の侵害権限を常に必要とされる。不安定性（Unsicherheit）は、比例原則審査の枠組みでの状況的均衡の十分な訓練に関する限りで残存する。制度的保障と一般的な請求権（Teilhaberecht）の考えに対する原則として消極的な態度は問題とされず、残余の基本権作用の法的ドグマーティクの処理のために異なった提言に行きつく。その点では、少なくとも保護義務については異なる審査要素が形成されており、それは法的ドグマーティクの予見可能性に備わった最小値からも語られうるものと理解される。

　Bumkeは、基本権モデルの展開を、基本権ドグマーティク（ないし、基本法の法的ドグマーティク）の展開と同視している。日本でも「基本権ドグマーティク」なる言葉を用い、あるいはこれを研究対象とする先行研究は多いが、筆者には未だこの全体像を正確に見て取ることができない。そもそもドイツ語のDogmatikという語が（法学分野に限られず）日本で狭窄的に捉えられすぎているのではないかという懐疑は、かのアメリカ道具主義の祖たるJohn DeweyがDogmatikを批判的意味合いで論じていたこと、そしてDeweyの影響力が日本の社会科学全般に浸透していることに起因しているようにも思われるが、本[95]

---

94) *Bumke*, a.a.O. (Anm.78), 2019, S. 66.
95) ジョン・デューウィ（著）清水幾太郎＝清水禮子（訳）『哲学の改造』（岩波書店・1968）は、「一般に認められていることであるが、ドイツ合理主義の成果が護教的であったのに対して、イギリス経験論の成果は懐疑的であった。（中略）これらは、感覚と恣意、経験と理性という伝統的対立の論理的帰結である。（同90頁以下）」という認識の前提として、ドイツ合理主義の「ドグマティックな頑迷」の起源となった「そのままでは混沌である経験を純粋概念によって支え」、「固定的な既存の普遍概念、『原理』、法則に対する個別的なものの従属を知的に弁明し『合理化』」したカント哲学（同89頁）の絶対性を指摘する。ただし、この点をイギリス経験論に特有の理解だと断じることも不適切である。Jheringは、ローマ法との関係におけるDogmatikという用語を「事実上支配し、適用されているところの客観的な法と、それをもろもろの法規の形式に表現したもの、すなわちドグマとの間には、なんら完全な一致は存しない」、「ローマ法史の大部分の叙述は、ドグマ、すなわち立法および学説の歴史をもって、唯一の内容とするものであり、実際に行われているような法の叙述ではない」と理解するが、「その場合、ドグマは、その生きた背景を失い、ドグマの存在する根拠ともなり、前提ともなり、したがってその正当づけをも、その理解をも提供しているところの、事実の世界との連関から、断ち切られている」とした上で、「ある時代の法を、その時代の人々がドグマ的に加工し

章ではこの点は推測にとどめ、基本法と客観法の関係に肉薄するという目的をもって論を進めていきたい。

2 基本権の客観的次元と客観法に関する一視角
―― Alexy の用語法を契機として

ここからは基本権の主観的要請と客観的要請について語り、二元的な基本権ドグマーティクの形成に重要な役割を果たしたことを本章中でも既に何度か触れてきた Alexy が「主観的権利として、客観的規範としての基本権」という論文において、「客観的（objektiv）」という用語のみを用いたことに注目してみたい。[96] ここでの目的は、Alexy の知見の全容を示すことではなく、あくまで Alexy の用語法の分析から「客観的」と「客観法的」という用語の差が何を示しているのか（あるいは何も示さないのか）ということを検証することを通じて、基本法と客観法的な法の内容形成の関係を立体的に把握する一助とすることである。基本法と客観法的な法の内容形成の関係に対する理解は、違憲審査を通じた客観法的な法の内容形成の限界を論ずるための基礎となる。

1980年代の Hans D. Jarras のように、「客観法的（objektiv-rechtlich）」という言葉を積極的に用いつつも、「客観的又は客観法的」といったように、判例に関する文脈では両用語を互換的に用いる態度は、理解しやすい。[97] なぜなら Jarras は、リュート判決[98]やカルカー決定[99]などを引用した上で、連邦憲法裁判

たものは、公正の人々がその法を歴史的に叙述する場合に、けっして標準または模範とされてはならない。なぜならば、その時代の人は、彼が語りえたであろうことでも、それを彼の読者に語る必要がなかったために、語らないでいることが多いからである」と警鐘を鳴らしている（イェーリング（著）原田慶吉（監修訳）『ローマ法の精神　第一巻（1）』（有斐閣・1950）49頁及び82頁以下。本書の引用については一部旧字体を新字体に改めている）。Jhering の考える法（Recht）の性質は、「誰もが社会の利益のために権利を主張すべき生まれながらの戦士なのだ」という一文（イェーリング（著）村上淳一（訳）『権利のための闘争』（岩波書店・1982）86頁）に集約される。

96) *Robert Alexy*, Grundrechte als subjektive Rechte und als objektive Normen, Der Staat 1990, S. 49 ff. 邦訳として、ロベルト・アレクシー（著）小山剛（訳）「主観的権利及び客観規範としての基本権（1）」名城法学43巻4号（1994）179頁以下、「同（2・完）」名城法学44巻1号（1994）321頁以下。

97) *Hans D. Jarras*, Grundrechte als Wertentscheidungen bzw. Objektivrechtliche Prinzipien in der Rechtsprechung des Bundesverfassungsgerichts, AöR, 1985, S. 367 f.

98) BVerfGE 7, 198.

所は客観的価値決定を意味する「客観的規範(objektive Normen)」「客観法的内容(objektivrechtliche Gehalt)」といった複数の表現を、類義語的に(場合によっては互換的に)用いている、と評価するからである[100](なおJarrasは後年になって、蓄積された判例の分析から基本権の客観的内容を示す用語として「客観法的(objektivrechtlich)」を用いることは不適当であり、「客観的(objektiv)」を用いるべきだと主張する[101]が、この点については後述する)。

では判例の表現に左右されることなく、Alexyが「主観的権利」と「客観的規範」を対置したのは、なぜだったのか。この点注目されるのは、Alexyが上記論稿の冒頭において積極的に用いている用語が、題目に付された「客観的規範(objektive Normen)」ではなく「客観的次元(objektive Dimension)」であるということである。つまり、主観的権利と客観的規範という対置は、基本権という実体的法を中心として見た場合の区分にすぎず、その前提には主観的次元と客観的次元という「空間」が存在するということを示唆している。Alexyが上記論稿で、「基本権の主観的・客観的次元の間の関係(Verhältnis zwischen der subjektiven und der objektiven Dimension der Grundrechte)」をテーマとしていることは、この示唆を裏付ける事実であると筆者は考える[102]。もちろんここで「空間」というのは、物理的な存在形式ではなく抽象的な段階の表現であるが、それは本質的で断絶的な相違が主観的次元と客観的次元の間に存することを意味するように思われる。

このような考え方の背景として、Alexyが基本権を、最適化命令としての原理(Prinzip)として捉えていることを指摘しておかなくてはならない。中野雅紀が指摘するように、Alexyは「主観的次元も客観的次元も一旦原理に還元し、そこから論証を経ることによってふたたび両次元を具体化するということを提案している[103]」。この理論の危険性はしばしば指摘されるところであるが、

---

99) BVerfGE 49, 89, Beschluß des Zweiten Senats v. 8. 8. 1978.
100) *Jarras*, a.a.O. (Anm.97), S. 365. ただし厳密にいえば、リュート判決には「objektiv」、カルカー決定には「objektiv-rechtlich」という用語のみが用いられている。
101) ハンス・D・ヤラス(著)土屋武(訳)「基本権:防御権と客観的原則規範」ハンス・D・ヤラス(著)松原光宏(編)『現代ドイツ・ヨーロッパ基本権論』(中央大学出版部・2011)105頁以下。
102) *Alexy*, a.a.O. (Anm. 96), S. 60 ff.
103) 中野雅紀「何を基本権は含みうるのか:アレクシーの原理理論を中心に」法学新報103巻2・

本章はこの指摘を一旦据え置き、同理論が要求される理由を契機として Alexy の基本権理解をもう少し深く考えてみることにしたい。Alexy は、Hans Kelsen を契機として展開されてきた法実証主義に対して、排他的非実証主義と超包摂的非実証主義との中間に位置し、「道徳的な欠陥は特定の条件の下で法的妥当性を消滅させるが、他の条件の下では消滅させない」とする包摂的非実証主義の基本的な形である Gustav Radbruch の見解が、「極端な不正は法ではない」という形で最も短く表現されることに改めて言及する。Radbruch 公式は、Alexy にとって法実証主義に対する万能薬では全くなく、あくまで「法の最も外側の境界の理念の古典的表現である」にすぎないが、我々が「観察者」として法をただ描写するのではなく、社会的・道徳的な事象に左右される「参加者」として法を解釈しなければならない場合には、Radbruch 公式の採用を最低限の前提とせざるを得ず、更に「参加者」の存在は法に予定されていると指摘する。「参加者」と「観察者」の観点の間にある区別は、H.L.A Hart の「外在」「内在」の区別に露骨に類似する、とイギリスの公法学者・T. R. S. Allan は指摘する。Hart 自身は「法と道徳を区別し、ナチスの法も、やはり『法』であることを認めた上で、これに道徳の観点から抵抗する」という法実証主義的観点から Radbruch 公式への反論を試みているが、結論の相違は視点

---

　　　　3 号（1997）303頁。

104)　Robert Alexy, *A Defence of Radbruch's Formula*, in: Michael D.A. Freeman, *Lloyd's Introduction to Jurisprudence*, 8. ed., Sweet & Maxwel, Thomson Reuters, 2008, pp. 427.、ロベルト・アレクシー（講演）足立英彦（訳）「包摂的非実証主義」法律時報87巻 3 号（2015）69頁以下。

105)　アレクシー（講演）足立（訳）、同上、72頁以下。足立英彦「もう一度ラートブルフを読み直す」法哲学年報（2003）160頁によれば、Radbruch の法概念の把握にとって、「参加者」「観察者」の視点は「目的論的概念形成」を必須の要素としている点で特徴的である（同158頁以下は、Radbruch が「価値に関係させられた現実」を「ある価値に奉仕するという意義をもつ現実」と言い換えていることを読み解く）。ラートブルフ（著）田中耕太郎（訳）『ラートブルフ著作集 第 1 巻 法哲学』（東京大学出版会・1961）105頁以下参照。

106)　Trevor R. S. Allan, *In Defence of Radbruch's Formula*, in: *Martin Borowski/Stanley L. Paulson / Jan-Reinard Sieckmann (Hrsg.)*, Rechtsphilosophie und Grundrechtstheorie, 2017, S. 88.

107)　渡辺久丸「ワイマール民主主義擁護の思想と行動」天野和夫・矢崎光圀・八木鉄男先生還暦記念『現代の法思想』（有斐閣・1985）113頁。渡辺はナチスの経験を経たドイツにとってはこのハートの主張は「ほとんど受容しがたく適合しない」ものだと指摘し、Radbruch 公式の「有効性と実践的抵抗性については他言を要せず検証ずみのことと考えても大過ない」とする（同113頁以下）。

の相違に基づくものではなく、両者の理解は併存しうる。

　Alexyの想定する客観的次元を理解しようとする際には、Alexyと法実証主義の距離が重要である。この点は日本の法哲学領域においても、既に多く検討が加えられてきた。酒匂一郎は、「アレクシーが〈盗賊団の秩序〉と〈支配者の秩序〉との区別のメルクマールとしているのは、正当性主張とその受容の有無である。〈支配者の秩序〉においてはこの秩序の目的（たとえば民族発展といった目的）が、支配の正当化根拠として維持されており、それが少なくとも受容されている」として、支配の正当化根拠の受容に支えられた〈正統性〉Legitimitätが法秩序概念の「定義的なメルクマール要素として組み込まれている」とした上で、「この法秩序概念は観察者にとっても必然的であろうか」という問題に対しては「否定的な」答えが導かれざるをえないとする[108]。それは「ある秩序の〈国家〉としての認定は同時にその〈法秩序〉の認定をも含むとすれば、この場合〈法秩序〉の認定のメルクマールは基本的に実効的な政治的統治秩序の存立である」ということになるからであり、「実証主義的法秩序概念は以上のような観察者あるいは外部者の視点にさしあたり依拠することができる」ところ、主要なメルクマールとなるのは「何らかの意味での実効性」であり、このメルクマールは「分析的法実証主義においては、最上位の法的権威の実効性であ」って「その権威によって成立する秩序が一定の自主性と独立性をもつこと」が（他の秩序と区別される）法秩序の最低条件である（ただしそれだけでは足りず、「合法性の体系が独立の実効性をもって存在」することが必要である）[109]。

　更に、AlexyのKelsenに対する態度について、長尾龍一は重要な分析を示している。長尾は、Kelsenによる根本規範論とHartによる「承認のルール」論との対比的分析を踏まえて[110]、AlexyのKelsenに対する態度は「アンビバレ

---

108) 酒匂一郎「法と道徳との関連：R・ドライヤーとR・アレクシーの所説を中心に」法政研究59巻3・4号（1993）172頁以下。
109) 同上、173頁以下。
110) 周知の点であるが、Hartの「承認のルール」はDworkinらの議論によって「ハード・ケースのための諸規準をも含みうるような広範な法概念を採用することの是非、それによって司法的裁量論を否定することの是非、さらにそのような広範な法の確認の基準を法実証主義的なものとして把えるか『在るべき法』の関与する反法実証主義的なものとして把えるか」という議論に展開した（深田三徳「法体系の究極的規準：ハートの承認のルールをめぐって」井上茂教授還暦記念『現代の法哲学』（有斐閣・1981）207頁以下）。

149

ントの感がある」との批判を加える。具体的には、規範認識にとって「カテゴリーの転換が前提」と考える点で Hart と Kelsen は共通の立場にあるところ、上述のとおり非実証主義の立場から根本規範論に懐疑を示す Alexy は、Hart 批判の文脈においては Kelsen を擁護する立場をとっている。Alexy は Hart の主張を、「裁判実務などによる承認のルールの『受けいれ』という『事実』から、承認のルールという『規範』が推論される」という「移行」、すなわち「存在（sein）」から「当為（sollen）」へのカテゴリー転換が「移行」を意識されずに行われている点について批判するが、その際に「移行」の問題を中心問題として生まれたのが Kelsen の根本規範論であるというのである。[111]

　本章の文脈において注目されるのは、Alexy の「承認のルール」に対する態度と、「原理」としての基本権の解釈（主観的側面、客観的側面）の問題である。存在（sein）から当為（sollen）への「移行」を自覚的であるべきものであるとする Alexy が、敢えて「客観法」という言葉を用いないことは、この側面が主観法的側面から切り離された「法」ではなく、原理としての「基本権」の多元的な側面であるという理解に基づく。この考えは、前述した通説における基本権の「客観法」的側面の理解と相矛盾するものではなく、むしろ通説の理論的基盤として理解できる。しかし通説においては、この多元的な側面に、「制度的、価値体系的、民主主義機能的、社会国家的基本権理論」が混在しており、これらの段階に対応するかたちで（自覚的か無自覚的かはわからないが）連邦憲法裁判所判決においても様々な用語が用いられているのではないかと推察される。この点 Alexy は自説の視点から、原理としての「基本権」を、端的にこのように理解している。「基本権とは、人権を実定法へと変形する（transformieren）——主観的または客観的——意図のもとに、簡潔にいえば、道徳的権利（moralische Rechte）としての人権を実定化する意図に基づき、憲法へと受容された権利のことである」。[112] この理解のために、Alexy は自覚的に、「客観

111）長尾一紘「ケルゼンの根本規範論についての一考察：ロベルト・アレクシーの所論を手がかりとして」法学新報123巻5・6号（2016）660頁。なお「移行」ではなく、法そのものの性質が「存在（sein）」か「当為（sollen）」かという問題をめぐる日本法学界の大きな論争として、美濃部達吉と横田喜三郎による論争がある（八木鉄男「法は当為か存在か」ホセ・ヨンパルト＝三島淑臣（編）『法の理論11』（成文堂・1991）17頁以下）。

112）ロベルト・アレクシー（講演）松原光宏（訳）「基本権・民主制・代表」法律時報87巻3号

法」的という用語の使用を避けているのではないか、と筆者は推測する。

　そうだとすれば、(少なくともAlexyの用語法を真剣に受け止めるならば)「客観的」または「客観法的」、いずれの用語を用いるかということは、単なる用語の問題ではないということになる。Jarassは同様の問題意識を、判例の分析を基礎として以下の通り示す。「連邦憲法裁判所は『客観的 (objektiv)』という形容詞を用いていることが圧倒的に多」く、「『客観法的 (objektiv-rechtlich)』という形容詞はほとんど見られない」ところ、このことは「連邦憲法裁判所が従来の基本権内容の呼称について『主観法的 (subjektiv-rechtlich)』という呼称を避けてきたことが符合する」、と。そして基本権の客観的内容が問題となる[113]カテゴリーについて分析した上で、その実践的な意義を「主として基本権所有者がその侵害に対して裁判によって対処することができるのかどうか、すなわち基本権の客観的内容が主観的権利をもたらすものなのかどうかにかかっている」として、学説はこれを否定する見解が有力である一方、判例は「幾度となく、そして無条件で基本権の客観的内容を認めてきたという状況であり、その侵害が基本権所有者によって裁判で主張されうる状況である」とJarassは分析する。判例の捉え方は諸説あるが、Jarassは判例における「基本権の客観[114]的内容の主観法的転化」を抑制的に捉える理解を「まったく説得的ではありえ」ず、「このような立場を支持するために連邦憲法裁判所の判例において挙げられうるのは、実際のところ、概念の選択、つまり『客観的』という形容詞を用いていることだけ」であるが、むしろ「概念レベルで顧慮しなければならないのは」、ここでも「裁判所が『客観法的』という概念」をほとんど用いていないということであるとし、「基本権の客観的内容が少なくとも今日的形態[115]においてはすべて主観法的性質をもつ」との所見を示したうえで、「客観法的」という用語を避け、「客観的」ないしこれを具体化した「保護義務」「拘束的委託」という用語を用いるべきだと主張する。[116]

　本章において特に注目したい点は、先述した連邦情報局外国間通信偵察判決

　　　(2015) 65頁。
113)　ヤラス (著) 土屋 (訳)、前掲注101)、105頁以下。
114)　同上、118頁以下。
115)　同上。
116)　同上、123頁。

が、Jarass の判例理解よるとほとんど用いられていないとされてきた「客観法的」という用語を意識的に（初期の判例のように「客観的」と互換性ある用語としてではなく明示的に）用いていることである。これは、Jarass の判例理解を否定するものではなく、むしろその優位性を示すものではないか、と筆者は考えている。すなわち、本判決が言う「客観法的」という語が指す内容は、リュート判決以降基本権の客観的内容として語られてきたものとは異なる性質を有するものであることが明らかになっているのではないか、ということである。ただし Jarass 自身は、連邦憲法裁判所が「どのような手続法的帰結を基本権の客観的内容から引き出すことができるのかを考察している」ことを前提としつつ、「補助的機能として防御権の領域や保護請求権の領域における中心的機能を支えるような横断的カテゴリー」としてであれば「基本権の手続法的作用」が基本権の客観的内容の部分領域として認められうると考えていることには注意が必要である[117]。

3　若干の分析と Wahl の視点

以上の分析は、基本権の客観的側面と関連づいた客観法領域における国家の役割の検討としては、基本権保護義務論の議論の手前までの議論となっている。これは筆者が本書の別章で、基本権保護義務論について一定の整理をしているためであるが[118]、前提となる客観法領域と基本法の結びつきに関し、本節で扱った議論を踏まえて、基本権保護義務論について抜本的な検討を行う必要がある（ただし本書ではこの点には立ち入ることができない[119]）。

では本章の議論の範囲内では、完全な客観法領域において具体的な法律の内容形成に連邦憲法裁判所が踏み込むことについて、どのような示唆が与えられるのだろうか。主観的権利の保護のために、違憲審査の形で法律の内容形成に関与することは、憲法裁判所の中核的な権限である。他方客観法の領域におけ

---

117) 同上、117頁。なお、土屋武「基本権におけるドグマーティクと理論」ヤラス（著）松原（編）、前掲注101）、135頁以下参照。
118) 本書第四部第一章参照。
119) 基本権保護義務論と国家の在り方について論じるにあたっては、日本ですでにこの議論を詳細に論じた小山剛『基本権保護の法理』（成文堂・1998）、三宅、前掲注69）などの体系的な先行研究に関連する分析が不可欠であるが、これは本書の限界を超える。

る内容形成は、本来立法府の任務である。本章で扱ってきた連邦憲法裁判所判決も、諜報機関法制に関する立法裁量を前提としながら、具体的な「拡張された独立の客観法的統制」の内容を示している。そうだとすれば、ここにいう「客観法的統制」の内容として立法府に要求される内容が何でありうるのか、ということが問題となる。

　この疑問に対する回答の一つは、憲法秩序から導かれる比例原則を根拠として裁判所から立法府に要求することのできる内容はあくまでも「独立の客観法的統制」であり、監督機関や手続的統制といった具体的な制度設計に対する要求は立法府を直接的に拘束するものではない、と理解することである。「客観法」という用語は元来基本権の客観法的側面を示すものではないし、本判決でも「基本権」との関係性は明示されていない。そうだとすれば、ここにいう（明らかに主観的権利のための違憲審査基準とは異なる）比例原則は、あくまでも国家原理から導かれる純然たる客観法領域に作用する規範であると捉えることが適切ではないか、という確信が更に深まることとなる。このような理解は、先述した先行判例における「監督的統制」などと「客観法的統制」の位置づけの相違とも整合的である。

　この結論は、立法の内容が適切であるとはいえない場合で、しかも直接の権利侵害を根拠として要求することのできない法律の内容形成について、裁判所が何を根拠に立法を要求できるのか、どこまで具体的な内容形成を要求できるのかということ（実際に立法によってこの要請が充足されていない場合に、裁判所はどのようなアプローチを採用することができるのか、という本章の主たる命題）について、一つの検証を試みるものにすぎない。ここで筆者が述べたいことは、「客観法」という用語が（例えば本章第2節で述べた国家の情報収集活動に対する「統制システム」のような）法的システムの構築の土台として、立法府ではなく裁判所によって語られる場合には、厳密な限定のもとで用いられなければならないということである。これは、客観法領域における法形成の主体は立法府であり、裁判所はあくまで憲法の要求する範囲内において立法内容を統制することができるにすぎないのだという法治国家の大前提を、裁判所自身が崩すことがあってはならないという考えに基づく主張である。

　この主張に関連して、基本権の客観的次元と区別される基本法の客観法的な要請について Rainer Wahl が展開してきた議論を参照してみたい。Wahl は

1984年に発表した論稿で、憲法の優位と法律の関係について論じている[120]。同稿の議論は、憲法の客観法的要請について、憲法に「劣後する法律に残された意義は何か」[121]という問題設定から分析するものである。この議論は、劣後する法律に残された意義を分析することで憲法から導かれる「客観法」の領域を画定するという意味で、(「客観的」ではなく) 際立って客観法的議論であると位置づけられる。

Wahl は、複数の基本法上の条項と「連邦憲法裁判所判例便覧」を、1984年当時の「憲法の優位を代表」する根拠として挙げた上で、これらが「法律を知覚し、解釈するための特殊なやり方」として、「法律は憲法および基本権から導出されたもの、憲法委託の履行、基本権の客観的内容の具体化であるとする考え方・説明の仕方」により強化されると解釈する (「法律の憲法従属性」が増大し、「命令的・演繹的説明方式」と呼ばれるものに至ったと表現される[122])。

Wahl にとって、立法政策のレベルで「憲法次元における解釈学的論証を自称するもの」が席巻することは、「演繹的・要請的な評価は、法律から、(相対的ではあるが、それでも多分の) 独自性と自立性を奪い取る」ために危惧すべきものである。ある法律が憲法適合的であれば、その法律に従った行為の合法性は、すなわち行為の憲法適合性を示すものとして機能することが原則であるはずだが、この機能は「基本権の単純法への勝者という構想ないし図式、そして比例原則」により「実定法規に直接的な憲法からの個別の留保が添付される」ことで限定されている。Wahl はこの点に強い懸念を示す。「憲法からの要請が法律の中で可能な限り処理されているのであれば、直接に基本権に依拠しなければならない場合は、必然的に少なくなる」のであって、法律が自らの「自立性と独自性を維持し、取り戻すことが重要」であるというのが、Wahl の主張である[123]。実定法のレベルでの優位する憲法と法律との関係への問いの一つと

---

[120] *Rainer Wahl*, Der Vorrang der Verfassung und die Selbständigkeit des Gesetzesrechts, NVwZ 1984, S. 401 ff., 邦訳としてライナー・ヴァール (著) 小山剛 (監訳)『憲法の優位』(慶應義塾大学出版会・2012) 251頁以下 [石村修 (訳)]。以下、原則として引用は邦訳に依拠する。Vgl. *Rainer Wahl*, Verfassungsstaat, Europäisierung, Internationalisierung, Sührkamp 2003.

[121] ヴァール、同上、268頁。

[122] 同上、268頁以下。

[123] 同上、271頁。

して、「法秩序の客観法的な要素としての基本権の、憲法上の放射効果の程度」についての問いがあるが、「憲法の優位の原理は根本的なもの」である一方、その範囲については何も語っておらず、「憲法は、核心においてすべての法秩序をその中に含んでいるわけではない」と Wahl は考える[124]。

　Wahl は、同稿発表のちょうど20年後に刊行された Handbuch において、基本法19条解説部分の執筆を担当している[125]。Wahl はリュート判決を中心に、基本権の客観法的次元（Die objektiv-rechtliche Dimension der Grundrechte）について論じ、基本権の客観法的意義とは基本権ドグマーティクにとってのみ意味をなすものではなく、その効果や帰結は更なる広がりを持つものとして意味があるとして、スイス・アメリカ合衆国・フランス・スペイン・オーストリア・EUなどでの客観法的機能の理解について比較検討している[126]。Wahl はこのような比較検討を行う理由として、「政治的討議及び全ての法秩序における憲法の常在（Allgegenwart）、強力な法化推進力（Verrechtlichungsschub）、全ての法秩序の憲法従属性（Verfassungsabhängigkeit）が、基本権の客観法的次元の帰結の一部である」ことを挙げる[127]。ドイツの体系にならった基本権の客観的次元（objektive Dimension）が生じたことは、「基本権の精神からの法秩序の復活」なのである[128]。「独裁的あるいは専横的な政体から新しい秩序の民主主義のエンジン（Demokratie Motor）への転換（Wende）」が憲法裁判の積極主義への追い風

124）　同上、272頁以下。
125）　*Rainer Wahl*, §19 Die objektiv-rechtliche Dimension der Grundrechte im internationalen Vergleich, in: *Detlef Merten/Hans-Jürgen Papier (Hrsg.)*, Handbuch der Grundrechte in Deutschland und Europa, Band I, C.F. Müller, 2004, S. 745 ff. 基本法19条は基本権の制限に関する条文である。同条から基本権の客観法的側面を論じた著名な論者は、言わずと知れた Häberle である。日本でも大きな影響力を持った氏の著作（*Peter Häberle*, Die Wesensgehaltgarantie des Art. 19 Abs. 2 Grundgesetz, 3. Aufl., Müller, 1983.）については、すでに多くの先行研究で論じられているため、ここでは詳細に立ち入らないが、どんな基本権もその現実の保障のためには法律による内容形成を必要とする、というのがその主張の基礎であり、国内外の論者に影響を与えている。ペーター・ヘーベルレ（著）畑尻剛／土屋武（編訳）『多元主義における憲法裁判：P. ヘーベルレの憲法裁判論』（中央大学出版部・2014）、畑尻剛「P・ヘーベルレの憲法論とその批判」山下威士先生還暦記念『ドイツ公法理論の受容と展開』（尚学社・2004）143頁以下参照。
126）　*Wahl*, ebd., S. 764 ff.
127）　Ebd., S. 746.
128）　Ebd.

となった歴史的な潮流の中に位置付けられるリュート判決を基礎とした基本権の客観的次元の効果は、「実際の憲法の命題にもかかわらず、その規範性のみならず、かなりの部分で基本法とその時々の状況をつくりだしている全ての憲法および憲法訴訟に関わる環境に負うところがある」としている[129]。[130]

一方では憲法と法律の関係から、他方では比較法的・歴史的観点から基本権の客観法的側面の作用について説明する Wahl の見解は、いずれもその問題を憲法作用の拡大に見出している点が特徴的である。このことは、「基本権の効果として主観法的な側面と客観法的側面がある」という説明が、不適切ではないが十分でもないということを示唆する。この点を十分に説明するためには、防御権という主観法的な性質が基本権の中核であるという理解に異議を唱えないことを前提に、主観法的側面と客観法的側面は表裏の関係と捉えるのか、主観法的側面を中心に置いた「放射」的な関係であると捉えるのかという区別と、その区別の根拠を明確にする必要があろう。その上で、両者の区別にどのような意味があるのかは、上述のとおり基本権保護義務の形成との関係から更なる検討の必要がある。

6　小　括

本章は、国家の情報収集活動を統制するためのシステムの構造化につき、憲法上の正当化根拠の所在を確認するという問題意識から、諜報機関法制に関するドイツの連邦憲法裁判所判例を端緒として「客観法的統制」の内容と範囲について検討を加えることにより、「裁判所が違憲審査を通じて、立法による憲法上の権利を保護するための適切な仕組みづくりが実行されていないと判断する場合、どのような手段で法の内容形成にアプローチすることができるのか」という命題について検討してきた。

本章の第 4 節で、この命題に対して示した重要な視点は、「憲法上の文脈と法体系上の文脈が、どのように接合するのか」というものである。そこで第 5 節では、この接合を理論的に説明するのは基本法の要請と裁判所による客観法の内容形成との関係ではないかという仮説から、基本法に基づいて直接に形成

---

129)　Ebd., S. 755 f.
130)　Ebd., S. 758.

されうる客観法領域の性質について、不十分ながら検討を加えた。

　筆者が第5節の議論を通じて主張したかったことは、客観法領域における法形成の主体は元来立法府であること、そして裁判所はあくまで憲法の要求する範囲内において立法内容を統制することができるにすぎないのだという法治国家の大前提を、裁判所自身が崩すことがあってはならないということである。

　違憲審査が十分に機能しているとは言い難い我が国において、このような主張をするにあたっては、その意図の敷衍を要する。筆者が危惧しているのは、違憲審査の積極化そのものではない。この点は強調しておく必要がある。ただし、裁判所至上主義を標榜するものでももちろんない。違憲審査の積極化は、現状裁判所の発言力が強いとはいえない日本においては、統治機構間の抑制・均衡を適正に保つために必要であるが（この点違憲審査が積極的なドイツとは、状況が異なる）、ここでも重要視されるべきはあくまで、第2節で述べた「統制システム」の構造化を意識した統治機構間の抑制・均衡である。

　このような視点から、筆者が本章を通じて示したいと考えたのは、違憲審査の皮を被って法律のないところに「法律」を生み出し、法治国家を脅かす存在の出現に対する危惧である。言うまでもないことであるが、裁判所の存立基盤もまた実質的な法治主義にあり、法治主義なくして公正な法の適用・解釈は存在しない。この点、第3節で扱った連邦情報局法外国通信偵察違憲判決は、裁判所がドグマーティクの名のもとに自身の権限を拡大しすぎてはいないか、という疑問をもたらす事案であるといえる。

　違憲審査が積極的でないと評される現在の日本に、この問題意識はなんら関係のないものと思うかもしれないが、そうではない。日本において違憲審査が積極化し始めるとき（あるいは、既に始まっているのかもしれないのだが）、我々はその動向や内実を注視し、更にはこれまで蓄積されてきた公法学の理論を駆使して、その権限の行使が権力分立のバランスの観点から見て適切なものであるか、検証を行うべきであると考えられるところ、本章は、ドイツの諜報機関法制を取り巻く状況を題材に、実際にこの検証プロセスに挑んだものである。この挑戦は十分成功しているとは言い難いが、大量の法令や判決、学術論文、言説が世に出続ける現代においてこそ（また「情報」を題材としているために、技術的発展に伴うスピード感ある研究の遂行が強く要求される場合においてこそ）、先行研究の蓄積を丁寧に紐解き紡ぎ合わせていく、という学術研究の手法が重要であ

る。

　そして、権利論や手続の側面から違憲審査を積極化するための議論をすることと、積極化が推進される局面において統治機構論的観点から留意すべき問題について議論をすることは、択一的・排他的関係にあるものではない。むしろ双方の議論を両輪としてはじめて、真に憲法上の権利を保障することのできる憲法訴訟論を構築することができると筆者は考えている。

　憲法学の偉大な先達である栗城壽夫は、基本権の客観法的理解が「消滅したのではなく潜在的なものとして存続」し「再登場」したとするGrimmなどによる歴史的論証に対して、「嘗ての状況と現代の状況との連続性が些か安易に肯定されているように思われる」、「基本権の客観法的内容という概念のもとで、国家秩序・法秩序全体にとっての基本原理という意味と国家の積極的活動への義務づけという意味とが混同されているように思われる」と指摘した上で、「基本原理によって根拠づけられ得るものの範囲は限られているのではないであろうか」と疑問を呈した。[131]筆者はこの疑問に強く共感する。そしてこの疑問は、法的ドグマーティクが席巻する現代において、より一層真剣に受け止められなければならないものであると考えている。

---

131) 栗城、前掲注77)、97頁。

第三章　国家の情報収集活動の個別的統制機関

1　国家の情報収集活動に関する二つの仮説

　筆者は本書全体を通じて、秘密的・予防的・広域的な国家の情報収集活動により侵害されるおそれのある、具体的な犯罪の嫌疑のない者の憲法上の権利を保障することを目的として、国家の情報収集活動を統制する手段について多角的な視点から検討を加える試みを行っている。

　その中で筆者は、二つの仮説を立てた。一つは、裁判上の手段・目的の限定・立法による統制など、主に筆者が日独比較研究の一連の研究の中で検討している各手段が、いずれも単独では十分な保障をなしうる機能を果たし得ないのではないか、という仮説である（仮説1）。その根拠の一つは、本書で扱う国家の情報収集活動の性質が、秘密的・広域的・予防的であることから導かれる。本書第一部第一章で既に論じたが、秘密的であることは、事前事後を問わず情報収集の対象者（権利侵害を受ける個人）からの裁判上の手段による異議申立てが困難となることを意味する。広域的であることは、情報収集の目的を詳細に限定することが困難であることを意味する。予防的であることは、情報収集の対象を犯罪の嫌疑の濃淡で区別することが不可欠な要素ではなくなったことを意味する。これらは、現代における国家の情報収集活動の性質が、従来機能してきた各手段の機能領域の各所で、機能不全を生じさせているということを示している。

　いま一つは、仮説1を踏まえ、執行機関たる行政府と、統制機関たる立法府・裁判所の関係という視点から、多角的な統制手段を相互に有機的に結びつけるべきではないか、という仮説である（仮説2）。仮説1のとおり、単独では十分な保障をなしえないために複数の手段が必要とされるとすれば、各手段を総合して十分な保障をなしうるよう、その機能や性質、段階に応じた整理を行うことが不可欠であるところ、その整理はそれぞれの統制手段を実現する主体

とその権限に深く関連していることが推察されるためである。

　これら二つの仮説を前提として、筆者自身の研究を省みると、本書各章において検討している統制手段は、「多角的」とはいいつつも実体的統制に偏り、組織的・手続的側面を付随的にしか捉えていない部分がある。そこで本章では、多角的統制手段の組織的・手続的側面の一つとして、国家による情報収集活動の一形態たる諜報機関による監視の統制機構と、その個別的統制について、ドイツの基本法10条審査会（G10-Kommission）を中心として検討する。

2　諜報機関の統制

1　情報収集活動の主体としての諜報機関

　まずは統制対象となるドイツの諜報機関について概観する。ドイツにおける連邦レベルの諜報機関は、三つに分かれる。連邦憲法擁護庁（Bundesamt für Verfassungsschutz-BfV）、連邦軍事保安局（Bundesamt für den Militärischen Abschirmdienst-BAMAD）、連邦情報局（Bundesnachrichtendienst-BND）である。[1] 連邦憲法擁護庁は連邦内務省（Bundesministerium des Innern für Heimat）、連邦軍事保安局は連邦国防省（Bundesministerium der Verteidigung）、連邦情報局は連邦首相官房（Bundeskanzleramt）の管轄である。以下、各機関の機能と関連するテロ対策について、簡単に整理する。

　連邦憲法擁護庁について定めるのは、連邦憲法擁護法（Bundesverfassungsschutzgesetz-BVerfSchG）である。連邦憲法擁護庁は、国内の極右・極左主義及びイスラム主義の団体活動の監視を行い[2]、そのための情報収集及び分析を任務とする（同3条）。連邦憲法擁護庁に関しては、武市が詳細に分析している。[3] 過激派及びテロ等の対策に取り組む「共同過激派・テロ対策センター（Gemeinsames Extremismus-und Terrorismusabwehrzentrum-GETZ）」は、連邦憲法擁護庁が連邦警察及び各ラントの憲法擁護庁と協働して運用している。[4]

---

1) *Joachim Kretschmer*, BKA, BND und BfV — was ist das und was dürfen die?, Jura 2006, S. 336 ff.
2) 渡辺富久子「ドイツの連邦情報庁法：対外情報機関の活動の法的根拠」外国の立法275号（2018）56頁。
3) 武市周作「憲法保障機関の正統性：連邦憲法擁護庁を中心に」東洋法学61巻3号（2018）49頁以下。

160

連邦軍事保安局について定めるのは、軍事保安局法（Gesetz über den militärischen Abschirmdienst-MADG）である。従来は軍事保安局として設置されていたが、2017年に連邦軍事保安局に改組され、連邦軍から独立した組織として連邦国防省の外局となった。[5] 連邦軍事保安局は、自由で民主的な基本秩序又は連邦もしくはラントの存立もしくは安全に対抗する行為（同1条1項1文1号：極右・極左主義の防御）、又は外国のために行われる連邦軍に対する諜報活動に対する情報収集及び分析（同2号：スパイ行為の防御）、連邦国防省の管轄内で勤務し、または勤務するとされている者が行う諸国民の協調の思想（基本法9条2項結社の自由の文言より）[6]、特に諸国民の平和的共存（基本法26条1項）[7] に対して向けられた活動への関与に対する情報収集及び分析（軍事保安局法1条1項2文：国際的な極右・極左主義及びテロリズムの防御）を任務とする。[8]

連邦情報局について定めるのは、連邦情報局法（Gesetz über Bundesnachrichtendiest-BNDG）である。連邦情報局外交及び安全保障政策上重要な外国に関する知識を得るための情報収集活動（同法1条2項1文）を任務とする。

これらの諜報機関は、基本法上、「闘う民主制」の制度的保障（institutionelle Garantie）の一環として、設置されている。[9] 連邦憲法裁判所は、複数の判例において以下のとおり述べる。「ドイツ連邦共和国の国内外の安全の保持のために、基本法（45d条・73条1項10号b、87条1項2文）は憲法擁護庁及び諜報機関の設立を、明文を持って認める。諜報機関は、闘う民主制に関する基本法の基本決定の象徴であり、法治国家の自己主張の意思（Selbstbehauptungswillen）で

---

4) 前述した共同テロ防止センター（GTAZ）と共同過激派・テロ対策センター（GAR）をルーツとする。
5) 渡辺・前掲注2）、56頁によれば、この改組は連邦軍事保安局の活動に対する連邦国防省の「監督を強化しようとするもの」であり、その組織・任務は従来と同様である。
6) 基本法9条2項は、以下のとおり定める。「その目的若しくは活動において刑事法と相容れない結社、または憲法適合的秩序若しくは国際協調の思想に反する結社は、禁止される」。
7) 基本法26条1項1文は、以下のとおり定める。「諸国民の平和的共存を妨害するにふさわしく、且つその意図をもってなされる行為、特に侵略戦争の遂行を準備する行為は、憲法に違反する」。
8) *Thomas Siems*, Aufgaben eines militärischen Nachrichtendienstes: Eine rechtliche Betrachtung des MAD gestern-heute-morgen, DÖV 2012, S. 425 ff. 渡邉斉志「軍隊の国外出動に関する立法動向」外国の立法219号（2004）122頁。
9) *Josef Franz Lindner/Johannes Unterreitmeier*, Grundlagen einer Dogmatik des Nachrichtendienstrechts, DÖV 2019, S. 167.

あり、同時にドイツ連邦共和国の安全システムの構成要素である」、と。[10]

3つの諜報機関及び警察的機関は、相互に（また、各ラントに設置された憲法擁護庁、警察機関及びその他国家機関との間で）収集したデータを共有する。特にテロ対策の目的に関するデータ共有の根拠となるのは、本書第四部第二章で詳しく論じる反テロデータ法（Antiterrordateigesetz-ATDG）である。各諜報機関は、上述のとおり固有の任務を有し、任務に必要な範囲内で情報収集活動にあたっている。諜報機関ではなく捜査機関として位置づけられる連邦刑事庁（Bundeskriminalamt-BKA）も、この点では同様である。そのため、データの共有にあたっては、データの目的外利用という問題が発生することとなるところ、連邦憲法裁判所は「目的の限定と変更」の観点から、この点について論じている。[11]

本書第一部第一章で述べた捜査機関と諜報機関の接近の実態を踏まえると、諜報機関の活動あるいは諜報機関の活動と同視しうる国家活動の統制は、他の行政機関とは異なる配慮が必要となるといえる。Hans Peter Bull は諜報機関統制の困難と必要性について、以下のとおり述べる。「諜報機関は、その権限の大部分を秘密裡に保持しなければならない。そのため、その他の執行単位（Einheit der Exekutive）について可能であり、民主主義原理に従って望ましいものであるように、大衆にとって対等な透明性を伴った監督を行うことは、（引用注：諜報機関に対しては）不可能である。しかし、諜報機関は統制出来ないわけではない。政府及び行政内部の監督及び独立した裁判所を通じた事後的統制と並んで、連邦及びラントにおける議会的委員会も、同じく独立した統制を及ぼす。これらの議会的統制は強化されることができるし、そうあるべきだ」、と。[12]

---

10) BVerfGE 143, 101, Beschluß des Zweiten Senats v. 13. 10. 2016, Rn. 126（邦語の紹介及び解説として、柴田尭史「ドイツ憲法判例研究（223）」自治研究95巻12号（2019）132頁以下）及びこれを引用する BVerfGE 146, 1, Beschluß des Zweiten Senats v. 13. 7. 2017, Rn. 110.

11) BVerfGE 133, 277, Urteil des Ersten Senats v. 24. 4. 2013.

12) *Hans Peter Bull*, Sind Nachrichtendienste unkontrollierbar?: Zu der Diskussion über die parlamentarische kontrolle des Einsatzes nachrichtendienstlicher Mittel an Beispiel Sachsen, DÖV 2008, S. 751.

2 諜報機関に対する監督 (Aufsicht) と統制 (Kontrolle)

ここで、ドイツにおける諜報機関に対する「監督」と「統制」について、その相違と関係を明確にしておく必要がある。なぜなら、本章で主として論ずる基本法10条審査会、及びその上部機関にあたる議会統制委員会は、あくまでも上記諜報機関による制限措置の「統制 (Kontrolle)」を任務とするものであり、ここでは「監督 (Aufsicht)」の語は用いられていないからである。[13]

この点薄井一成は、ドイツの議論を参照して、「上位の行政単位が、ヒエラルヒッシュな決定機構において、事務処理の形式、手続、内容等を拘束的に定める活動は、指揮 (Leitung)」、「ヒエラルヒッシュな関係にはない行政単位が、他の行政単位の事務処理の形式、手続、内容等の拘束的な決定に関与する活動は、統制 (Kontrolle)」であり、「指揮と統制は、一般に、ある機能単位が、甲）別の機能単位の活動を監察し (beobachten)、乙）この活動を所与の基準に照らして審査し (prüfen)、丙）必要な場合、これに是正的に加入して (berichtigen) 行うが、この監察、審査、是正的介入の三要素からなる活動は、監督 (Aufsicht) と呼ばれ」、監督は、「指揮の性格を持つ監督と統制の性格を持つ監督」に分かれ、「統制の性格を持つ監督は権利能力を持つ行政単位を当事者とするものであり、これに関する紛争は司法判断の下に置かれる」と解する。[14]

統制 (Kontrolle) が、①本質的に行為主体とは独立した機関により行われること、②監督の一態様であること、という性質を有すると考えるならば、後述する議会統制委員会及び基本法10条審査会は統制機関である、と表記することが正確である。これらの統制機関と、統制対象となる各諜報機関との間に、組織上も権限上も、指揮命令関係は認められないからである。ただし後述するとおり、連邦憲法裁判所は基本法10条審査会を議会統制委員会とは切り離し、行政の機能領域において実効的に機能する機関であると解している点には注意が

---

13) 渡邉斉志「ドイツ『信書、郵便及び電信電話の秘密の制限のための法律』の改訂」外国の立法217号 (2003) 115頁以下は、Parlamentarisches Kontrollgremium を「議会監督委員会」と訳すが、Kontrolle は一貫して「統制」と訳すべきであるとするのが、本書の立場である。同稿中、他に「監督」と言う訳語があてられているのは Aufsicht であり (例えば、G10法11条1項の訳出)、統制機関の任務を明確にするという観点に立てば、両者は明確に区別されなければならない。
14) 薄井一成「行政組織法の基礎概念」一橋法学9巻3号 (2010) 208頁以下。

第二部　諜　報

必要である。

3　日本における情報収集活動の監督・統制の現状

　本章の目的は、ドイツの基本法10条審査会を参考に、日本における国家の情報収集活動の個別的統制の可能性について検討を加えることであるが、現在我が国において、国家の情報収集活動の個別的統制を専門に担う機関はない（本書校正段階の2025年2月、サイバー防御の文脈で、国家の情報収集活動の個別的統制機関新設を内容の一部とする法案が、国会に提出されている）。弁護士の武藤糾明は、国家の情報収集活動の監督機関の例として、公安警察及び刑事司法警察に対する国家公安委員会を挙げる一方、同委員会の監督は建前であり、「およそいかなる意味においても監督の実効性を欠」いていると評するが[15]、本章では、基本法10条審査会を含むドイツの情報収集機関の統制機関と比較する目的で、日本の公安委員会の機能・組織と実質的な限界について概観する。

（1）　公安委員会の組織と権限

　1948年、行政委員会として、警察庁を司る国家公安委員会と、各都道府県警察を司る都道府県公安委員会（及び北海道については方面公安委員会）が設けられた（警察法4条・5条・38条・45条）[16]。国家公安委員会は国務大臣である委員長と5名の委員から（同4条）、都道府県公安委員会は5名または3名の委員から（同38条2項）構成される。国家公安委員会は内閣総理大臣の、都道府県公安委員会は都道府県知事の直轄である。国家公安委員会の任務は、同5条1項において「国の公安に係る警察運営をつかさどり、警察教養、警察通信、情報技術の解析、犯罪鑑識、犯罪統計及び警察装備に関する事項を統轄し、並びに警察行政に関する調整を行うことにより、個人の権利と自由を保護し、公共の安全と秩序を維持すること」と定められており、同条4項は「国家公安委員会は、

---

[15]　武藤糾明＝瀬戸一哉「監視社会の実態：日本」日本弁護士連合会第60回人権擁護大会シンポジウム第2分科会実行委員会（編）『監視社会をどうする！「スノーデン」後のいま考える、私たちの自由と社会の安全』（日本評論社・2018）104頁［武藤糾明］。

[16]　国家公安委員会の制度背景・組織等については、中谷昇「国家公安委員会制度について（上）（下）」警察学論集50巻3号（1997）130頁以下、同4号（1997）169頁以下が詳しい。また、設置の経緯及び変遷について、高橋寛人「公安委員会と教育委員会の比較検討：教育委員会の意義とあり方を考える」教育学研究80巻2号（2013）14頁以下参照。

第一項の任務を達成するため、次に掲げる事務について、警察庁を管理する」として、実に27号にもわたる項目を挙げる。また、同条2項は「同項の任務に関連する特定の内閣の重要政策に関する内閣の事務を助けること」、同38条3項は「都道府県公安委員会は、都道府県警察を管理する」と規定する。この点、国家公安委員会と都道府県公安委員会を全く同視することはできないが、警察に対する監督機関として位置づけられるという意味では同様の機能を持つ。中でも国家公安委員会は「今日警察のすべてにわた」る職務を管理することから、権限上は「警察庁を通じて全警察を掌握しているといっても過言ではない」とされる。[17]

警察組織の形成に関しても、公安委員会は強い権限を持つ。国家公安委員会は、同16条に基づき、警察庁長官（同16条1項）・警視総監（同49条1項）・各都道府県警察本部長（同50条1項）・警視正以上の職員（同55条3項）の任免権を有する。警察庁長官の任免については内閣総理大臣の承認が、警視総監の任免については都公安委員会の同意ならびに内閣総理大臣の承認が必要であり、各道府県警察本部長・警視正以上の職員の任免については各都道府県公安委員会の同意を要する。

（2）「管理」権限の射程

以上のとおり、法律の文言上は、公安委員会は警察に対し、非常に強い監督権限を有しているように見える。しかし、公安委員会の「管理」権限は、実体上個別具体的なものとはなっておらず、そのために公安委員会による監督権限は形骸化している。[18]

警察法5条4項に列挙された事務の「管理」については、国家公安委員会自身が定める国家公安委員会運営規則により、その運営の大綱方針を定め（国家公安委員会運営規則2条2項）、事務の処理がこの大綱方針に適合していないと認めるときは、警察庁長官に対し、当該大綱方針に適合するための措置に監視、必要な指示をする（同4項）と定められており、各都道府県公安委員会運営規則も同旨の規定を置く。元警察大学校校長の荻野徹は、「警察事務の執行につ

---

17) 原野翹『行政の公共性と行政法』（法律文化社・1997）168頁以下。
18) DNAデータ抹消請求事件の控訴審判決である名古屋高判令和6年8月30日 LEX/DB25620949 は、「DNA型等については、法的整備が全くされていない上、国家公安委員会等による監視も到底十全であるとはいえない」と指摘する。

いては実施機関の権限とされていること」、及び「公安委員会の制度趣旨が政治的な中立性確保（政治的に「偏らない」こと）と民主的コントロール（官僚独善に「陥らない」こと）」にあることから、「『管理』という用語は、法令用語の一般的な意味としては、下位の行政機関に対する上位の行政機関の指揮監督が内部部局に対する場合と大差ないくらいに立ち入って行われることを示すものであるが、公安委員会による警察の管理は、大綱方針を示すことに限定されている」と解釈することに合理性があると述べる[19]。

しかし、この実務上定着している解釈及び行政立法については、警察法の改正経緯に鑑みて違和感が残る、と筆者は考える。2001年3月1日に施行された警察法の一部を改正する法律は、1999年9月以降相次いだ警察の不祥事を懸念した国家公安委員会の決定により、有識者が集って開催された警察刷新会議における緊急提言、及びこれを踏まえて国家公安委員会及び警察庁が取りまとめた警察改革要綱に基づき、警察法12条の2を追加した[20]。同1項は、「国家公安委員会は、第5条第4項第25号の監察について必要があると認めるときは、警察庁に対する同項の規定に基づく指示を具体的又は個別的な事項にわたるものとすることができる。」と定め、同5条4項25号は、「前各号に掲げる事務を遂行するために必要な監察に関すること。」と定めている。ここにいう「前各号」とは、前述のとおり警察庁のほぼすべての任務にあたる「管理」の対象である。すなわち、警察法12条の2の1項は、「管理」の対象を監察するために必要な場合、警察庁に対する具体的又は個別的な指示を与えることが出来ると規定しているのである。そうであるとすれば、少なくとも本改正法が施行された2001年以降は、「管理」の内容を「大綱方針を示すことに限定されている」と考えることは困難であろう。

警察の権限は多岐に渡り、前述したように諜報機関に接近した前域的な情報収集活動はその一端でしかなく、また後述するドイツの例は警察機関ではなく諜報機関を対象とする統制機関であるため、日本の公安委員会とそのまま比較することはできない。ただ、我が国の現状として、警察活動全般の個別的統制

---

[19] 荻野徹「国家公安委員会による警察庁の『管理』について」公共政策研究9号（2010）122頁。

[20] 滝澤幹滋「公安委員会の管理機能を強化：併せて民意を反映させるため警察署協議会を設置　警察法の一部を改正する法律」時の法令1639号（2001）32頁以下。

という発想自体が根付いていないことを示す一例を看取することはできる。
　以上を踏まえ、本章では、最終的に日本における国家の情報収集活動に対する個別的統制の方法について検討することを目的として、ドイツの例を参考に論じていくこととする。

3　ドイツにおける個別的統制機関の検討
　　――基本法10条審査会を題材として

1　基本法10条の保護領域
　ドイツ連邦共和国基本法（以下、基本法）10条1項は、「信書ならびに郵便・通信の秘密は、これを侵してはならない。」と定める。本章で主として扱う基本法10条審査会は、基本法10条1項を実質的に保障することを目的として設置されていることから、まず本項の保護領域について、日本国憲法との比較から確認する。ここでは情報化社会の現代において、特に議論の対象となっている通信の秘密を中心に扱う。日本国憲法における「通信の秘密」に関しては、本書第一部第三章において既に前述したとおりであるが、必要な範囲で再度確認しておきたい。

(1)　日本における「通信の秘密」
　基本法が表現の自由を定めるのは同5条1項1文、検閲の禁止を定めるのは同条項3文であり（なお、同条項2文は出版・放送の自由）、信書ならびに郵便・通信の秘密とは異なる条文において規定されている。一方、日本国憲法において、通信の秘密を定めるのは、憲法21条2項後段である（「通信の秘密は、これを侵してはならない。」）。周知の通り、同条1項は表現の自由を、同条2項前段は検閲の禁止を定めている。
　日本の最高裁判所は、警察の捜査としての通信傍受との関係における通信の秘密について、「電話傍受は、通信の秘密を侵害し、ひいては、個人のプライバシーを侵害する強制処分である」と述べるが[21]、日本国憲法における通信の秘密の位置付けについては、条文の位置付けから、表現の自由に重きを置いた規定であるのか、プライバシーの保護に重きを置いた規定であるのかという点について、古くから議論されてきた。現在においても論者により見解が異なる

---

21)　最決平成11年12月16日刑集53巻9号1327頁以下。

が、一貫してプライバシー権に重きを置いた見解が多数派であると説明される。例えば阪本昌成は、「通説は、『通信の秘密』の保障を、プライバシーの権利の重要な一環であると同時に、表現の自由の一部である、と解しているようである」と述べ、有力説として、表現の自由との関係で通信の秘密を捉えると、保障範囲が狭くなることから、専らプライバシーの権利の保護との関係で保障されたものであると理解する説があると説明する[22]。その上で、「通信の秘密」とは、「表現の自由」の一内容である「通信の自由」の一部であり、「通信の自由」とは「一種のコモン・キャリアとして法定された通信業務従事者を国民が利用するさいの各種の自由」と解し、「表現の自由」を再考している[23]。阪本の主張から10年以上の後の1998年、芦部信喜は以下のとおり述べている。「通信の秘密と表現の自由との一定の結びつきを認める（しかし後述するように、私生活の秘密の保護の一環としての性格も有するとする）のが、わが国の通説的見解である」が、「憲法典が『通信の秘密』規定を21条に組み込んでいる以上、通信は表現の自由の一環として位置づけられている、と端的に理解すべきである」とする有力説もある、と[24]。芦部の述べる有力説の提唱者こそ、阪本その人であり、阪本の検討した「表現としての通信」の影響が学会にも浸透しているものと解することができる[25]。同じ年の論稿で、棟居快行は、インターネットが民間に広く普及しつつあった当時の情報化社会における通信の秘密の意義として、「私的言論の保護」として表現の自由に重きを置いた見解を提示し、「私的言論という閉じたコミュニケーション空間をプライバシーの領域と捉えるならば、第三者からの（中略）干渉はプライバシー権の侵害ともなる」と述べている[26]。

---

22) 阪本昌成「『通信の自由・通信の秘密』への新たな視点」法学セミナー364号（1985）59頁以下、同『憲法理論Ⅲ』（成文堂・1995）139頁以下。
23) 阪本、同上（1985）64頁。
24) 芦部信喜「通信の秘密」法学教室219号（1998）101頁、同『憲法学Ⅲ　人権各論（1）［増補版］』（有斐閣・2000）541頁。
25) ただし、芦部、同上（1998）101頁以下は、「通説的見解も通信の自由を無視しているわけではな」く、「通信の秘密と通信の自由の関係について、「後者を前者から分離して観念することは、理論的にも実際的にも困難であって、後者は前者の論理的前提ないし反射としてその内容をなすもの」と解すれば（私は妥当と考えるが）」通説と有力説は実質的にほとんど異なるものではない、と述べる。
26) 棟居快行「通信の秘密」法学教室212号（1998）44頁以下。

このような経緯を辿ってきた日本における通信の秘密論であるが、近年の論稿ではどのように論じられているのか。[27]例えば、総務省を中心とした官庁でのキャリアを持ち、通信の秘密論の再構築を試みている海野敦史は、[28]日本国憲法21条2項後段の名宛人との関係から、「通信の秘密」の法的実態を明らかにしようと試み、同条項の名宛人は「公権力及通信管理主体」であり、[29]「通信の秘密不可侵」の内容には通信の秘密が侵害されない「主要な制度的環境」をつくる公権力の作為義務の要請が内包されているとする。[30]これは従来の議論におけるプライバシーの自由と表現の自由のいずれに重きを置くかという二者択一の構図とは異なるアプローチとして、興味深い。ただし、そもそも憲法の名宛人は国家（公権力）であり、通信管理主体を名宛人とすることは本書の立場とも伝統的な憲法学の理解とも異なることから、海野の議論をどのように捉えるべきかは、精査を要する。例えば曽我部真裕は、前述した伝統的な論争を前提に、海野の見解を含む通信の秘密の性質に関する昨今の議論を中心に論じた上で、「比較憲法や明治憲法の『信書の秘密』以来の解釈を踏まえると、従来の通説に従い、表現との関連性は認めつつも、主として通信におけるプライバシー」が「通信の秘密」であるとして、伝統的な議論から導かれる結論を再評価している。[31]

　本章は通信の秘密の性質に関する詳細な議論を主題とするものではないが、通信の秘密をプライバシー権の一部として把握するという理解をここで再確認しておくことは、通信の秘密が、現代において具体的に法的問題となる、国家による情報収集活動の場面を想起するにおいても重要である。

---

27) 以下、近年の日本国憲法上の通信の秘密解釈論について取り上げているが、国際法的観点からは、通信主体と国際的な通信監視を含む諜報活動に関して言及する先行研究がある。高橋郁夫「通信の秘密の数奇な運命（国際的な側面）」情報ネットワーク・ローレビュー Vol.15（2017）17頁以下。

28) 海野敦史『「通信の秘密不可侵」の法理：ネットワーク社会における法解釈と実践』（勁草書房・2015）、同『通信の自由と通信の秘密：ネットワーク社会における再構成』（尚学社・2018）参照。

29) 海野敦史「通信の秘密不可侵の法規範との関係における通信用端末設備の法的位置づけ及びその内包する情報に対する保護のあり方：米国の『逮捕に伴う捜索』に関する判例法理を手がかりとして」経営と経済95巻3・4号（2016）178頁以下。

30) 海野、前掲注28)（2015）208頁以下。

31) 曽我部真裕「通信の秘密の憲法解釈論」Nextcom Vol.16（2013）15頁以下。

(２) ドイツにおける「通信の秘密」

次に、ドイツにおける通信の秘密について、国家による情報収集活動との関係を踏まえて確認していきたい。

ドイツにおける基本法上の通信の秘密条項は、結社の自由（基本法9条）と移動の自由（同11条）の間に位置づけられており、日本のように「プライバシーの自由又は表現の自由のいずれに重きが置かれているか」といった問題には焦点が当てられていない。

現代のドイツにおいて、通信の秘密の保障に関する議論が盛んに行われているのは、情報端末を介在した個別の情報伝達事象の保護の限界についてである[32]。インターネット等を通じた電子的通信を含む多数の情報伝達事象の前で、基本法10条は、「情報伝達の結合の保護」に特別な実質的意義を与えるとともに、連続した情報伝達の内容と手法を、技術的伝達事象を通じて発生する危険から保護する[33]。

通信の秘密は、通信のトラフィックを通じた個々の受け手への情報の無形の伝達の中で保障されるものであり、現代ではテレコミュニケーションの秘密を包摂するところ、この基本権は様々な電磁的な手段その他の形式による通信を包摂する発展的開放性（Entwicklungsoffenheit）[34]を有すると解される[35]。このような性質を持つ伝達事象が、これと切り離すことのできない情報端末の性能と結

---

[32] 笠原毅彦「ドイツにおける通信の秘密と、日本法に対する示唆」情報ネットワーク・ローレビュー Vol.14（2016）215頁以下が、ドイツの各法における通信の秘密の顕現についてまとめている。

[33] *Matthias Lachenmann*, Das Ende des Rechtsstaates aufgrund der digitalen Überwachung durch die Geheimdienste?, DÖV 2016, S. 504.

[34] *Sebastian Unger*, Das Verfassungsprinzip der Demokratie, Mohr Siebeck 2008, S. 106によれば、発展的開放性（Entwicklungsoffenheit）とは、「法的システムの内部で、テクスト上の基準の明確な変更を超えて、変革時期における事実上及び法律上の変化をつくることについて、法理論的な一法のドグマティッシュな手段であると実証する」法原則である（Vgl. *Manuel Weitnauer*, Der Deutsche Corporate Governance Kodex: Rechtsnatur, Geltung und gerichtliche Anwendung, Nomos, 2018, S. 484.）。杉原周治「プレスの自由と意見表明の自由の競合（一）：プレスの自由の主観的権利としての側面」広島法学30巻1号（2006）141頁は、プレスの概念を解釈する文脈における同旨の現象（「『読み取り可能な』伝達メディア」すべてをプレスの概念に含む）を表現した「entwicklungsoffen」という表現を「発展の余地を残した」と訳す。

[35] *Peter M. Huber / Andreas Voßkuhle (Hrsg.)*, Grundgesetz, Band1, 8. Aufl., C.H.BECK, 2024, S. 1277 ［Christph Gusy］.

びつけられ、且つ基本権特有の侵害が問題になる限りにおいては、本条の保護領域は情報端末にまで及ぶ。情報伝達事象の完結が、通信の秘密の保護領域の限界である。[36]

情報伝達事象の前後、例えば情報の発信者及び受信者のコンピュータ内部に蓄積された情報の保護は、通信の秘密の保護領域外である。このような情報の保護は、2008年のオンライン捜索判決[37]により導かれた、基本法１条１項と結びついた同２条１項に基づく一般的人格権から導かれるIT基本権の保護領域に含まれると解される。[38]IT基本権は、「ITシステムの秘密性と完全性の保障」を内容とし、現代の情報化社会特有の基本権として形成される。[39]

通信の秘密とIT基本権との間の境界は流動的であり、情報伝達事象が準備される前にデータを取得される場合にはIT基本権が、持続的な情報通信事象からデータが収集される場合には基本法10条に基づく通信の秘密がそれぞれ問題となる。IT基本権と通信の秘密が問題となる国家による情報収集活動の一局面として、ドイツでは「オンライン捜索（Online-Durchsuchung）[40]」「端末通信傍受（Quellen-TKÜ）[41]」を前提とした「国家のトロイの木馬（Staatstrojaner）」の利用が問題となっている。トロイの木馬を用いた捜査は、コンピュータに侵入

---

36)　Ebd., S. 328.
37)　BVerfGE 120, 274, Urteil des Ersten Senats v. 27. 2. 2008.
38)　IT基本権についての邦語の先行研究として、小貫幸浩「情報的自己決定権とIT基本権のはざま・覚書：とくにドイツ憲法とヨーロッパ基本権憲章の場合」駿河台法学32巻２号（2018）43頁以下、高橋和広「IT基本権論に関する一考察」六甲台論集法学政治学篇61巻１・２号（2015）39頁以下、石村修「ドイツ――オンライン判決」大沢秀介＝小山剛（編）『自由と安全：各国の理念と実務』（尚学社・2009）261頁以下。
39)　植松健一「連邦刑事庁（BKA）・ラスター捜査・オンライン捜索（２）：憲法学的観点からみたドイツにおける『テロ対策』の現段階」島大法学53巻２号（2009）９頁。
40)　Benjamin Derin / Sebastian J. Golla, Der Staat als Manipulant und Saboteur der IT-Sicherheit?, NJW 2019, S. 1111 f.; Dennis-Kenji Kipker, Vom Staatstrojaner zum staatseigenen Bundestrojaner: die Evolution einer Überwachungssoftware, ZRP 2016, S. 88 f. 石村修「コンピュータ基本権：オンライン監視事件」ドイツ憲法判例研究会（編）『ドイツの憲法判例Ⅳ』（信山社・2018）50頁は、BVerfGE 120, 274の対象となったオンライン捜索について、「国家のトロイの木馬」が利用されたことが疑われていることと言及する。
41)　加藤克佳＝辻本典央「インターネットにおける犯罪と刑事訴追：2012年第69回ドイツ法曹大会刑事法部会（ミュンヘン）」近畿大学法学61巻１号（2013）280頁。同稿では、Quellen-TKÜに「端末電話傍受」の訳があてられているが、TKÜとはTelekommunikationsüberwachungの略称であり、トロイの木馬との関係も踏まえ、本書では「端末通信傍受」と訳す。

的にアクセスすることとなり、強度の権利制約を伴う(この点は、本書第三部第一章で論じている)。

以上のような問題意識により限定づけられてきた基本法10条1項の通信の秘密であるが、無制限に保障されるものではなく、「制限は、法律に基づく場合に限り、行うことができる」と定める同条2項1文に従い、制限されうる。これらの制限は、「当該制限が、自由且つ民主的な基本秩序の保護、または連邦及びラントの存立もしくは安全の保護のためのものであるときは、法律により、当該制限が当事者に通知されないこと、及び裁判上の手段に代えて、議会の選任した機関及び補助的機関を通じた事後審査を行う旨、定めることができる」と規定する同項2文に従い、裁判上の手段に代えて、議会の選任した機関及び補助的機関を通じた事後審査を行うときには、関係者に通知される必要はない。

(3) 基本法10条2項による制限

次に基本法10条2項について、詳しく見ていく。基本法10条2項は、1968年の非常事態法(基本法第17補充法)制定により基本法に追加された条項である。後述するG10法は、同文における「裁判上の手段」に代わる「事後審査」を具体化した法律であり、基本法10条審査会はこの事後審査を行う「補助的機関(Hilfsorgan)」にあたるが、この点については後に詳述することとして、ここではまず、基本法10条2項の制定経緯を確認したい。

1968年当時、西ドイツには米英仏の連合国軍が依然駐留しており、「西ドイツ政府が緊急事態に際して有効な対処をなしうる法的環境を整備するまでの間、駐留軍の安全確保のための措置をとる権利を留保していた。こうした留保を解消するために、西ドイツ政府はいわゆる緊急事態法制と呼ばれる一連の法整備を進めた」が、これらの法整備はドイツが「敗戦国としての地位から脱する過程」に位置づけられる。[42]

連合国軍による安全確保のための措置をとる権限の留保は、治安留保(Sicherheitsvorbehalt)と呼ばれる。治安留保に基づく措置の決定は、1954年10月23日の占領軍政権の終結(パリ条約調印)を過ぎてもなお、1952年5月26日締結のドイツ条約5条2項に基づいて行われていた。[43] ここでは平時においても、

---

42) 渡邉、前掲注13)、115頁。BT-Drs. V/1879, S. 12.

ドイツ国内の郵便及び通信の往来の一部が、連合国側によって監視の対象となっていた。この状態から脱するべく、CDU/CSU、SPD の各会派からなる大連合の賛成（3分の2の多数）をもって、非常事態法が成立したのである。[44]

　基本法10条2項には、制定当初から強い憲法上の疑義が投げかけられていた。特に、基本法10条2項2文が基本法79条3項に定められた基本法変更の限界を超えるか、という点が争点となった1970年の所謂第一次盗聴判決は、5対3で合憲とされたが、少数意見が付された。[45]

　本判決は複数の重要な争点を含んでおり、我が国でも既に紹介されているところだが、[46]ここでは「裁判上の手段」に代えて他の手段によるという基本法10条2項2文の規定が、「法治国家における法的保障の原理」との関係で憲法上正当化されうるのか、[47]という点について確認しておく。

　多数意見は、「あらゆる憲法上の規定は、基本法の必須諸原則と、その価値秩序に合致するように解釈されなければならない」とし、基本法が「闘う民主制」を採用していることを強調して、裁判上の手段に代えて他の手段を採用することを正当化するところ、これは、前述した制定経緯及び諜報機関の地位が強く意識されたものと解することができるが、多数意見はこの立場から、基本法10条2項2文の語義を極めて限定的に解釈する。[48]具体的には、①事後的通知の許容と要請、②非通知の場合の限定、③監視対象の限定、④収集情報の利用範囲の限定、そして、⑤「裁判上の手段」を排除するため「法律は実質的且つ

---

43)　ドイツ条約とは、旧西ドイツが連合国との間で締結した「占領態勢を終結させ、西ドイツに主権を移管するため」の条約（川喜田敦子「第二次世界大戦後の西ドイツ賠償問題とヨーロッパ地域秩序形成」法政論集260号（2015）176頁）。

44)　*Wolf-Rüdiger Schenke / Kurt Graulich / Josef Ruthig (Hrsg.)*, Sicherheitsrecht des Bundes, 2 Aufl., C.H. BECK, 2019, S. 1567 [Bertold Huber].

45)　BVerfGE 30, 1, Urteil des Zweiten Senats v. 15. 12. 1970.

46)　西浦公「通信の秘密とその制限：盗聴判決」ドイツ憲法判例研究会（編）『ドイツの憲法判例〔第2版〕』（信山社・2003）261頁以下、渡辺康行「ドイツ連邦憲法裁判所の憲法解釈方法論」菅野喜八郎教授還暦記念『憲法制定と変動の法理』（木鐸社・1991）531頁以下、石村修『憲法の保障：その系譜と比較法的検討』（尚学社・1987）240頁以下。渡辺は連邦憲法裁判所の1960年代～1970年代の西ドイツにおける憲法解釈方法論の変遷を、石村は憲法改正の限界を論ずる中で、本判決を扱う。

47)　石村、同上、241頁。

48)　多数意見の訳出は、西浦、前掲注46）、261頁によった。限定的解釈の理解（特に後述①～④）については、渡辺、前掲注46）、531頁参照（BVerfGE 30, 1, Rn. 70.）。

手続的に、裁判上の統制に匹敵し、特に少なくともこれと同等の実効性のある審査手法を定めなければならない」とする審査手法の限定である。

一方で、Geller／v. Schlabrendorff／Ruppの三名の裁判官による少数意見は、基本法10条2項2文を憲法適合的に解釈する立場を採らない。その理由は、「基本法10条2項2文が妥当性のある（gültig）憲法規範であるかどうか」自体が、ここでの問題となっているからである。[49] この立場によれば、基本法10条2項2文の文言は明らかであり、「具体的嫌疑のある場合に限定された規定を定めるものと限定的に解釈すること」はできない。[50]

更に、少数意見において注目すべきは、基本法10条2項2文の規定が、基本法20条から生ずる個人の権利保障に対する法治国家的要請に違反するとした理由に関し、議会の選任した機関及び補助的機関の独立性の欠如について言及したことである。[51] ここでは、権利保障のための機関が、独立性・中立性を前提に、正当な手続を踏むことをその本質としていることが指摘された。この点連邦憲法裁判所は、後にオンライン捜索判決において、裁判上の手続に代える他の手段については、「その独立性と中立性について裁判官のそれと同じ程度の保障が示される」ことが必要であると述べている。[52]

本章が主として扱う基本法10条審査会は、基本法10条2項2文の規定する「議会の選任した機関及び補助的機関」を具現化した機関にあたる。その解釈の基礎は、第一次盗聴判決の多数意見に従った基本法10条2項2文の理解にあるが、少数意見の指摘もまた、基本法10条審査会の地位の特殊性を検討するにあたって重要な示唆を与える。

2　基本法10条審査会の組織

前述した1968年の非常事態法制定と同時に、G10法（Gesetz zur Beschränkung des Brief-, Post- und Fernmeldegeheimnisses（Artikel 10 ― Gesetz ― G10））が制定された。これは、基本法10条2項2文の規定を具体化し、基本法10条1項の基本権を実質的に保障するための法律である。ここからは、基本法10条審査会の

---

49) BVerfGE 30, 1, Rn. 105 [Abweichende Meinung].
50) BVerfGE 30, 1, Rn. 109 [Abweichende Meinung].
51) BVerfGE 30, 1, Rn. 128 [Abweichende Meinung].
52) BVerfGE 120, 274, Rn. 260.

組織について見ていく。

　基本法10条審査会は、基本法10条2項2文に基づきG10法15条に定められた機関であり、法的に特殊な地位を占める（ただし後述するように、連邦憲法裁判所は、基本法10条審査会自体が基本法から直接導かれる存在ではないと解する点には注意が必要である）。この意味で同審査会は、その他の国家機関、特に他の統制機関からは区別される。この特殊な地位は、特定の憲法保護官庁に対する統制権限を根拠づけ、また制限する。[53]「特定の憲法保護官庁」とは、上述した諜報機関（連邦憲法擁護庁・連邦軍事保安局・連邦情報局）である。

　G10法15条1項4文は、「構成員は公の名誉職であり、連邦政府の意見を聴取した後にドイツ連邦議会の一任期の間、（中略）議会統制委員会（Parlamentarische Kontrollgremium-PKGr）によって任命される」と定める。また、基本法10条審査会の制定する議事規則は、議会統制委員会の同意を必要とする（同条4項2文）。

　議会統制委員会は、基本法45d条に定められた基本法上の存在であり、連邦議会議員により構成されていることから、議会統制委員会の組織的支配を受ける基本法10条審査会は、形式的には議会に属するものであるといえる。諜報機関の議会的統制は、民主的法治国家に特有の課題であるとともに、ドイツにおいては特に歴史的側面が、現代においては特に技術的側面が重要な要素である。[54]ただし、後述するようにドイツにおける諜報機関の統制機構は多面的な構造となっているため、各統制機構の性質は組織だけではなく、その機能からも個別に分析する必要がある。

　現在、G10法上定められた情報収集活動の統制機関は、議会統制委員会と基本法10条審査会の二つである。G10法制定当初の統制機関は、議会統制審査会（Parlamentarische Kontrollkommission-PKK）・基本法10条委員会（G10-Gremium）[55]・基本法10条審査会で構成されていた。基本法10条委員会と基本法10条審

53）　*Christoph Gusy*, Grundrechte und Verfassungsschutz, VS Verlag, 2011, S. 16.

54）　*Enrico Brissa*, Aktuelle Entwicklungen der parlamentarischen Kontrolle nachrichtendienstlicher Tätigkeit des Bundes, DÖV 2017, S. 765 f.

55）　議会統制審査会の前身は、議会代表者委員会（Paralmentarische Vertrauensmännergremium-PVMG）である。議会統制委員会の設置経緯について、国立国会図書館調査及び立法考査局「欧米主要国の議会による情報機関の監視」基本情報シリーズ17（2014）29頁以下。

査会は、ともに諜報機関の情報収集活動による通信の秘密の制限に対する統制をその目的として設置された。一方、権限は異なる。基本法10条委員会は、諜報機関が通信の秘密の制限にかかる活動を行おうとする場合に、その可否を判断する権限を有する一方、基本法10条審査会は、諜報機関が行う具体的な通信の秘密の制限にかかる措置の当否を、連邦政府からの報告に基づき個別具体的に判断する権限を有するという相違点があった。[56]

議会統制審査会は、1999年に改組されて議会統制委員会となった。議会統制委員会は、議会統制審査会が基本法10条委員会を吸収したもので、両組織の性質を兼ね備えている。2009年には、基本法上にその存在が明記されるに至った。[57] 基本法45d条は、「連邦議会は、連邦諜報機関の統制のための委員会を置く。」と定めている。議会統制委員会は、諜報機関（連邦憲法擁護庁・連邦軍事保安局・連邦情報局）の統制を設置目的とし（議会統制委員会法（Gesetz über die parlamentarische Kontrolle nachrichtendienstlicher Tätigkeit des Bundes‐PKGrG）1条1項）、情報開示請求（同5条1項）、職員への事情聴取（同条2項）、安全保障上の理由に基づく戦略的監視及び国際的な通信監視に対する同意（G10法5条1項2文及びこれを準用する同8条1項）などを行う広範な権限を有する。[58]

議会統制委員会は、会派（Fraktion）ごとに選出された委員から構成される。この点は、裁判官資格を有する者から選定される基本法10条審査会とは大きく異なる。構成の法的根拠は、連邦議会議事規則（Geschäftsordnung des Deutschen Bundestages）12条1文である。[59] 苗村辰弥は、ドイツの議会は会派ごとの議席数が重視される「会派議会」であるとともに、委員会は本会議の映し鏡として重要な活動をする「委員会議会」でもあると指摘し、ドイツ連邦議会における議員の重要な権利として、「委員会への参画権」を挙げる。[60]「議会の活動の大部分が本会議ではなく委員会でなされている現状に鑑みれば、個々の議員にとって

---

56) 渡邉、前掲注13)、126頁。
57) BGBl. I, S. 1977.
58) 議会統制委員会法の条文について、国立国会図書館調査及び立法考査局、前掲注58)、96頁以下参照。
59) 連邦議会議事規則12条1文は、以下のとおり定める。「議院運営委員会、委員会の構成及び委員会の議長の規定は、個々の会派の人数の比率で定められる」。
60) 苗村辰弥『基本法と会派：ドイツにおける「会派議会」の憲法問題』（法律文化社・1996）61頁以下。

は、委員会への参画は、議会の意思形成への議院の参画権の重要な部分を成す」ことに鑑みても、議会統制委員会による諜報機関の統制は、本質的に議会的統制であるといえ、この意味で個別具体的な行政行為に対する直接的な統制を行うことには馴染まないものといえよう。

　議会統制委員会と基本法10条審査会の権限の相違は、「個別具体的な行政行為に対する統制」であるか否か、という点に現れる。基本法10条審査会は、個別具体的な行政行為に対する実施の可否を決定することを任務とするため、「連邦の諜報機関により獲得される個人関連データの全ての処理」に及び（G10法15条5項2文、なお2017年改正（2018年施行）前までは、「全ての収集、処理及び利用」とされていた）、その職務を全うするため、守秘義務のもとで「全ての資料、特に制限措置と関係する、蓄積されたデータ及びデータ処理プログラムの閲覧」が認められている（同項3文2号）。これは、議会統制委員会の権限が「連邦政府は、議会統制委員会に対し、第1条第1項に掲げる官庁の一般的な活動及び特に重大な事件について（議会統制委員会法4条1項1文）」又は議会統制委員会の求める事件について（同項3文）、報告を要求されるものの、同6条2項1文において「情報へのアクセス上やむを得ない理由若しくは第三者の人格権の保護の理由により必要な場合、又は行政固有の責任の中核領域に関わる場合」は報告を拒否し得ると定められていることと比べて、少なくとも法律の文言上は留保を持たない点で、強固な権限であるといえよう。

　更に、後に詳述するが、後に扱う基本法10条審査会当事者能力決定の訴訟物となった拒否処分が行われた2015年当時、基本法10条審査会が「不許可又は不必要と明らかにした命令については、所轄の連邦省は遅滞なくこれを取り消す」(G10法15条6項3文（当時）) という実効的な個別的統制の権限を有していた（なお2025年現在は同項2文及び3文に基づき、原則として基本法10条審査会が承認するまでは制限措置を実施できず、承認しない場合は所轄の連邦省は遅滞なく制限措置命令を取り消すことが求められており、この権限は強化されている（ただし例外たる同15a条の緊急命令が、2021年改正において追加されている点にも併せて注意が必要である））。Bullは、基本法10条審査会のこのような権限を「拒否権（Vetorecht）」と表現しているが、この拒否権もまた、議会統制委員会やその前身である議会

---

61) 苗村、同上。

統制審査会にはないものである[62]。

　基本法10条審査会の第18立法期議長代理を務めた Bertold Huber は、後述する基本法10条審査会当事者能力決定が基本法10条審査会の権限を矮小化していると批判する中で、基本法10条審査会の権限の性質について、以下のように述べている。G10法に従った制限措置に対する基本法10条審査会の相対的な統制は、「データの把握と利用の**全体的な**（強調は Huber）プロセス」を包括しており、連邦憲法裁判所によれば、基本法10条審査会は、「財政面及び手続面で適合的な、司法上の権利保護に同等な統制を執行し、そして具体的規範的な基準に基づく法的統制は、個別の事例に即して確定」し[63]、「全ての組織について、信書・郵便・通信の秘密についての侵害の準備・決定・実行・監視に従事する権限、その組織の**全ての**（強調は Huber）措置を監視する権限を」与えられている。この統制は「**継続的に**（強調は Huber）」行われる。かくして基本法10条審査会には、包括的な審査と決定の権限が、包括的なデータ保護法上の統制を含めて認められている、と[64]。

　以上のように、上級機関である議会統制委員会との関係では、個別的事例の統制に関する全体的且つ強固な権限を有する組織であるという点が、基本法10条審査会の特徴であるといえる。

　なお連邦レベルにおける諜報機関の統制機関は、議会統制委員会とその下位機関である基本法10条審査会のほかにも、調査委員会（Untersuchungsausssschuss）、予算委員会におかれる秘密委員会（Vertrauensgremium）といった立法府に附帯する機関、データ保護及び情報の自由に関する連邦保護監察官（Bundesbeauftragte für den Datenschutz und die Informationsfreiheit — BfDI）といった行政府に附帯する機関、独立した連邦の最高機関と位置づけられる独立統制院（Unabhängiger Kontrollrat -UKRat）などから構成され、更には連邦憲法擁護庁と十六のラントの憲法擁護庁、警察官庁間の協力を通じても相互的統制が保障されるなど、非常に多角的なものとなっている。この状況から、ドイツの諜報機関を「おそらく世界で最も統制されたもの」と評する論者や[65]、ドイツの諜

---

62) *Bull*, a.a.O. (Anm.12), S. 759.
63) BVerfGE 143, 1, Beschluß des Zweiten Senats v. 20. 9. 2016, Rn. 46.
64) *Bertold Huber*, Anmerkung, NVwZ, 2016, S. 1706 f.
65) *Hansjörg Geiger*, Informationsbedürfnisse und Geheimhaltungserfordernisse – menschen-

報機関の議会的統制は国際比較の観点で「高い水準」にあるとする論者もいる[66]。本章は基本法10条審査会を中心に取り扱うが、最終的には日本における国家の情報収集活動の統制手法に関して検討することを目的としているため、その他の機関の組織と機能の概要についてもここで簡単に確認しておきたい。

　調査委員会は、基本法44条に定められた憲法上の機関である。議員の４分の１の申立てがある場合に設置が義務づけられ、原則公開である（基本法44条１項）。調査委員会は対象となるテーマを問わないが[67]、2006年には連邦情報局に関する調査委員会が[68]、2014年には後述するアメリカ国家安全保障局のドイツにおける情報収集活動に関する問題についての調査委員会が設けられるなど[69]、情報収集機関の統制機関の一つとして重要な役割を果たしている。孝忠延夫はドイツの調査委員会制度について、「ドイツの議会調査権の大きな特徴は、議会内多数者の意志に反してでも調査委員会を設置し、特定の事実を解明しようとすることのできる少数者調査権」として、「立法準備等の調査とは区別される『不正調査』、『スキャンダル調査』などにその積極的な役割を果たしてきた」と分析する[70]。

---

rechtsorientierte Evaluierung und Kontrolle der Nachrichtendienste, in: *Marion Albers/Ruth Weinzierl (Hrsg.), Menschenrechtliche Standards in der Sicherheitspolitik*, Nomos, 2010, S. 97.

66)　Alexander Hirsch, Die Kontrolle der Nachrichtendienste: Vergleichende Bestandsaufnahme, praxis und Reform, Duncker & Humblot, 1996, S. 275.

67)　渡辺富久子「ドイツ連邦議会による政府の統制：調査委員会を中心に」外国の立法255号（2013）104頁以下（表２）は、2013年までに設置された調査委員会をリスト化している。

68)　本調査委員会が行った情報閲覧請求に対し、連邦政府が拒否した事案は、連邦憲法裁判所において争われている（BVerfGE 124, 78, Beschluß des Zweiten Senats v. 17. 6. 2009）。同決定に関する邦語の先行研究として、柴田尭史「連邦議会調査委員会による情報提出要請の連邦政府による拒否の合憲性：連邦情報局（BND）調査委員会事件」ドイツ憲法判例研究会（編）、前掲注40）、356頁以下。

69)　ドイツ連邦議会ウェブページ参照
（https://www.bundestag.de/ausschuesse/ausschuesse18/ua/1untersuchungsausschuss）。

70)　孝忠延夫「『議会政と国政調査権』研究覚書」政策創造研究７号（2014）96頁。孝忠によれば、少数者調査権は Max Weber の提唱によりワイマール憲法34条に初めて規定された（同96頁）。ワイマール憲法に比べ、現行の基本法では、①調査委員会設置についての少数者権が「議員の５分の１」から「議員の４分の１」とハードルが高くなったこと、②この法定少数者の証拠調要求権が明記されていないこと、③調査の非公開が過半数で行われること、など、少数者調査権の「制限」の方向を示していた」が、「一連の憲法改革論議のなかでは、少数者調査権の尊重・充実が提言され」てきた経緯がある（同97頁）。同『国政調査権の研究』（法律文化社・1990）24頁以下参照。

連邦議会の予算委員会におかれる秘密委員会は、連邦予算規則（Bundeshaushaltsordnung ― BHO）10a 条 2 項に定められた機関であり、諜報機関の予算を非公開で審査する財政面の統制機関である。議会統制委員会の委員長、委員長代理及び指定された委員は秘密委員会に、秘密委員会の委員長、委員長代理及び指定された委員は議会統制委員会に、それぞれ出席することが可能である[71]。

データ保護及び情報の自由に関する連邦保護監察官は、連邦データ保護法（Bundesdatenschutzgesetz ― BDSG）に則って連邦議会により選出され、大統領によって任命される。データ処理に関する監督・統制機関として、連邦行政機関及び鉄道・郵便・通信に関する事業を対象とし、データ保護のための調査や立入検査の権限を有する[72]。

このように、ドイツにおける諜報機関による情報収集活動の統制は、異なる組織的根拠・目的を有する複数の統制機関が、一部重複する権限・相互の人的交流を要素として、多層的に構成されている点に大きな特徴がある。

3　基本法10条審査会の機能

ここからは、基本法10条審査会の機能について、G10法上の手続との関係から詳細に見ていく。

（1）制限措置の申請に対する決定

審査会の権限行使の中心となるのは、G10法 3 条・ 5 条・ 8 条に基づく制限措置（Beschränkungsmaßnahme）の申立てに関する決定の場面である[73]。 3 条は個別的制限（個別の盗聴・通信監視等）、 5 条は戦略的監視に関する制限措置の根拠となり、 8 条はドイツの利益に関係する外国における戦略的監視を特別に規定している。申立てに対する決定は、基本法10条 2 項 1 文に基づき制限措置について定める G10法の手続に則って行われる。信書・郵便・通信の秘密を制

---

71) *Bertold Huber*, Informationsbedürfnis und Geheimhaltungserfordernisse: Menschenrechtsorientierte Evaluierung von Sicherheitsgesetzen aus der Sicht parlamentarischer kontrollgremien, in: *Albers/Weinzierl (Hrsg.)*, a.a.O. (Anm.65), S. 106.
72) データ保護及び情報の自由に関する連邦保護監察官について扱う邦語の先行研究として、寺田麻佑「特定個人情報保護委員会の機能と役割：各国における同種機関との比較を中心に」情報処理学会研究報告 EIP69― Vol.14（2015） 6 頁。
73) *Peter Bartodziej*, Parlamentarische Kontrolle, in: *Jan-Hendrik Dietrich/Sven-R. Eiffler (Hrsg.)*, Handbuch des Rechts der Nachrichtendienste, Boorberg, 2017, S. 1589.

限しようとする諜報機関は、まずその内容につき、申立てを行わなければならない（G10法9条）。申立先は、連邦首相により委任された連邦省である[74]。当該省は、各諜報機関の申立てに基づき、制限措置の命令を下す（同10条1項）。命令に際しては、①命令の根拠、権限を付与される官庁、制限措置の種類・範囲・期間の明示（同2項）、②制限措置の対象の明示（同3項）、③検索語（Suchbegriff）の指定・情報の収集範囲、伝送経路の限定（同4項）、④3ヶ月を限度とした期限の明示（同5項）など、詳細な条件を定めることが要求されている。この命令をもとに、その後、当該連邦省は、基本法10条審査会に対して、命令した制限措置の承認を得なければならない（同15条6項1文）。承認は原則執行前に行わなければならないが、差し迫った危険がある場合には承認前の制限措置の実施が例外的に認められている（同15a条1項、緊急命令）。ただし、審査会が認めなかった命令は、遅滞なく取り消されることとなる（同2項）。

　制限措置実施命令の源となる申立ては、実務上、新規の基礎申請として、あるいは（G10法10条5項に従って遅くとも3ヶ月後には必要となる）連続する措置の延長申請として行われることとなるが、5条及び8条に従った検索語に基づく（同4項）申請の際には、更にいわゆる補充的申請が必要とされる場合もある。補充的申請は、たとえば、重要な検索語を承認させようとする場合に行われる[75]。

　申立てに対して審査会の下す具体的決定の内容は、大きく分けて「不許可（unzulässig）」、「必要ではない（nicht notwendig）」、「許可でき、且つ必要（zulässig und notwendig）」の三種類である。ただし、明らかな不備のある申請は、既に行政の内部で差し戻されているため、不許可決定はめったにないという[76]。

　また明確な規定はないものの、たとえばその間の事態の変更のための会議における既に文書で提出された申立ての撤回、あるいは特定の関係者、電気通信

---

74) 州の憲法擁護庁の場合は管轄の州最高官庁であるが、本章では連邦レベルの議論のみを取り扱う。
75) *Bartodziej*, a.a.O. (Anm.73), S.1589. 例えば、想定し得る共犯者あるいは接触者といった語による探索は、国内の電気通信接続に向けられる限りにおいては認められないが、ドイツ国籍を有する所有者又は利用者を除く接続を対象とする場合は認められる（G10法5条2項2文・3文）。
76) Ebd., S. 1590.

接続あるいは検索語に関して法的に分離可能な申立ての一部がある場合に限っての部分決定は認められている[77]。

（２） 決定後及び措置終結後の基本法10条審査会の役割

制限措置の枠組みにおいて、あるいはその終結後にもまた、審査会は通知に関する副次的決定を行う場合がある。この決定は、G10法12条及び15条7項に従った通知、及び連邦憲法擁護法8b条7項（場合によっては連邦情報局法59条2項及び軍事保安法4a条）に従う官庁の特別の情報請求に関連するものであり、措置の終結後、所轄の諜報機関を通じた通知が未だなされないときに行われる。審査会は、通知の更なる見合わせの可否及びその期間についての承認（G10法12条1項3文・4文、2項、場合によっては連邦憲法擁護法8b条7項1文）または最終的な非通知に対する満場一致の決定（G10法12条1項5文）を通じ、関係者が情報収集について通知されるか、ひいては裁判上のチェックのための事後的機会を得るかという事項について、決定する[78]。

G10法3条に従った個別の制限措置の際の主たる関係者にとっての通知は、とりわけ特別な意義を有する。なぜなら戦略的監視と異なり、個別措置においては、（少なくとも潜在的には）対象となる個人の通信利用全体の監視が問題となるからである[79]。

（３） テロリズムに対抗するための情報収集活動に対する基本法10条審査会の統制実態

以上の権限・機能に関して、テロリズムに対抗するための情報収集活動に対する基本法10条審査会の実効性について垣間見るため、具体的な状況を確認してみたい。G10法14条に基づく2007年から2013年までの議会統制委員会報告をまとめた資料によると、審査会による個別措置の決定事例の総数は50～160件程度（最多は2013年の157件、最少は2009年の55件）であり、対象者の延べ人数380件～1950件程度（最多は2013年の1944件、最少は2007年の384件）であり、最終的に非通知とされた事例は決定対象の2～16％と、年度により大きなばらつきがあった[80]。

---

77) Ebd.
78) Ebd., S. 1592.
79) Ebd.
80) Ebd., S. 1593.

テロ対策法（Gesetzes zur Bekämpfung des Internationalen Terrorismus-Terrorismusbekämpfungsgesetz）に基づく事例に限れば、航空事業、金融事業、郵便事業及び電気通信・通信サービス事業（Telekommunikations-Teledienstunternehmen）[81]それぞれの個別の事例について、顧客あるいは利用者に関する情報を入手する際、及びいわゆるIMSIキャッチャー[82]の使用の際に、基本法10条審査会の決定が必要となる。

当該領域における、2002年から2021年の各事業別の情報提出要求等の数は、次頁表1のとおりである[83]。

表1は各事業項目別の総数をまとめたものであるが、本表のもととなったドイツ連邦議会報告資料の詳細からは、IMSIキャッチャーを除く各事業項目別に、いずれの諜報機関による情報提出要求がなされたかを確認することができる。これによれば、2009年の航空事業に関する要求を除く全ての事業・年度で、圧倒的に連邦憲法擁護庁の情報提出要求件数が多いことが分かる[84]。

---

[81] Teledienst（通信サービス）は、通信サービス法（Teledienstgesetz-TDG）上の概念であり、テレバンキングやデータ交換などの個人間コミュニケーション領域（通信サービス法2条2項1号）、インターネット又はその他通信網使用（同3号）などのサービスの提供などを意味する。

[82] IMSIキャッチャーとは、「携帯電話の基地局を偽装して相手方に知られずに情報を取得出来る汎用機器」である（指宿信「偽装携帯基地局を用いた通信傍受：携帯電話の無差別傍受装置『スティングレイ』」法学セミナー60巻11号（2015）1頁。「スティングレイ」とはIMSIキャッチャーの通称）。指宿が取り上げるのはアメリカの事例だが、ドイツでは本書で取り上げる各諜報機関の他、連邦刑事庁においても、IMSIキャッチャーが用いられてきた。連邦刑事庁法（Bundeskriminalamtgeseetz-BKAG）は、2009年の改正から、BVerfGE 141, 220, Urteil des Ersten Senats v. 20. 4. 2016（連邦刑事庁データ判決）に基づく2017年の全面改正までの間は改正前連邦刑事庁法20n条、改正後は53条により、国際テロリズムに対抗するため、モバイル通信端末の機器番号、端末中で使用されるカードのカード番号及び同端末の所在に関する捜査を認めており、これをIMSIキャッチャー使用の根拠としている（*Stefanie Harnisch / Martin Pohlmann*, Der Einsatz des IMSI-Catchers zur Terrorismusbekämpfung durch das Bundeskriminalamt, NVwZ 2009, S. 1328 ff.）。改正前連邦刑事庁法について、山口和人「ドイツの国際テロリズム対策法制の新たな展開：『オンライン捜索』を取り入れた連邦刑事庁法の改正」外国の立法247号（2011）54頁以下。米国のIMSIキャッチャーに関する先行研究として、海野、前掲・注31）（2018）282頁以下。

[83] 表1について、BT-Drucksache 20/9900 (S. 5 (Tabelle 3))。

[84] BT-Drucksache 19/30658 (S. 6 ff.)。なお2009年の航空事業に関する申請については、連邦憲法擁護庁が1件、連邦情報局が3件、軍事保安局が0件であった。

183

第二部　諜　報

【表1　事業別情報提出要求数（件）】

	航　空	金　融	郵　便	通　信	IMSI キャッチャー	合　計
2002	1	9	0	26	3	39
2003	2	16	0	14	9	41
2004	0	7	0	24	10	41
2005	0	12	0	21	10	43
2006	0	7	0	14	10	31
2007	0	5	0	38	9	52
2008	2	10	0	52	14	78
2009	4	18	0	55	16	93
2010	10	16	0	43	16	85
2011	4	17	1	34	14	70
2012	10	26	＊（情報提出要求の）権限が二〇一二年一月九日までとなっているため無し。	34	17	87
2013	8	25		54	26	113
2014	3	30		39	17	89
2015	2	20		38	19	79
2016	0	29		67	18	114
2017	3	25		46	31	105
2018	4	31		43	32	110
2019	6	30		46	22	104
2020	4	23		59	34	120
2021	2	28		59	39	128

　2012年から2021年の、G10法12条１項に基づく諜報機関別の基本法10条審査会の通知決定延べ人数については、186頁表２のとおりである。[85]

　表２に表れた延べ人数の多寡をもとに通知・非通知の割合を論ずることは無益である。ここから分かることは、基本法10条審査会の通知決定は、テロ対策

---

85) 表２について、BT-Drucksache 18/216, S. 10; BT-Drucksache 18/3708（neu）, S. 10; BT-Drucksache 18/7424, S. 10; BT-Drucksache 18/11228, S. 12; BT-Drucksache 19/1280, S. 10; BT-Drucksache 19/10460, S. 10; BT-Drucksache 19/30658, S. 10; BT-Drucksache 19/22388, S. 10; BT-Drucksache 20/9900, S. 11を根拠に、筆者が作成した。

の場面においても、少なくとも形骸化していない（一定程度機能している）ということである。

ただし、基本法10条審査会が適切に機能するためには、前述した権限行使の実効性を、審査会が具備することが必要不可欠である。この点について、基本法10条審査会の限界が顕在化したといえる事例が、次に扱う基本法10条審査会当事者能力決定の本案である、NSA調査項目リストの閲覧拒否に関するものである。

4　基本法10条審査会の憲法上の位置付け
（１）　基本法10条審査会当事者能力決定の背景——米独合同諜報活動

基本法10条審査会当事者能力決定は、アメリカの国家安全保障局（NSA）[86]とドイツの連邦情報局（BND）の合同シギント活動[87]に基づく、NSA調査項目リスト（NSA-Selektorenlisten（Filter-Listen））の提出及び閲覧のための準備に関する連邦政府及び連邦首相官房長による拒否（2015年6月18日）について、基本法10条審査会が申立人となって、基本法10条2項違反を理由に機関争訟を提起した事案である。

米独の諜報における協働関係は、9.11以降、蜜月となった。ドイツはアメリカにとって海外で最重要の監視プラットフォームとなり、ドイツとしても「国内のテロ事件の殆どでその防止や捜査」にアメリカとの連携が重要な役割を果たしていたといえる[88]。この連携の中、ドイツ連邦情報局が収集し、アメリカ国家安全保障局に提供していた項目のリストがNSA調査項目リストである。

連邦情報局の諜報対象は、少なくとも伝統的には、基本法上問題とならない国外を対象としていると理解されてきた。しかし、Edward Snowdenの告発から、連邦情報局が国家安全保障局の情報収集に協力し、友好国の公的機関や政治家、国民の通信情報を国家安全保障局に提供し、またドイツ国民もその対象にされている疑いが生じた。この点に関する調査のため、基本法44条に基づき国家安全保障局調査委員会が設けられたが、委員会は十分な証拠がないこと

---

86)　BVerfGE 143, 1.
87)　シギント（SIGINT）とは、通信情報収集（signals intelligence）の略語である。
88)　警察政策学会テロ・安保問題研究部会「米国国家安全保障庁の実態研究」警察政策学会資料82号（2015）253頁以下。

第二部　諜　報

【表2　諜報機関別通知決定（延べ人数）】

	諜報機関	通知	仮の非通知	最終的な非通知	事実上の非通知
2012	連邦憲法擁護庁	48	76	4	2020年から表に追加。
2012	軍事保安局	0	3	0	
2012	連邦情報局	1	1	0	
2013	連邦憲法擁護庁	139	282	5	
2013	軍事保安局	0	0	3	
2013	連邦情報局	0	0	6	
2014	連邦憲法擁護庁	143	231	12	
2014	軍事保安局	5	4	0	
2014	連邦情報局	0	0	0	
2015	連邦憲法擁護庁	83	152	171	
2015	軍事保安局	0	5	0	
2015	連邦情報局	0	0	2	
2016	連邦憲法擁護庁	79	128	18	
2016	軍事保安局	2	4	0	
2016	連邦情報局	0	0	0	
2017	連邦憲法擁護庁	72	155	11	
2017	軍事保安局	1	6	0	
2017	連邦情報局	1	0	0	
2018	連邦憲法擁護庁	217	461	18	
2018	軍事保安局	0	4	0	
2018	連邦情報局	1	0	0	
2019	連邦憲法擁護庁	79	219	5	
2019	軍事保安局	10	5	2	
2019	連邦情報局	0	0	0	
2020	連邦憲法擁護庁	110	290	29	16
2020	軍事保安局	0	1	0	0
2020	連邦情報局	4	2	0	0
2021	連邦憲法擁護庁	59	205	1	7
2021	軍事保安局	12	17	0	0
2021	連邦情報局	0	0	0	0

から、この疑いを否定した。[89]

　本件の発端となったリストの閲覧拒否が行われたのち、基本法10条審査会は（G10法15条5項の規定にもかかわらず）、質問を通じた間接的な内容確認をすることしか認められなかったことから、基本法10条審査会が当該閲覧拒否について、機関争訟のかたちで基本法10条2項違反としてその違憲性を争うこととなったのである。[90]

　本件は、このような高度な政治的背景を持つ事案である。ただし、連邦憲法裁判所は、基本法10条審査会が、連邦憲法裁判所法13条5号に定められた機関争訟の当事者能力を有する基本法93条1項1号に定められた機関にあたるか、という訴訟要件の充足性を否定したため、本案審理には至っていない。[91]

（2）　基本法10条審査会の権限の限界

　以下、本決定の判旨を契機として、基本法10条審査会の権限の限界について検討する。

　本決定は基本法10条審査会が、①独自の種別の統制機関であり、②基本法93条1項1号における連邦最高機関ではなく、③基本法93条1項1号における基本法または連邦最高機関の規則によって独自に権限を与えられた関係機関でもないことから、機関争訟における当事者能力を欠くとして、本件を却下した。

（i）　機関争訟の性質と当事者能力

　まず前提として、ドイツの機関争訟について確認しておく。連邦憲法裁判所における機関争訟手続の法的根拠は、基本法93条1項1号、連邦憲法裁判所法（Bundesverfassungsgerichtsgesetz-BVerfGG）63条以下にある。基本法93条1項は、以下のとおり定める。「連邦憲法裁判所は、以下の事項について裁判を行う。①連邦の最高機関、または基本法もしくは連邦の最高機関の規則により独自に権限を与えられたその他の関係機関の権利及び義務の範囲に関する争訟を

89）　渡辺富久子「ドイツの連邦情報庁法：対外情報機関の活動の法的根拠」外国の立法275号（2018）59頁以下。諜報対象には、Angela Dorothea Merkel 首相以下著名な政治家らが多く含まれていると疑われた。本件本案のNSA調査項目リストに関する、調査委員会の調査権行使に関する事案として、前掲のBVerfGE 143, 101がある。
90）　BVerfGE143, 1, Rn. 2 ff.
91）　その他に本件本案と深い関係がある事案として、前掲のBVerfGE 124, 78（調査委員会による情報提出要請拒否の合憲性に関する事案）がある。

契機とする基本法の解釈。(後略)」。機関争訟とは、二つの憲法機関の間で争われる、憲法上の権利義務に関する争訟をいう[92]。機関争訟においては対抗的関係となる当該二機関であるが、両者は同一の法主体に属することから、解釈上は権利義務そのものについての争いではなく、当事者相互の管轄と権限の範囲を限定付ける争いであるといえる[93]。この意味で機関争訟は、「自己訴訟の性質を有する」[94]。この点は、日本の行政事件訴訟法6条に規定される「機関訴訟」と類似の性質を持つといえる。自己訴訟の性質を有する事案は、本来「政治的手段・行政監督的手段によるべき」である[95]。名雪健二は、ドイツの機関争訟の多くが政治的課題に関する争いであることに関して、基本法93条1項1号及び連邦憲法裁判所法63条以下が連邦憲法裁判所に要求するのは「争いを契機として、基本法の解釈に関」する決定をすることであるが、連邦憲法裁判所は、連邦憲法裁判所法64条及び67条の「文言や意味を超越して、当該憲法機関の権利侵害を機関争訟手続の決定主文の中で確認してきた」と指摘する。この根拠は、連邦憲法裁判所67条1段における機関争訟の文言にあるとされるが、名雪は「政治的結論を引きだすことは政治の課題にとどめるべきである」と述べている[96]。

各機関が機関争訟の当事者能力を有するか否かは、基本法93条1項1号における連邦最高機関（oberste Bundesorgane）、または基本法もしくは連邦最高機関の規則により特別に権限を与えられたその他の機関（andere Beteiligte）にあたるか、により判断される[97]。

（ⅱ）　独自の種別の統制機関としての基本法10条審査会

判旨はまず、基本法10条の性質について、以下のとおり述べる。基本法は、

---

92) 名雪健二「ドイツ連邦憲法裁判所の権限：機関争訟手続」東洋法学51巻1号（2007）5頁。
93) 山岸喜久治「国家機関相互の紛争に対する憲法裁判的解決：ドイツにおける機関争訟制度の意義」宮城学院女子大学研究論文集116号（2013）3頁以下によれば、連邦憲法裁判所への諸手続は、①対抗型手続（機関争訟・連邦及び州における紛争）、②客観的苦情処理型手続（抽象的規範統制・具体的規範統制）、③特殊型手続（憲法訴願・選挙審査訴願）の3つに分類される。
94) 山岸、同上、5頁参照。
95) 田村浩一「機関訴訟についての若干の疑問」関西大学法学論集36巻2号（1986）14頁以下。
96) 名雪、前掲・注92）、5頁以下。
97) 同上、8頁以下。

その10条１項において、信書・郵便・通信の秘密の基本権を高い重要性を持って保障しており、信書・郵便・通信の秘密の制限は、基本法10条２項１文に従い、法に基づいてのみ命令されうる。基本法10条は、効果的な基本権保護の必要条件として、脅かされている信書・郵便通信の監視措置の情報を更に要求する。というのは、そのような情報なくしては、関係者は、その通信接続の閲覧・把握の違法性も、削除又は補正の権利も主張することができないからである[99]。

その上で、基本法10条２項２文を実現する統制機関である基本法10条審査会の性質について、以下のとおり述べる。基本法10条２項２文の実現に際し、その「補充的手続」に参加する機会を関係者が有しないときにも、実態的且つ手続適合的な裁判上の統制と同価値の、特に少なくとも同程度に効果的な再検査を、法は予定していなければならない。この統制は、法的統制でなければならないが、時宜の根拠に基づく統制機関が存在する規定を基本法10条２項は許容しており、この機関による監視の不作為や終了については、監視事例の数を更に限定してしかるべきであることを要求する。統制機関は、議会の内部や外部に形成される。権力分立（Gewaltenteilung）の原理は、例外的に裁判所を通じてではなく、立法を通じて任命若しくは形成された行政権の措置に対抗する権利保護が、行政権の機能領域内に独立の機関を認めることを許す[100]。G10法に従い命じられた制限措置の統制は、議会統制委員会及び基本法10条審査会の義務である[101]。立法者は裁判上の手段に代わる機関を創造するが、これは裁判所ではない。行政権の機能領域の内部における機関のように振る舞うが、行政権に併合されるものでもない。その機関は法的統制を行うが、しかし時宜の考慮（Oppotunitätserwägungen）をも適切に表現することができる。ここでは不足した裁判上の権利保護の代理として役立つ、裁判所の力の外にある独自の種類の統制機関が問題となっている、と。[102]

---

98) BVerfGE 143, 1, Rn. 35.
99) BVerfGE 143, 1, Rn. 36. 閲覧等請求権は、基本法19条４項による裁判上の権利保護を直ちに狭めるものではなく、特有のデータ保護法が問題となり、これは情報及びデータ加工の国家の見解に対し有効なものとしてもたらされる。
100) BVerfGE 143, 1, Rn. 39.
101) BVerfGE 143, 1, Rn. 40.

ここで連邦憲法裁判所は、基本法10条審査会が組織上裁判所の外部にあり、行政権の内部に包摂されるものでもないことを明確にする。興味深いのは連邦憲法裁判所が、裁判所の「機能」である「法的統制」と、政治的判断のもとで迅速且つ効率的に行政活動を行う行政権の「機能」の一部である「時宜の考慮」の両者を、基本法10条審査会という一つの機関が行いうることを示す点である。この理解によれば、組織上、裁判所・行政権のいずれにも属しない同審査会は、独自の機関として、機能上、部分的に両者の性格を有することとなる。

　この点について Gärditz は、本決定の評釈中で、以下のとおり論ずる。「連邦憲法裁判所は基本法10条審査会の機能と性質を明らかにすることに、相当な労力を費やしている。基本法10条審査会の憲法上の基礎は、"非常事態憲法"の産物である基本法10条2項2文にあり、基本法は同審査会を必須の機関として予定しておらず、特定の情勢（Konstellation）下での基本権保障の手続的保全（引用者注：の手段）として予定している」。当該機関は独立性を有する必要があるが、「基本法10条2項2文に従った特定の機関の設置（Einrichtung）とその権限（Ermächtigung）は、どの範囲において、そしてどのような手続的設計をもって」法的救済（Rechtsweg）の制限がなされるかという点について、立法者の選択に依拠する。連邦憲法裁判所は、「基本法10条審査会の機能を、特別なデータ保護として手続的な基本権保護を保障するものと描」き、基本法10条審査会は、「裁判所ではなく、独自の統制機関であり、行政権の機能領域において行動する」。「基本法10条審査会は、所轄の省及び連邦情報局の見解に対する決定を支えるもので、大抵はその実態そのものを明らかにすることはない」。「中立的担当部局（Instanz）としての基本法10条審査会は」、「一方で行政権の連合（Einbindung）、他方で継続的且つ包括的な法的統制を通じた関係者の利益の『補償的代理機関』」として存在し、G10法の手続は「対審的な手続ではない」。「基本法10条審査会のモデルは、意思決定機関（Entscheidungsgremiums）の中立性と、先入観にとらわれないこと（Unvoreingenommenheit）に対する信頼」を持つ。国家組織法上の手続は、「民主的正統性保全のメカニズムに包摂されるものにとどまる」ところ、「連邦憲法裁判所は、権力の機能分立

102）　BVerfGE 143, 1, Rn. 41.

（Gewaltengliederung）を引き合いに出す」[103]。

　ここで注目したいのは、連邦憲法裁判所は従来どおり権力分立（Gewaltenteilung）と表記しているにもかかわらず、Gärditz が基本法10条審査会のモデルを、権力の機能分立（Gewaltengliederung）に引き合いに出して論じていると評価する点である。権力の機能分立（Gewaltengliederung）と、従来の権力分立（Gewaltenteilung）の差異について、高橋雅人は、「ドイツの権力分立原理については、大きく分けて２種類の議論があ」り、それは「権力の相互抑制から自由主義の実現を目指す議論と、国家権力が各機関に適した効率的な処理を目指す議論である。とくに後者の立場が、ドイツでは有力」であるところ、これは「機関（Organ）の分立ではなく、機能（Funktion）の分立」であり、「かつての権力分立論が、固定的に権力の範囲を確定するプログラムだったと批判するものである。そして、求めるべきは、権力作用の相互作用を捉え、異なる権力の交錯や権力間での境界変動が矛盾をきたさないように理解する構想なのである」と述べる[104]。裁判所は、組織だけでなく機能に着目して当該機関の位置付けを論じていることから、権力の機能分立（Gewaltengliederung）の視点を意識して本決定を理解すること、すなわち組織と機能の分離について考えることが重要である、と筆者は考える（ただし、ここでは Gewaltengliederung の理論的な背景に関する議論には立ち入ることができない）。

　　（ⅲ）　機関争訟における基本法10条審査会の当事者能力と機能的位置付け
　次に判旨は、基本法10条審査会が基本法93条１項１号における連邦最高機関にあたらない理由を、以下のとおり述べる。基本法10条審査会は、憲法により、存在・地位・本質的な権限を構成されているものではない。基本法10条２項２文の制定経緯と目標設定に従えば、憲法規範には、その客観的メッセージを越えて「議会の選任した機関あるいは補助機関」の利益になるような権限保障的効果は、当然存在しない[105]。基本法10条２項２文は、拘束力のある憲法上の任務を包括するものではなく、また通知義務の制限の権限を与えるが、そのように命じるものではない。基本法10条審査会の存在は立法機関の意思に依存

---
103)　*Klaus Ferdinand Gärditz*, Anmerkung, DVBl, 2016, S. 1540 f.
104)　高橋雅人『多元的行政の憲法理論：ドイツにおける行政の民主的正当化論』（法律文化社・2017）42頁以下。
105)　BVerfGE 143, 1, Rn. 44.

し、基本法10条2項2文は、公布された法を実行するための「ある（ein）」機関が定められていなければならないということを要求する[106]。審査会は、民主的意思決定と国家的決定への到達のプロセスにおける憲法上直接的な地位を有することはなく、そのため国家的意思決定に関与することはない、と[107]。

更に、もう一つの機関争訟の当事者能力の要件である、基本法もしくは連邦最高機関の規則により特別に権限を与えられたその他の機関に、基本法10条審査会が該当しない理由について、本決定は以下のとおり述べる。まず、形式的には、①基本法は基本法10条審査会について明示的に言及していない状況にも関わらず、基本法10条2項2文は、その補助機関を——基本法45b条の防衛監察委員（Wehrbeauftragter）[108]とは異なり——「連邦議会」とは呼んでいないこと、②基本法10条審査会は、45d条における議会統制委員会のように、連邦議会の義務的委員会（Pflichtgremium）として規定されるものでもないことが挙げられる[109]。

その上で基本法10条審査会の組織上の位置付けについては、以下のとおり述べる。確かに、基本法10条2項2文に従った機関あるいは補助機関は、議会から選任されるが、これをもって基本法10条審査会をドイツ連邦議会の一部として認定されるものではなく、基本法10条審査会の民主的正統性（demokratische Legitimation）[110]が確かめられる（のみである）。議会の補助機関の存在は、議会との関係において指示に拘束され、活動報告の法的義務を有する関係に属してい

---

106) BVerfGE 143, 1, Rn. 45.
107) BVerfGE 143, 1, Rn. 46.
108) 基本法45b条は、以下のとおり定める。「基本権保護のために、また議会的統制の実行を連邦議会が行う際の補助機関として、連邦議会の防衛監察委員が任命される。詳細は連邦法で定める。」防衛監察委員について、畠基晃「ドイツ国会の防衛オンブズマン：防衛監察委員制度」立法と調査290号（2009）103頁以下参照。同105頁以下によれば、防衛監察委員とは、軍人の基本権の保障を主たる目的として、軍の監視活動を行うことを任務とし、防衛監察委員法により、予告なく軍の施設・部隊に立ち入ることの出る「部隊監察権」をはじめ、強力な「情報収集権」「文書閲覧要求権」などの権限を有する。
109) BVerfGE 143, 1, Rn. 49 f.
110) Legitimationを「正統性」と訳すか「正当性」と訳すかについては、論者によって異なる。トーマス・ヴルテンベルガー（著）畑尻剛（編訳）『国家と憲法の正統化について：トーマス・ヴルテンベルガー論文集』（中央大学出版部・2016）では、統一的に正統性の語があてられている。一方、髙橋、前掲注107）、48頁以下は、「正統性」とは法の外に由来する支配の根拠であり、正統性と合法性を併せ持つ内実を有する「正当性」とは区別され、Legitimationは「正当性」とすべきであることを唱える。

る。確かに、基本法10条審査会は、連邦議会のもとに「位置づけられている (angesiedelt)」。しかしながら、議員であることが必須ではない基本法10条審査会の構成員は、その職務について独立しており、議会の指示に従うものではない（G10法15条1項3文）。同審査会の構成員は、名誉職であり、断続性の原則に従うものではなく（同項4文）、ドイツ連邦議会に対する報告義務は存在しないと指摘する。そのため連邦憲法裁判所は、基本法10条審査会はドイツ連邦議会の組織的権力（Organisationsgewalt）を規定していない、と。[111]

ここでは、基本法10条審査会が憲法から直接導かれる存在ではなく、議会の判断に依拠する存在であるとされる一方、民主的意思決定プロセスとの関係、及び構成員・組織・報告義務などの客観的要素を踏まえ、同審査会が議会の組織的権力を有しないことが具体的に指摘されている（なお、それにもかかわらず、同審査会が組織上議会に位置づけられている理由を、連邦憲法裁判所は「民主的正統性」に求めている）。

この点については、前述した Gärditz の指摘のとおり、連邦憲法裁判所が権力の機能分立という考え方を、基本権の保障のための国家の情報収集活動に対する統制のメカニズムを説明するために直接用いている点が特徴的である。この点 Mark Alexander Zöller は、以下のとおり指摘する。諜報機関は国の存立を守るためにのみ用いられるところ、この目的のために活動するときには「諜報機関自身が民主的な基本秩序の要素」となる。「機関の遮断（Abschirmung）に関する一般的な国家利益は、統制システムの遮断に関する特定の基準をもたら」すことから、これを目的として、民衆を代理する議会統制委員会・基本法10条審査会などが設立される、と。[112] この指摘は、秘密裡に行われ、公に開示すればその活動の意義が失われることの多い情報収集活動の統制任務を、基本法10条審査会のような法的独立性と実効性を兼ね備える機関が、手続的な担保をもって実行することの重要性を示唆しているとも言える。権力分立との関係については、本章第4節で日本における同種の機関設置の検討に関する際に再訪することとしたい。

---

111) BVerfGE 143, 1, Rn. 50.
112) *Mark Alexander Zöller*, Informationssysteme und Vorfeldmaßnahmen von Polizei, Staatsanwaltschaft und Nachrichtendiensten, C.F. Müller, 2001, S. 286.

第二部　諜　報

　では、諜報機関の議会的統制との関係から見て、基本法10条審査会はどのような機能的位置付けにあるか。判旨は、以下のとおり述べる。基本法10条審査会は、最終的に議会的統制機能を行使するものではない。議会的統治システム（parlamentarische Regierungssystem）は、議会の統制機能を通じて刻印されるところ、政府と行政の議会的統制は、基本法にとって基本的な機能及び組織の原理を示す権力分立の原理を実現する。その際、権力分立の原理は、国家権力の機能の完全な分離を目指しているのではなく、政治的な権力配分、三権の密接な関連性（Ineinandergreifen）、国家権力の抑制という結果を含む結果的な相互の統制と制限を目指すものである。その点で、議会的統制は政治的統制であり、行政上の超過統制（Überkontorolle）ではない。[113] G10法の適用領域において、政治的統制は議会統制委員会の義務である。議会統制委員会は、G10法の執行を通じて一般的な統制を果たすため、各省からの報告に基づいて、ドイツ連邦議会に毎年、措置の実行・種別・範囲について報告する（G10法14条1項2文）。その際は、個別の事例ではなく、制限措置と原則をめぐる問題の全体観（Gesamtübersicht der Beschränkungsmaßnahmen und Grundsatzfragen）が重要となる。[114] それとは逆に、基本法10条審査会は具体的な制限措置の許容性と必要性に関し、行政権の機能領域（Funktionsbereich der Exekutive）において、すなわち「実効的な」領域において活動することとなる。基本法10条審査会の統制は、制限措置に伴い獲得した個人関連データの収集・加工・利用の全プロセスの手続保全についての体制として、個別の事案の中での連邦省の制限規定のチェックにまで及ぶ（G10法15条5項）。その際、基本法10条審査会は、所轄の連邦省及び連邦諜報機関の見解に対してその決定を支え、規定の実情を自ら解明するものではない。基本法10条審査会は、継続的かつ包括的な法的コントロールを通じた中立的官庁として運用される。[115] 基本法10条審査会は、そのほかに、連邦議会の審理と決定の任務には参加しない、と。[116]

　ここで連邦憲法裁判所は、前述した議会統制委員会と基本法10条審査会の機能の差を強調することで、基本法10条審査会が議会的統制の機能と切り離され

---

113)　BVerfGE 143, 1, Rn. 52.
114)　BVerfGE 143, 1, Rn. 53.
115)　BVerfGE 143, 1, Rn. 54.
116)　BVerfGE 143, 1, Rn. 55.

ていることを論証した。[117]

4　日本における国家の情報収集活動の個別的統制機関設置に向けて

　ここまで、基本法10条審査会の組織と機能を中心に、ドイツにおける諜報機関の個別的統制についての議論の一側面を見てきた。ただし、あくまで筆者の問題関心は、基本法10条審査会をはじめとする諜報機関の統制機構について分析し、国家の情報収集活動に対する多角的統制手段の組織的・手続的側面の一として、日本への示唆を得る点にある。

　そこで注目したいのが、基本法10条審査会当事者能力決定で言及された基本法10条審査会の位置付けである。連邦憲法裁判所は基本法10条審査会を、形式的には議会に属する一方、実際は行政の機能領域において活動する独立的・中立的且つ独自の存在と解するが、日本において情報収集活動の個別的統制機関を新たに設置する際、この理解がどのような示唆を与えるか、考えていきたい。

　まず、ドイツでは基本法10条2項により、裁判上の手段に代えて情報収集活動の個別的統制を行う機関を「議会の選任した機関及び補助機関」とする明確な定めがあるが、日本において同種の機関を設けることを想定する場合、組織上、①立法府に附帯する機関とする、②行政府に附帯する機関とする、③全く独立した機関とするという三つの選択肢が想定される。このうち、③については、従来むしろ独立性を有する委員会の存在の違憲性を論じるにあたって批判的に主張されてきた見解であり[118]、現在の日本においては理論的基盤を欠くといえ、またそのような事態を踏まえて尚この立場に立つべき明確な理由を、現時点で筆者は有していないことから、今回は検討の対象外としたい。

　では、情報収集活動の個別的統制を行う機関を日本に設置するとして、①立法府に附帯する機関とする場合と、②行政府に附帯する機関とする場合とで、それぞれどのような課題が見いだされるか。ドイツの例を契機として、以下論ずる。

---

117)　なお、本章では大きく取り扱わないが、本決定は最後に基本法10条審査会と憲法異議の関係について言及している（BVerfGE 143, 1, Rn. 58 f）。
118)　塩野宏「行政委員会制度について」日本学士院紀要59巻1号（2004）10頁以下。

第二部　諜　報

1　設置形態の検討①——立法府

　国家的な情報収集活動の統制機関を立法府に附帯する機関とする場合、最大の課題は、実質的機能は行政のものであるにもかかわらず、民主的正統性の観点から議会に設置することが権力分立に反しないのか、ひいてはこの前提となる権力分立とは何か、という点である。ドイツでは、憲法上の要請として議会に附帯することが明確にされていた機関について、裁判所が基本法10条2項2文に内在する立法裁量を認めた上で、行政の機能領域における作用を含んだ独自の存在であると判断したこと、及び権力の機能分立の考え方を用いることにより、この点が全面的に問題にされることとはならなかった。しかし、日本で新たにこのような機関を設置すると仮定する場合、まずこの点が問題となる。

　この課題を考えるにあたって、重要な示唆を与えるのが大林啓吾の見解である[119]。大林は、アメリカの9.11独立調査委員会の分析を通じて立法府に帰属する独立調査委員会の可能性を探る中で、以下の問題提起をする。独立調査委員会の制度が「立法によって創設され、立法府に帰属していることを鑑みると、それは結局立法府による執行特権の統制になるのではないかという疑問が浮かんでくる。そうであるとすれば、抑制と均衡の補完という位置付けではなく、立法府主導による執行特権の統制という位置付けになる[120]」。「形式的従属性と実質的独立性を持つ独立調査委員会」の理解について、「新たな権力分立論を展開する必要性を生じさせるものである」[121]、と。大統領の権限が強く、裁判所においても執行特権が語られるアメリカと、大統領の権限が形式的なドイツ[122]、そし

---

119)　大林啓吾『アメリカ憲法と執行特権：権力分立原理の動態』（成文堂・2008）208頁以下。
120)　大林、同上、226頁。アメリカの執行特権（executive privilege）という考え方は、「大統領が議会や裁判所から情報開示要求を受けた際にこれを拒絶する権限」を意味し、1974年のU.S. v. Nixon連邦最高裁判所判決により言及されている。
121)　大林、同上、229頁。
122)　ドイツでは連邦大統領は中立的存在であり（基本法55条1項）、連邦大統領の命令及び処分を有効にするためには連邦首相又は所轄の連邦大臣の副署（Gegenzeichnung）を必要とする（同58条）。これは、ワイマール期の反省を生かすものである。山岸喜久治「ドイツ連邦共和国大統領：平常事務と緊急権限」宮城学院女子大学22号（2013）68頁は「連邦大統領は、ワイマール期のライヒ大統領、フランスやアメリカの大統領に比べて圧倒的に地味な存在となった」と指摘する。兵藤守男「ドイツ連邦共和国と大統領制」法政理論30巻3号（1998）4頁は、ドイツの大統領制を「象徴大統領制」、アメリカの大統領制を「執政大統領制」と理解する。基本法10条審査会当事者能力決定の被申立人も、連邦政府ならびに連邦首相官房である。

て大統領制を有しない日本とは様相を異にするため、この争点をそのまま本章の議論に適用することはできない。しかし、独立した第三者機関の議会への形式的従属と、機能面での独立性という議論は、まさしく本章におけるここでの中心的争点であり、大林が述べるように「新たな権力分立論を展開する必要性」があるといえると考える。

　ここに言う「新たな権力分立論」について検討するためには、権力分立に関する事項を網羅的に論じた上で議論する必要があるが、本書はその任に堪えるものではない。ここでは、現在日本で取り上げられている権力分立に関する議論のうち、立法府に附帯する行政の個別的統制機関の可否を論ずる端緒となりうる主張に触れながら、若干の考察を試みるに留める。

　日本における伝統的な権力分立論は、行政権に対し控除説を採ってきた。控除説は行政の多様性を網羅するために積極的な定義が困難である、という消極的理由に依拠するため、複数の論者が積極的定義を試みてきたが、その結果は一部の行政作用が脱落する定義となるか、あるいは形式的には積極的定義をしているものの実態は控除説と相違ない定義に留まるか、このいずれかであったように思われる。そして、行政権の積極的定義付けの試みは、その実益の乏しさから、十二分に議論が尽くされてきたとは言い難い争点でもある。この点について毛利透は、行政権の積極的定義を試みた戦後行政法の大家・田中二郎の主張を取り上げ、以下のとおり指摘する。行政権の積極的定義付けという争点は、「もしそれが学会の存在理由を賭けた問題なら、次々と新しい提案が出てきてしかるべきである。田中が孤立した主たる要因は、行政法の存立には行政の積極的定義が必要だと言う彼の問題関心が全然共有されなかったことにあ」り、田中二郎自身の行政法理論体系との関係で見ても、「この積極的定義は彼の行政法学の中身にほとんど影響を与えていない」、と。[123]

　しかし現在では、行政権領域の明確化の要請は、憲法学の領域から強く主張されている。村西良太は、我が国における「伝統的通説の関心事は、『権力相互の抑制』ではなく、もっぱら『行政権の抑制』であ」り、「この通説的思考を導く前提は、明示的でないにせよ、国会が国民によって直接選任された唯一の国家機関である事、すなわち、国会が内閣より高度な民主的正統性を有して

123）　毛利透『統治構造の憲法論』（岩波書店・2014）236頁以下。

いること」にあり、控除説に対して「その複雑多様性はひとり行政権にのみ具わる特質ではあり得ない」ことを指摘する[125]。このような観点から、高度の政治的決定を本質的要素とする「執政権」を中心に、内閣の憲法上の任務領域を再構成しようとする説が主張されている(執政権説)。これに対して、行政権とは「法律の執行」をその任務とする説(法律執行説)を主張する見解がある。毛利は、「国家権力をどのように行使すべきかは国民代表たる議会が国民の中の議論をふまえて定める法律によって初めて決まるのであって、それなしに行政権が国民に働きかけることを正当化する根拠はない」ことを本説の根拠として挙げる[126]。

この議論を、立法府に附帯する行政の個別的統制機関の可否という観点から見ると、非常に興味深いことが分かる。控除説と法律執行説は、実質的には行政権の任務の広狭という観点、理論的には立法府と行政府の役割分担をどのように解すべきかという観点、その両者において対極的である。しかし、執政権説のように排他的に行政権に属する権限が存在することを明示する、という立場に立たないという点では、控除説・法律執行説は共通している。控除説では立法府・裁判所の権限を除くものが、法律執行説では法律を通じて立法府から委ねられたものが、それぞれ行政権の内容とされるからである。そうだとすれば、立法府に附帯する行政の個別的統制機関の存在を許容することが、理論的に最も困難であるのは、執政権説であるといえる。このことは、単に各説の限界を示す以上の意義を有する。ここで明らかになるのは、立法府に附帯する機関が行政府の個別具体的判断を覆す権限を保有することを具体的に想定すると、行政府の本質的あるいは中核的な権限を想定するかはさておき、立法府の機能が拡大解釈されることになるのではないか、という問題意識である。

このような問題意識は、行政の権限の強化・拡大傾向が続いてきた戦後の我が国の公法学においては、大きな注目を浴びて来なかったように思われる。ドイツの議論を参考に、立法府と行政府の「協働執政」を論ずる村西の主張は、

---

124) 村西良太「権力分立論の現代的展開：機能的権力分立論の可能性」九大法学90号(2005)228頁、併せて同『執政機関としての議会：権力分立論の日独比較研究』(有斐閣・2011) 204頁以下。
125) 村西、同上(2005) 229頁。
126) 毛利、前掲注123)、241頁。

このような問題意識に一つの解決の糸口を与えるものであるが、仔細な検討は別の機会に行うこととして、ここでは立法府に附帯する個別的統制機関の設置について二つの懸念を提示するに留めたい[127]。

一つは、立法府ないし立法府に附帯する機関に個別の行政判断を判定させるという過分な負担を課すことで、結果として機能不全が生じる懸念である。行政府は、法律によれば、その組織を（理論上は）ほとんど限界なく拡大しうるが、立法府は議院の組織が憲法上規定されており、物理的な限界が存在するため、機能不全を生じさせないためには組織的な工夫が必要であろうと思われる。この点は、前述した基本法10条審査会の組織のように、個別的な統制を行う機関については中立的な構成員により組織し、当該構成員を間接的にでも議会が選任するという形態を採用することの副次的な効果として、一定程度回避することはできるであろう（なお、この選任方法の第一義的な効果は、無論民主的正統性の担保である）。

もう一つの懸念は、立法府が民主的正統性の名のもとに、多数派による判断に馴染まない判断を一義的に正当化してしまうことへの懸念である。例えば「テロリズムに対抗するための国家の情報収集活動の統制」の主眼は、大規模なテロの発生あるいは発生の危惧に対する不安を根拠として、テロを含む犯罪の嫌疑が全くない（が、ある事件で「テロリスト」とされた者と同一の国籍や信教を持つ）少数の者の憲法上の権利を、多数派が侵害するという事態の回避に置かれる。しかし、立法府に附帯する機関が行政の判断を個別具体的に統制する場合、立法府が行政府の行為を、民主的正統性を根拠として裏付けてしまうともとれる。そこで多数派の「暴走」が生じる危険性は、無視できるものではない。ドイツではこれらの事態を回避するため、基本法10条審査会を、会派的な特徴を有する議会統制委員会の下部組織でありながら、独立性・中立性を有する機関として位置づけている。しかし、このような組織的構造を採用しようとする場合、基本法10条審査会当事者能力決定で連邦憲法裁判所が論じたとおり、個別的統制を行う機関（ここでは基本法10条審査会）が立法府の機関であるといえるのか、という別の問題が生じる。「行政の機能領域において働く立法府に附帯する機関」という権力の機能分立論を前提とした説明が、現在の我が

---

127) 村西、前掲注124)（2011）参照。

国の立法過程において受容されるためには、更なる理論の精緻化が必要である。

結論として、日本において国家の情報収集活動を個別的に統制する機関を、立法府に帰属させようとする場合、「立法府と行政府の管轄範囲」という権力分立論上の課題に対するアプローチを必要とし、このアプローチをとるためには「新たな権力分立論」について網羅的且つ精緻な議論を要する、と筆者は考える。

2　設置形態の検討②――行政府

次に、国家的な情報収集活動の個別的統制機関を行政府に附帯する機関とする場合、中心的な課題は、機関の独立性・中立性・民主的正統性の確保にあると考える。ドイツでは、連邦議会議員から構成される議会統制委員会から任命される基本法10条審査会は、立法府に附帯することで民主的正統性が認められ、組織的帰属の点で行政から独立している。また連邦憲法裁判所は前述のとおり、継続的かつ包括的な法的コントロールを通じた中立的な官庁として審査会が運用されることで、機関の中立性が保たれると解する。

日本において行政府に附帯する機関としての情報収集活動の個別的統制機関設置を仮定すると、その性質はいわゆる広義の独立行政委員会に該当することとなるであろう。現行の独立行政委員会は、戦後アメリカの占領下で設置され[128]、占領終結後その多くは廃止された。占領下での行政委員会設置要請の根拠は、官僚機構の民主化という実質的な民主的正統性の確保にあった。現在設置されている広義の独立行政委員会は、「一定の行政分野においては内閣からの政治的影響を排して公立中立な法執行を確保する必要がある」[129]こと、すなわち独立性・中立性の確保を存在理由としている。ここから独立行政委員会を定義づければ、「独立性・中立性を有し、特定の行政任務を行う合議制の機関」であるといえる。この定義には、本章でこれまで論じてきた国家の情報収集活動の個別的統制機関を包摂しうる。

---

128)　塩野、前掲注118)、3頁以下。
129)　毛利、前掲注123)、242頁以下、宍戸常寿「パーソナルデータに関する『独立第三者機関』について」ジュリスト1464号（2014）19頁。

独立行政委員会の民主的正統性・独立性・中立性については、これまで複数の先行研究が検討を加えている。本章では、立法府に附帯する国家の情報収集活動の統制機関の検討と同様、本書全体の関心に沿って日本における議論の一端を垣間みることとしたい。

（1）　日本の独立行政委員会と基本法10条審査会

　まず、独立行政委員会の独立性・中立性を説明するにあたっては、議会に附帯する基本法10条審査会の独立性を論ずる時と同じく、組織と機能の両側面が重要である。[130]合議制の結果として独立性は当然に担保されるとする見解もある[131]が、独立行政委員会固有の独立性を根拠付ける要素は、この点に留まらない。

　独立行政委員会の独立性に関する先行研究として注目すべきは、駒村圭吾の議論であろう。駒村は、独立機関の独立性に関する学説の類型として、①厳格な権力分立観を前提に、独立機関を認めない独立機関否定説（Executive Agencies論）、②柔軟な権力分立観を前提に、独立機関を議会の「一部」として行動する機関と捉える説（Arm of Congress論）、③柔軟な権力分立観を前提に、独立機関を大統領と議会の双方の統制権・管轄権の競合・調整の結果として独立性を肯定する説（Fourth Branch論）の三つを分析するが[132]、本章の立場から注目したいのは、独立性と中立性の関係に関する駒村の分析である。駒村は、各説の「『独立性』概念の基底には、政治過程における独自の『中立性』概念が存在しており、その『中立性』概念の中に既に所論の『独立性』概念の胚胎が看取出来る」と考察した上で、「独立性」概念を「中立性」概念の制度論上の帰結・反映と分析し、国語的意味から逸脱した「独立性」「中立性」の「魔語」の仮面を取り除いたところには「議会従属型制度構想と統制権競合型制度構想という二つの対立する制度構想」の存在があると分析する。

　独立性とは異なる位相において、実質的要請との関係から中立性に言及する見解もある。原田大樹は、「行政委員会の内部構造の多様化により、現在では『委員会』という名称は、必ずしも行政委員会のみに付されるわけではなくなっている」が、このような機関を「『委員会』という名称の組織」として新

---

130)　神﨑一郎「行政委員会の意思決定」千葉大学法学論集28巻1・2号（2013）174頁以下。
131)　佐藤功『行政組織法〔新版・増補〕』（有斐閣・1985）267頁以下。
132)　駒村圭吾『権力分立の諸相：アメリカにおける独立機関問題と抑制・均衡の法理』（南窓社・1999）84頁以下。

設することは、「古典的な間接民主制に基づく統治・行政過程をいわば『開放』することを意味する」インパクトを持つ、と解する[133]。このような「開放」の正当化は政策課題の専門性・中立性・民主性に根拠づけられるところ、このうち中立性が要求される根拠について、原田は、「私人の権利に対して行政機関が強度の侵害作用をもたらしたりする場合には、裁判類似の慎重な判断手続が要求され、その際には通常の官僚機構から一定の独立性を有する機関、あるいは当該介入作用に直接関わらない判断者が手続を主宰する必要性が高くなる」ことを実質的理由として挙げる[134]。

　日本における独立行政委員会の議論のうち、独立性・中立性に関する視点は、本章の議論に奇妙なインパクトを与える。それは、独立行政委員会の文脈で論じられる独立性・中立性の要素が、本章で論じてきた（形式的には議会に付帯する）基本法10条審査会に関する独立性・中立性の要素と、その内容を同じくするように思われることである。このことから、行政府と立法府、どちらに附帯する機関として国家の情報収集活動の個別的統制を行う機関を考えるべきか、という問題意識について論ずるにあたり、独立性・中立性の要素に着眼することは本質を見誤ることになりかねないように思われるのである。

　一方、組織的観点においては最も大きな相違と思われる、民主的正統性の観点についてはどうか。独立行政委員会と民主的正統性の関係については、行政法領域において日本特有の課題が指摘されている。塩野宏は、日本における戦後の行政委員会制度の導入は制度こそアメリカのそれを模範としているものの、新たな経済規制への対応としてこれを導入したアメリカと異なり、「専ら、戦後の日本の行政の民主化の一環として捉えられてきた」と指摘する一方、当時の学壇においてはその民主化の根拠が明確に論じられて来なかったという[135]。この「民主化」の内容を論じた鵜飼信成は、英米法における行政法の発達を継受する戦後の日本の行政委員会について、答申の内容に法的拘束力がなかった戦前の委員会と比較して、「戦後の行政委員会は、自ら最終的な決定をする権限をもつ合議制の官庁であり、そのようなものが採用されるようになっ

---

133)　原田大樹「行政委員会」法学教室458号（2018）78頁。
134)　原田、同上、79頁。
135)　塩野、前掲注118）、8頁。

たところに、戦後行政の民主化の姿がみられる」と述べている。鵜飼の理解によれば、ここでいう「民主化」とは、立法府の民主的正統性に類似するような組織的権威の裏付けを想定しているのではなく、あくまでも行政府と比較した行政委員会の意思決定のあり方の変化を想定しているといえる。塩野が指摘するのは、このような「民主化」が一体いかなる根拠に基づいて受容されたのか、という（外国法の継受を超える）理論的な理由付けについての議論が不足していたことであろう、と推察される。日本型の行政委員会を制度と組織の観点から紐解く行政学者・伊藤正次も、同旨の見解を示す。伊藤は、行政委員会が導入された占領期の日本では、「戦前の天皇制と結合した『絶対主義的』・『中央集権的』な『官僚行政』を打破し、行政機構の『民主化』を推進するうえで、行政委員会制度の導入は不可欠の要素である」とする主張が有力であったものの、占領終結とともに行政の「民主化」を掲げる議論は「ほとんど顧みられなくな」り、機能の観点を重視する議論へと移行したと分析する[137]。

このように、日本の独立行政委員会における「民主的正統性」を語るにおいては、この極めてドメスティックな歴史的観点を除いて説明することはできず、また「民主化」の理論的根拠が未だ不明確であるという特徴があるが、そのことは現代において、占領期の「民主化」論が直接行政委員会の存立根拠となっているということを意味するのではない。むしろ、ここで取り上げた歴史的観点のうち体制変動が行政の民主化の要請を齎したという要素は、現代の行政委員会における民主的正統性について、国家体制のあり方、ここでは議院内閣制の点から論ずる、という広く受容された問題提起の手法を裏付ける意味を持つと筆者は考える。

（2） 具体的機関の想定―若干の考察

以上の検討を踏まえ、具体的に日本において、行政に附帯する国家の情報収集活動の統制機関を設置するとしたら、どのような形を想定することができるだろうか。

ここでは、本章冒頭に検討した日本の国家公安委員会を中心に考えてみた

---

136) 財団法人日本法律家協会（編）『準司法的行政機関の研究』（有斐閣・1975）293頁以下［鵜飼信成］。
137) 伊藤正次『日本型行政委員会制度の形成：組織と制度の行政史』（東京大学出版会・2003）9頁。

い。国家公安委員会は、上述した広義の独立行政委員会に分類される。ただし、厳密には国家公安委員会の長は管轄の大臣であり、この意味で宍戸常寿は、国家公安委員会を「他省庁との調整・交渉の円滑を図る」ために「中立性・独立性を一定程度後退」させた「大臣委員会」であると表現し、世界各国のプライバシー・コミッショナー（ドイツで言えば、行政に属する前述のBfDI）に相当する機関を日本で設置するにあたっては、国際的な要求に応えるためにも、「独立性の高い監督機関」として「通常の独立行政委員会の形態の採用が順当」であろうと述べた。[138]

　本章は、宍戸の見解の趣旨に賛同するとともに、プライバシー・コミッショナーだけではなく行政の情報収集活動の個別的統制機関についても、これを行政府に設置するにあたっては、独立性・中立性の観点から、通常の独立行政委員会の形を採用することが理想的であると考える（本章第3節冒頭に示した、2025年2月現在国会審議中の法案におけるサイバー通信情報監理委員会も、この形態をとる）。併せて、現行の監督機能との関係から、国家公安委員会を活用することも視野に入れるべきであると思慮する。

　実は、前述した2001年の警察法改正にあたっての国会審議で、①警察の監視機関を新たに設置することが既に検討されている。当該機関の設置が見送られた理由は、「警察の組織や業務に精通している者が当たらなければ実効ある監察とはならないこと、職員の不祥事の調査は捜査活動と密接に関連する場合も多いこと、監察と人事の緊密な連携が不可欠であることなどから、警察以外の機関が監察を行うことは適当でない」ことであった。[139] 同時に、②国家公安委員会が自ら監察を実行する機関となる仕組みについても検討されたが、「公安委員会の役割は大局的見地から警察運営の適正を図るということにあり、このため、公安委員には原則として警察事務の専門家でない有識者が充てられ、個々具体的な警察事務の執行に当たることなく警察の事務の執行を監督すること」という従来の見解が堅持され、これも見送られたという経緯がある。[140] しかし、本章は②に関して、公安委員会の役割を「大局的見地」に限定することへの疑

---

138) 宍戸、前掲注129）、19頁。
139) 滝澤、前掲注20）、37頁。
140) 滝澤、同上。

問を既に提示しており、「個々具体的な警察事務の執行」にあたることは適当でないにしても、一定の条件のもとでの実効的権限を有した統制を「警察の事務の執行の監督」の一形態として実施する可能性も捨て置きえないと考える。

3　第三者機関の設置と令状主義──捜査機関と諜報機関の接近・再訪

以上、本章では、ドイツの基本法10条審査会を中心に、個別的統制を担う国家の情報収集活動の統制機構について、組織的・手続的観点を中心に論じ、不十分ながら我が国における具体的な統制機関の設置に関する課題にまで言及した。ここで、日本における国家の情報収集活動の統制機構設置議論の必要性・緊急性について、令状主義との関係に着眼して検討する。

（1）　法制審議会特別部会における議論

国家の情報収集活動を監督・統制する第三者機関設置の必要性については、後述する通信傍受法改正に繋がった「法制審議会　新時代の刑事司法制度特別部会（2011年6月29日～2014年7月9日）」においても議論がなされている。[141] 令状を前提としない諜報活動や予防的警察活動についてではなく、令状を必要とする通信傍受についてもこのような議論がなされていることは、注目に値する。

ここで取り上げたいのは、本特別部会第20回会議における、弁護士・青木和子と日本の通信傍受法制に影響を与えた刑事訴訟法学者・井上正仁の議論である。[142] 青木は、「実際に通信傍受が本当に適正に行われているのかということについて、もちろん事前に裁判所の令状があって、あるいは不服申し立てという制度はありますけれども、それ以外に、国民の立場からすると、誰かがその適正さについてしっかり監視をしているという仕組みが必要なのではないか」という問題意識から、「何らかの第三者的な機関を作って、もちろん守秘義務が

---

[141] 同部会の議事録及び配布資料について、法務省ホームページ（http://www.moj.go.jp/shingi1/shingi03500012.html）参照。齋藤由紀「法制審議会の審議方法について：通信・会話傍受を中心に」関東学院法学23巻4号（2014）177頁以下、岩田研二郎「法制審議会『新時代の刑事司法特別部会』の答申の問題点」法と民主主義490号（2014）32頁以下参照。

[142] 通信傍受に関する井上の主張について、井上正仁『捜査手段としての通信・会話の傍受』（有斐閣・1997）、同『強制捜査と任意捜査〔新版〕』（有斐閣・2014）第3章参照。「盗聴法案を丸ごと容認する」井上の理論には、批判も多い（川崎英明「盗聴法と令状主義」奥平康弘＝小田中聰樹（監修）『盗聴法の総合的研究：「通信傍受法」と市民的自由』（日本評論社・2001）94頁参照）。

ある者によって構成される機関で、そこに対してはもう少し詳しい報告をする、説明をする。そしてその説明されたものについて、本当にそのとおりなのかどうかについて検証出来るような機関」を作るべきだと述べる。[143]

青木の主張に対し、井上は、「現行の通信傍受法では、裁判官、裁判所が関わることによって適正を担保するという仕組みが結構手厚く作られていると思うのですけれども、それで足りないところはどこなのでしょうか。またそれで足りないということを示す立法事実はあるのですか。」と問うた上で、第三者機関[144]を「設けても、常に全件を詳しく見るというようなことは現実に不可能ですので、何らかの申立てとか疑いがあるときに発動される。それと、我が国の現行制度のように、当事者に不服があるとか、何らかの理由があって裁判所に異義（引用者注：原文ママ）が申し立てられ、裁判官、裁判所によって審査されるというのとで、どこがどう違ってくるのか、私などにはよく分かりません」と述べている。[145]

本特別部会には「いくら意見を述べようとも、基本構想と掛け離れた、法務省の意図するものとは違うものは、採り上げてもらえない」構造になっているという批判があり、[146]議事録からも政府の意向と対立する委員・幹事の憤懣が看取されるところであるが、[147]井上の指摘はそのような文脈に位置づけられるべきものではなく、説得力のある反論である。裁判所による統制が十分に及んでいるのであれば、そもそもこのような統制機構を置く必要性がないのではないか、という問題提起は、本章で論じてきたドイツの諜報機関の監視が令状主義

---

143) 第20回議事録、24頁以下。
144) ここで井上は「オーストラリアのオンブズマン」を例として挙げる。想起されているのは、同特別部会第11回会議（同議事録10頁以下）で、弁護士の小坂井久が述べた主張である。小坂井は、通信傍受のような「強力な捜査手法」が「捜査機関に対する強い信頼感とセットでなければ、到底、成就しない」ことを述べた上で、自身が参加していた国家公安委員会委員長研究会において取り上げられたオーストラリアのオンブズマンの事例を参考に、「令状の全てからチェックできるシステムになっており、中身の情報も全部見られる」「第三者の独立した機関」が「説明責任を果た」すことの必要性に言及する。
145) 第20回議事録、25頁。
146) 齋藤、前掲注141）、179頁。
147) たとえば、第21回議事録、27頁以下では、弁護士で元日弁連会長の宮崎誠が、部会長の指名による参加者の発言について、捜査関係者側の発言回数が「極めて多く」、「日弁連委員は手を挙げていたのにもかかわらず」指名されないとして、議事進行の「妥当性」「公平性」を求めている。

のもとになく、基本法10条審査会が「裁判上の手段」に代わるものとされているということから見ても、極めて重要なものである。ここでは、この問題提起に対する本章の立場からの応答を試みたい。

 （2）　私　見──国家の情報収集活動の分類と統制手法
　筆者は、現行の令状主義に基づく統制と、新たな個別の統制機関による対処の必要性という観点から、現在の日本で行われている国家の情報収集活動を4つの領域に分けることができると考える。
　第一に、令状主義が及ばない領域の国家による監視の領域がある。いわゆる予防的警察活動や諜報機関の情報収集活動はこれにあたり、冒頭に述べたとおり、日本でもこのような活動は行われている。この領域については裁判所による統制下になく、本章で論じてきたドイツの諜報機関の例と同様の視点から、個別の統制機関を置く必要性が高い。
　第二に、通常どおり令状主義が妥当する領域がある。捜査の一環たる捜索等が、その例である。この領域では、令状発布にあたっての司法審査も、執行の際の令状提示も、通常の手続に則って問題なく行われ、憲法35条の要求する令状主義が充足されるといえる限りは、第三者機関による統制の必要はない。
　第三に、令状を取得するにたる嫌疑を前提としているものの、令状主義が完全に充足されているか疑問のある領域がある。例えば、令状の事前呈示が事実上不可能な、秘密的捜査（前述の通信傍受や、GPS捜査など）の領域である。この領域については、GPS捜査大法廷判決が、令状主義の趣旨を満たすことができないおそれのあるGPS捜査の性質から、令状主義に代わる手段による手続的担保を容認する見解を述べたように[148]、通信傍受の領域においても、そもそも令状主義が適正に機能しているといえるのか、という点にまずは立ち返る必要がある。筆者は、通信傍受令状の発布は、裁判所が当該捜査の必要性を法的に確認するという意味では機能しているものの、通信の当事者に対する事前の令状提示を行わない点を補完する法的制度が存在しないことが問題であると考えている（通信管理者への事前の令状提示や、当事者への事後の通知をすることでは足りず、執行前に令状提示と同様の効果を有する手続的担保が必要である）。基本法10条審査会のような第三者機関を経由した手続は、この補完的制度の一選択肢と

---
148)　最大判平成29年3月15日刑集71巻3号279頁以下。

なりうる。しかし井上のように、通信傍受令状の運用で十分であると理解する論者に対しては、むしろ、この第三の領域と次に述べる第四の領域が区別でき・ないことから、遺漏なく手続的担保を及ぼすためには、第三の領域についても第三者機関による統制が必要である、と応えるべきであろう。

その第四の領域とは、形式上は令状を取得しているものの、その実態として令状による対象の特定が適切に行われない領域である。井上の見解は、少なくともこの第四の領域を想定していないように思われるが、近年の改正通信傍受法や改正組織犯罪処罰法は、この第四の領域を生み出している、と筆者は考えている。

2019年6月1日より施行された改正通信傍受法（犯罪捜査のための通信傍受に関する法律、以下通信傍受法）は、従来通信事業者の立ち会いのもとで実施していた通信の傍受の一部を、特定電子計算機を通じて警察内部において可能とした（通信傍受法23条）。詳細については本書第一部第三章において既に論じたが、この新しい手続は、「特定電子計算機の機能等により、立会人がある場合と同程度に通信傍受の適正が確保される」べきことをその根拠とする[149]。2016年12月1日に通信傍受の対象犯罪がほとんどすべての犯罪に拡大され（同3条）[150]、また従来から傍受中の別件捜査が許容されている状況下で（同15条は、同3条により対象とされる罪のほか、「死刑若しくは無期若しくは短期一年以上の懲役若しくは禁錮に当たるものを実行したこと、実行していること又は実行することを内容とするものと明らかに認められる通信が行われたとき」は、傍受令状に記載されている犯罪以外についても傍受が可能であると定める）、警察内部における傍受を許容することは、令状の趣旨を潜脱する危険性を高める。

また、2017年7月11日に施行された改正組織犯罪処罰法（組織的な犯罪の処罰及び犯罪収益の規制等に関する法律）は、同6条の2において、テロリズム集団その他の組織的犯罪集団の団体の活動の計画のための準備行為として、「資金又は物品の手配、関係場所の下見その他の計画をした」場合に、最長五年以下

---

[149] 鷦鷯昌二「時代に則した新たな司法制度の構築 取調べの録音・録画制度の導入、合意制度の導入、通信傍受の合理化・効率化、弁護人による援助の充実化等」時の法令2017号（2017）19頁。

[150] 対象犯罪拡大の合憲性について、川出敏裕「通信傍受法の改正について」東京大学法科大学院ローレビューVol.10（2015）103頁以下。

の懲役又は禁錮に処す、いわゆるテロ等準備罪（同条1項）を定めた。この規定を上述した通信傍受法の別件捜査の範囲と併せて見ると、ある者について、一旦何らかの嫌疑で傍受令状を取得することが出来れば、その者が買い物や預金の引出し、外出全般を行い、あるいはそれを行おうとすることを内容としている限り（言い換えれば、日常的な社会活動を行っているだけで）、理論上はあらゆる範囲の通信傍受が可能となりうることになる。

　これが、筆者の述べる第四の領域である。第三の領域に属する捜査と、第四の領域に属する監視は、裁判所による令状発布の段階では区別することが困難であるため、事前・事後を通じて国家の情報収集活動を統制する独自の第三者機関の存在が必要となると考える。[151]

　このように、本章において論じた国家の情報収集活動を個別に統制する第三者機関は、第一の領域（諜報活動・予防的警察活動）における監視についてはもちろん、第三（対象が限定された秘密的捜査）と第四の領域（形式上は令状を取得しているが令状による対象の特定が適切に行われない領域）についても統制対象とするものとして、我が国においても具体的に設置を検討すべきであると筆者は考える。

5　小　括

　本章で取り上げた諜報機関の統制機構の議論は、国家の情報収集活動をその執行過程において統制することができるという点、及び性質上事前の通知が出来ず裁判上の手段による権利保護が困難な秘密的情報収集を、組織的・手続的に統制することができるという点で、日本の現状を踏まえても一考の価値がある重要な統制手法の一つであるといえる。また、諜報機関と接近する捜査機関に対する統制手法としても、この議論を適用する可能性があることは、前述し

---

[151]　現行法上、第三者機関による統制は行われていないが、指揮という意味では国家公安委員会規則である通信傍受規則6条が、「傍受の実施及び再生の実施並びにこれらに付随する事務に従事する職員に対して、適正な傍受の実施及び再生の実施に必要な指導教養を行う」傍受指導官の設置を求める。しかし、これはあくまでも所掌の警察本部に所属する警察官から指名されるものであって、内部的存在である。また「指導教養」が行われるということは、適正な傍受や再生の実施が損なわれていた可能性があるともとれるが、その内容が外部に明確にされる方途は定められておらず、傍受指導官の機能を検証することもできない。

たとおりである。
　最後に、本章が本書全体の議論に与える示唆と今後の研究課題を明らかにするため、冒頭に述べた仮説に立ち戻りたい。
　本章冒頭では、仮説2として、「執行機関たる行政府と、統制機関たる立法府・裁判所の関係という視点から、多角的な統制手段を相互に有機的に結びつけるべきではないか」という命題を提示した。この命題に対し、本章では、国家の情報活動の個別的統制機関が手続的統制の中で適切に機能するためには、その組織的位置付けを国家の統治機構（特に、行政府・立法府）との関係で明確にすることが重要であることを論証してきた。この議論から導かれる示唆に基づいて、今後の研究課題を明らかにするにあたり、注目したい点が二点ある。
　一点めは、本章で取り扱った種類の統制機関の権限が、情報の収集・加工・利用等の情報管理の全プロセスに影響を与えるものでありながら、その重心が国家の情報収集活動の実施及び通知の統制に置かれている点である。「多角的な統制手段を結びつける」という仮説2の観点から見ると、ここには二つの意味を見いだすことができる。一つは、国家による情報管理の端緒として、情報収集活動の統制が極めて重要であるということ（令状主義との関係で統制機構論を捉えることは、この点を再確認することにも繋がる）。そしていま一つは、情報収集に関する法的統制とその後の情報管理の過程（加工・蓄積・利用等）に関する法的統制は密接に関連するが、統制の効果が最大限発揮される制度の形態は、それぞれの段階に応じて異なると推定されるということである（例えば、膨大なデータベースとして形成された蓄積情報そのものを、本章で扱ったような合議制の統制機構で管理するというのは、不可能ではないが非効率的である）。
　二点めは、統制機関の位置付けを考えるにあたって本質的な要素であった「国家の統治機構の機能」という観点が、国家の情報収集活動を統制する各手段を構造化するにあたっても、重要であると思われる点である。本章冒頭で述べたとおり、本書が扱う諜報機関・捜査機関による情報収集活動は、その多くが秘密的・広域的・予防的に行われる。その性質が現代社会における諸条件と重なることで、伝統的な法的統制によっては十分に憲法上の権利を保障することができない（機能不全を起こしている）状況が発生しているのであれば、法的統制のあり方を見直すべきであり、より本質的には、各権力の機能と憲法上の権利の保障の関係から、統制の権限の所在を再検討することが必要である。

以上二点から、国家の各権力の機能を情報管理過程の中で再構成するにあたっては、情報収集活動の統制メカニズムの構築を追究していくことが重要であり、この点は本書全体を通底する視座ともなる。

第四章　諜報活動と予防的警察活動の共通点とその争い方
―― 日・大垣警察市民監視事件第一審を契機として

1　はじめに

　本章では、諜報活動と予防的警察活動に共通する「秘密裡の情報収集」に対抗するため、我が国において実際に裁判で争うとき、どのような争い方が可能であるか、という問題意識にアプローチする。具体的なアプローチの方法として、第2節において大垣警察市民監視事件第一審判決（以下、本判決）の分析を行い、第3節では我が国において国家による秘密裡の情報収集活動が問題となった事件群の中に本判決を位置づけ、憲法上の問題を整理する。第4節では国家による秘密裡の情報収集などを争うにあたって考慮されるべき主張・立証責任の問題を問う。最後に、警察による情報収集・保管・提供のすべてを違法と判断し、更に抹消請求についても一部認容した同事件の控訴審判決の意義と課題に、本章の問題意識の観点から言及する。

2　大垣警察市民監視事件岐阜地裁判決（第一審）の概要

1　事案の概要

　本事件は、平成25（2013）年から平成26（2014）年にかけて、市民運動との関係を念頭に置いて収集されたと思われる個人情報を、岐阜県内で風力発電事業を計画するB社に提供した岐阜県警（大垣警察）の行為について、提供された情報のデータ主体である原告らが、情報収集等及び情報提供を違法として、岐阜県に対して国家賠償を請求した事件（以下、甲事件）、及び大垣警察が収集した情報をデータとして保有していると思われる岐阜県及び国に対して情報抹消請求を求めた事件（以下、乙事件）である。本章第3節以降では、主に甲事件について検討することとし、乙事件については概要の紹介に留める。

2　甲事件について

一部認容。裁判所は、大垣警察からB社への情報提供の国家賠償法上の違法性を認めた一方、情報収集等については違法性を認めなかった（なお控訴審判決（名古屋高判令和6年9月13日 LEX/DB25621036（確定））は、収集等の違法性も認めた[1]）。

情報提供の違法性について、裁判所はまず「原告らのプライバシー情報の提供が、国家賠償法上、違法性を有するかを検討する」中で、「行政機関がその職務において収集したプライバシー情報を、当該個人の承諾なく第三者に提供することは、プライバシー情報が憲法13条で保障されている個人の人格的利益に結び付くもので取扱い方によっては個人の人格的利益を損なうおそれのあることに照らせば、正当な理由のない限り、国家賠償法上違法であると判断するのが相当であ」り、「正当な理由の有無の判断に当たっては、本件情報提供の目的、必要性及び態様、提供された情報の私事性及び秘匿性、個人の属性、被侵害利益の性質等の事情を総合考慮する必要がある」と判断した。

目的については「本件風力発電事業に関する原告らの動向等の情報を収集することにより、原告ら及びA法人が連携して本件風力発電事業に反対する市民運動を展開する可能性があるか否かを把握することにあった」と認定した上で、必要性の箇所が具体的な判断の決め手となった。裁判所は、「少なくとも第1回情報交換の時点では、原告Ｘ１及び原告Ｘ２の活動等をきっかけとして本件風力発電事業に対して反対する意見が強まり、さらに原告らが連携することにより大々的な市民運動に発展する可能性は、極めて低かったといえる。また、その後、原告Ｘ１及び原告Ｘ２による上記活動が次第に活発化した事情を考慮してもなお、第2回以降の各情報交換の時点においても、原告らの活動により公共の安全や秩序維持に危害が及ぼされる危険性は具体的に生じていなかったばかりか、抽象的にも生じていたとはいえない」として、情報提供の必要性を否定した。更にその他の点についても、「積極的、意図的」、「継続的」な態様で、一部を除いて「プライバシー情報として法的保護の対象」となる原告らの情報を提供していたものと判断した。

1）　本章では中心的に取り扱わない控訴審判決につき、筆者の判例評釈として、小西葉子「警察による秘密裡の個人情報の収集等の違法性」新・判例解説 Watch（憲法 No.240）（2024）がある。

次に、情報収集等の違法性については、「警察法2条1項に規定する警察の責務に照らせば、犯罪の予防もその主要な職責の1つであることは明らかで」、「警察による情報収集活動は、強制に及ばない任意捜査の方法による限り原則として許容されると解すべきである」が、警察法2条2項の規定に「照らすと、情報収集活動が、たとえ任意捜査の方法によった場合であっても、「憲法の保障する個人の権利及び自由の干渉にわたる」などその権限を濫用することは許さ」れないとした。そして、「本件情報収集等の警察による情報収集活動が国家賠償法上違法となるか否かは、収集、保有された情報の私事性及び秘匿性、個人の属性、被侵害利益の性質、本件情報収集等の目的、必要性及び態様等の事情を総合考慮して判断するべきである」として、審査の枠組みについては情報提供と同様の基準に拠る一方で、情報提供とは異なって情報収集は「原則として許容される」ところから出発し、裁量の逸脱の有無を審査するという立場を採用した。

目的については、「大垣警察が収集、保有していた情報の内容、情報収集の方法及び時期が明らかではなく、その目的も証拠上認定することができない」が、B社からの情報収集に限っては、B社への情報提供を「情報交換」と捉えて提供と同様の目的によるものと評価した。

その上で、情報提供と異なる結論を導く鍵となった必要性の判断において、「本件情報収集等の目的及び必要性につき証拠上認定することができないとはいえ、上記（中略）で認定したB社からの情報収集等の目的に照らせば、本件情報取集等の目的は、これに無関係であるとは考え難い上、原告らのこれまでの活動歴をも考慮すれば、前記（中略）で述べた警察の責務に照らし、本件情報収集等の必要性がなかったと認めることはできない」ところ、「原告らは、過去に公共の安全と秩序の維持を害するような市民運動を行ったことはなく、本件情報交換当時、本件風力発電事業に関し、原告らが公共の安全と秩序の維持を害するような具体的な活動をしていなかったことによれば、本件情報収集等の必要性はそれほど高いものではなかったと認めるのが相当である」が、「仮に、上記のとおり原告らの活動が市民運動に発展した場合、抽象的には公共の安全と秩序の維持を害するような事態に発展する危険性はないとはいえない」として、情報収集等の必要性について「否定できない」と判断した。また情報収集等の態様については、「一般人が容易に知り得る情報であったとまで

は認められないとはいえ」、「原告らが市民運動に従事したことに伴いこれに関連する一定の情報を公表したことを認めていること」、「大垣警察が何らかの強制手段を用いてこれらの情報を収集したことは証拠上窺われないこと」を根拠として、「本件情報収集等は任意の手段により行われたものであることが推認できる」とした。

3　乙事件について

　却下。「個人情報抹消請求は、被告らに対し、情報の抹消という作為を求めるものであるから、作為の対象が一義的に明確に特定される必要がある。即ち、原告において、抹消の対象となる情報を特定する必要があり、特定性を欠く請求に係る訴えは不適法であると解される」ところ、「原告らは、警察庁及び岐阜県警等が、原告らに関し収集し、保有した一切の情報の抹消を求めているが、警察庁及び岐阜県警等が収集し、保有している原告らの情報が特定されていない以上、乙事件の訴えに係る請求の内容では、被告らに対し求める作為の内容が特定されているということはできない」ため、「乙事件に係る訴えは特定性を欠き、不適法である」と判断した。

　なお控訴審判決においては、「一審原告らの訴訟活動によって上記の程度にまで特定された抹消請求の対象となる個人情報につき、岐阜県警においてこれらを違法に保有していると認められる状況にあるにもかかわらず、さらに具体的に特定する趣旨も含まれた一審原告らの訴訟行為（証人尋問）を妨げておきながら、一審被告県がその不特定性をなおも主張して、訴えの不適法を主張すること自体、民事訴訟法上の信義誠実の原則（同法2条）に著しく反する（以上の本件における認定及び判断によれば、尋問の承認の拒絶が、濫用的に利用されているものといえる。）もので、許されないというべきである（本件においては、B社に本件議事録が保存されていたため、これによって一審原告らによる更なる立証がなくても特定することができたが、これがなければ特定はほぼ不可能だったのであり、公務員の行為によって違法に権利を侵害されている者に、これを特定するための有効な手段が与えられていない現状は、非常に問題である。）」として、B社議事録に記載された原告らの個人情報に限って特定を認め、更には「大垣警察を含めた岐阜県警による一審原告らの上記個人情報の保有は、一審原告らのプライバシーを侵害するもので違法であり、とりわけ本件においては、一審原告らの個人情報が、法

令の根拠に基づかず、正当な行政目的の範囲を逸脱して、第三者であるB社に開示され提供されているのであり、岐阜県警が保有する一審原告らの個人情報が、法令等の根拠に基づかず、正当な行政目的の範囲を逸脱して第三者に開示される具体的現実的な危険が生じていると認められるから、一審原告らは、人格権に基づく妨害排除請求として、一審被告県に対し、上記各個人情報の抹消を請求できる」と判断した。

3　憲法上の課題

1　従来の判決との関係における整理
――違法性判断の重点の変遷から見る問題の所在

　本判決に関する憲法上の課題を明らかにするため、第1に、本判決を従来の判決群の中に位置づけて検討する。[1]

　自衛隊情報保全隊事件（後掲表1通番7、以下表内の裁判例は事件名・通番で表記する）に関する玉蟲由樹の評釈は、「行政機関が行う情報収集活動がプライバシーなどの憲法上の法益との関係で正当化されうるかは、①形式的側面（法律上の根拠の有無、規範の明確性など）と②実質的側面（比例原則の遵守など）の両面で問題となりうる」ところ、京都府学連事件以降、「判例の立場は、①について法的根拠が不明確であっても、②の実質的審査によってそれを埋め合わせる傾向にある」と、全体の傾向を分析する。[2] ①についての批判的な視座は筆者にも共有されるものであるが、この点は後述することとして、まずここでは②の実質的な審査の傾向に着目し、時系列の中での鳥瞰的な傾向の変遷から、本判決の位置付けを試みる。[3]

1）　本章は、2023年12月10日開催の第22回「憲法訴訟の実務と学説」研究会における拙報告を基礎とした、JSPS科研費 JP23K12397の助成を受けた研究成果の一部である。同研究会会員諸氏、ならびに研究会外においては、愛敬浩二教授、小山剛教授、實原隆志教授、松井修視名誉教授らによる研究上の示唆を受けて、本章は執筆された。本章のテーマにとってとりわけ重要な示唆を受けた点については、注において個別に明記している。なお第3節第1款については、2023年2月11日開催の一橋憲法判例研究会における拙報告を併せて基礎としており、同研究会会員からも重要な示唆を受けた。

2）　玉蟲由樹「自衛隊情報保全隊による情報収集活動の適法性」ジュリスト1505号［平成28年度重要判例解説］（2017）13頁。

3）　当然のことながら、以下に述べる傾向が必ずしもすべての裁判例に共通するものではない。またこれも当然であるが、対象となる情報の性質や各事案の状況に応じて基準は異なりうる。

昭和中～後期に判断された京都府学連事件（通番１）や前科照会事件（通番２）の判示においては、必要性・緊急性・相当性が、ある程度同等の比重により評価されていたように見える。最高裁判所は、京都府学連事件において、「現に犯罪が行なわれもしくは行なわれたのち間がないと認められる場合であつて、しかも証拠保全の必要性および緊急性があり、かつその撮影が一般的に許容される限度をこえない相当な方法をもつて行なわれるとき」、「犯人の容ぼう等のほか、犯人の身辺または被写体とされた物件の近くにいたためこれを除外できない状況にある第三者である個人の容ぼう等を含むことになつても、憲法13条、35条に違反しないものと解すべき」と判断し[4]、前科照会事件においては「前科等の有無が訴訟等の重要な争点となつていて、市区町村長に照会して回答を得るのでなければ他に立証方法がないような場合には、裁判所から前科等の照会を受けた市区町村長は、これに応じて前科等につき回答をすることができる」と判断したからである。特に、相当性について、「他に立証方法がない」場合と厳しく判断した前科照会事件は、必要性以外の要素についても重く考慮する傾向が顕著に表れているといえる（ただし、取り扱う情報が「前科」であることは、むろん考慮する必要がある）。

　平成初～中期の釜ヶ崎監視カメラ事件（通番３）や、早稲田大学江沢民事件（通番４）では、情報主体の同意が考慮されるようになってきた点に注目することができる。釜ヶ崎監視カメラ事件においては、「公共の場所にいるという一事によってプライバシーの利益が全く失われると解するのは相当でなく、もとより当該個人が一切のプライバシーの利益を放棄しているとみなすこともできない」という発想から、「具体的な権利・利益の侵害の主張」に応じて、監視カメラの設置・使用について、必要性・相当性が個別に検討される旨が、地方

　　従ってここでの検討は、あくまでもメルクマール的な裁判例群について、その傾向を捉えるという程度の意味しか持たない。このような変遷は、ドイツにおいても注目されている。石原悠大「訳者解題」ラルフ・ポッシャー（講演）石原悠大（訳）「治安法と比例原則」警論77巻5号（2024）137頁以下。

4)　最決平成20年4月15日判時2006号159頁（パチンコ店内ビデオ撮影事件）において、本判示は「警察官による人の容ぼう等の撮影が、現に犯罪が行われ又は行われた後間がないと認められる場合のほかは許されないという趣旨まで判示したものではない」と解されている点には注意が必要である（渡辺康行ほか『憲法Ⅰ　基本権〔第２版〕』（日本評論社・2023）126頁〔松本和彦〕参照）。

第二部　諜　報

【表1　国家による秘密裡の情報収集・保有・提供に関する裁判例の時系列順整理】

選審	判　決	主たる争点の争訟形態	被対象者の収集確知の契機	収集	保有	提供（又は流出）	訴訟上主張された憲法上の規定	実質的審査のポイント
1	最大判昭和44年12月24日刑集23巻12号1625頁（京都府学連事件）	刑事訴訟（公務執行妨害罪・傷害罪）	被対象者自らによる現地での撮影行為の確知	適法	—	—	13条、35条	現認性・必要性・緊急性・相当性
2	最判昭和56年4月14日民集35巻3号620頁（前科照会事件）	国家賠償訴訟（被告・京都市）	原告の雇用先目つ前科照会元の訴外会社による公表	適法（争点ではない）	適法（争点ではない）	違法	—（プライバシー）	補充性
3	大阪地判平成6年4月27日判時1515号116頁（釜ヶ崎監視カメラ事件）	監視カメラ撤去請求訴訟（被告・大阪府）	監視カメラの存在の公知	一部違法	—	—	13条	正当性・必要性・妥当性・効果・相当性・侵害の有無と被侵害利益等の性質利益総合考慮
4	最判平成15年9月12日民集57巻8号973頁（早稲田大学江沢民事件）※訴訟にとっての提供が、早稲田大学にとっての収集に該当	民事訴訟（早稲田大学における損害賠償請求訴訟（被告・早稲田大学）	報道	違法	—	—	—（プライバシー）	本人の承諾、適切な管理についての合理的な期待
最判平20年3月6日民集62巻3号665頁（住基ネット訴訟事件）
5	東京高判平成21年1月29日判タ1295号193頁（Nシステム事件）	国家賠償訴訟（被告・国）	システム自体は公知	適法	適法	—	13条	正当な目的、相当な範囲・方法による収集、適切な管理
6	東京地判平成26年1月15日判時2215号30頁（公安「ゾロ」情報）※控訴審（東京高判平成27年4月14日LEX/DB25506287は原判決を相当と判断。	国家賠償訴訟（被告・国及び東京都）	インターネット上での流出	適法	適法	違法	20条、14条1項、13条、31条	私事性・秘匿の程度、秘匿性、収集・収集方法の相当性、目的、必要性、管理の態様等を総合考慮
7	仙台高判平成28年2月2日判時2293号18頁（自衛隊情報保全隊事件）	国家賠償訴訟・差止訴訟（被告・国）	日本共産党による関連文書の公表	一部違法	一部違法	—	13条、平和的生存権（2条、9条、13条、19条、21条）、19条、21条	目的、必要性、態様、管理方法、情報の秘匿性、秘匿性の程度、個人の属性、被侵害利益の性質等を総合考慮
本件第一審	岐阜地判令和4年2月21日判時2548号60頁	国家賠償訴訟・抹消請求訴訟（被告・国及び岐阜県）	報道	適法	適法	違法	13条、19条、21条1項	目的、必要性及び態様、提供された情報の私事性及び秘匿の程度、被侵害利益の性質等の事情を総合考慮
本件控訴審	名古屋高判令和6年9月13日LEX/DB25621036	同上	同上	違法	—	違法	同上	目的の正当性・必要性の不立証

218

裁判所の判決ではあるものの示された[5]。早稲田大学江沢民事件では、早稲田大学を被告とした民事訴訟であるため単純な比較には適さないものの、「上告人らの意思」を基準として、同意をとることなく警察に情報提供を行った点を重視して、最高裁判所は違法性を判断した。同意の取得は、手段の相当性の問題である。

しかし、平成後期以降になると、様相が異なってくる。特に重要な変化は、総合考慮の姿勢を打ち出す裁判例が増える中、特に「必要性」の比重が高くなり、更にはその必要性が広範な目的から導かれる傾向が強くなってきたという点である。

契機となったのは、最判平成20年3月6日民集62巻3号665頁（住基ネット訴訟事件）であると思われる。住基ネット訴訟事件は、広義の意味においても「秘密裡の」情報収集等にはあたらないため、表1の比較対象には含まず時期のみを示しているが、住基ネット訴訟事件最高裁判決は、これ以降の表内の裁判例に大きな影響を与える二つの重要な判断を下した[6]。第一に、「個人に関する情報をみだりに第三者に開示又は公表されない自由」が人格権の一部として憲法13条の保障の範囲と明示的に認められるようになったこと、第二に、「住民サービスの向上及び行政事務の効率化という正当な行政目的」といった広範な目的を（情報の秘匿性やシステム技術上・法制度上の不備とともに）判断の基礎として、憲法13条で保障された原告の自由の侵害がないとしたことである。

特に第二の点は、住基ネット訴訟事件と異なり収集等の態様が秘匿的である警察活動においては、致命的な問題となっているように思われる。Nシステム事件東京高判（通番5）は、「公権力が正当な目的のために相当とされる範囲において相当な方法で個人の私生活上の情報を収集し、適切に管理する限りにお

---

[5] 阿部浩二「警察署が、該当防犯用の目的で設置した監視用テレビカメラが、プライバシーの利益を侵害するとして、撤去が命じられた事例」判例時報1537号（1995）（判評440号）232頁は、「警察権の行使としてのカメラの設置と、それによる私人の肖像の撮影、監視と、私人のプライバシーの権利の保護との関係につき、昭和44年の最高裁判決の路線を継承し、それを更に展開した一例」と位置付ける。

[6] 渡辺康行「『ムスリム監視捜査事件』の憲法学的考察：警察による個人情報の収集・保管・利用の統制」同『「内心の自由」の法理』（岩波書店・2019）318頁は、公安テロ情報事件（通番6）において「住基ネット訴訟最高裁の射程の捉え方については、何らかの説明が必要だったように思われる」と指摘する。

いては、その自由が制約を受け、国民にその受忍を強いても、憲法に違反しないとされる場合があると解すべき」としてその態様の相当性を論じたが、「警察は、警察法２条１項の規定により、強制力を伴わない限り犯罪捜査に必要な諸活動を行うことが許されていると解されるのであり、上記のような態様で公道上において何人でも確認し得る車両データを収集し、これを利用することは、適法に行い得る」として、法律上の必要性の充足を広く認めて適法性を肯定した。

この傾向は、総合考慮という憲法適合性審査の在り方が広まる中で、徐々に顕著になっているようにも思える。公安「テロ」情報事件東京地判（通番６）は、国際テロ防止という広範な目的から「必要性」を認めた。自衛隊情報保全隊事件仙台高判（通番７）においては、唯一国家賠償請求が認容された原告とそれ以外の原告について判断が分かれた理由のうち一つは、被対象者の活動が自衛隊への「直接的な働きかけを伴う行動」かどうかという「必要性の程度」の問題であった（もう一つの理由は、情報の秘匿性の程度である[7]）。ただし国家による秘密裡の情報収集等に限って言えば、この傾向は、マクロ的視点から見て自然なものとも評価できる。平成13（2001）年に、9.11の同時多発テロが発生し、各国は幅広い情報収集を進めたし、また技術的手段の発展が2000年代以降一層加速度的に進んだからである。なお個人情報保護法が制定されたのは平成15（2003）年であるが、個人情報保護法と国家による情報収集活動の関係については、後述する。

本件第一審判決も、まさにこの文脈で読み解くことができる。本判決は、自衛隊情報保全隊事件と類似する考慮要素を挙げた総合考慮の審査基準を用いて

---

7) 丸山敦裕「自衛隊による情報の収集・保有が一部違法とされた事例」判例時報2314号（判例評論696号）（2017）151頁は、「必要性」を「①本件派遣反対活動全般の情報収集を行う必要性」と「②情報収集の際にどこまで周辺的な情報収集する必要があるか」という問題を区別した上で、②の審査がX63以外の原告について省略されたことの理由として、「被侵害利益の小ささが直接関係していたと考えられる」と推測し、「被侵害利益の性質は、本判決において、必要性審査のあり方を決定づける重要な役割を担っていた」と評価する。この意味で、判例分析における「必要性」の議論は一筋縄でいくものではなく、「必要性」の要素に何が取り込まれているのか、何にとっての「必要性」かは、個別に評価を要するものであるといえるが、このような理解をとる場合、個別要素を挙げた総合考慮の意義について、別途検討を要すると思われる。

いるが、情報収集等の違法性は認められず、情報提供の違法性のみが認められることになったことの分水嶺は、「どの程度の抽象的危険性があれば必要性が認められるのか」という問題であったからである。そして本判決は、「必要性」が審査の要となる現在の裁判所の傾向の中で、公安テロ情報事件[8]や自衛隊情報保全隊事件[9]の判例評釈においても常々指摘されてきた「必要性」を広く捉えることの問題のみならず、そもそも求められている「必要性」とはなにかが明確でない、という問題が存在することについての示唆を、顕著に有する例といえよう。特に本判決においては、控訴審の訴訟活動において一審原告側が強く主張してきたとおり、情報収集等の「必要性」について、「発展する抽象的な危険性」がないとはどのような事態を指すのか、という点が大きな問題となる。なぜなら、広範な目的に基づく抽象的な必要性が認められるのであれば、プライバシーの利益を憲法13条の保障の下にあるものと解しながら、実質的にはその利益を保護する手段を失ってしまうおそれがあるからである。

2　憲法上の権利をどのように保障するか？

以上に見た従来の裁判例と本判決の関係を念頭において、憲法上の問題点について検討する。

（1）　憲法21条1項、憲法19条——市民運動に対する萎縮効果

本件の本来の焦点は、監視により市民運動に対する制約が生じる点、すなわち原告らの憲法21条1項で保障される権利に対する国家からの制約にあるだろう。しかし、本件の原告の一部は、個別の市民運動に関わってさえいない状態で情報収集の対象とされているため、伝統的な自由権としての表現の自由を主張することは技術的に困難であるように思われる。

そうだとすると、市民運動に対する萎縮効果が憲法21条1項との関係における主たる問題となる。本件一審原告は、憲法19条と21条1項の双方を根拠に萎

---

[8]　控訴審の評釈である池田公博「警察によるイスラム教徒の個人情報の収集・保管・利用の合憲性」長谷部恭男＝山口いつ子＝宍戸常寿（編）『メディア判例百選〔第2版〕』（有斐閣・2018）93頁参照。

[9]　十河弘「自衛隊情報保全隊による国民監視事件：平成28年2月2日言渡の仙台高裁判決の内容と問題点」法学セミナー61巻11号（2016）8頁以下、清水雅彦「自衛隊情報保全隊による国民の監視活動が一部違法とされた事例」新・判例解説 Watch Vol.20（2017）14頁参照。

縮効果の権利侵害性を主張するが、萎縮効果論単独で国家による情報収集活動に対抗しようとする場合、公安テロ情報事件（通番6）における信教の自由の制約に関する判断のように、「警察によるモスク監視活動によって、モスクにおいて行われる宗教的儀式への参加を取りやめざるを得なくなったなど、現に萎縮効果が生じたことを陳述している者はいない」といった判断に基づいて、権利制約そのものが認定されないということは当然に想定され得る。もちろんこのような判断は、権利保障の観点から見て適切とは言えない[10]。しかし、法律上の争訟性に基づく具体的法律関係の存在を要求しながら、国家による秘密裡の情報収集活動における本質的な透明性の欠如を許容する以上、このような判断が構造的に導かれる可能性があることは認めざるを得ない。

（2）　憲法13条——プライバシー

プライバシーの利益の外延や性質については様々な議論があるものの、プライバシーの利益、少なくとも「個人の私生活上の自由の一つとして」の「何人も、個人に関する情報をみだりに第三者に開示又は公表されない自由」が憲法13条により保障されていることは、判例・学説上、受容されてきたといえる。実際に本判決において、裁判所は、憲法13条で保障された権利の制約を主たる問題としている。

後述する強制処分との関係では、最大判平成29年3月15日刑集71巻3号13頁（GPS捜査判決）が示した監視の継続性の評価に注目する必要があるだろう。GPS捜査判決は、「個人の行動を継続的、網羅的に把握することを必然的に伴・・・・・・・・・・・・・・・・・・・・うから、個人のプライバシーを侵害し得る」として明確に言及している（傍点は引用者が付した）。つまり「個人の行動を継続的、網羅的に把握することを必然的に伴う」ことが「個人のプライバシー侵害」の理由なのであり、故に強制処分としての性質を有するという論理を採用していることは、（継続性・網羅性

---

10)　政治的活動と萎縮効果論に関する比較法研究として、門田美貴『集会の自由と《場》への権利』（尚学社・2024）第6章、小山剛「監視と萎縮：基本権侵害の「水平的加算」序説」憲法研究6号（2020）111頁以下、毛利透『表現の自由』（岩波書店・2008）第5章以下参照。更に日本の実態との関係について、毛利透「萎縮効果論と公権力による監視」法学セミナー61巻11号（2016）57頁以下参照。各論稿で論じられている議論はいずれも極めて重要である。これらの知見に基づいて、「現在の日本の行政争訟制度の中で、萎縮効果論を補完的主張としてではなく、主たる主張として述べることができるのか」という点については、少なくとも筆者にとっては未知の課題であり、議論を重ねていきたい。

のどちらに重点が置かれるのかという問題は残るにせよ）看過できないといえる。なお捜査にあたらない情報収集の継続性については、前掲の釜ヶ崎監視カメラ事件大阪地判（通番3）が、「大衆闘争や労働運動の拠点である解放会館を警察により継続的に監視されることは、その活動内容、人的交流などのすべてを把握されるおそれがあり、その行動の自由を制約されるだけでなく、そこに出入りする者の行動にも影響を与え」ると、萎縮効果論的視点から評価しており、本事件においても類似の状況が発生しているものと思われる。

　しかしながら前款末尾において論じたとおり、プライバシーの制約が認められても、現在の判例の潮流にみられるように、広範な目的に基づく抽象的な必要性によって警察の情報収集活動が広く追認される場合には、プライバシーの利益の実効的な保障は難しくなってしまう。

　愛敬浩二は、本事件の一審判決前の論稿において「警察による個人情報の収集・管理それ自体を問題とすべき」という問題意識を、プライバシー権論の深堀りというアプローチによって検討しており、このような対応は人権論に基づく真摯な態度である。ただ筆者自身は、「警察による個人情報の収集・管理それ自体」を問題とする方法として、「いかなる警察活動が適法に行い得るものなのか（反証がない限り、適法であると推定されるのか）」を、問うてみたい。本判決の理解において最大の難所と思われる、情報の収集等と提供の必要性判断の相違の基礎は、この点の理解に依存すると考えるからである。

　この問いの発想は、愛敬が本判決後に行った講演会で示した「警察法2条1項の『壁』は厚いのでは？」という指摘、そして愛敬が参照した玉蟲の新聞記事コメントにおける「市民の行動を萎縮させる効果があるのに、法律の根拠や第三者の監視がないという構造的な問題に触れていない」という指摘において既に示されている問題意識を、正面から検討しようとするものである。つまり憲法13条により保障された権利の制約が認められても、国家の情報収集等の活動の手続的適正さに対する統制が十分且つ明瞭でなければ、憲法適合性審査は

---

11)　愛敬浩二「『大垣警察市民監視事件』の憲法学的検討」法の科学48号（2017）108頁以下。
12)　愛敬浩二「市民の政治的表現の自由が市民社会を守る」秘密法と共謀罪に反対する愛知の会オンライン講演会（2022/05/30）（2022）5頁（http://www.nagoya.ombudsman.jp/himitsu/220530-1.pdf）。
13)　朝日新聞2022年2月22日朝刊（名古屋本社）[玉蟲由樹]。

適切に機能せず、結果として憲法上の権利保障は骨抜きになってしまうと思われるため、以下では憲法31条の視点から、警察による情報収集活動の憲法適合性について、検討を試みたいのである。

（３）憲法31条──適正手続と本質的な透明性の欠如

そもそも警察による情報収集活動にとっての適正手続とは、何か。

前提として、二つの事柄を確認しておく。第一に、行政活動における適正手続と警察活動の関係についての理解である。適正手続の保障は、少なくとも手続の法定と適正を国家に要求し、その手続における基本的な要素は、攻撃・防御の機会を保障するための告知・聴聞であるとされる[14]。ここで第一に念頭に置かれている手続は「科刑手続」であるが[15]、周知のとおり、最大判平成4年7月1日民集46巻5号437頁（成田新法事件）において、憲法31条の保障は行政手続にも及びうるが、他方で行政手続の多種多様さにより、相手方への事前の告知、弁解、防御の機会の付与は総合較量によることとなると判断された[16]。北島周作は、最判昭和46年10月28日民集25巻7号1037頁（個人タクシー事件）を引用して、平成5年の行政手続法制定以前の日本において「個別法において定められた手続規定の柔軟な解釈を通じて、条文で明示されていない内容を適正な手続として求める裁判例が登場し、注目を集めた」一方、「個別法に手続規定が置かれていないことが多く、また、憲法などから直接、一定の手続を履行する義務を導き出すことが難しい状況」であったと指摘する[17]。

こと警察活動に関して言えば、北島が示した過去の懸念は、いまなお継続している。司法警察活動は行政手続法3条1項5号、行政警察活動の一部は同13号により、行政手続法の適用除外とされているからである。本来、同13号の要件に該当しない行政警察活動は行政手続法の適用対象とみるべきであるが、実態としては、特定の行政警察活動が同13号に該当しないかどうかの判断を外部から行うことは極めて困難である。行政手続法3条1項各号で適用除外とされたものについても、「憲法の適正手続の要請が及ぶ場合があ」ることを、宇賀

---

14) 最大判昭和37年11月28日刑集16巻11号1593頁。長谷部恭男『憲法〔第8版〕』（新世社・2022）263頁参照。
15) 佐藤幸治『日本国憲法論〔第2版〕』（成文堂・2020）366頁以下。
16) 先立つ最大判昭和47年11月22日刑集26巻9号554頁（川崎民商事件）を併せて参照。
17) 北島周作「適正手続」法学教室511号（2023）18頁。

克也は2001年の段階で既に指摘しているが[18]、本判決も含め、裁判所は警察活動の根拠を、具体的な手続的規律を含まない警察法に求めている。つまり第一の点については、一般論として憲法31条の保障は警察活動全般に及ぶことになろうが、刑事訴訟法により規律された司法警察活動以外の領域については、その手続的規律の在り方について十分な法整備が未だなされているとはいいがたく、学術的整理も体系的には行われていないように思われる、ということになる。

　第二に、本件警察活動の性質を確認しておこう。秘密裡に行われる国家の情報収集活動は、その活動の性質上、本質的に透明性を欠く。すなわち、法律上規定された所掌事務、警察であれば警察法2条1項に規定された「犯罪の予防、鎮圧及び捜査、被疑者の逮捕、交通の取締その他公共の安全と秩序の維持」が所掌事務にあたるが、この目的を実現するためには、すべての活動をオープンにすることは適切でないということである。筆者はこの本質的な透明性の欠如については、治安維持などの目的に照らし、基本的に受容する立場である[19]。

　本件警察活動は、非刑事手続における行政警察活動と捉え得るが、松本和彦は、「刑事手続と非刑事手続の適正評価の違いは、性質上も憲法文言上も、前者が要件該当性判断によって手続の適正さを評価できる場合が多いのに対して、後者は総合較量によって手続の適正さを評価せざるをえない場面が多いという点に見出される」とする[20]。この考え方には異論もあり、君塚正臣は、「憲法31条以下が刑事手続の特別則であってその一部であることなどから、本条は特に刑事手続に向けてのものであって、民事・行政訴訟手続の適正は、主に76条の司法権の定義に関わる問題である」と主張する[21]。ただし、こと本章におい

---

18) 宇賀克也「適正手続と行政」ジュリスト1192号（2001）139頁。ただしここで宇賀が具体的に例として挙げているのは、行政手続法3条1項14号である。なお宇賀は、法人税青色申告取消処分の違法性が争われた最判令和6年5月7日裁判所HPの自身の反対意見において、事前の意見陳述手続が、行政手続においても憲法31条の要請による原則であり、この例外については慎重に審査すべきである、という姿勢を明瞭にしている。

19) ただし本書第二部第二章で言及したとおり、筆者自身は、透明性が失われることにより危険に曝される基本的人権保障のための手当ては必要であると考えている。

20) 渡辺ほか、前掲注4）、304頁以下［松本和彦］。

21) 君塚正臣『続 司法権・憲法訴訟論』（法律文化社・2023）165頁。

て扱う警察活動の問題についていえば、司法警察活動と行政警察活動が完全に断絶されているものではないし、また本判決にもみられるとおり、裁判所は往々にして行政警察活動と思われる情報収集に対しても「強制処分か任意処分か」という基準を用いようとする。したがって、こと警察の情報収集活動についていえば、君塚が論ずる対象となる「刑事手続」の射程との関係で更なる議論を要するように思われるが、本章の目的に照らしてこの議論は改めて行うこととして、ここでは一旦、少なくとも本件における警察の情報収集活動は捜査にはあたらないという認識に基づきつつ、しかし憲法31条の規律が及ぶという仮定のもとで、検討を進めてみたい[22]（任意の行政警察活動と刑事訴訟における強制処分・任意処分の関係については、第4節第2款において後述する）。

(i) 警察法2条1項による情報収集活動の適法性の推定の範囲

本事件では情報収集の有無に関し、被告県側は存否応答拒否及び認否の拒否を貫いている。まず、この点を適正手続との関係で評価するための一視点として、情報公開法8条に基づく存否応答拒否について判断した東京地判令和元年9月12日判タ1493号165頁を参照しよう[23]。

この判決で裁判所は、情報公開法8条に「基づいて行政文書の存否を明らかにしないことが許されるのは、当該行政文書の存否を回答すること自体から不開示情報を開示したこととなる場合や、当該行政文書の存否に関する情報と開示請求に含まれる情報とが結合することにより当該行政文書の存否について回答するだけで上記の不開示情報を開示したことになる場合に限られる」との基準に基づき、情報公開法5条6号柱書の「事務又は事業の適正な遂行に支障を及ぼすおそれがある」との要件の「『おそれ』の有無については、国の機関等が行う事務又は事業の性質に照らして客観的に判断するのが相当であり、同号の文言に照らしても、行政機関の長の裁量判断に委ねられているものと解することはでき」ず、このことは、「8条所定の存否応答拒否の要件である、開示請求に係る行政文書の存否を答えるだけで当該『おそれ』があるといえるか否かの判断についても」同様と解した。

---

22) 憲法31条の解釈に関する従来の議論の整理について、松井茂記「行政手続におけるデュー・プロセス」ジュリスト1089号（1996）275頁以下参照。
23) 控訴審（東京高判令和2年2月5日 LEX/DB25572982）でも原判決が維持され、被告国は上告したが上告不受理となっている。

前記東京地判の要点は、行政機関が保有する情報の無条件の存否応答拒否が認められるわけではないことにある[24]。それは特別な要請ではなく、法律による行政の原理のもとでの基本的な要請の帰結であるから、警察の情報収集活動であっても、同様に解されなければならない[25]。しかし本判決では、被告県側は情報収集について一切の認否をしていないところ、裁判所は、情報収集があったことそのものについては証拠上認定しているにもかかわらず、（そもそも認否していないために）目的も手段も明らかでない本件情報収集を、適法であると結論付けている。

本事件で警察が収集したとされる情報については、そもそも存否応答拒否が認められる場合にあたるのか、適正手続の観点から問われるべきであるが、仮に存否応答拒否が認められたとして、次の段階において問題となるのは、「そもそも目的も手段も明らかでない国家の情報収集を適法と評価しうるのか」ということである。もしこのような評価の可能性があるとすれば、その可能性は、本件情報収集活動に適法性の推定が働いている状況において発生しうる。「内容は不明だが、基本的に本件情報収集活動は適法と推定されるので、原告による反証がない限りは適法」という論理である。

適法性の推定は、二つの意味において、警察法２条１項の性質に関連する。第一の問題は、「警察法２条１項はいかなる性質のものであるか」ということである。「警察は警察法２条の責務を達成するのに必要な範囲では、種々の任意の活動を行うことができる」とする実務[26]とこれを支持する行政法学の見解[27]に

---

24) このような問題意識は、2001年の情報公開法施行後すぐから、社会において一定程度共有されているように思われる（中島昭夫『これでいいのか情報公開法：霞が関に風穴は開いたか』（花伝社・2005）125頁以下参照）。
25) この点、「憲法訴訟の実務と学説」研究会における岡田正則教授と山田秀樹弁護士の応酬に示唆を受けた。併せて、渡名喜庸安「警察権限の拡大と市民的統制」奥平康弘／小田中聰樹（監修）『盗聴法の総合的研究：「通信傍受法」と市民的自由』（日本評論社・2001）118頁以下参照。
26) 田村正博『全訂 警察行政法解説〔第３版〕』（東京法令出版・2022）25頁。なお田村は「任意活動には元々法律の根拠は不要」であるとし、「組織法上の任務規定に『基づく』という言い方（考え方）は妥当でない」とする立場であるが（同頁）、この理解が実務に行き渡っているかは不明瞭である。例えば、警察大学校組織犯罪対策教養部長（当時）の中川正浩「警察法２条の行為規範性、当為性、裁判規範性」警察学論集60巻９号（2007）103頁以下は、「筆者は、２条は警察という組織体の責務を定めるとともに、警察官に対しても、そのなすべき義務＝当為を指し示したものであると考えている」とし、実際に法的根拠を即答しにくいものにつ

対して、批判的見解も散見されるが、とりわけ本判決の評釈において實原隆志は、「仮に警察法2条1項を根拠として本件のようなプライバシー性の高い情報も含めた情報の収集が正当化されうるのであれば、警察法2条1項の合憲性も問題となる」と指摘している。この指摘は、そもそも警察の情報収集活動が「任意の活動」とはいえない場合がある、という視点に立ったものであり、この観点からの検討は、「そもそも情報収集の活動の根拠として適切な手続規定がない」という憲法31条の手続の法定のレベルにおいてなされるべきであるように思われるのである。

ただし、この点は詳細な検討を要するため、別の機会に検討を委ねることとし、本章では、裁判所において警察法2条1項を警察活動一般の根拠規定と解すると思われる判例が積み重なっており、本判決もその立場に拠っていることから、仮に警察法2条1項が警察活動一般の根拠規定（または責務規定）といえるとしても、なお「本件情報収集について、現在の被告県側の主張の状況では、適法性の推定は働かない」ことを、後述（ⅱ）において論証してみたい。

第一の問題意識を踏まえて導かれる、警察法2条1項の性質に関する第二の

いては「『警察法2条に基づいて行っている』と答えることが多い」という。

27) 行政法学説における警察法2条をめぐる議論につい詳細な検討を行った藤田宙靖「警察法2条の意義に関する若干の考察」同『行政法の基礎理論 上巻』（有斐閣・2005）351頁以下［初出1988—1989年］は、「警察法2条は単なる組織規範に止まるのでなく、（少なくとも同時に）警察活動の一般的拠規範としての性質を有しているが、ただ警察が命令・強制等の公権力を行使する限りにおいては、この規定のみでは足りず、他に個別の法令の規定による授権を必要とする」という考え方が警察実務と裁判例において受容されてきたことを指摘するところ（同378頁、傍線は引用者が付した）、傍線部の必要性は、憲法13条、31条の規定の趣旨から導かれる（同380頁）。実務においては、田上穣治『警察法』（有斐閣・1958）の影響が、現在に至るまで大きいようにも思える。

28) 例えば、島田茂『警察法の理論と法治主義』（信山社・2017）399頁は、藤田宙靖の警察法2条の法解釈論を、「『民主的正当化機能』と『法治主義的保護機能』を分離する」ことによって、「警察権にたいする法律の統制の要請を緩和する一般理論として一人歩きをする可能性も否定できない」ものと批判する。

29) 實原隆志「警察による個人情報の収集・保有・提供の法的問題：『大垣警察事件』を題材とした検討」福岡大学法学論叢68巻1号（2023）80頁。

30) この点を実践的に論ずるには、単に「警察法2条1項が合憲か」を理論的に問うだけでは足りない。具体的には、島田、前掲注28）、第三章第一節の如き議論、とりわけ現代においても一部の裁判所の態度を支えているようにも思われる「警察に関する社会の法意識」を、これまでの判決群や戦前戦後の学説の展開と受容という動態とのつながりから読み解いた上で、警察法2条1項の憲法適合性を論じる必要がある。

問題は、「警察法2条1項により警察によるあらゆる情報収集の適法性が推定されるのか」ということである。結論から述べるならば、そのような推定は認められない。なぜなら、警察法2条1項はその所掌事務との関係で、どの範囲及び手法での情報収集であれば正当化されるのかを明らかにしておらず、更に警察法2条2項によれば、少なくとも警察法2条1項に基づくことを根拠として正当化されようとする国家活動は、所掌事務（警察法2条1項にいう「その責務」）の範囲に「厳格に」限られているかどうかという審査に服するべきものであるといえるからである。[31]

(ⅱ) 個人情報保護法による制御が実現する適正手続

警察法2条1項によりあらゆる情報収集の適法性が推定されるわけではないとすると、その適法性は行政機関一般に適用される個人情報保護法の規定との関係で問題となる。[32]

個人情報保護法61条1項[33]は「行政機関等は、個人情報を保有するに当たっては、法令（中略）の定める所掌事務又は業務を遂行するため必要な場合に限り、かつ、その利用目的をできる限り特定しなければならない。」と定め、[34]更に同条2項は「行政機関等は、前項の規定により特定された利用目的の達成に必要な範囲を超えて、個人情報を保有してはならない。」と定める。利用目的の明示は、同62条各号において例外が定められており、警察による情報収集活動が利用目的の明示の例外となる場合を多く含んでいることは間違いないが、

---

31) 米田雅宏『「警察権の限界」論の再定位』（有斐閣・2019）28頁以下参照。なお本文記載の見解は、いわゆる2条2項の「限定列挙説」に拠る立場であると位置づけられ、とりわけ実務から有力に支持されるとされる「例示列挙説」とは異なる立場である点には注意を要する。
32) この視点の検討は、巽智彦准教授の教示により開始した。神橋一彦「行政救済法における違法性」磯部力＝小早川光郎＝芝池義一（編）『行政法の新構想Ⅲ 行政救済法』（有斐閣・2008）237頁が述べる通り、「ある一つの行為が、ある規範に照らして『適法』で」も、「他の規範に照らした場合、それが『違法』と判断されることもありうる」という認識が基礎にある。
33) 平成15年以降令和3年の個人情報保護法一元化の改正まで、旧行政機関の保有する個人情報の保護に関する法律3条1項（以下、旧法とする）が、本条項と同趣旨の内容を定めていた。なお旧法では、「所掌事務又は業務」は「所掌事務」とされていた。
34) 石井夏生利＝曽我部真裕＝森亮二（編著）『個人情報保護法コンメンタール』（勁草書房・2021）1023頁における旧法3条1項の解説が示すとおり、利用目的の特定は「OECD8原則のうち目的明確化の原則に対応するものである」ところ、「同原則では、遅くとも情報収集時点で目的を明確にすることが求められているが、本法ではこの点の明文はない」。宇賀克也『新・個人情報保護法の逐条解説』（有斐閣・2021）453頁以下を併せて参照。

利用目的の限定・特定及び必要性に関する要請には、例外がない。すなわち、少なくともその利用目的の限定・特定及び所掌事務との関係における必要性が不明である個人情報の保有は、個人情報保護法上は違法と解される。

　個人情報保護委員会の発行するガイドラインによれば、61条1項の「規定により、行政機関等は、個人情報の利用目的について、当該個人情報がどのような事務又は業務の用に供され、どのような目的に使われるかをできるだけ具体的かつ個別的に特定しなければならないところ、行政機関等の恣意的な判断により利用目的の特定の程度を弱めることは許容されず、具体的な利用行為が当該利用目的の範囲内であるか否か、合理的かつ明確に判断することができるものでなければならない」。個人情報保護委員会の独立性と専門性にかんがみ、裁判所がこの理解を尊重した判断を下す可能性があると仮定するならば、目的の特定も手段も明らかでない国家の情報収集を適法と評価することはできないように思われる。

　では個人情報保護法上の違法性は、国家賠償法上どのように評価されるのだろうか。学説と判例の対立についてはここで立ち入らないが、最判平成5年3月11日民集47巻4号2863頁、最大判平成17年9月14日民集59巻7号2087頁等の最高裁判所判例によるならば、個人情報保護法上の「法令（中略）の定める所掌事務又は業務を遂行するため必要な場合に限り、かつ、その利用目的をできる限り特定しなければならない」という行為規範を、当該個人情報の収集に後続する保有において警察が職務上の注意義務を尽くして遵守していない場合に、当該国家活動は国家賠償法上違法と評価されることになる。したがって問題となるのは、①法律上の行為規範が遵守されているかどうか、②岐阜県警が職務上の注意義務を尽くしたのかどうか、の二点である。

　ただし本事件では、情報収集・保有がどのような態様でなされているのか、そもそも保有しているのかどうか自体について、訴訟上の認否が拒否されており、①②について主張・立証を行う基礎となる情報がない状態である。これは前掲表1の被対象者の収集確知の契機に照らしても明らかであるとおり、秘密

---

35) 個人情報保護委員会『個人情報保護に関する法律についてのガイドライン（行政機関等編）』（2023）20頁。石井ほか、同上、1024頁を併せて参照。

36) 岩橋浩文「国家賠償法1条における違法と過失」熊本学園大学経済論集27巻1―4合併号（2021）217頁以下参照。

裡の情報収集の性質に起因する問題であり、原告の努力によって獲得することは非常に困難な情報であるといえる。実際に控訴審判決においては、後述のとおり、この点が協調されることとなったが、仮に被告側の認否の拒否が正当化されるとして、原告はどのように争うことが考えられるのだろうか。

一つの可能性としては、憲法32条の裁判を受ける権利の制約を争うことが想定されるが[37]、出発点としては、現行法が裁判を受ける権利を充足できるように構成されているかどうかを精査することから始め、仮に裁判を受ける権利が現行法で十分保障できない場合に憲法違反を論ずるべきである。そこで第4節では、現行法上可能な理解として、主張・立証責任の観点について検討してみたい。

4　主張・立証責任の転換
——違法な情報収集であることの主張・立証責任を原告が負うべきか

国家賠償法上の違法性の主張・立証責任は、原則として原告が負う[38]。国家賠償訴訟は、民事法上の損害賠償請求訴訟の特殊な形態であり、原則として当事者主義によるからである[39]。

1　「伊方の定式」活用の余地？

検討にあたり、最判平成4年10月29日民集46巻7号1174頁（伊方原発訴訟最高裁判所判決）を参照しよう[40]。同事件は原子炉設置許可処分の取消訴訟であり、国家賠償訴訟とは異なるが、「資料の偏在等から事実上の推認という方法に

---

37)　川嶋四郎『民主司法の救済形式：「憲法価値」の手段実現』（弘文堂・2023）261頁は、憲法32条違反が問題となった最決平成23年4月13日民集65巻3号1290頁の分析において、同決定における「『手続的正義』規範は、単に、結果的な不利益発生の可能性の告知による反論の機会の保障の要請という意味だけではなく、裁判所の審理判断のプロセスにおける平等な対論保障の要請という意味（自己に関する手続への関与・参加）をも有していると考えられるであろう」と述べる。

38)　主張責任と立証責任とは理論的に異なるものだが、「主張責任と立証責任一致の原則」（河村浩『行政事件における要件事実と訴訟実務：実務の正当化根拠を求めて』（中央経済社・2021）14頁）の観点から、本章においては両者を区別して論じていない。

39)　巽智彦「国家賠償請求訴訟上の問題」宇賀克也＝小幡純子（編著）『条解　国家賠償法』（弘文堂・2019）687頁以下参照。

40)　本判決の参照については、神橋一彦教授から教示を受けた。

よって、立証責任を事実上転換した」という点において、秘密裡の情報収集に関する立証責任論の問題について論ずる手がかりとなる可能性があるためである。この可能性は既に交告尚史によって、「原発訴訟以外でも、裁判所が行政の判断過程の合理性を後追い的に審査する立場を採り、しかも行政の判断枠組みが原告にも裁判所にも見えにくいという局面では、伊方の定式を用いる意義はあると考えられる」として指摘・検討されている。[42]

交告のいう「伊方の定式」は、裁判所が「右処分が前記のような性質を有すること（引用者注：当該処分が科学的・専門技術的知見に基づく総合判断を要するものであるという性質があること）にかんがみると、被告行政庁がした右判断に不合理な点があることの主張、立証責任は、本来、原告が負うべきものと解されるが、当該原子炉施設の安全審査に関する資料をすべて被告行政庁の側が保持していることなどの点を考慮すると、被告行政庁の側において、まず、その依拠した前記の具体的審査基準並びに調査審議及び判断の過程等、被告行政庁の判断に不合理な点のないことを相当の根拠、資料に基づき主張、立証する必要があり、被告行政庁が右主張、立証を尽くさない場合には、被告行政庁がした右判断に不合理な点があることが事実上推認されるものというべきである。」と判断した箇所を指す。[43]

立証の対象となるのは、合理性の有無という、いわゆる規範的要件事実であり、[44]規範的要件事実は評価根拠事実と評価障害事実に分かれるところ、正確に言えば、「評価根拠事実の証明責任が原告に、評価障害事実のそれが被告に課され、それらの衡量の過程の論証責任を原告が負うことになると解される」。[45]大山政之は「原告の認識可能な領域からは、注意義務を基礎づける具体的事実

---

[41] 児玉弘「科学技術的判断と裁判所の審査」斎藤誠＝山本隆司（編）『行政判例百選Ⅰ（第8版）』（有斐閣・2022）151頁。

[42] 交告尚史「伊方の定式の射程」加藤一郎先生追悼『変動する日本社会と法』（有斐閣・2011）269頁。ただし交告自身は、児玉のように、本判決を「立証責任を事実上転換した」ものとは見ておらず、「両当事者の間で展開される主張の応酬の前提（出発点）を構築するよう被告行政庁側に求めたものと見るのが自然」として、被告に「前提構築義務」を課したものと解する（同257頁）。

[43] 交告、同上、247頁。

[44] 大山政之「いわゆる規範的要件事実の主張・立証責任の分配について：『過失の一応の推定』を踏まえて」中央学院大学法学論叢17巻1・2号（2004）58頁。

[45] 巽、前掲注39）、691頁。

の認識は全く期待することができず、100％被告のみが認識しうる領域に存する場合においては、原告が主張・立証すべき事実は、その客観的結果のみという場合もありうるのではないかと思われる」と指摘する。大山の理解は極論であるが、このような議論は「規範的要件それ自体について『証明責任』を論ずる枠組み」に置かれるものといえ、巽智彦が指摘するとおり、「認定された評価根拠事実／障害事実を衡量し、規範的要件の充足の有無を判断する過程において、当事者間のある種の『責任』を観念するものと理解することができる」だろう。[47]

このような立論は、情報公開法の領域において、既に採用されている定式であるように思われる。宇賀による行政機関情報公開法5条3号及び4号に関する訴訟の主張・立証責任の点に関する整理が示す通り[48]、情報公開の領域においては、まず被告が、当該情報が不開示情報に該当することを推認するに足りる事情を主張・立証し（段階1）、段階1の立証が成功した後に、原告による事実に対する評価の合理性・妥当性の欠如に基づく裁量権の逸脱・濫用の主張・立証が問題となる（段階2）という構成を採る判決が蓄積されてきたのである[49]。

2 強制処分・任意処分二元論の再訪——憲法32条の観点から

しかし、国家による秘密裡の情報収集等について争う訴訟において、「伊方の定式」の採用を検討する上では、本判決でも採用された「強制処分にあたらない＝任意の推定＝適法性の推定」という警察の情報収集活動の性質に関する整理が大きな障壁となる。

---

46) 大山、前掲注44）、63頁。
47) 巽、前掲注39）、689頁。
48) 宇賀克也「情報公開に関する最近の裁判例の動向（2）」季刊情報公開・個人情報保護 Vol. 39（2010）91頁。
49) 2段階型を採用するものとして、2010年段階で宇賀が挙げる判決として、仙台高判平成21年4月28日訟月55巻11号3286頁、仙台地判平成16年2月24日訟月50巻4号1349頁（同控訴審・仙台高判平成16年9月30日裁判所HP）、東京地判平成18年2月28日判時1948号35頁（同控訴審・東京高判平成20年1月31日裁判所HP）、東京地判平成21年12月16日裁判所HP参照。その後の判断として、布製マスク配布に関する行政文書の不開示情報該当性を否定した大阪地判令和5年2月28日判タ1516号156頁などを併せて参照。踏み込んだ判断として、東京地判令和4年1月18日判タ1515号99頁で争われた警察庁保有個人情報管理簿の不開示が認められる範囲についての判示が参考となる。

この点について、まず述べておきたい疑問が三つある。第一に、強制処分・任意処分二元論という刑事訴訟法上の分類を、当該情報収集活動に関する個別の法的性質の整理を行うこともなく、なぜ行政争訟たる国家賠償訴訟において持ち出すことができるのか。第二に、本章では本件警察活動の法的性質を第3節第2款（3）で検討したが、ある特定の一場面における行為の法的性質について、活動の根拠については警察法2条1項を根拠としながら、態様の評価にあたっては強制処分・任意処分二元論の枠組みを用いるのは、法的概念の恣意的乱用ではないか。第三に、「強制処分にあたらない」ということによって任意の推定がなされるとして、任意処分に対する法的規律の問題を検討せず、訴訟上適法性の推定を働かせることは、憲法32条の裁判を受ける権利の実質的保障という観点からみて不適切ではないか。

とりわけ第三の点について、筆者は、「強制処分にあたらないから、任意であると推定されるので、適法」という近時の裁判例が採用する立論への対抗のために、京都府学連事件前後の刑事訴訟法学説の議論を再訪する必要があると考えている[50]。

光藤景皎によって「写真撮影は197条1項但書にいう強制の処分にはあたらない新しい型の強制処分だとし、憲法31条の問題として考える立場[51]」と整理される田宮裕は、新しい型の強制処分も「無制限に許されるのではなく、憲法上の制約はある。それは31条の適正手続の保障なのである。」と述べる[52]。これに対して、「任意捜査としながら、強制処分に準じて要件をしぼってゆく立場[53]」と光藤が整理する藤木英雄は、「隠秘的に事が行われるかぎり、被撮影者としてはその違法性を指摘して静止する有効な方法をもたず、その際の紛争が刑事

---

[50] 同様のアプローチを用いて、「捜査機関統制に関する立法府と司法府との役割分担論ないし権限配分論」という「憲法学においてこそ検討されるべき論点」を明らかにした中林暁生＝山本龍彦『憲法判例のコンテクスト』（日本評論社・2019）125頁以下［山本龍彦］参照（引用箇所は同135頁）。

[51] 光藤景皎「犯罪捜査目的の写真撮影と肖像権」伊藤正已編『マスコミ判例百選』（有斐閣・1971）151頁。

[52] 田宮裕「犯罪捜査と写真撮影：判例をめぐって」ジュリスト323号（1965）46頁。併せて田宮の論に賛同を示す鴨良弼「犯罪捜査のために行なう写真撮影」平野龍一編『刑事訴訟法判例百選』（有斐閣・1976）39頁参照。

[53] 光藤、前掲注51)。

事件になった場合、あるいは、その際撮影された写真が、後日、証拠として法廷に提出された場合のほかは、裁判所はその行為の違法の有無について審査する機会を与えられていない」ことを、裁判所による審査の際に、被撮影者の行為の正当性や証拠能力の否定といった形で反映するという在り方を示した。藤木の見解は、〈原告も知らない、裁判所も審査できない〉という状況に対する危惧を示唆する。この危惧は、「伊方の定式」が導かれた問題意識と共通する。

つまり秘密裡の情報収集を新たな型の強制処分と捉えず、任意処分と捉える立場に立っても、国家による秘密裡の情報収集活動の特性である本質的な透明性の欠如を考慮した訴訟上の法的統制は、憲法32条の要請に基づき必要とされる。本件について言えば、仮に被告県側の訴訟上の認否の拒否を容れ、目的も手段も明らかでない情報収集があったと認定するとして、その場合に、なお主張・立証責任を原告のもとに置くことは、裁判を受ける権利を脅かす可能性があるのだ。裁判を受ける権利と主張・立証責任についての理論的側面については、今後より詳細に検討する。

5　小　括

本章では、大垣警察市民監視事件を通じ、国家による秘密裡の情報収集等の違憲性を争う訴訟が直面する課題を検討し、憲法学の観点からその解決策の提案を試みた。以下小括として、本件控訴審判決に触れつつ、諜報活動と予防的警察活動に共通する「秘密裡の情報収集」の訴訟における争い方について、憲法学の観点からまとめる。

本章は、「秘密裡の情報収集」が争われる際に直面する課題として、広範な目的に基づく抽象的な必要性が認められることにより、憲法上の権利の実質的保障が難しくなるという課題を明示し、この課題が本判決のみに固有のものではなく、裁判例の潮流の中において立ち現れていることを明らかにした。そして、この課題に対する解決策として、憲法13条等の実体的権利保障を主張するのみならず、①国家による秘密裡の情報収集に特有な、本質的な透明性の欠如

---

54)　藤木英雄「犯罪捜査の目的でする写真撮影といわゆる肖像権」ジュリスト444号（1970）90頁以下。藤木英雄『可罰的違法性の理論』（有信堂・1967）203頁以下参照。併せて今上益雄「刑事判例研究　四　犯罪捜査のための写真撮影が許される限界」東洋法学13巻3・4号（1970）95頁参照。

を前提とした憲法31条のもとでの適正手続の在り方を、現行法を最大限活用して主張すること、②秘密裡の活動であるがゆえに、訴訟遂行上必要な資料が被告側に偏在する場合、状況に応じて主張・立証責任の事実上の転換という判例法理を応用し、憲法32条の裁判を受ける権利を実効的に充足する可能性を探ることの二つを提案した。

　本章の初出直後に下された本件控訴審判決[55]は、「当裁判所に顕著」な事実として、認否の応答をしない県側の訴訟遂行の態度について非常に厳しい言及を行った上で、岐阜県警は、原告らの「個人情報を取得し、保有して、適宜利用しているものと認められる」ところ、そうであるならば、「一審原告らについて、一般国民とは異なり、大垣警察を含む岐阜県警が、これらの個人情報の取得、保有及び利用（上記Ｂ社との交換を含む。）を、特に行うことができるという個別的、具体的な根拠が求められるところ、一審被告県は、漠然と一般的、抽象的な公共の安全と秩序の維持を繰り返し唱えるだけで、これを主張立証しない」と論難し、「大垣警察ないし岐阜県警の警察官らは、一審原告らの自然保護運動や希少動物保護運動等の活動を妨害し、その相手方当事者を援助する目的で、相当以前から一審原告らに関する個人情報を収集していたのであり、大垣警察の警察官らは、Ｂ社による本件事業の推進を援助し、これに反対し、又は反対する可能性のある一審原告らの活動を妨害する目的で、一審原告らに関する個人情報のＢ社への提供を続けていたのであるから、その目的において、これらは違法であり（警察法２条２項は、「その責務の遂行に当たっては、不偏不党且つ公平中正を旨とし」としている。）、少なくとも明らかに社会的相当性を欠いたものであって、警察官の情報収集活動等に裁量権があるとしても、裁量権を逸脱するものであり、少なくともこれを濫用するものであるといわざるを得ない。そうすると、さらにその必要性等について論ずるまでもなく、大垣警察ないし岐阜県警の警察官らの上記各行為は、国家賠償法１条１項の適用上も違法なもので、故意に、少なくとも重大な過失により、一審原告らのプライバシーを侵害したものと認められ」るとの判断を示した。情報の収集を目的の段階で違法と断じた控訴審については、別稿で検討したが[56]、警察法２条１項が警

---

55)　名古屋高判令和６年９月13日 LEX/DB25621036。
56)　小西、前掲注１）参照。

察活動の一定の根拠となるという従来の判例の立場を容れつつ、同2項によって厳格な限定を要求することを通じて基本的人権を保障しようとした本件控訴審判決は、本章の問題意識と轍を同じくする部分を含むといえよう。

　国家による秘密裡の情報収集活動は、その目的によっては本質的な透明性の欠如を避けられない場合があるが、それでもなお、各状況下における憲法上の権利の実質的保障はなされなければならない。山田哲史が指摘するとおり、現代においては、「社会構造やそれに伴う国家活動の変化によって、以前以上に実体的な権利侵害の閾値、限界設定にどうしても限界がある」ため、実質的な権利保障にとって、手続保障がこれまで以上に重要な役割を果たすこととなる。筆者は、本章において示した二つの解決策を、訴訟上の権利の実質的保障を目指した憲法訴訟を形成するための一視点として、今後も探究していく。[57]

---

[57] 山田哲史「続・権利ドグマーティクの可能性：規律密度と比例原則（1）」岡山大学法学会雑誌69巻1号（2019）116頁。同稿はドイツの議論につき論じたものであるが、本章が示した通り、ここに示した山田の認識は日本の現状にも合致する。

第三部

捜　査

第一章　暗号化通信の傍受
―― 独・刑事訴訟法における端末通信傍受とオンライン捜索

1　はじめに

　我々の生活に情報通信の手段が不可欠なものとなっている現代、犯罪捜査もまた、情報技術の助力なくしては成立しえない。近年、各国の情報技術を用いた捜査には、IMSI キャッチャーの利用や、ビッグデータに基づく AI 解析など様々な手法が登場するが、それぞれの捜査手法の特性は、従来とは異なった憲法上の権利侵害に関する問題を惹起している。

　本章は情報技術を用いた捜査手法の一つとして、ドイツで実施されている端末通信傍受（Quellen-TKÜ）を取り上げる。端末通信傍受とは、トロイの木馬等のマルウェアを用いて端末に侵入的にアクセスし、暗号化されていない情報を取得する傍受の形態である。この捜査手法は、暗号化情報を元の形で取得することができる強力な捜査手法である一方、プライバシー等の強度の権利侵害を惹起するという重大な憲法上の課題を抱えており、通信の秘密の限界を示す例としても重要である。

　我が国の刑事訴訟法体系においては、通信の暗号化に対抗して端末へ侵入する捜査手法については、現状規定がない。しかし、通信傍受の実効性と憲法上の権利の保障の均衡の限界について、外国法の例を参考として事前に検討することには、通信の暗号化が広く一般化した現状において、重要な意義がある。

　そこで本章では、端末通信傍受を根拠づける刑事訴訟法上の条項が存在し、且つ当該条項及びこれに則った運用が基本権保障の観点から論じられているドイツでの端末通信傍受の憲法上の課題について論ずる。

2　端末通信傍受の性質

1　端末通信傍受導入の技術的背景

　端末通信傍受導入の背景には、二つの技術的要素が大きく影響している。[1]

第三部　捜　査

　第一に、電話からインターネットへの音声通信媒体の拡大である。VoIP（Voice over Internet Protocol）の技術が急速に発展・普及したことで、通信傍受の対象がインターネットを介した音声通信に拡大せざるを得ない状況が生まれた。

　第二に、通信の暗号化である。現代においては通信の暗号化が一般化しており、音声通信についても例外ではない。暗号化された通信を対象として、通信傍受の目的を達成するためには、暗号化されたデータを元の状態に復元しなければならない。そこで従来は、通信事業者を通じて暗号化パラメーターを無効化する措置が採られていた。この無効化の措置が通信傍受の予備的・付随的措置として十分な法的根拠を有するか、という点についても争いがあったが、より簡便な方法として、暗号化される前のデータを取得する手法が検討されるようになった。これが、端末通信傍受である。

　端末通信傍受は、事前に対象者のコンピュータに侵入する必要がある。そのため、なんらかの侵入的な手段を用いることとなるが、ドイツでは捜査機関・刑事訴追機関においても、所有者の同意なく対象者のコンピュータのハードディスクを探るマルウェアである「トロイの木馬」が利用されていることが知られており、これは「国家のトロイの木馬（Staatstrojaner）、連邦のトロイの木馬（Bundestrojaner）」と呼ばれている。

2　端末通信傍受の法的根拠

　ドイツの連邦レベルでの端末通信傍受の法的根拠は、刑事訴訟法100a条に求められる。

　現行刑事訴訟法100a条1項（2024年12月4日公布・2024年12月12日施行。ただし

1）　*Axel Henrichs*, Zur rechtlichen Zulässigkeit der Quellen-TKÜ, Kriminalistik 2008, S. 438 f.
2）　石村修「コンピュータ基本権：オンライン監視事件」ドイツ憲法判例研究会（編）『ドイツの憲法判例Ⅳ』（信山社・2018）50頁。
3）　2011年10月9日のFrankfurter Allgemeine Sonntagszeitungs（FAS）誌（https://www.faz.net/aktuell/feuilleton/ein-amtlicher-trojaner-anatomie-eines-digitalen-ungeziefers-11486473.html）は、「国家のトロイの木馬」が利用されている実態について報じた。*Reinhard Fraenkel/Volker Hammer*, Vom Staats- zum Verfassungstrojaner, DuD 2011, S. 887参照。
4）　連邦刑事庁法51条も同様の規定を置くが、本章では刑事訴訟法の規定について論ずる。
5）　BGBl. I, 2024, Nr.395.

242

同項は、後述する2017年改正以降の変更はない）は、このように定める。「関係者の了解がない場合でも、以下の各号の場合には、テレコミュニケーションを監視し、記録することができる。1．特定の事実が、犯罪行為者あるいは共犯者の者が本条2項に定められる重大な犯罪行為を犯す疑いを根拠づける場合、その犯罪行為を犯すことを試みるという未遂を処罰すべき場合、あるいはその犯罪行為を準備している場合、2．個別の事例において重大である行為の場合、3．状況の調査あるいは被疑者の居所の捜査が、その他のやり方では実質的に妨げられ、あるいは望みがない場合（以上、同項1文）。とりわけ暗号化されない形式での監視及び記録を可能とするために必要であるとき、テレコミュニケーションの監視と記録は、関係者が使用する情報技術システムに技術的手段をもって介入するという手段においても行うことが許される（以上、同項2文）。仮に、暗号化形式での公のテレコミュニケーションネットにおける継続的な伝送事象の間、これを監視し、記録しても構わないとされるなら、そのときにも、関係者の情報技術システムに記録された通信の内容及び状況を監視し、記録することができる（以上、同項3文）」。

　刑事訴訟法100a条は、同条1項2文及び3文が追加された2017年改正において、明確な端末通信傍受の法的根拠を定める現在の形となった。しかし後述のとおり、端末通信傍受の解釈については、通信の秘密の限界との関係で議論がある。そこで本章では、端末通信傍受と近似する捜査手法でありながら、通信の秘密ではない新たな基本権の侵害を形成すると解されているオンライン捜索（Online-Durchsuchung）と端末通信傍受の相違を明らかにした上で、刑事訴訟法100a条の改正経緯を確認し、憲法上の権利をめぐる同条1項2文および3文の解釈について論ずる。

3　端末通信傍受とオンライン捜索の相違

（1）　定義と性質　　端末通信傍受及びオンライン捜索の法的理解は、2008年のオンライン捜索に関する連邦憲法裁判所判決[6]（以下、オンライン捜索判決）の影響を強く受けている。本判決は、ノルトライン・ヴェストファーレン州憲法擁護庁によって行われたオンライン捜索の根拠となる同州憲法擁護法5条2

---

[6]　BVerfGE 120, 274, Urteil des Ersten Senats v. 27. 2. 2008.

項11号について、基本権（後述するIT基本権及び通信の秘密）を制約し、またその制約を憲法適合的なものとして構成するための比例原則を充足する規定ともなっていないことから、違憲無効と判断した事例である。本判決はオンライン捜索を「技術的侵入手段を用いたITシステムへの秘密の介入」と定義づける。この定義だけを見ると、端末通信傍受とオンライン捜索の異同が明確に区別されているとはいえないが、判決の趣旨を踏まえ、両者の法的根拠が定められた。

　上述した刑事訴訟法100a条1項2文及び3文を見ると、端末通信傍受は、暗号化の前、または通信終了後の端末にアクセスし、通信時の暗号化から逃れて必要なデータを取得するという固有の特徴を有するといえる。このような特徴を持つ端末通信傍受について、「通信特有のリスクではなく、一般的な情報技術上のリスク」を考慮する必要が生じ得る手法であると評価する論者もいる。

　一方、オンライン捜索の根拠となる刑事訴訟法100b条1項本文は、「関係者

---

7) BVerfGE 120, 274, Rn. 7.
8) Rösler Albrecht（著）鈴木秀美（訳）「翻訳『オンライン捜索』についての連邦憲法裁判所判決——2008年2月27日第一法廷判決」阪大法学58巻5号（2009）310頁［鈴木追記］は、「オンライン捜索とは、いわゆる『トロイの木馬』を用いた犯罪捜査」であると述べ、山田哲史「『権利ドグマーティク』の可能性」岡山大学法学会雑誌68巻3・4号（2019）233頁は「インターネット上の偵察行為、とりわけ、インターネットを通じてスパイウェア（「トロイの木馬」ソフト）を感染させ、コンピュータ内部の情報を確認、取得する行為が、俗に、オンライン捜索」と呼ばれると述べるように、オンライン捜索を中心に論じてきた我が国の議論も、その多くがオンライン捜索から端末通信傍受を切り離すことなく論じてきた。その中で両者の異同に言及している植松健一「連邦刑事庁（BKA）・ラスター捜査・オンライン捜索（2）：憲法学的観点からみたドイツにおける『テロ対策』の現段階」島大法学53巻2号（2009）3頁は、ドイツの「学説では『オンライン捜索』と一般に呼ばれる措置のうち、ITシステムへの秘密接続により一回のみ又は限定時点でデータをコピーする『オンライン点検』（Online-Durchsicht）と、システムを継続的に監視する『オンライン監視』（Online-Überwachung）との区別が意識」され、後者に「暗号化された電子通信に対する監視を目的とするITシステムへの侵入」であるQuellen-Telekommunikationsüberwachung（Quellen-TKÜ、本章では端末通信傍受と訳す）が含まれうる、と述べる。このようなオンライン捜索の分類は、現行刑事訴訟法下のドイツにおいても未だ有用なものと見られる（Christoph Keller/Frank Braun, Telekommunikationsüberwachung und andere verdeckte Ermittlungsmaßnahmen, 3. Aufl. Boorberg, 2019, S. 80参照）。
9) Constantin Abate, Online-Durchsuchung, Quellen-Telekommunikationsüberwachung und die Tücke im Detail, DuD 2011, S. 125.

の了解がない場合でも、以下の各号の場合には、技術的手段を用いて関係者の利用する情報技術システムに介入し、そこからデータを使用することができる（オンライン捜索）」と定める。同100a条1項1文が「テレコミュニケーションを監視し、記録することができる」と規定していることと比べると、既にシステム内に蓄積されたデータをも広く情報収集の対象としていることがオンライン捜索の特徴である。[10]

以下では、憲法との関係における端末通信傍受の特徴を明確にするため、両者の憲法上の課題の所在を素描する。

（2）侵害法益　憲法上の課題の所在として、第一に論ずべきは侵害法益の相違である。

一方、オンライン捜索判決において主たる侵害法益とされたのは、「情報技術システムの秘密性と完全性の保障に対する基本権（Grundrecht auf Gewährleistung der Vertraulichkeit und Integrität informationstechnischer System)」として、本判決で新たに導出された一般的人格権である。「IT基本権」などと呼称されるこの権利は、判例上、ドイツ基本法（以下、基本法）1条1項と結びついた基本法2条1項により根拠づけられ、情報技術システムを通じた個人に関連するデータの獲得により、個人の生活や人格が詳らかになる場合に問題となる権利であると解されているが[11]、①従来のプライバシー権等の憲法上の権利を踏まえて、当該基本権を新たに設定する必要があるのか、②①の必要性があるとしても、主観的権利として構成されうるものなのか、といった厳しい批判を受けている。[12]

本章では、IT基本権に関する議論について詳述することができないが、端末通信傍受とオンライン捜索により侵害される法益が同一のものであるのか、という問題意識は重要である。なぜなら後述の通り、実際に端末通信傍受が用

---

10) *Lutz Meyer-Goßner/Bertram Schmitt*, Strafprozessordnung, 62. Aufl., C.H. BECK, 2019, S. 420 f., *Felix Ruppert*, Die moderne Klaviatur der Strafverfolgung im digitalen Zeitalter: Zur Einführung der Quellen-TKÜ und Online-Durchsuchung in Zeiten von WhatsAPP, Skype & Social Media, JA 2018, S. 1000.

11) BVerfGE 120, 274, Rn. 201 ff. 高橋和広「IT基本権論に関する一考察」六甲台論集法学政治学篇61巻1・2号（2015）58頁以下参照。

12) 山田・前掲注8)、239頁以下参照。

いられる範囲について検討すると、専ら通信の秘密のみを制約する手法であるといえるか、疑問が生じるためである。侵害法益の相違については、改正経緯を踏まえた現行刑事訴訟法規定の分析を通じ、後に詳しく検討する。

　（3）　比例原則　　第二に、比例原則の充足性が問題となる。比例原則とは、目的及び手段の必要性・相当性・狭義の比例性という要素を中心として、基本権制約の憲法適合性を確認する法の一般原則であり、ドイツの違憲審査において重要な役割を果たしている[13]。

　端末通信傍受の手段を用いるにあたっては、傍受の対象となる情報が暗号化のため入手が困難である、という高度な必要性が要求される（手段の必要性）反面、技術的条件（刑事訴訟法100a条5項）のもとで従来の通信傍受と同様の対象（同条2項）の監視と記録を行いうる。この点、オンライン捜索は、暗号化のための入手困難性は要求されず、既に端末に蓄積された情報やこれから蓄積される情報も射程に含むが、その範囲は従来の通信傍受や端末通信傍受の対象より更に狭く、特に重大な犯罪に限られている[14]（同100b条1項1号、同条2項）。なお個別の事例において特に重大な犯罪行為があるといえる場合で（同100a条1項1文2号、100b条1項2号）、更に他の手法によっては目的を達することができない場合に限り（同100a条1項1文3号、100b条1項3号）、当該手法の利用が認められるという厳格な要件の下に置かれている点は、両者及び従来の通信傍受に共通する。

　また、端末通信傍受が認められない場合、捜査上の傍受の必要性は同一にもかかわらず、伝統的な電話通信やモバイル通信の利用者とインターネットを通じた会話通信の利用者の間で、技術的な問題により実際に傍受されるか否かが異なるという状況が生じてしまうことから、端末通信傍受を許容することは社会的機能として説得力がある、と指摘する論者もいる（目的の正当性）[15]。一方、情報端末に直接アクセスするという行為態様が極めて強度の権利侵害を構成する点は、両者に共通する（侵害強度の問題）。

---

13)　比例原則について、本書第四部第一章参照。
14)　*Meyer-Goßner/Schmitt*, a.a.O. (Anm.10), S. 422.
15)　*Felix Freiling/Christoph Safferling/Christian Rückert*, Quellen-TKÜ und Online-Durchsuchung als neue Maßnahmen für die Strafverfolgung: Rechtliche und technische Herausforderungen, JR 2018, S. 21.

3　端末通信傍受に関するドイツ刑事訴訟法規定の改正経緯

　ここまでに概観した端末通信傍受の憲法上の課題は、ドイツ刑事訴訟法上どのように捉えられてきたのか。刑事訴訟法100a条に関する二度の大きな改正（2008年、2017年）とその解釈を中心に、確認していく[16]。

1　2008年改正以前の刑事訴訟法100a条

　2008年改正以前の刑事訴訟法100a条1項1文は、「特定の事実が、ある者が以下（各号）の行為者または共犯者であるという疑いを基礎づけるとき、情報通信の監視と記録を命じることが許される」と定めていた。同条は、1968年、通知なき通信の秘密の制約を法律の根拠と一定の条件のもとで許容する規定が、ドイツ基本法10条2項に追加されたことを契機として定められたという来歴を持つ[17]。2008年以前の同条で想定されているのは、通常の通信傍受に限られ、端末通信傍受やオンライン捜索は含まれない[18]。

2　2008年の刑事訴訟法100a条改正

　2008年に、同条の大規模な改正が行われた（2007年12月21日公布、2008年1月1日施行）[19]。2008年改正において、前述した現行刑事訴訟法100a条1項1文が、同条1項として定められた。同条1項は、「関係者の了解がない場合でも、以下の各号の場合には、テレコミュニケーションを監視し、記録することができる」としているのみであり、通信傍受について関係者の同意を不要とする要件を定めているにすぎないとも読める。

---

16)　改正経緯について、*Arndt Schlegel*, Normative Grenzen für internetbasierte Ermittlungsmethoden, Springer, 2019, S. 113 f. 参照。

17)　Rudolphi Hans-Joachim（著）阪村幸男（訳）「ドイツ刑事訴訟法（100条a,b）における盗聴の限界」大阪学院大学法学研究4巻2号（1979）41頁以下参照。基本法10条2項の沿革については、本書第二部第三章参照。

18)　なお、1997年末まではその対象を電気通信に限っていたが、1998年以降はすべての通信形式を対象としている。クラウス・ロクシン＝ハンス・アッヘンバッハ（著）光藤景皎＝吉田宣之（編訳）『ドイツ刑事訴訟法演習：君の知識を試そう』（成文堂・2017）104頁（原著 *Claus Roxin/Hans Achenbach*, Strafprozessrecht: Prüfe dein Wissen Rechtsfälle in Frage und Antwort, 16. Aufl., C.H. BECK, 2006）。

19)　BGBl I, 2007, S. 3198.

第三部　捜　査

　しかし2008年以降、端末通信傍受は、同条1項の付随的権限として地位を得ていく。ここでは、刑事訴訟法100a条の解釈において、会話の傍受という第一の措置と、技術的な介入としての端末通信傍受という第二の措置を区別する考え方に注目したい[20]。第一の措置を中心的措置（Hauptmaßnahme）、第二の措置を予備的・付随的措置（Vorbereitungs- und Begleitmaßnahmen）と区別するこの考え方は、後者の正当化を端末通信傍受のための必須条件とし、端末への技術的介入の問題と傍受そのものの問題を区別することで、両者の問題の所在を明らかにする。第二の予備的・付随的措置は、第一の中心的措置とは異なる特有の法的性格を持っているが、中心的措置の遂行にとって必須且つその他の軽微な手段が存在しない場合には、中心的措置が許容される限りにおいて原則として許容されることとなるという性質を有する[21]。一方、第二の措置は第一の措置に付随するものであることから、中心的措置に関する裁判所命令は、予備的・付随的措置の方法や範囲についても明確に決定しなければならず[22]、また第一の措置が根拠を欠く場合、第二の措置の正当化根拠は当然に失われることとなる[23]。

　100a条の付随的措置として端末通信傍受を認める見解には、強い批判もあった。Beulkeは、暗号化した通信の「解読のため必要な『スパイ・ソフトウェア』を利用者の端末機に密かに侵入させることも、刑事訴訟法100a条の付随的権限内にあるといえるかは、重要な問題である。これは、現在進行中の電話通信を超えるような、情報の技術的介入や認識の可能性を与えるものでないことが確保される限りで、肯定される。そのような識別が現在技術的にまだできないというのであれば、暗号化されたインターネット電話の監視は、現行法上許されない」と述べている[24]。

---

20)　*Henrichs*, a.a.O.（Anm.1）, S. 442.
21)　Ebd.
22)　Ebd.
23)　*Barry Sankol*, Überwachung von Internet-Telefonie, CR 2008, S. 13.
24)　加藤克佳／辻本典央「〈翻訳〉ヴェルナー・ボイルケ著『ドイツ刑事訴訟法』（4）」近畿大学法学63巻1号（2015）161頁以下（原著 *Werner Beulke*, Strafprozessrecht, 11. Auflage, C.F. Müller, 2010）。

3 オンライン捜索判決（BVerfGE 120, 274）

2008年改正刑事訴訟法施行直後の同年２月27日に下されたオンライン捜索判決は、前述のとおり、比例原則を充足するような限定がなされれば、侵入的手段を用いたオンライン捜索を認める一定の余地があることを認めている。ただし本判決が、刑事訴訟法100a条１項を根拠として端末通信傍受を行うことを認める余地を持つ判決といえるかという点については、争いがある。

この点を批判的に論ずるものとして、オンライン捜索判決は「監視が継続的なテレコミュニケーション事象からのデータだけに限定して行われるときには、基本法10条１項は端末通信傍受の権限の判断についての唯一の基準」であるとして基本法上の審査基準を定義しているのみであり、刑事訴訟法100a条を抑止的な（repressiv）端末通信傍受の根拠とするための明確な所見を含んでいないとする見解がある[25]。また、「オンライン捜索判決が、刑事訴訟法100a条を『援用』することで端末通信傍受を許容した」と解する立場に疑問を呈する見解も見られる[26][27]（なお2017年改正の立法理由を述べた委員会資料（後掲）は、この審査基準を引用してオンライン捜索と端末通信傍受の射程を明確にしているにとどまる[28]）。

4 2017年の刑事訴訟法100a条改正

多くの議論がある直近の全面的改正が、2017年改正である（2017年８月17日公布、2017年８月24日施行[29]）。2017年改正は複数の重要な点を含むが、中でも、端末通信傍受の直接の法的根拠となる刑事訴訟法100a条１項２文及び３文の追加が重要である。以下、両文の法的意義と憲法上の課題について論ずる。

なお、同改正の草案たる連邦政府及び連邦議会の法案・立法理由書（以下、改正草案[30]）には100a条改正についての言及はなく、100a条改正の原案は、連邦議会に附帯する法と利用者保護のための委員会（第６委員会）により、同草案

---

25) BVerfGE 120, 274, Rn. 190.
26) *Dominik Brodowski*, Anmerkung, JR 2011, S.535. 同稿は、刑事訴訟法100a条を根拠として端末通信傍受を許容した Landshut 地方裁判所2011年１月20日の判決に対する評釈である。
27) *Christian Becker/Dirk Meinicke*, Die sog. Quellen-TKÜ und die StPO - Von einer >>herrschenden Meinung<< und ihrer fragwürdigen Entstehung, StV 2011, S. 50 f.
28) BT-Drucksache 18/12785, S. 47 f.
29) BGBl Ⅰ, 2017, S. 3202.
30) BR-Drucksache 796/16; BT-Drucksache 18/11277.

に対する決定勧告・報告[31]として起草された（決定勧告・報告資料を、以下、委員会資料とする）。そのため100a条改正の立法理由については、主に委員会資料を参照する。

4　現行刑事訴訟法100a条1項2文及び3文の憲法上の課題

1　100a条1項2文

　100a条1項2文には本質的な監視手法（侵入の実施とその必要性）が規定されている[32]。本章でも繰り返し言及しているとおり、100a条1項2文の措置は、条文上オンライン捜索との関係ではなく、従来の通信傍受との関係で捉えられる。同項2文に示された特別な必要性は、本規定に基づく措置が、従来の通信傍受との関係では、あくまでも補助的にのみ許容されることを示している[33]。この許容性は、法律上は新規に定められたものだが、目新しいものというわけではない。前述のとおり、従来の通信傍受によるのでは（暗号化のために）その目的が達成できない場合、改正前の100a条1項の解釈として付随的に認められると考えられてきた端末通信傍受の権限を法律上明記したことが、同項2文新設の意義であると捉えられる[34]。そのことは100a条改正を必要としていなかった改正草案に対し、100a条の射程に関して議論があることを重視して改正を求めた委員会資料が示している[35]。

　従来の通信傍受と、100a条1項2文に基づく端末通信傍受の決定的な差異は、情報端末の秘密性・完全性に対する「能動的な侵害（aktive Beeinträchtigung）」を伴うか否かという点にあるとPohlman/Riedelは述べる[36]。従来の通信傍受は、情報端末の完全性を侵さず、特定された個別のインターフェイス上

---

31)　BT-Drucksache 18/12785, S. 9 f.
32)　*Frederik Roggan*, Die strafprozessuale Quellen-TKÜ und online-Durchsuchung elektronische Überwachungsmaßnahmen mit Risiken für Beschuldigte und die Allgemeinheit, StV 2017, S. 822.
33)　*Keller/Braun*, a.a.O.（Anm.8）S. 47.
34)　*Freiling/ Safferling/ Rückert*, a.a.O.（Anm.15）S. 21
35)　BT-Drucksache 18/12785, S. 48.
36)　*Norbert Pohlman/Rene Riedel*, Quellen-TKÜ als Gefahr für die allgemeine IT-Sicherheit, DR 2018, S. 53. ゼロデイ攻撃の仕組みについて、瀬戸洋一ほか『改訂版　情報セキュリティ概論』（日本工業出版・2019）185頁参照。

での通信を「受動的に」傍受する。一方、端末通信傍受は対象者の情報端末のソフトウェア上の脆弱性につけ込み、本来はシステム上原理的に妨げられる情報端末へのアクセスを、マルウェアを用いて「能動的に」行う（脆弱性が修正される前に侵入する、いわゆるゼロデイ攻撃（Zero Day Exploits））[37]。

　このことを憲法上の権利との関係から解釈すれば、以下のとおり説明することができよう。従来の通信傍受によっては入手できない暗号化情報を、情報システムへの技術的介入によって入手することを本質的要素とする100a条1項2文に基づく端末通信傍受は、理論上は従来の通信傍受の補充として、通信の秘密の侵害を構成するように見える。しかし実際は、従来の通信傍受の目的を達するため、専ら情報端末の秘密性・完全性を脅かす情報システムへの技術的介入を行う手段が端末通信傍受である。制約され得る憲法上の権利の観点から、同文に基づく端末通信傍受と従来の通信傍受とは、明確に区別されることになる。

　そうだとすれば、100a条1項2文に基づく端末通信傍受の措置が侵害する法益は、従来の通信傍受が侵害する通信の秘密とは異なるのだろうか。この点、委員会資料は「伝達事象の間、『継続的な通信』に情報技術システムの監視と記録を関連付けるとき、（同項）2文は、基本法10条侵害のための法的根拠を描く」とし[38]、同項2文に基づく措置の射程を通信の秘密の制約領域に限定するが、この理解に対する学説の反応はさまざまである。ある論者は、「刑事訴追者が回線にアクセスし、データを解読できる場合には、（中略）間違いなく基本法10条が脅かされる。そうでない場合には、電話網の完全性への市民の信頼ではなく、IT情報通信端末の秘密性と完全性への信頼が問題となる」と述べ[39]、100a条1項2文及び3文に基づく端末通信傍受の措置全体が、従来の通信傍受の措置とは異なる法益を侵害すると指摘する。一方、この後述べる同項3文の措置とは異なり、「適切なソフトウェアの使用を仮定すれば[40]、100a条

---

37) Ebd.
38) BT-Drucksache 18/12785, S. 51.
39) *Freiling/ Safferling/ Rückert*, a.a.O. (Anm.15), S. 20.
40) この点、*Ulf Buermeyer*, Zum Begriff der >>laufenden Kommunikation<< bei der Quellen-Telekommunikationsüberwachung (>>Quellen-TKÜ<<), StV 2013, S. 471 f は、従来の通信傍受を補完するという端末通信傍受の性質上、内容の暗号化ではなく転送の暗号化のみが、端末

2項1文に基づく措置に対する基本権の審査基準は、ただ通信の秘密のみであり、情報技術システムの秘密性と完全性の保障に対する基本権ではない」として、技術的な手段の限定を前提に、委員会資料の解釈を支持する論者もいる。[41]

2 100a条1項3文

100a条1項3文には、完結した通信へのデータ収集権限の拡大が規定される。[42] 100a条1項3文に基づく措置の目的は、端末通信傍受の命令とマルウェアのインストールの間隙を埋めることにある。[43] 端末通信傍受を実行する前に、傍受の対象となる通信が完了することが想定される場合に、本文に基づいた措置が行われる。

100a条1項3文に基づく措置を行う際、捜査員は、同項2文に基づく措置を行う場合と異なり、継続的なテレコミュニケーションにアクセスするための権限を与えられているのではなく、「暗号化形式において公のテレコミュニケーションネットにおける継続的な伝達事象が監視し、記録」されるべき場合に、既に情報技術システムに蓄積されているデータへアクセスすることが許可されることとなる。[44]

本改正に関する連邦議会委員会報告資料は、100a条1項3文に基づく措置についても、従来の通信傍受と「機能的同等性（funktionale Äquivalenz）」があることが必要であると述べる。[45] すなわち、あくまでも100a条1項2文及び3文に基づく端末通信傍受は、従来の通信傍受を補完する位置付けにあるものとして、その枠組みを超えてはならないということであり（例えば、命令の時点よりも前に作成され、蓄積されたデータへのアクセスは認められないと考えられる）、[46] この意味で100a条1項の措置全体がオンライン捜査と区別されるとする。その技術的担保は、同文と同時に制定された100a条5項1文1号bにおいて要求

通信傍受における「暗号化」の内容と解されるべきであるとする。
41) Schlegel, a.a.O.（Anm.16）, S. 246.
42) Keller/Braun, a.a.O.（Anm.8）, S. 46.
43) Roggan, a.a.O.（Anm.32）, S. 823.
44) Schlegel, a.a.O.（Anm.16）, S. 247.
45) BT-Drucksache 18/12785, S. 51.
46) Schlegel, a.a.O.（Anm.16）, S. 247.

されている。

　しかし学説では、100a条1項3文に基づく措置を、侵害法益の観点から見て、従来の通信傍受の範囲内で解釈しうるという見解は、支配的とはいえない。例えば、100a条1項3文に基づく措置を同項2文に基づく措置（本質的な端末通信傍受）と区別し、小さなオンライン捜索（klein Online-Durchsuchung）と呼ぶ見解は、通信の秘密とIT基本権の保護領域は相互補完的であるところ、継続的な通信に対する技術的に守られたアクセスとしての端末通信傍受の限界を超えるやいなや、当該保護領域における本質的に高度な憲法上の権利の制約としてのオンライン捜索となるとして、100a条1項3文に基づく措置による侵害法益の流動性を批判的に評している[47]。

3　若干の考察

　以上のとおり、100a条1項2文及び3文に基づく端末通信傍受は、刑事訴訟法上、従来の通信傍受を補完する役割を果たすものと位置づけられている。この意味で端末通信傍受は、形式的には、専ら通信の秘密に対する侵害を構成すると考えるべきとも思える。

　しかし実際には、通信の前後のデータへのアクセスや、既にシステム上に蓄積されたデータへのアクセスが認められていることに鑑みれば、100a条1項2文及び3文に基づく措置は「情報技術システムの秘密性・完全性」をも制約する可能性があることを認めざるを得ない。侵害法益とは、機能的なフィクションとの関係においてではなく、あくまでも侵害を受ける者の権利保護との関係で捉えられるべきものであるからである。そうだとすれば、端末通信傍受とオンライン捜索を「通信傍受の補完」という観点で切り分ける現行法の規定の妥当性は、憲法上の権利の観点からは慎重に精査される必要がある。

5　小　括

　本章では、暗号化情報を取得するために端末に侵入的にアクセスする捜査手法である端末通信傍受について、ドイツ刑事訴訟法上の根拠規範を題材に、その憲法上の課題について論じた。この議論を通じて本章は、「情報技術の発展

---

47)　*Keller/Braun*, a.a.O. (Anm.8), S. 47 f.

第三部　捜　査

を前提とした情報収集手法が、どのような憲法上の権利を侵害し、またその正当化がどのようになされうるか」という憲法上の基礎的な課題に着眼することが、自由な情報空間形成を維持するための法的環境形成の礎となる一例を垣間見たといえる。技術的な発展に対して立法過程が敏感に反応すべきことはもちろんだが、法律のもとで運用されるべき実務が先行してしまう事態が生じた場合にも、憲法上の権利の制約と正当化の思考を論理的に積み上げていくことにより、必要不可欠な捜査を許容しつつ、自由な情報空間とプライベートな通信を保障するための制度形成の糸口を見つけることができる。このことが、本章で扱った事例の示唆するところであると筆者は考えている。

第二章　プラットフォーマーから刑事訴追機関への情報提供の法的課題
　——独・SNS対策法5条を題材として

1　はじめに

　インターネット上のプラットフォームを利用する利用者個人には、それぞれ自らの個人情報に関するプライバシーが存在する。範囲の広狭や性質に議論はあるものの、プライバシーが憲法上保護された利益であるとする理解は、判例[1]・学説[2]ともに共有されている。

　インターネット上のプラットフォームを利用する場合、利用開始時点で利用者個人からプラットフォーマーに対して、一定の個人情報の開示を行うことが求められる。もちろんこの時点での開示は、利用者個人の同意に基づいている。しかし、その情報がプラットフォーマーから外部に対して提供される場合、利用者である私たちはその提供について同意しているといえるのだろうか。個別の同意は必要条件ではなく、同意に代わる何らかの法的措置がとられていればよいのだろうか。特に、情報提供先が刑事訴追官庁である場合には、いかなる法的枠組みを採用することが適切なのだろうか。

　本章は上記の問題意識のもとで、プラットフォーマーから刑事訴追官庁への利用者に関する情報の提供について、その法的課題を検討することを目的としている。検討の手法として、主にドイツのSNS対策法（Gesetz zur Verbesserung der Rechtsdurchsetzung in sozialen Netzwerken (Netzwerkdurchsetzungsgesetz-

---

1) 最大判昭和44年12月24日刑集23巻12号1625頁（京都府学連事件判決）、最判平成20年3月6日民集62巻3号665頁（住基ネット訴訟事件判決）。
2) 芦部信喜（著）高橋和之（補訂）『憲法〔第八版〕』（岩波書店・2023）127頁は、端的に「私法上の権利として認められた、人格権の一つとしてのプライバシーの権利は、前述の京都府学連事件、前科照会事件等の最高裁判決によって憲法上の権利としても確立した」と表現する。ただしその内実の理解には議論がある（佐藤幸治『日本国憲法論〔第二版〕』（成文堂・2020）209頁参照）。

以下、NetzDGとする[3]））に関する議論に注目する。なお本章では、プラットフォーマーの定義について「情報通信技術やデータを活用して、第三者に『場』としてのデジタルプラットフォームを提供する主体」とする実務的な広義の理解を前提とする[4]。

日本においてプラットフォーマーが保有する非公開情報が刑事訴追機関によって取得される場合、従来市民が保有する物を捜索・押収する場合と同様の手続が採られてきた。そのために、「プラットフォームから刑事訴追機関が情報を取得する」ことについて、特別の定義や性質の特定を行う必要性は高くないと認識されてきたといえる。

その認識が適当なものでなかったことが明らかになった契機は、2019年の捜査関係事項照会に関する一連の報道である[5]。この報道によりビッグデータを用いた情報管理を行う複数の企業が、令状なき検察・警察からの捜査関係事項照会に対応して利用者の個人情報提供を実施していることが明らかとなった。これに対して、日本の個人間SNSとしては最も高いシェアを誇っているLINE株式会社（当時）[6]が、会話情報や個人情報を捜査関係事項照会に基づき提供する可能性があることを発表して非難を浴び、一転して捜査関係事項照会に応じ[7]

---

3) 毛利透「ドイツにおける発信者情報開示請求：著作権侵害と人格権侵害それぞれの場合について」立命館法学393・394号（2021）779頁の注3が指摘するとおり、本法律の名称の適切な訳出は極めて難しいため、NetzDGとの表記を用いる。

4) 渡邊涼介＝梅本大祐＝今村敏（編著）『デジタルプラットフォームの法律問題と実務』（青林書院・2021）3頁。

5) 日本経済新聞2019年1月21日（朝刊39頁）記事「会員情報 令状なく提供」、朝日新聞2019年1月22日（朝刊26頁）記事「Tカード情報、捜査に提供 CCC、12年から令状なしで」など参照。

6) 民間の独立系調査会社であるICT総研「2020年度 SNS利用動向に関する調査」（https://ictr.co.jp/report/20200729.html/）によれば、2020年7月時点ネットユーザー（n=4,400）を対象とした「人とのコミュニケーションを行う目的でのSNS利用」のアンケートにおいてLINE利用率は77.4％に上り、2位のTwitter（38.5％）に大差をつけて日本のシェア1位を占めている。公的統計では、総務省「平成27年度版情報通信白書第2部第2節」（https://www.soumu.go.jp/johotsusintokei/whitepaper/ja/h27/html/nc242220.html）における最近約1年以内に利用した経験のあるSNS（n=2,000）の調査でも、LINEは37.5％で1位であった。

7) 朝日新聞2019年2月4日記事「Tカードだけじゃなかった 個人情報提供どこまで」（デジタル版記事は https://www.asahi.com/articles/ASM236GYTM23UTIL01C.html）において、LINEが従来捜査関係事項照会によって「通信情報」の提供も可能であるという指針を掲げていることを報じたが、「通信情報は通信の秘密に関わ」るという理由で捜査関係事項照会では応答していないとして、2019年2月5日に回答を訂正した。なおLINEグループの2020年7月

る範囲を限定するという事態が発生したのである[8]。

　この問題に関して本章の視点から重要な点が、二つある。①「刑事訴追機関による」捜査関係事項照会が可能となる範囲が法律上明らかでないこと、②捜査関係事項照会に「利用者の」情報を「事業者が」提供することができる法的根拠が明らかでないことである。①について、捜査関係事項照会の法的根拠は刑事訴訟法197条2項であるとされているが、各社で対応範囲が異なることからも看取できるとおり、その応答すべき範囲は不明瞭である。②については、捜査関係事項照会の場合、プロバイダ責任制限法（改正後の情報流通プラットフォーム対処法）に基づく発信者情報開示の場合のように対象が限定されていないことから、特にその根拠が問題となる。

　本章では、①②の視点から見た日本法への示唆をもたらすものとして、ドイツにおける具体的な立法（NetzDG）の例を取り上げる。なおNetzDGは、EU法であるDSA[9]の施行ののち、2024年5月6日公布、同14日施行の改正[10]を経て、大幅にその役割を縮減しているが、本章で主として扱うNetzDG5条は、DSA2条と両立するかたちで、2024年以降も一部改正の上存在しており、NetzDG4条1項は秩序違反（Ordnungswidrig）として、同5条1項違反を処罰することとしていることは変わらない。

　　～12月のTransparency Report（https://linecorp.com/ja/security/transparency/2020h2）によれば、日本の警察からの開示請求要請件数は1,684件、うち令状に基づく請求の1,229件、捜査関係事項照会に基づく請求の123件が対応されている（なお本Reportは2016年7～12月分以降公開されているが（https://linecorp.com/ja/security/transparency/top）、捜査関係事項照会が大きく報道された2019年より前についても、ほとんどが令状に基づく場合にのみ対応されており、捜査関係事項照会のみで対応をしている場合はLINEグループについては多くない）。
 8)　LINEグループからの捜査機関への対応の指針について、2021年5月26日現在の基準は「捜査機関への対応」（https://linecorp.com/ja/security/article/28）、「捜査機関向けガイドライン」（https://linecorp.com/ja/security/article/290）。なお一般財団法人情報法制研究所（JILIS）捜査関係事項照会タスクフォース「捜査関係事項照会対応ガイドライン」（https://www.jilis.org/proposal/data/sousa_guideline/sousa_guideline_v1.pdf）を併せて参照。
 9)　Regulation (EU) 2022/2065.
 10)　BGBl, I, 2024, S. 1.

2 ドイツにおける情報提供についての「同意」と プラットフォーマー

1 ドイツにおける先行判例

　議論の前提として、ドイツの連邦憲法裁判所決定におけるプラットフォーマーの位置づけを確認する。検索事業者の位置づけについて言及した事例としてここで取り上げるのは、2019年11月16日の忘れられる権利Ⅱ決定（以下Ⅱ決定）である[11]。なお同日には、忘れられる権利Ⅰ決定（以下Ⅰ決定）が下されている[12]が、まずグーグルの検索結果について争ったⅡ決定を中心に取り上げる[13]。

　本決定は事案の性質上、プラットフォーマーの機能のうち、検索サービスに限定した評価を行うものである。検索結果は、原則としてインターネット上に公開されている情報を対象とする点で、本章の研究対象たるプラットフォーマーが保有する非公開の情報（SNS上の非公開のやりとりや、公開情報の投稿者についての非公開の個人情報など）を対象とする場合とは区別される。しかしここでは、ドイツのプラットフォーマーを取り巻く基本的な法律関係や状況を把握し、プラットフォーマーから刑事訴追機関への情報提供という特殊な場合に限定されるNetzDG立法の趣旨を理解する一助とする目的で、本決定に触れることとしたい。

　Ⅱ決定が前提としているのは、欧州基本権憲章16条を根拠とした「検索事業者の営業の自由（unternehmerische Freiheit der Suchmaschinenbetreiber）」である（国内法ではなくEU法が根拠とされているのは、Ⅱ決定が、事案の性質上EU一般データ保護規則によって規律されているためであるが（Ⅰ決定とⅡ決定はこの点で決定的差異がある）、この点については先行研究で既に詳しく検討されているため、ここでは詳述しない）[14]。ここでは、あくまでも検索事業者の性質に限定して取り上げる。

---

11) BVerfGE 152, 216, Beschluß vom 06. 11. 2019. 中島美香「個人情報の削除を求める権利の日米欧における法制度と忘れられる権利」東海法学60号（2021）83頁以下。
12) BVerfGE 152, 152, Beschluß vom 06. November 2019.
13) 鈴木秀美「『忘れられる権利』と表現の自由・再論：ドイツ連邦憲法裁判所の2つの決定を手がかりに」慶應義塾大学メディア・コミュニケーション研究所紀要70号（2020）2頁参照。
14) 同上、3頁、中西優美子「ドイツ連邦憲法裁判所の『忘れられる権利Ⅰ』判決とEU法」自治研究96巻9号（2020）85頁以下、同「ドイツ連邦憲法裁判所の『忘れられる権利Ⅱ』判決とEU基本権」自治研究96巻11号（2020）113頁以下。

連邦憲法裁判所は「①被告である検索事業者のサイト上では、欧州基本権憲章16条に基づく営業の自由の検索事業者の権利を停止しうる。②それに対して事業者は、検索結果（Suchnachweise）の流布について欧州基本権憲章11条に依拠することはできない。③しかし、このような法的争訟によって直接影響を受ける可能性のある第三者の基本権は、この場合、内容提供者（Inhalteanbieter）の表現の自由を停止しうる。④更には利用者の情報の利益も考慮されなければならない。」として検索事業者の性質と利用者・第三者の基本権との関係に言及する（①②…は、それぞれ引用者が付した）。このうち特に①②について、以下のとおり述べる。

①について、「営業の自由は、製品とサービスの提供を通じた経済的利益の追求を保障する。欧州基本権憲章16条を通じて与えられる保護は、経済的な、あるいはビジネス上の活動を営む自由、契約の自由、自由競争を包摂する。これには、検索サービスの提供も含む」とする[16]（ここでは欧州司法裁判所のグーグル・スペインに対する先決決定（2014年5月13日）の欄外番号81及び97が引用されている）[17]。また欧州基本権憲章16条が、自然人のみならず法人も当該権利の享有主体として想定していること、その保護がEU域外に所在する法人を被告とする場合にも矛盾するものではないことを明らかにする[18]。

一方②では、欧州基本権憲章11条について、すなわち検索事業者の表現の自由の保障について、以下のとおり否定的な立場をとる。「被告たる検索事業者は、その活動について、欧州基本権憲章11条の表現の自由に依拠することはできない。確かに、検索事業者から提供される検索サービスとこのための検索結果の選別に使用される手段は、内容中立的ではなく、利用者の意見構築に対して相当な影響を及ぼし得る。しかしながら、検索サービスは特定の意見の流布を目的としておらず、検索事業者もこの点を取り上げていない。検索事業者の申立てによると、検索サービスは、特定の意見から独立した利用者の潜在的な利益を可能な限り広範に満たし、それにより企業の経済的利益の上で自社のサービスをできる限り魅力的に形成することのみを目的としている。したがっ

---

15) BVerfGE 152, 216, Rn. 102.
16) Ebd., Rn. 103.
17) 本先決決定について、宇賀克也『個人情報の保護と利用』（有斐閣・2019）206頁。
18) BVerfGE 152, 216, Rn. 104.

て欧州司法裁判所も、検索事業者のメディア特権の援用を否定している」。こ[19]
の末尾でも、引用されているのは上述のグーグル・スペイン事件の先決決定
(欄外番号85)である。

2 ドイツの情報自己決定権における「同意」

　以上、Ⅱ決定における検索事業者の性質についてのみ述べたが、原告の被侵
害利益を「忘れられる権利」という独立の基本権でも情報自己決定権でもな
く、一般的人格権であるとしたⅠ決定の判示もまた、重要であると付言してお[20]
かねばならない。Ⅰ決定の場合は公益性あるニュースの実名報道が問題となっ
ていたが、そのような場面と利用者が自らの情報を提供するかどうかを判断す
る場面は、当然ながら区別される。後者では、利用者個人による「同意」の性[21]
質や射程が問題となり、情報自己決定権の制約が争われることとなると示した
ことが、Ⅰ決定の重要な意義の一つである。

　ここからは個人情報の取扱いに関する「同意」についてのドイツの議論を確
認していく。

　ドイツでは1983年12月15日の国勢調査判決以降、基本法1条1項と結びつい[22]
た2条1項により保障される情報自己決定権（Grundrecht auf informationelle
Selbstbestimmung）が、情報に関する主体的な権利の軸となる人格権から導か
れる憲法上の権利の一環として把握されてきた。情報自己決定権からは、目的
拘束性の原則、比例原則といった現在のドイツの個人情報についての考え方の
基礎が導出されている。そしてこの考え方は、国勢調査判決を受けた連邦デー[23]
タ保護法等の情報法制の改正案提出を受けた1990年12月20日の連邦データ保護[24]

---

19) Ebd., Rn. 105.
20) BVerfGE 152, 152, Rn. 91 f.
21) ボード・ピエロート／ベルンハルト・シュリンク／トルステン・キングレーン／ラルフ・
　　ポッシャー（著）永田秀樹＝倉田原志＝丸山敦裕（訳）『現代ドイツ基本権〔第二版〕』（法律
　　文化社・2019）131頁のとおり、「情報自己決定権は、いくつかのデータ取得、システムへの秘
　　密の侵入に対してのみ保護」を受ける。
22) BVerfGE 65,1, Urteil des Ersten Senats v. 15. 12. 1983.
23) 平松毅「自己情報決定権と国勢調査」ドイツ憲法判例研究会（編）『ドイツの憲法判例〔第
　　二版〕』（信山社・2003）66頁は、ドイツの学説を参照して自己情報決定権から導かれる六つの
　　原則を示している（①規範明確性の原則、②必要性の原則、③目的拘束性の原則、④比例原
　　則、⑤情報上の権力分立の原則、⑥情報処理の透明性の原則）。

法改正により一旦結実し、その後更なる発展を遂げて、EU のデータ保護法制にも影響を与えた（ただし GDPR は情報自己決定権について直接言及するものではない）。

　情報自己決定権の中核にある自己決定は、情報取扱いのプロセスにおいては「同意」として顕現するところ、これは一般データ保護規則において EU 全体の共通規範となった。GDPR（Regulation (EU) 2016/679）においては、まず6条1項a号に「少なくとも以下の各号に該当する限り、処理は適法であるとされる。(a) データ主体が、1つ又は複数の目的のために自らの個人データの処理について同意を与えた場合」と規定されている。更に7条においてその条件が定められているが、本章との関係で特に注目すべき条件は同4項の規定である。「同意が自由に与えられたものであるか否かを評価する場合、特にサービス規約を含む契約の履行にとって不要な個人データの処理への同意を条件としているか否かが最大限考慮されなければならない」。この点、宮下紘によれば、「同意と契約は曖昧な状況にされてはならない。利用規約の受入と同意をまとめること、または契約やサービスの条項に同意を盛り込むことは極めて望ましくな」く、「このような状況における同意は、自由になされた同意とはみなされないものと推定される」ことを意味しているという。

3　「同意」の射程と刑事訴追

　上述の通り、「同意」は情報自己決定の過程において本質的な一要素である。そこでここでは「同意」の射程について、2019年2月6日ドイツ連邦カルテル庁の Facebook へのデータ収集制限命令に関する事例を契機として考えていきたい。本命令は競争法領域におけるものであるが、ここでは本章の趣旨に

---

24) *Laura Schulte*, Vom quantitativen zum qualitativen Datenschutz: Leitbildwandel im Datenschutzrecht, Duncker & Humblat, 2018, S. 70 ff.
25) BGBl. I, 1990, S. 2954 ff. 1990年の連邦データ保護法は、官民両方の領域におけるデータ保護水準の相互発達を強化したのみならず、両領域の違いを具体的なデータ保護義務や統制秩序の形成に関して明確化したことが特徴である（Vgl. ebd., S. 109 f.）。
26) 宮下紘『EU 一般データ保護規則』（勁草書房・2018）50頁以下。
27) Bundeskartellamt, Beschluß, v. 6. 2. 2019 — B6-22/16 — . 島村健太郎「ドイツ競争制限禁止法における市場支配的なデジタルプラットフォーム事業者の濫用行為規制について：Facebook 事件を素材として」一橋法学18巻2号（2019）387頁以下参照。

第三部　捜　査

沿って利用者側の「同意」に関する部分のみを扱う。

　本命令は、Facebook が異なるアプリケーションやウェブサイトの情報を Facebook アカウントに紐づけることについて、利用者の自由意志による同意 (freiwillige Einwilligung) を要求している。ここでいう自由意志による同意とは、「Facebook のサービス利用開始に当たって、ユーザーに対して、Facebook のデータの収集や処理の同意を条件としてはならないこと」であり、「Facebook の優越的な市場力を考慮すると、Facebook の利用条件に同意するというチェックマークを設ける」といった形式では、ここにいう同意を充足したことにはならないとする。[28] ここで問題となるのは、情報自己決定権の侵害である。[29]

　特徴的であるのは、本命令においては前述した GDPR6条1項 a 号における「同意」の形式が、優越的市場力を持つこと、すなわち事業者間のパワーバランスに基づく利用者の選択可能性の縮減によって、明確に限定されていることである。これは「同意」の実質的な空虚化を許さない、ということを意味する。つまり、プラットフォームが提供するサービスは、人と人とのつながりをネットワーク上で提供している以上、優越的市場力を有する特定のプラットフォームを使用できないことにより、現実の人間関係や仕事に多大な支障を被る恐れがある。そのために、利用者はあるプラットフォームを使用しないという事実上の選択肢を失うことで、必然的にデータの収集や処理に同意することを強要されることになるのであり、その強要が情報自己決定権を侵害すると明示した点において、この命令は意義深く思われる。

　本章のここまでの記述は、情報自己決定権の価値を前提においた「同意」の重要な位置づけを明確にしてきた。しかし、実は刑事訴追に関わるデータ保護は、GDPR の射程に含まれていない。真の「同意」を取得することが困難である刑事訴追領域において、「同意」に関する議論がいかなる意味を持つのかを明確にしておく必要がある。

　GDPR とともに定められた EU 刑事司法指令 (Directive(EU) 2016/680) においては、「同意」に関する個別規定はない。更にデータ主体の権利としてのア

---

28)　同上、390頁以下。
29)　Bundeskartellamt, Beschluß, v. 6. 2. 2019, Rn. 759 f.

クセス権も保障されてはいるが、一部制限を受ける。一方で特筆すべきは、あらゆる手段により「個人データの区別と個人データの質の保障」を求めることが明記されていることである（同7条）。これに伴い、手厚い手続的保障が企図されている。同様の趣旨を持つドイツ基本法の規定として、基本法10条2項（通信傍受の際及び措置終了後の本人への非通知に関わる事後手続の規定や組織を定める）や同13条3項以下（住居内監視の際の裁判官による審査の手続を定める）があるが、いずれも「同意を得るという手段がない場合にどのように権利保障を担保するか」という点が重視されている。

これらが意味することは、刑事訴追において「同意」の概念が不要なものであるということではなく、個人データについての大前提として「同意」を得るというステップが存在し、これがデータ主体としての個人に帰属する憲法上の権利に由来するからこそ、構造上このステップを踏むことができない場合に手厚い手続保障が要求されるということである。

ドイツ連邦カルテル庁の命令やその前提となる情報自己決定権の考え方を見る限り、ドイツではインターネット上の個人データの取扱いに極めて慎重であると推測されるかもしれない。しかし上述のとおり前提の異なるプラットフォーマーから刑事訴追機関への情報提供については、そのような状況にはない。近年のドイツの動向を示す重要な一例として挙げられる法律が、第3節で主として扱う2017年9月1日公布（2017年10月1日施行）のNetzDGである。本法は、従来プラットフォーマーに任されてきたヘイトスピーチの削除実施割合が事業者により異なることを問題視し[30]、このような表現に適切に対処しないプラットフォーマーに対して高額の過料を科す規定を有する法律である。Facebookをはじめとした各SNSプラットフォームに大きな影響力を持っていることに注目が集まっており、法案可決直後から日本においても複数の論者による紹介がなされている法律でもある[31]。

プラットフォーマーから刑事訴追機関への情報提供について論ずる本章の視

---

30) 神足祐太郎「ドイツのSNS法」調査と情報 No.1019（2018）2頁以下。
31) 鈴木秀美「ドイツのSNS対策法と表現の自由」慶應義塾大学メディア・コミュニケーション研究所紀要（2018）1頁以下、同「インターネット上のヘイトスピーチと表現の自由」戸波江二先生古稀記念『憲法学の創造的展開 上巻』（信山社・2017）577頁以下、實原隆志「ドイツのSNS法」情報法制研究第4号（2018）46頁以下など。

点から見て、最も興味深い規定はNetzDG5条2項である。この規定は、プラットフォーマーの「義務（Pflicht）」として刑事訴追官庁への情報提供を定めているが、情報提供要請の手続的規定や、事後的なチェック規定を含んでいるわけではない。刑事司法における個人データの取り扱いに関するEU及びドイツ国内の既存法律と本法5条2項は、どのような関係にあるのだろうか。

この問題意識は、前述する日本の捜査関係事項照会の問題を比較法的に考えるにあたっても重要である、と筆者は考えている[32]。しかし本章初出の2021年時点で、本法5条の立法過程での議論や実践について、特に焦点を当てて論じた邦語の先行研究は見られなかった。

そこで第3節では、プラットフォーマーから刑事訴追機関への任意の情報提供の法的根拠について、どのような形式・手続を含むものとして制定する可能性があるのかという点について詳細に論じ、立法上の法的課題を明らかにすることで、第1節の末尾で示した①②という日本法上の問題意識に対する示唆を得ることを目指す。この目的のため、本法5条の法案の制定過程での議論や、法律施行後の運用について分析し、併せてヘイトクライムや極右の刑事訴追に関わる各法の改正と抱き合わせのパッケージで行われた2021年3月30日改正及び2021年6月3日追加改正についても概観する。

3　情報提供の「自由意志」と「窓口」設置の義務付け

1　SNS対策法の制定過程における議論

（1）　2017年制定法と草案の相違

NetzDG2017年制定法（以下「2017年制定法」とする）の5条2項は、「国内の刑事訴追官庁の情報提供要請に対して、国内の受信担当者を指定しなければならない。当該受信担当者は、第一文に規定する情報提供要請に対し、その到達から48時間以内に回答する義務を負い、この義務に反すると本法4条1項8号に従い過料を科されることとなる。情報提供要請に対して当該要請に漏れなく

---

[32]　比較法的観点からこれらの問題意識の検討を行うことの重要性は、小向太郎「捜査機関による第三者保有の個人情報に対するアクセスと本人の保護」情報通信政策研究4巻1号（2020）63頁以下において明確に示されている。本章はこのような視点を引き継ぎつつ、ドイツにおける立法論に着目して、プラットフォーマーから捜査機関への情報提供の課題を更に深めていくことを目的としている。

応えた情報をもって回答しない場合、当該回答にはその理由を付さなければならない。」と定める（なお2024年現在、法改正を経て、本規定は削除されている）。

　しかしCDU／CSU及びSPDの会派が2017年５月16日に連邦議会に提出した本法律の草案（以下「草案」とする）では、５条は１項のみで構成されていた[33]。草案の定めは、以下のとおりである。「ソーシャルネットワークのプロバイダは、行政官庁、検察庁、管轄裁判所に対する本法律に従った過料手続ならびに管轄裁判所に対する民事手続における送達のために、国内の送達受取人を即時に指名しなければならない（以上、５条１文）。国内の刑事訴追官庁の情報提供要請に対しては、国内の受信担当者を指名しなければならない（以上、５条２文）」[34]。このうち、2017年制定法５条２項のもととなったのは草案５条２文であるが、草案で情報提供要請に対するプロバイダの義務とされた内容は受信担当者の指名のみであった。しかし先ほど2017年制定法の条文を確認したとおり、NetzDG5条２項では、受信担当者は回答義務及び回答しない場合には理由の説明義務（以下、回答義務等とする）が課されており、４条８項においてこれに違反した場合の過料が規定されている。

　受信担当者の指名を義務付ける草案５条２文自体は、本法の制定経緯からすると、それほど奇異なものではない。後述するとおり、技術的にはボーダーレスであるというインターネットの性質上、ドイツにプラットフォーマーの所在がないことも多く、受信担当者を設けて当局が問合せをすることができる環境を構築するという趣旨は理解できるからである。しかし、これがなぜ過料を伴う回答義務等を付加した規定となったのだろうか。本法を包括的に紹介する先行研究でも審議の過程で回答義務が付されることとなった旨は簡単に触れられているが[35]、本章はプラットフォーマーから刑事訴追機関へ利用者の情報を提供する法的課題について検討し、日本法への示唆を得ることを目的とするため、まずは比較的詳細に立法過程における議論の経過を確認していきたい。

　はじめに草案５条の根拠について、CDU/CSU、SPD会派による草案資料の説明を確認する。「司法権、過料を科す行政庁及び関係者にとって、ソーシャ

---

33) BT-Drucksache 18/12356.
34) BT-Drucksache 18/12356, S. 10.
35) 神足、前掲注30）、56頁、鈴木、前掲注31）（2018）７頁。

ルネットワークにおける法執行の中心的な問題は、ソーシャルネットワーク事業者の責任ある担当者の不在であり、ドイツにおいて送達可能なプラットフォーム事業者の住所がないことである。(中略)本規定は、所在地の国内外を問わず、すべてのソーシャルネットワークに効力を有する。国内の送達受取人に送達することについて、外国におけるソーシャルネットワークを限定することには問題がある。なぜならここには(中略)EU外の企業も含まれるからだ。(中略)そのため同条1文の義務は、国内外すべてのソーシャルネットワークに向けられる」。「同条2文は、ソーシャルネットワークの利用者に対して紐づけられる(geführen)刑事手続きのために国内の連絡担当者(Ansprechpartner)を指名するよう、ソーシャルネットワークの義務を拡大する。刑法に関わる内容の投稿者(Verfasser)の固定データ・利用データ(Bestands- und Nutzungsdaten)に関するテレメディア法14条及び15条の情報提供要請に対して、ソーシャルネットワークは国内の受信担当者を指名すべきである。規定の目標は、ソーシャルネットワークがいわゆる国内での『郵便受け』を準備するよう保障することだ。連絡担当者の指名を通じて、追加の回答義務を根拠づけられることはない。しかし、連絡担当者の指名は、刑事訴追官庁とプロバイダの間の自由意志による直接的な協力の可能性を改善する。ソーシャルネットワークの更なる責務又は法的帰結は、受信担当者の指名に結び付かない。特に、刑事訴訟法132条2項の意味における送達受取人ではない[36]」[37]として、ここでいう「受信担当者」が刑事訴訟法上の(刑事訴訟手続を円滑に進めるための)送達受取人とは異なることが強調される。

(2) 連邦参議院の声明

　この草案に対して、連邦首相官房は2017年6月14日に文書を公開した。注目

---

36) ドイツ刑事訴訟法132条1項1文及び2項は、以下の通り定める。「(1) 緊急に犯罪の疑いがかけられている被疑者が、法律の有効な範囲に一定の住所あるいは居所を有さない場合であって、勾留令状(Haftbefehls)の前提条件を満たさないとき、刑事手続の執行を確保するため、被疑者は以下の各号について命令を受ける場合がある。1．予期される科料(Geldstrafe)と手続の費用に対する相応の担保(Sicherheit)を提供すること。2．所轄の裁判所の区域(Bezirk)に住む人に、送達受取りの権限を与えること。(中略)(2) 命令は裁判官のみが為しうるが、危険が切迫している際には検察官とその捜査員(裁判所構成法152条)もこれを為しうる」。

37) BT-Drucksache 18/12356, S. 27.

すべきは、同文書の別添資料4である2017年6月2日付の連邦参議院声明である。

同声明は、草案5条2文の受信担当者の指名について、以下のとおり述べる。「連邦政府の草案は、国内において国内の刑事訴追官庁の情報提供要請に対して受信権限のある者を指名するため、あらゆるソーシャルネットワーク事業者の義務を予定する。(中略)連絡担当者の指名は、『刑事訴追官庁とプロバイダの間の自由意志による (freiwillig) 且つ直接的な協力の可能性』を向上させるものである」。ここでも強調されているのは、「自由意志による」ことである。

興味深いのは、続いての送達受取人について言及する箇所である。本章は刑事訴追機関に対する情報提供を義務付けられた受信担当者を議論の主たる対象とするが、以下の言及はプラットフォーマーに対する議会の認識が表れているという点で、この後に続く受信担当者への義務付け条項の設置にも間接的に影響を与えている箇所であると推察されるため、ここで取り上げることとしたい。「連邦参議院は、(中略)単に行政官庁、検察庁、具体的な個別事例において過料及び民事手続において権限を有する裁判所に対する送達受取人を指名するという義務を予定すべきというだけではない、という見解である。むしろプロバイダは、全ての人にとって効果があり個別の事件とは切り離したものとして、ホームページ上で容易に見つけられる国内の送達受取人を指名する義務を負わねばならない」という見解である、と。

このように述べる理由について、連邦参議院は以下のとおり説明する。「草案5条の規定は単に、いかなる場合でも行政官庁、検察庁、管轄裁判所に対する本法律に従った過料手続ならびに管轄裁判所に対する民事手続における送達のために国内の送達受取人を即時に指名する義務を、予定している。この予定された規定は、―少なくとも民事手続きに関する限り―既に民事訴訟法184条に含まれた送達受取人の指名についての規定を、特筆するほど超えているわけではない。例えば関係者が仮処分を求めようとするとき、例えばソーシャルネットワークのプロバイダが削除請求に応じないという理由で、国内における

---

38) BT-Drucksache 18/12727, S. 24.
39) BT-Drucksache 18/12727, S. 24.

第三部　捜査

送達受取人に当事者送達（Parteizustellung）を行う機会がないことがある（民事訴訟法936条に関連する922条2項、181条[41]）。というのも、民事訴訟法の現行の形式に従うと、プロバイダにこのような送達受取人を指名するという義務が存在しないからである。この場合の関係者は、外国送達あるいは外国送達の申込みに限る（民事訴訟法183条[42]）。しかし外国送達は、特にヨーロッパ以外では、しばしばかなり重大な遅延の問題と結びつく。（中略）それ以上に国内では、義務付けられた連絡担当者の指名が、『ヘイトスピーチ』の被害者のため、裁判外の紛争の枠組みでソーシャルネットワークの経営者に望まれることとなる。（中略）このことは手続的・経済的観点においても効果を表す。企業は現在の本草案に従っても、このような受取人をあてがわなければならない。しかし企業は、個別の事例における官庁や裁判所の具体的な照会に対しては常に新たな送達受取人を指名するとともに、（引用者注：官庁等は）個々の場合にこれを照会しなければならない。それゆえホームページ上での一回限りで永続的な指名は、関係する官庁、裁判所、そして企業自身にとっても明確な簡素化を意味しており、個別の事例において運営経費（Verwaltungsaufwand）が節減される[43]」。

　この声明内容は、企業が憲法上の営業の自由の享有主体である以上、「ホームページ上での一回限りで永続的な送達受取人の指名」を選択するかどうかは、基本的には企業の自由に委ねられるべき事項であると考えられるにもかか

40）　ドイツ民事訴訟法184条1項は、以下の通り定める。「裁判所は、183条2項から5項に従った送達の際、訴訟代理人が選定されていなければ、相応の期日内に国内に居住する又は国内に事務所を有する送達受取人を指名するよう当事者に命ずることができる」。

41）　ドイツ民事訴訟法922条2項は、仮差押え決定（Arrestbeschluss）を得た当事者に、その送達を実施するよう求めているところ、その送達について同法181条1項1文は、「178条1項3号又は180条に従った送達が実行可能でない場合、送達すべき文書は送達のしかるべき区域にある区裁判所の書記課に保管されうる。」と定める。

42）　ドイツ民事訴訟法183条2項、3項は、以下の通り定める。「外国における送達は、現存する国際法上の取決めに従い行われる。国際法上の取決めに基づき、郵便を通じて文書を直接送付することが許されるときは配達証明を伴う書留郵便により送達されるべきであり、そうでない場合には訴訟裁判長の要請による送達をその外国当局を通じて直接行う（以上2項）。2項に従った送達が不可能な場合、連邦の管轄の外交上又は領事の代理人若しくはその他の管轄官庁を通じて送達がなされる。特に国際法上の取り決めがない場合、関係国の管轄部局が司法共助を提供する準備が出来ていない場合、または特別な理由によりそのような送達が正当化される場合には、1文に従い手続きを行う必要がある（以上3項）」。

43）　BT-Drucksache 18/12727, S. 24 f.

わらず、議会が企業にとっても「この方法が簡素」であり、ひいては適切であろうというような示唆を与えているという点で、興味深く思われる[44]。公益上、あるいは行政経費節減の観点で、当該送達受取人を指名すべき規定を置くという筋書きは理解できるが、独占禁止や公正取引といった市場の健全性の維持という観点以外で企業の自由な判断領域に踏み込んだ声明を連邦参議院が出すという状況は、少なくとも日本の憲法学の視点から見れば、プラットフォーマーを国家機関と同視しているか、そうでなければある種のリベラリズムの後退が生じていると感じさせる。いずれにしても、一企業であるプラットフォーマーを訴訟手続の一環としての送達の局面でどのように捉えるかは、重大な問題であると思われるのである。

　ただしこの点についての批判的な評価が、ドイツ国内で共有されているとはいえない。むしろ、国際的潮流やプラットフォーム事業者がグローバル企業であることを念頭に置き、連邦参議院の評価が自然なかたちで受容されているように思われる。

　例えばプラットフォーマーに対抗する法的保護について独英の比較研究を行ったHolznagel/Woodsは、デザインやシステムによる法益の保護というアーキテクチャ論が2020年12月に提案された欧州委員会のDSA法案を基礎づけていることを指摘するとともに、イギリスではこれに先立って2019年のオンライン危害白書におけるプラットフォーマーに課される法的注意義務（statutory duty of care）が明記されていることを「パラダイム転換」であると評価する[46]。その上で、「ドイツの文献においてはオンライン危害（Online Harms）についてのイギリスの議論は従来ほとんど積極的に継受されていないにもかかわら

---

44) ドイツにおいては基本法上、職業選択の自由（12条1項1文）と職務遂行（Berufausübung、同2文）が明確に区別されており、営業の自由を含む職務遂行については法律の留保のもとにある。

45) 株式会社三菱総合研究所デジタル・イノベーション本部「インターネット上の違法・有害情報を巡るEUの動向」総務省　プラットフォームサービスに関する研究会（第24回　2021年3月17日）資料参照（https://www.soumu.go.jp/main_content/000738571.pdf）。ただし同資料は法案段階のものであるため、制定法とは大きく条文の位置等が異なる点に注意が必要である。制定後のDSA18条には「犯罪行為の疑い」がある場合にはプラットフォーマーが届出義務を負うことが定められている。

46) *Bernd Holznagel/ Lorna Woods*, Rechtsgüterschutz im Internet - Regulierung durch Sorgfaltspflichten in England und Deutschland, JZ 2021, S. 278 f.

ず、『システム規制』または『バイ・デザイン』による法益保護というテーマは重要な位置づけを獲得」しており、この考え方がNiklas Luhmannのシステム理論との接合を踏まえてNetzDGの2021年改正に結び付いているとするのである[47]。

この視点は、NetzDG5条の送達受取人や受信担当者の存在を、プラットフォーム事業者の本拠地が海外にある場合に行政機関からの問い合わせに「応答がない」という不都合を除去するためのデザインとして許容することを推し進める。不都合なデザインにより発生したケンブリッジ・アナリティカ事件や若者の自殺といった社会問題を念頭に置き、それらを解決するための時代に即したアップデート・デザインの一部品として、NetzDG5条の仕組みが組み込まれることになる。実際Holznagel/Woodsは、5条については（受信担当者の48時間以内の応答義務も含めて）中立的に言及するのみである[48]。このような姿勢の基礎をなすのは、テレコミュニケーション事業者と比べてネットワークプロバイダに対する刑事訴追官庁への協力義務が少ないという認識であると思われるが、更にその背後には、訴訟に関連した諸手続の実効性という極めて実践的な要請とインターネットを取り巻く法制度の現状の間に齟齬が生じている、という問題意識がある。

（3）　第六委員会決議とその背景

2017年制定法につながる5条2項が追加されたのは、権利・消費者保護委員会（通称第六委員会）が2017年6月28日に連邦議会に提出した決議勧告・報告書においてである[49]。5条修正の理由として同決議勧告・報告書は、以下のとおり述べる。(2017年制定法5条1項の)「送達受取人についての規定は、─記載義務（Impressumspflicht）に似た─ソーシャルネットワークのプラットフォームに対する指示（Angabe）が、簡単に認識可能で、且つ直接送達できるものでなければならないという趣旨から補充される。更に送達受取人は、具体的な手続においてのみ存在するわけではなく、恒久的に存在するものである。すなわち、草案1条3項の意味における違法なコンテンツの流布に関連する手続の準備を目

---

47)　Ebd., S. 280.
48)　Ebd., S. 284.
49)　BT-Drucksache 18/13013.

的とする場合でも、利用可能（引用者注：な状態）に保たれるべき存在である。加えて、国内の刑事訴追官庁の情報提供要請に対する反応について48時間以内（引用者注：に遂行しなければならない）とする義務を追加した。草案５条の規定は、過料の対象となる（bußgeldbewehrt）。既に現在予定されている草案４条１項７号にならんで同項８号を追加し、受信担当者が刑事訴追官庁の照会に頑強に応えようとしない場合には、同号に従って秩序違反（Ordnungswidrigkeit）とする」。これは回答内容そのものについての追加の義務付けではないが、「回答しない」という選択肢を高額の過料によって制約するということは、それ自体新たな義務付けにあたるといえよう。

　第六委員会の決議勧告・報告書からだけでは、応答義務が追加された背景を読み解くことは難しい。そこで第六委員会前後の議会での議論状況を確認してみたい。

　５条修正法案が提出される前の2017年６月２日議会において、連邦参議院議員（緑の党）で弁護士のTill Steffenは、「特に批判されるのは、国内における送達受取人の指名についての一般的義務の欠如です。誰しもに効果を持つ送達受取人は、外国への送達を不必要とします。これは、SNSが削除要求に応じない場合に、ヘイトクライム行為の犠牲者がやっと一般的に、自ら、迅速に法的決定をもたらすことを可能にします。（中略）解決の必要性は、他の立法手続において、NetzDGとテレメディア法の関係についての関係においても存在しています。ここでは少なくとも明確な規定が望ましいでしょう。」と述べる[51]。

　また同年６月30日議会において、連邦議会議員（CDU／CSU）のNadine Schönは、48時間以内の応答義務の追加について、「ドイツの人々が国際的な大企業についても、国内の送達受取人を持つことによって、訴えを可能にし、権利を当然与えられるための手段を拓きます。企業は、48時間以内に応答しなければなりません。この点は、この法案の決定的な改善点（maßgebliche Verbesserung）です。」と指摘し、回答義務の追加がヘイトクライムの被害者保護の観点で必要であるとする[52]。

---

50) Ebd., S. 23.
51) Bundesrat Plenarprotokoll 958, S. 300 [Till Steffen].
52) Bundestag Plenarprotokoll 18/244, S. 25122. なおSchön議員の発言においては、送達受取人と受信担当者の明確な区別がなされていない。

これらの議会発言を見る限り、草案の状態で NetzDG を施行しても、結局回答を得られず、権利保障に結び付かないことに対する懸念が、応答義務を課した理由であると推察される。

（4） 応答義務の実効性に関する検証

但し応答義務が課されたことが奏功しているかどうかについては、検証が必要である。NetzDG 施行前後の Twitter、Facebook、Google の応答状況は、表1のとおりである。

【表1　刑事訴追機関からの照会に対する各社の応答状況（ドイツ国内）】

		Twitter		Facebook		Google	
		回答率(%)	回答要求総数(件)	回答率(%)	回答要求総数(件)	回答率(%)	回答要求総数(件)
2015年	1月～6月	36	28	35.7	2344	58	3903
	7月～12月	55	69	42.3	3140	57	7491
2016年	1月～6月	58	111	47.5	3695	59	8788
	7月～12月	54	275	54	4422	45	9925
2017年	1月～6月	38	255	59	5211	56	7781
	7月～12月	29	237	60	5067	58	6960
2018年	1月～6月	26	320	59	6661	60	7416
	7月～12月	27	394	57	6802	59	8560
2019年	1月～6月	18	458	58	7302	68	10009

（出典）　Martin Eifert/Michael von Landenberg-Roberg/Sebastian Theß/Nora Wienfort, NetzDG in der Bewährung, Nomos, 2020, S. 152 f. の三つの表を素材として筆者作成。

表1を見る限り、Twitter 社については回答要求総数の増加に対して回答率が落ち込んでおり、実質的な回答数の劇的な変化は見られない。一方で Facebook 社・Google 社については、回答要求総数の増加に対して回答率はほぼ横ばいないし向上の状況であり、実質的な回答数は向上している。ただし、2017年10月の NetzDG 施行前後において劇的な変化があったものとは認められないことは、三社に共通している。

このような実態の背景には、どのような事情があるのだろうか。NetzDG4条を通じて、5条2項の応答義務違反についての過料が課される際、重要な役割を果たす機関は連邦司法庁（Bundesamt für Justiz-BfJ）である。連邦司法庁は、いまだ削除されていない投稿内容について、裁判所に違法性判断のための

申し立てを行うことができる権限を有しており、またこの決定について事業者側が訴訟で争うことはできないとされていた（改正前４条４、５項）[53]。４条違反の場合、重大な手続違反には最大5000万ユーロの過料が課せられることから、この権限は重大なものである。

ただし、以下のとおり５条１項及び２項１文違反の場合の過料の上限は500万ユーロとされており、送達受取人及び受信担当者についての違反を直接の根拠として5000万ユーロの過料を科されることはない。連邦司法庁のNetzDG過料要綱[54]によれば、送達受取人及び受信担当者の指名に違反した場合の過料金額については、企業規模及び行為の重大性に応じて表２・表３のとおり段階化されている（なお５条２項２文の受信担当者の応答義務違反の場合の過料についても、同様に重大性に応じて段階化されており、基礎額は表２・表３と同様である）。

しかしながら運用実態については、注意が必要である。NetzDGが施行された2017年10月１日から2019年12月31日までの間に、連邦司法庁のNetzDG5条１項違反に関する職権での過料手続きは31件開始されたが、その間実際に過料が課されることはなかった[55]。理由は、対象となるネットワークプロバイダのほとんどが米国に本拠を有しているからである。ただし連邦司法省も手をこまねいているわけではなく、パイロットプロジェクトとして、まずは米国に拠点を有する六つのネットワークプロバイダに対して措置を進めており、アメリカの司法省と都度司法共助を行っている[56]。

なお本章初出後、実際にNetzDG違反により過料を科す例が生じている。代表的な例としては、2022年10月10日に処分がなされたTelegramへの512万ユーロの過料が挙げられる[57]。この事案では、国内の送達受取人設置義務（NetzDG5条１項）違反が過料の根拠の一となった。

---

53) 鈴木、前掲注31)（2018）７頁。
54) 連邦司法省の過料要綱参照（https://www.bundesjustizamt.de/DE/SharedDocs/Publikationen/NetzDG/Leitlinien_Geldbussen_de.html、2018年３月22日発行）。
55) *Martin Eifert/Michael von Landenberg-Roberg/Sebastian Theß/Nora Wienfort*, NetzDG in der Bewährung, Nomos, 2020, S. 184.
56) Ebd.
57) *BfJ*, Bundesamt für Justiz erlässt Bußgeldbescheide gegen das soziale Netzwerk Telegram, 17. 10. 2022（https://www.bundesjustizamt.de/DE/ServiceGSB/Presse/Pressemitteilungen/2022/20221017.html）。

第三部　捜　査

【表2　法人向け過料基礎額】

NetzDG5条1項及び2項1文における国内の送達受取人と国内の受信担当者の指名
過料上限：500万ユーロ
NetzDG4条2項と結びついた同4条1項7号　　　（単位：万ユーロ）

過料対象となるSNS （国内登録ユーザー数）		2000万人超	400万人〜 2000万人	200万人〜 400万人	200万人未満
行為状況と 行為結果	並外れて重大	350	300	200	100
	非常に重大	300	250	150	50
	重　大	200	175	100	25
	中程度	100	50	25	12.5
	軽　微	50	25	5	1

【表3　自然人向け過料基礎額】

NetzDG5条1項及び2項1文における国内の送達受取人と国内の受信担当者の指名
過料上限：50万ユーロ
NetzDG4条2項と結びついた同4条1項7号　　　（単位：万ユーロ）

過料対象となるSNS （国内登録ユーザー数）		2000万人超	400万人〜 2000万人	200万人〜 400万人	200万人未満
行為状況と 行為結果	並外れて重大	3.5	3	2	1
	非常に重大	3	2.5	1.5	0.5
	重　大	2	1.75	1	0.25
	中程度	1	0.5	0.25	0.125
	軽　微	0.5	0.25	0.05	0.01

（出典）　表2及び3ともに、NetzDG-Bußgeldleitlinien des BMJV v. 22. 03. 2018., S.25, S.12. に基づき筆者が作成。

2　2021年改正

　このようなNetzDG施行後の現状を踏まえて議論が開始されたNetzDG改正は、2021年3月に実現した（なお改正NetzDG4条1項6号のみ2021年7月1日、残部は全て2022年2月1日に施行される。なお後述のとおり、2021年6月3日（2021年6月28日施行）の改正法が別途成立している）。この改正は、極右主義・ヘイトクライム撲滅法（Gesetz zur Bekämpfung des Rechtsextremismus und der Hasskriminalität、以下GBRH）という改正法パッケージの7条による。[58]

　まずはGBRH全体を概観する。GBRHで対象とされている個別法は、Netz-

274

DGの他、刑法（1条）、刑事訴訟法（2条）、刑事訴訟法施行法（3条）、連邦住民登録法（4条）、連邦刑事庁法（5条）、テレメディア法（6条）である。8条には基本法19条1項2文に基づき、改正法パッケージの複数の内容が基本法10条の通信の秘密を制約するものであることが明記されている。

　GBRHの骨子は、インターネット上のヘイトスピーチ等の表現に関するプラットフォーマーから刑事訴追官庁への情報提供を促進することにある。改正の契機の一つとなったのは、ヘッセン州カッセルの首長であるWalter Lübcke（CDU）が2019年6月2日にネオナチに所属する者により暗殺された事件であった。改正の中核となるのは、NetzDG1条1項の意味におけるソーシャルネットワークプロバイダの申告義務（Meldepflicht）の導入である（新設のNetzDG3a条）。プロバイダは、特定の犯罪に関わる内容の投稿があった場合、「犯罪行為の訴追を可能にすることを目的として」連邦刑事庁に申告するよう義務付けられることとなった。

　本法案は、既に邦語の先行研究で取り上げられているとおり、「NetzDG改正部分の、SNSは違法だという苦情を受けて削除した掲載内容の情報をすべて連邦刑事庁に通知しなければならないという規定を、連邦大統領が基本法違反と判断」して認証手続を延期されていた。このとき連邦大統領は、2020年9月16日に公法学者であるMatthias Bäckerが緑の党に提出した鑑定書（Rechtsgutachten）を参照している一方、同鑑定書が参照する2020年5月27日の連邦憲法裁判所決定からの直接の影響については否定している。しかし鑑定書は同決

58）　BGBl I, 2021, S. 441 ff.
59）　ドイツ基本法19条1項2文は、基本権を制限する法律の適用について定めた同1文に続いて、以下の通り定める。「更に、基本権を制限する法律は、条文を挙げて当該基本権を記述しなければならない」。
60）　*Sandra Niggemann*, Die NetzDG-Novelle, CR 2020, S. 327. Lübckeは移民を擁護する立場をとっており、極右と対立する立場にあった。
61）　*Marc Liesching* u.a., Das NetzDG in der praktischen Anwendung: Eine Teilevaluation des Netzweukdurchsetzungs, Carl Gross mann, 2021, S. 11 f.
62）　毛利、前掲注3）、781頁。BT-Drucksache 19/23867.
63）　同鑑定書は、以下のURLで公開されている（https://www.gruene-bundestag.de/fileadmin/media/gruenebundestag_de/themen_az/rechtspolitik/PDF/200917-Baecker-Gutachten-Gesetz_zur_Bekaempfung_des_Rechtsextremismus_und_der_Hasskriminalitaet.pdf）。
64）　2020年5月27日決定（BVerfGE 155, 119, Beschluß v. 27. 5. 2020）について紹介する先行研究として、實原隆志「情報的措置を授権する規定の『特定性』と『二重扉』：ドイツの議論」

定を前提として、IPアドレスまで含んだ連邦刑事庁への申告義務を、連邦刑事庁法の規定を考慮に入れた上で「過度に広範で比例性を欠く」ものと評価した。その根拠は、GBRHの更なる法改正によっては憲法適合的な伝達権限も、連邦憲法裁判所によって要求される「二重扉」モデルの意味における憲法適合的な調査権限（Abfragebefugnisse）も生じない点にある、と学説は指摘する。鑑定書は、NetzDG3a条の手法そのものの正当性については肯定しているが、NetzDG及び連邦刑事庁法における法的根拠のあり方に対して懸念を呈しているのである。連邦政府は、連邦大統領の認証拒否のあと、連邦内務省の責任のもとで、法案を「2020年５月27日判決の連邦憲法裁判所の基準をもって修正」した。

「二重扉」モデルの例として挙げられるのは、テレコミュニケーションサービスにおける刑事訴追官庁への固定データの提供規定である（以下、Eifertらの説明を前提に説明する）。テレコミュニケーション法111条以下は固定データの伝達についてのプロバイダのデータ保護法の強化を表現し（第一の扉）、一方で刑事訴訟法100j条は、民間データの調査について官庁の権限を規定する（第二の扉）。このデータの調査についての刑事訴追官庁の権限は、開示についてのプロバイダの義務と両面的である（flankieren）。

テレコミュニケーションプロバイダに「二重扉」の規定を通じて課せられている義務は、ネットワークプロバイダには課せられていない。そのため、「(刑事訴追官庁に対して）固定データを伝達するかどうか、どれくらいまで伝達するのかについて、ネットワークプロバイダは大部分において自由（weitestgehend frei）である」との理解が前提にあり、NetzDGにおいてもその考え方は変更されていない。NetzDG5条２項が、あくまでも国内の受信担当者を設定することで、「刑事訴追官庁とネットワークプロバイダの間の自由意志による

福岡大学法学論叢65巻４号（2021）698頁以下。
(65) 鑑定書、前掲注63)、S. 21.
(66) *Liesching* u.a., a.a.O.（Anm.61), S. 11.
(67) 鑑定書、前掲注63)、S. 19 f.
(68) Ebd., S. 12.
(69) *Eifert* u.a., a.a.O.（Anm.55), S. 144.
(70) Ebd., S. 145.

（freiwillig）直接の協力の可能性を改善させるものである」と捉えられていることは、本章がここまでに確認してきたNetzDG5条の変遷における議会の議論によって裏付けられている。このようにネットワークプロバイダの義務と自由について考えるとき、「二重扉」モデルの視点は、NetzDGの枠組みにおいても重要な意義を有するといえる。

　なお紆余曲折を経た2021年3月改正のあと、2021年6月3日に追加の改正がなされている（2021年6月28日施行）。これは、形式的にはGBRHとは異なる文脈での改正であることから、単独の改正法として成立した。EUの視聴覚メディアサービス指令（2010/13/EU）を改正する2018/1808指令に則して、ビデオシェアリングサービスのプラットフォームをNetzDGの対象として全面的に含むこととすることが本改正の重要な点であるが、本章で重点的に取り扱ってきた5条については、異なる視点からの改正がなされている。前述した2021年3月改正の議論の中でも政府案として提案されていた5条改正が、3月時点では成立せず、2021年6月改正として実現したのである。改正後の同条1項は「送達は、4条及び4a条に従った過料手続及び監督法的手続上の、あるいは違法な内容の流布（Verbreitung）又は流布の根拠なき受領のためのドイツの裁判所に先立つ司法手続きにおいて、特に削除され差し止められた内容の原状回復が要求される場合にもたらされる。このことはそのような手続きを開始するという文書の送達、司法上の最終決定の送達及び執行・実施手続における送達においても有効である」とされ、2項については、改正前の同項1文の「国内」の語に続いて「4条に挙げられた行政官庁」を挿入し、「4条に挙げられた行政官庁は、受信担当者のリストを扱う。当該官庁は国内の刑事訴追官庁に、照会への回答を与える。」との二文が付け加えられた。

　5条1項の改正は送達受取人の射程を明確にすることが目的であったが、5条2項の改正においては「受信担当者のリスト」の存在とこれを4条に挙げられた行政官庁たる連邦司法省が扱うことが明確にされた一方、受信担当者の一

71）　Ebd.
72）　BGBl I, 2021, S. 1436 ff.
73）　BT-Drucksache 19/18792, S. 14.
74）　本改正の政府草案の理由を示したBR-Drucksache 169/20, S. 58及びBundestag Drucksache 19/18792, S. 54参照。

第三部　捜　査

般公開はスパム防止などの観点から行わないこととなり、1項の送達受取人と2項の受信担当者の取扱いの相違がより明確にされたといえる。[75]

4　日本におけるプラットフォーマーから刑事訴追官庁への情報提供の法的課題への示唆

　以上のドイツにおける NetzDG 立法・改正過程の議論は、本章第1節に示した我が国の状況に如何なる示唆を与えるのだろうか。
　日本において令状主義が存在するように、ドイツでは捜索や押収の場合における裁判官留保が存在する。令状主義と裁判官留保は位置づけや構造が大きく異なるが、本質的な趣旨には共通するところがある。すなわち、何らかの情報や物を「強制的に」得ようとする場合に裁判所による審査を要求することで、刑事訴追機関という強い権力を有する国家機関が個人のプライバシーを不当に侵害することを防ぐという趣旨である。
　本章が対象とするプラットフォーマーから刑事訴追官庁への情報提供は「任意に」行われるものと位置付けられているが、その任意性が担保されているか否かとは区別される問題として、利用者個人の情報にアクセスする刑事訴追機関側の統制が実施される必要がある。これが本章第3節第2款で言及した「二重扉」モデルの意義である。
　では、プラットフォーマーと利用者の関係については、いかなる法的枠組みが必要となるのだろうか。結論から言えば、本章第3節第1款に示したNetzDG の立法過程における議論を通じて、筆者は、刑事訴追に関連した情報収集としてプラットフォーマーから情報提供を受けようとする場合には、プラットフォーマーの刑事訴追機関に対する「協力」を利用者一人ひとりとの関係で正当化できる情報取得手続の法的枠組みが必要となると考える。
　NetzDG が草案段階で想定していたプラットフォーマーの「自由な意志」を全面的に尊重した刑事訴追機関への協力が成立するためには、前提として、プラットフォーマーの応答義務がいかなるかたちでも課せられていないこと、プラットフォーマーと利用者の間で交わされる「同意」が利用者本人の自己決定によっていること、そしてその「同意」が契約から切り離されているという条

---

[75]　BR-Drucksache 169/20, S. 58. BT-Drucksache 19/18792, S. 54.

件が充足されていることが必要である。このことは、本章第2節第3款及び第3節で論じた通りである。

ただしこのような利用者の「同意」とプラットフォーマーの「協力」が完全なる「自由意志」に基づくべきものと考えることが困難である刑事訴追と結びついた局面が存在することは、本章第2節第3款において明示し、また第3節第1款第1目及び第2目において示したプラットフォーマーの応答義務が課されることとなった過程からも明らかである。ここで考えるべきは、捜査による社会の安全の保障と個人情報の保護の衡量という比例性の担保である。

プラットフォーマーの協力が「自由な意志」によらないものとなる場合には、法律上相応の根拠と手続きが存在し、且つ比例性等が保たれていることが必要となるというのがドイツの立法過程における理解であり（本章第3節第2款参照）、日本においても任意捜査が適法と言えるためには、捜査の必要性・緊急性・相当性を求める捜査比例の原則を充足していなければならないとする理解が、判例により維持されている。[76] これらの理解を参照すると、プラットフォーマーに対する捜査関係事項照会を刑事訴訟法197条2項（以下、単に197条2項とする）に基づいて行う日本の現状についての課題が見えてくる。

最も重要な課題は、立法の形式である。197条2項の規定は「捜査については、公務所又は公私の団体に紹介して必要な事項の報告を求めることができる。」とされているが、ここから相手方にいかなる義務が生じるのかという点については、従来から議論がある。大久保隆志は「この照会を求められた公務所や団体は、強制する方法はないものの、原則として報告すべき義務があるものと解されて」いるとするが、[77] 田宮裕は「公務所・公の団体にとってはこのような国法の定めがある以上、報告の義務が生ずるが（強制処分である）、私の団体に対しては協力要請の意味しかない（任意処分）」として義務の発生を主体により区別する。[78] また田村正博は「通信の秘密のように特別に保護されるべきものを除き、法律上の秘密保持義務規定があっても回答すべきもの」であって「個人情報保護法上も、『法令に基づく場合』として、提供することができ、本

---

76) 最決昭和51年3月16日刑集30巻2号187頁以下。JILIS、前掲注8）、3頁、川島健治「任意捜査の適法性」関東学院法学23巻4号（2014）29頁以下参照。
77) 大久保隆志「任意捜査における第三者侵害」広島法科大学院論集12号（2016）180頁。
78) 田宮裕『刑事訴訟法〔新版〕』（有斐閣・1996）139頁。

279

人との間で違法と評価されない」とするところ、JILISによる捜査関係事項照会対応ガイドラインは、事業者に対し「捜査関係事項照会は任意処分であるため、強制処分に該当すると考えられる照会に対しては、応じてはならない」との考え方を明確にする。[80]

このように、義務の発生や義務の範囲について解釈の余地がある197条2項の規定は、民間事業者であるプラットフォーマーにとって明確な行為規範としては機能しえない。他方、個人情報保護法は令和二年に、個人情報の第三者提供について個人の権利保護を重視する改正を実施しているが、同23条1項1号が「個人情報取扱事業者は、次に掲げる場合を除くほか、あらかじめ本人の同意を得ないで、個人データを第三者に提供してはならない。一　法令に基づく場合」としている点には変更がなく、法令に基づく提供要請に対しては一定の手続を経ることが求められているのみであるので、いかなる場合に「応じなくてはならないのか」「応じてよいのか」を示す行為規範として明確なものとはいえない。[81]

この点を本章の議論と結びつけてみると、本章第3節第2款で取り上げた「二重扉」モデルにおけるプラットフォーマー側に提示されるべき行為規範が、197条2項を根拠とした捜査関係事項照会には存在していないことが、「報告が義務なのか」「どこまで任意で答えてよいのか」というプラットフォーマーの困惑（本章第1節の末尾で提示した我が国における捜査関係事項照会の課題の一つ、①「刑事訴追機関による」捜査関係事項照会が可能となる範囲が法律上明らかでないこと）を生じる原因となっている、と整理することができる。そうだとしたら、197条2項に付記するかたちで、（ア）私人たる事業者に報告の義務が生じるかどうか、（イ）一定の義務が生じるとしたら、その義務の範囲が任意捜査として行いうる範囲に留まることの二点を最低限明記し、更に個人情報保護

---

79) 田村正博「犯罪捜査における情報の取得・保管と行政法的統制」高橋則夫＝川上拓一＝寺崎嘉博＝甲斐克則＝松原芳博＝小川佳樹（編）『曽根威彦先生・田口守一先生古稀祝賀論文集 下巻』（成文堂・2014）520頁。
80) JILIS、前掲注8）、4頁。
81) 三木由希子「捜査関係事項照会問題を考える：民間事業者の警察への情報提供にルールを」時の法令2071号（2019）57頁以下の問題意識と同様である。
82) 寺田麻佑「プラットフォーム規制の課題：EUデジタル規制改革の検討を中心に」情報通信学会誌38巻4号（2021）121頁。

法制に組み込むかたちで（ウ）事業者を名宛人とする義務が生じる場合に（任意で）応じることのできる範囲の限界についての定めを置くべきであると筆者は考える。

本章第1節の末尾で提示した捜査関係事項照会の他の課題のうちの一つ、②捜査関係事項照会に「利用者の」情報を「事業者が」提供することができる法的根拠が明らかでないことという問題点についても、事業者が刑事訴訟法上負うべき義務の発生やその範囲を法律上明確にすることで、一定程度克服することができると筆者は考えている。現状では各事業者がガイドラインを策定するなどして、「会話内容までは令状がなければ提供しない」「利用者IDは令状がなくても提供する場合がある」といったことを利用者に伝えているが、そのような基準は本来、捜査の必要性と相当性を基準として法律により規定されるべきことであり、（捜査による社会の安全の保障と個人情報の保護の衡量という比例性を保つという趣旨に立ち返れば）全ての事業者が同じ基準のもとで応答すべきことを定めるべきである。

5　小　括

本章ではNetzDG5条2項に関する議論を通じて、プラットフォーマーから刑事訴追機関への情報提供の法的課題について検討してきた。現在のドイツではNetzDGを通じて、プラットフォーマーを経由した表現行為の規制が実践されているが、この視点の重要性がドイツに限定されるものではないことは、本章第4節において示したとおりである。

本章冒頭に触れたDSAを、我が国のデジタル庁設立に象徴される一連のデジタル改革関連法と関連付けて論ずる寺田麻佑が、「そもそも、私たちが望む『デジタル社会』とは何なのかについても一歩立ち止まって考え」る必要性を唱えていることは、本章の文脈においても注目に値する[82]。混沌としたデジタル社会から安心できるデジタル社会への発展を目指すためには、犯罪行為に対する適切な対処が必要であることはもちろん、同時に個人情報の適切な保全状態とその状態が脅かされている場合に不服を申し立てられる仕組みも必要であり、両者のバランスを保つことができる法的枠組みの設定が必要である。

第三章　国際司法共助により得た証拠の刑事手続における使用と憲法上の権利
——欧州・EncroChatへの合同捜査を契機として

1　はじめに

　本章は、国際司法共助により得られた証拠を刑事手続において使用する場合に生じる憲法上の問題について、ドイツの実例の分析を通じて検討するものである[1]。ここで想定されているのは、国境を越えた広義のオンライン捜索の手段を用いた国際司法共助である[2]。

　広義のオンライン捜索とは、マルウェアを用いてエンドデバイスに侵入する捜査手法である。侵入時点でユーザーに対する通知は行われず、マルウェアを経由して情報が捜査機関に取得されることから、一般的にプライバシー侵害の程度も行為態様自体の危険性も高い手法であると理解されている。広義のオンライン捜索には、通常の方法によっては傍受不能な暗号化通信の情報を得る目的でエンドデバイスに侵入する端末通信傍受と、はじめから端末内部に蓄積されたデータを取得する目的でエンドデバイスに侵入する狭義のオンライン捜索が含まれる。本書第三部第一章において、筆者は既に端末通信傍受や狭義のオンライン捜索に関するドイツの刑事訴訟法の立法過程を分析しているが、その中で、端末通信傍受（刑事訴訟法100a条）は通信の秘密（基本法10条1項）を、[3]

---

1)　本章は、第13回越境捜索研究会（令和3年9月24日開催）において筆者が報告した内容の一部について、研究会における議論から得た示唆を反映させ、ドイツの裁判例を中心に再編して執筆された。同研究会でご意見を頂いた方々、とりわけコメントをくださった斎藤司教授（龍谷大学）ならびに貴重な報告の機会をくださった指宿信教授（成城大学）には格別の感謝を申し上げる。

2)　国際司法共助固有の課題については既に多くの先行研究があるが、特に本章で扱う刑事手続における証拠使用との関係について、川出敏裕「国際司法共助によって獲得された証拠の許容性」研修618号（1999）3頁以下、三明翔「外国当局の獲得した証拠の許容性：アメリカ合衆国の判例法理と日本法への示唆」法政論叢51巻2号（2015）147頁以下等を参照。なお川出、5頁はドイツの証拠禁止についても触れている。

3)　本書第三部第一章。

狭義のオンライン捜索（刑事訴訟法100b条）はIT基本権（基本法1条1項と結びついた2条1項）をそれぞれ制約しているとし、両者の対象犯罪や実施手続は侵害される憲法上の権利の相違を反映して異なるものであるとするのがドイツ連邦議会の理解であることを示した。

ドイツ刑事訴訟法における広義のオンライン捜索は、文字通り刑事訴追に結びつく捜査としての「捜索」の一環である。法治国家を標榜する各国の国内における捜索では、一定の嫌疑に基づいて捜索範囲を可能な限り限定し、それに基づいて司法機関（裁判所）が捜索を認めるかどうか審査するという手続がとられていることが多く、ドイツにおいても同様の制度が見られる（日本においては令状主義が存在）。手続の目的は、捜査機関の一存により捜索が行われることで対象者の身体や私的領域が不当に脅かされることのないようにするということ、すなわち人身の自由の保障である。この権利の保障は、被疑者・被告人を守ることだけを意味しているのではなく、国家による捜査権限の濫用に怯えることなく、私たちが平穏に暮らしていくために不可欠なものである。

しかしこれらの憲法上の権利の保障は、情報技術の発展によって大きな壁に直面している。インターネットの世界には基本的に国境がない。それゆえに、グローバルな犯罪組織がダークウェブ等を通じて活動する場合の捜索においては、従来存在しなかったはずの法的困難が捜査機関には降りかかる。本章ではこのような状況における国際司法共助が国内刑事司法に大きな影響を及ぼしている事例として、他国のEncroChatへのオンライン捜索から得られた証拠の使用禁止について争われたドイツの事例について紹介・検討し（本章第2節および第3節）、更にはこの検討が日本の現状に与える示唆について分析する。

2　国際司法共助によるEncroChatへのオンライン捜索の背景

1　EncroChatへの捜索

EncroChatとは2016年から運用開始されたサービスである。追跡を防止するため、複数の機能を物理的に使用不能とした専用端末を介し、暗号化通信によるメッセージ交換等を可能にするものであった。利用者は6万人超といわれていたが、2020年に以下に述べる合同捜査の覚知を契機としてサービスの提供が終了した[4]。

合同捜査は、オランダとフランスの二か国を中心として行われた。当初、オ

ランダの通信網を経由してEncroChatへの捜査が試みられたが、会話は暗号化されており通信中の内容解読はできなかった。そこでEncroChatのエンドデバイスへの侵入が試みられ、マルウェアを経由した捜索が進められた。マルウェアを経由して得られたデータはフランスのC3N（国家憲兵隊サイバー犯罪対策室）にあるサイバー犯罪センターのサーバーに蓄積・分析された。フランスのサーバーからユーロポール（欧州警察）へ当該データが転送され、更に各国に転送されることとなる（本章第3節で扱うドイツの事例では、ユーロポールから連邦刑事庁へのデータ転送が2020年4月3日から同年6月28日まで毎日行われていた）。

フランスにおけるマルウェアを用いたオンライン捜索及び端末通信傍受の根拠は、フランス刑事訴訟法（CPP）706-102-1条に定められており、これに則ったJLD（釈放権・勾留権を持った裁判官、同137-1条1項）及び予審判事（同79条）の決定に基づき正当化され、フランスでは補充性要件も充足している（他の手段がない）ものとされている。ここでの問題は、フランス以外の国がそのデータを刑事手続において用いるとして、その利用が国内法上どのように正当化されるのかということである。

2 欧州における国境を越えた情報収集
（1） 情報収集の共同体

この一例として本章第3節ではドイツの事例を扱うが、その前に欧州における国境を越えた情報収集に関する基礎知識を整理しておきたい。

国境を越えた情報収集は、欧州域内において広く実施されている。欧州内部では、監視のための共同体が三つ存在する。①監視協働グループ（Surveillance Cooperation Group（SCG（CSG））、東欧・フィンランド・マルタなどが参加し2017年から始動）、②欧州南東部監視専門家ネットワーク（Surveillance Expert Network for Southeast Europe（SENSEE）、西バルカン諸国・オーストリアが参加し2011年から始動）、③欧州監視グループ（European Surveillance Group（ESG）、他の

---

4) *Spiegel*, Landgericht Berlin lässt Encrochat-Daten nicht zu（https://www.spiegel.de/panorama/justiz/berlin-landgericht-laesst-encrochat-daten-nicht-zu-a-6dd9be2e-f558-40fa-9995-2f8136581f8e、2021年7月2日掲載記事）、*Zeit-Online*, Encrochat-Daten: Staatsanwaltschaft will um Nutzung kämpfen（https://www.zeit.de/news/2021-07/02/encrochat-daten-staatsanwaltschaft-will-um-nutzung-kaempfen、2021年7月2日掲載記事）など参照。

EU加盟国・ノルウェー・スイス・イギリス及びユーロポールが参加し2006年から始動）である。③が最も古く、規模も大きいが、三者は排他的・対立的関係ではなく、架け橋としてのAssembly of Regional Groups On Sureillance（ARGOS）が存在し、年１回理事会、３年に１回は三グループ会合が行われている。

　この共同体にユーロポールが参加していることに関連して、③形成の背景にシェンゲン協定が存在することを指摘しておかなければならない。シェンゲン協定とは、1990年６月に調印、1995年３月26日に施行された国境検閲の廃止に関する多国間協定である。澤田マルガレーテによれば、シェンゲン協定が実現を試みた「国境撤廃とは、まさに加盟諸国の管轄権併合というきわめて政治的な企てを意味」しており、経済共同体としてのECから、より政治的な一体性を有するEUへの移行への重要な一手であったといえる。しかし国境検閲の廃止には、政治犯や不法入国の増加というリスクが懸念された。そこで協定加盟国間において必要な範囲で情報の共有を行うこととなったのである。グリムは、「国境の解消とは、国境がなくなるということでは」なく、「国家が国境を越える動きを、部分的に管理しなくなる、或いは管理できなくなる、ということ」であると的確に指摘するが、この管理の欠如を原因として生ずる問題に対応する手段の一つが③の創設であったといえよう。

（２）　欧州調査命令指令と国際司法共助

　以上は国境を越えた情報収集一般についての概要であったが、続いて刑事手続を念頭に置いた場合の情報収集に限定して確認していきたい。諜報を含む一

---

5)　欧州議会の質疑参照（質問（2018年１月８日）について https://www.europarl.europa.eu/doceo/document/E-8-2018-000023_EN.html、応答（2018年３月16日）について https://www.europarl.europa.eu/doceo/document/E-8-2018-000023-ASW_EN.html）。また *Netzpolitik*, EU soll Arbeitsgruppe zur verdeckten Observation und Überwachung übernehmen（https://netzpolitik.org/2020/eu-soll-arbeitsgruppe-zur-verdeckten-observation-und-ueberwachung-uebernehmen/、2020年10月20日掲載記事）参照。

6)　田口守一「国境を越えた捜査活動（その１）：シェンゲン協定とその運用状況」比較法学33巻２号（2000）31頁以下参照。なおシェンゲン協定にはⅠとⅡがあるが、国境検閲撤廃はⅡにより実施されている。

7)　澤田マルガレーテ「人の自由移動をめぐる諸問題：シェンゲン協定を中心として」上智法學論集34巻１号（1991）82頁以下。

8)　ディーター・グリム（講演）三宅雄彦（訳）「21世紀の挑戦に直面する憲法」比較法学36巻２号（2003）131頁。

第三部　捜　査

般的な情報収集と刑事訴追を前提とした捜査の最大の相違点の一つは、取得した情報の使途である。捜査の場合、その後に各国国内における刑事訴追が想定されており、刑事手続上の証拠として取得された情報が用いられる可能性があることを特徴とする。

　国家学の歴史的観点から見ると、刑事訴追の権限は、国家の暴力独占という極めてラディカルな問題意識と結びつく[9]。諜報は対外的に国家、ひいては国民一人ひとりを守るための情報収集であるが、刑事訴追は国内において犯罪行為に及ぶ者に向けられた国家の権力的行為だからである。そのため国際司法共助が実施される場合には、基本的に共助の相手国の同意が不可欠である。

　欧州ではこのような前提のもと、独自の国際司法共助の枠組みがつくられた。それが欧州調査命令指令（Directive 2014/41/EU of the European Parliament and of the Council of 3 April 2014 regarding the European Investigation Order in criminal matters）である。この指令に基づく命令を欧州調査命令（EIO）という。

　欧州調査命令指令は、他国が収集した情報を自国国内の刑事事件の証拠として用いるための手続を定めているが、その対象となる刑事事件は基本的に組織犯罪等に限られている。具体的な手続としては、刑事事件の証拠として利用したい情報がある国の機関が、当該情報を保有する他国の司法機関に対して欧州調査命令を発出する。これを受けた他国の司法機関は、一定の要件を満たしていない限りは当該情報を提供しなければならない。つまり本協定は、既に取得された情報の協定国間での共有を、原則として可能とするものであるといえる。

3　ドイツにおける EncroChat への捜索で得られた証拠の使用禁止の議論

1　ベルリン地方裁判所決定

　本章第2節のとおり、他国が獲得したデータを各国の刑事手続において証拠として用いることが、欧州調査命令指令の目的であったはずである。しかしドイツにおいて、国内法の観点から本指令の限界について一石を投じた地裁決

---

[9]　国家の暴力独占について、岡田健一郎「戦後ドイツ公法学における『暴力独占』論について：『国家による安全』を考えるために」一橋法学10巻3号（2011）955頁以下参照。

定がある(本決定を以下「地裁決定」とする)。本決定はEncroChatから取得したデータの証拠としての使用を禁止した(ただし後述のとおり、本決定は抗告審において覆されている(本節第2款参照))。

(1) 事案の概要

ユーロポールを経由して連邦刑事庁が獲得したEncroChatのデータ(本章第2節第1款のとおりマルウェアを経由して獲得されたもの)を、刑事訴追のために利用したいと考えたフランクフルト・アム・マイン検察庁(Generalstaatsanwaltschaft)は、2020年6月2日に欧州調査命令を発出した。これを受けたフランス・リールの予審判事は、本章第2節第2款で述べた欧州調査命令指令に基づき、同情報の送受信及び利用を承認した(なおリールの予審判事が判断主体となっているのは、元々のEncroChatへの侵入を実施した主体がリールの検察であったからである)。この承認を経て、連邦刑事庁はフランクフルト・アム・マイン検察庁へ、ユーロポールから得たデータを転送した。同検察庁により復号・開封・解析された当該データから複数の被疑者が判明したため、ラントごとに分離手続が行われた結果、本件被告人はベルリン地方裁判所において起訴された。

ここで問題となったのは、上述のオランダ・フランスの合同捜査によって得られた情報を、ドイツ国内の刑事訴訟である本件において証拠として用いることができるか、という点である。

(2) 実体法上の争点

裁判所はまず、本件証拠の取得はIT基本権(基本法1条1項と結びついた2条1項を根拠とする)及び通信の秘密(基本法10条1項)という憲法上の権利を侵害すると述べる。その上で実体法上、①国際法上の違法、②国内法上の違法の二点があることを認定した。

①国際法上の違法について、裁判所は、欧州調査命令指令31条及びこの実施のために定められた刑事事件における国際司法共助についての法律(IRG)91条6項に対する違反があることを指摘する。欧州調査命令指令31条1項は、措置の開始前(a号)または対象者がドイツに所在することがわかったとき直ちに(b号)、対象者が所在する国の管轄部局に対して措置の実施について通知しなければならず、そのような通知なしに措置の実施・続行はできないと定める

---

10) LG Berlin, Beschluß vom 01. 7. 2021 – (525 KLs) 254 Js 592/20 (10/21) –.

ところ、本件においてはそのような手続が実施されなかったことが主たる違法性認定の根拠である。というのも、対象者が所在する国が同通知を受けたあと、同様の国内の事例において当該措置が許可されないだろうという結論に達した場合は、96時間以内に反対の声明を出すこととなっているところ（欧州調査命令指令31条3項）、通知がなければその機会を逸してしまうためである。また措置の対象者（Zielpersonen）がプロバイダであったことにより、このような通知を欠いたことが容認されるともいえないとした。[11]

②国内法上の違法について、裁判所は、ドイツ刑事訴訟法100a条及び100b条に列挙された対象犯罪の十分な具体的嫌疑（genügende konkrete Verdacht）が、本件被告人について措置実施前に存在しない状態で捜査が行われたことを違法性認定の根拠として挙げた。ここで注目されるのは、本件捜索が数万人のEncroChat利用者（そのほとんどは具体的な嫌疑がなかった）に影響を及ぼす手法を用いて行われていたことが国内法上の違法との関係で取り上げられ、更には欧州全体での捜査の成功は本件における捜索の適法性の評価とは関係がないとされた点である。[12]

基本的人権の観点からは、「処罰すべき行動に対する特別の保安の必要性から来る一般的結論（引用者注：監視困難な通信手段を犯罪者が好むだろうからといってそこに介入すること）は、強盗や自転車窃盗の際に典型的に用いられるバールやボルトカッターといった道具の所持だけで捜索のために必要な初期段階の嫌疑をもたらしえないことと同じく、許されない。」とし、従来の刑事訴訟法上の基準を揺るがすべきではないことを明示した点が象徴的であった。[13]

（3） 手続法上の争点

証拠の収集過程が違法であるとしても、訴訟手続から取得証拠が排除される（証拠の）使用禁止（Verwertungsverbot）は、法律上明記されていない場合、あらゆる事態の比較ののち例外的なケースでのみ認められ、特に重大な法律違反があることが求められる。具体的には個別のケースごとに、真実の調査（Wahrheitsermittlung）への国家的利益と適切に機能する刑事司法の利益（Belange

---

11) Ebd., Rn. 25 f.
12) Ebd., Rn. 32 f.
13) Ebd., Rn. 42.

einer funktionstüchtigen Strafrechtspflege）より優先すべき重大な理由が必要である。

　なおここでドイツにおける証拠禁止について、簡単にその概略を説明しておく。なぜならドイツにおける証拠禁止の枠組みは、一見すると日本における違法収集証拠排除法則と類似しているように思われるが、実際は構造や性質といった重要な点で異なっているからである。広義の証拠禁止のうち、本件においては証拠の使用禁止が問題となっているが、これは証拠の収集や提出の禁止とは構造上区別される。証拠の使用禁止は、証拠の収集過程などに違法がある場合であって、且つその証拠としての使用を禁止しなければならないような重大な違法があるといえる場合に求められるが、ここで適用される比例原則が「重大な違法」を要求する上での衡量対象は、自己の私的領域に対する被告人の権利である。[14] 衡量対象があくまで被告人の権利保障であるという点で、司法の廉潔性や将来の違法捜査抑止の観点を重視する日本とは異なるといえる。[15]

　裁判所が本件について、この重大な理由があるとする理由は大きく分けて二つある。

　第一に、欧州調査命令指令31条（及びこれを実施するドイツ国内法）違反の重大性である。これは上述した欧州調査指令31条の趣旨が、国民の基本的人権の保障にあることと関係している。[16] 国内法によって認められない一線を、他国が他国の国内法を基準として飛び越え、更にその他国機関が得た情報を欧州調査命令により国内の刑事訴追機関が入手できるとすると、結果として人身の自由を保障する国内法の規制は骨抜きになってしまうが、そのような事態を許容することは基本的人権の保障を本質的に脅かすものであるということを示したものといえよう。

---

14) 井上正仁『刑事訴訟における証拠排除』（弘文堂・1985）247頁以下（Vgl. BGHSt 19, S. 332 f.）。

15) ルイス・グレコ（著）冨川雅満（訳）「翻訳　何故に証拠禁止なのか？：証拠利用禁止の法形象に関する異端的考察」比較法雑誌52巻4号（2019）60頁注21下の訳注、クラウス・ロクシン／ハンス・アッヘンバッハ（著）光藤景皎／吉田宣之（編訳）『ドイツ刑事訴訟法演習：君の知識を試そう』（成文堂・2017）242頁以下、村瀬健太「禁止された尋問方法と証拠使用禁止に関するドイツ刑事訴訟法136a条の制定過程について」法学研究論集54号（2021）83頁以下参照。

16) LG Berlin, Beschluß v. 1. 7. 2021, Rn. 79 f.

第三部　捜　査

　第二に、刑事訴訟法100a条、100b条に列挙された犯罪の具体的な嫌疑があることは通信監視の「基本的な前提条件」であり、これを欠くことは「ドイツの法的理解に従うと、客観的にもはや法治国家的なものとはみなされえない」ことを指摘し、重大な違法があると判断した点である。この点は上述した国家の暴力独占との関係から見ても興味深い。国民主権国家において国家権力が刑事訴追や刑事罰執行の権限を独占的に有する根拠は、社会契約論を念頭に置いた古典的見解によれば、国家と国民の信託関係に由来し、刑事訴追や刑事罰執行についての法律による規律が及んでいること、ひいては法律を通じて国民が権限行使に規律を及ぼしていることにある（なおこの点には国家論の観点から異論もあろうが、ここでは詳述しない）。そのような観点から見ると、法律上の基本的な要件として明示された対象犯罪についての具体的嫌疑の欠如を許容することは、国家権力の正統性を支える国家と国民の関係性を毀損するという根本的な欠陥に結び付くと考えられるのである。

2　ベルリン上級地方裁判所決定

　ただし本件抗告審[18]は、地裁決定を覆した（本抗告審決定を以下「上級地裁決定」とする）。

　上級地裁決定の判断において、国内法上の適法性判断の根拠として重要な役割を果たすのは、刑事訴訟法100e条6項1号である。刑事訴訟法100e条6項は取得したデータの目的外利用について定めており、中でも同項1号は「偶然の発見（Zufallsfunde）」、つまり別の手続において発見された証拠の利用に関する規定である（なお100e条全体は100a条から100c条までの措置の手続について定めている）。

　具体的な100e条6項1号の規定は以下のとおりである。「100b条または100c条に従った措置を通じて獲得し、使用可能となった個人関連データは、以下の基準のもとで他の目的のため利用することができる。1．本データは、100b条又は100c条に従った措置に基づき指示された犯罪行為の解明のため、又はそれらの犯罪行為の罪に問われる者の居所を捜査するためにのみ、監視された

---

17) Ebd., Rn. 88 f.
18) KG Berlin, Beschluß v. 30. 8. 2021 - 2 Ws 93/21 - 161 AR 134/21 -.

290

者の同意なく他の刑事手続において利用されうる」。

　同規定の本件における適用について、上級地裁決定は以下のとおり述べる。「刑事訴訟法100e 条 6 項 1 号は基本的に、刑事訴訟法100b 条、100c 条に従って命じられえたかもしれない（hätten angeordnet werden können）監視措置に基づく犯罪行為の偵察についての通信データの利用を容認する」。「主にいくつかの国内の刑事手続の間でのデータ交換に向けて構成された刑事訴訟法100e 条 6 項 1 号の規定は、越境的なデータ交換の法的根拠としても有効である。（中略）越境的情報交換に関して、利用と使用（Verwendung und Verwertung）の問題は要請する側の国家の法に基づいていると認められていて、それゆえ当該国家は刑事手続を指揮し、同時に外国の手続に由来する情報を使用することを欲するのである。<u>それに応じて、自国の規定も越境的な事象を含むように方向づけられる</u>。現在刑事訴訟法100e 条 6 項 1 号に関して、この場合にあたらないとすべき根拠はない。したがってこの規範は、刑事訴訟法100b 条に従った措置に相当するような措置を通じて外国の刑事手続において集められたデータをもとらえるものと解釈される[20]」。

　その上で、地裁決定が否定した本件被告人に対する対象犯罪の具体的嫌疑の存在について、上級地裁決定は「刑事訴訟法100b 条に従った措置の命令のための前提条件は、決定的な時点で本件刑事被告人に関連して存在していた[21]」とする。ただしその認定においては100e 条 6 項 1 号を念頭に置いた評価をすべきであるとの考えを示し、「100e 条 6 項 1 号の枠組みにおける嫌疑の根拠の審査の場合、他の手続から得られた情報がなくとも相応の嫌疑が存在しうるかどうかは、手続がそれぞれの関係者に指示されたその時点からの『偶然の発見』を考慮にいれた評価が重要である[22]」として、具体的には「暗号化技術を搭載した高価なエンドデバイス」の販売状況や「フランスの元の手続において獲得された情報」などに基づいて嫌疑があったと認定した[23]。

---

19) Ebd., Rn. 44.
20) Ebd., Rn. 45. 下線は引用者が付した。
21) Ebd., Rn. 46.
22) Ebd., Rn. 47.
23) Ebd., Rn. 48 f.

3 何が問題か——憲法学的観点に基づく考察
（1） 法治国家の主権のゆらぎ

　地裁決定は、刑事訴訟法100a条・100b条に挙げられた対象犯罪の十分な具体的嫌疑をオンライン捜索の開始時点において要求し、国際司法共助の限界を、国内法の立法の要件をもって画した。これに対して上級地裁決定は、同じ刑事訴訟法100e条6項1号に越境的な視点を組み入れることによって、国内法上の証拠採用に関する正統性を主張した。

　国際司法共助手続は、相手国の主権の尊重（本書第三部第四章参照）のみならず、相手国の国民一人ひとりや私企業の憲法上の権利の保障を担保するために必要な手続である。それは国家により国内法の体系や保障されるべき憲法上の権利の射程などが異なること（法的基盤の相違）を前提としている。そうだとすると、もし各国国内法の価値を従来同様に維持することを前提として議論するのであれば、具体的嫌疑の認定時点を捜索開始時点としなければ、国内の捜査を規律する法律は骨抜きになってしまう。地裁決定が危惧したのは、まさにそのような点であったと思われる。

　ただしこの批判があてはまるのは、あくまでも主権や国家の民主的正統性についての論理を従来通り維持する場合に限られる。本章第4節で詳しく述べるが、そもそも「国家とはなにか」「国内法の限界はどこか」という古典的なクエスチョンが、情報技術の発展と犯罪への対処という切り口から新たに問われているのだということは指摘しておかなければならないし、上級地裁決定の国内法の解釈はそのような視点から読み解かれるべきであろう。

（2） 侵害対象となる憲法上の権利

　次に、地裁決定と上級地裁決定が、本件オンライン捜索に関する国内法上の根拠条文を異にしている点に注目したい。地裁決定は100a条と100b条をともに挙げているが、上級地裁決定は100b条だけを挙げている点である。これは上級地裁決定が国内法上の正統化根拠を、100b条・100c条のみを対象とした100e条6項1号に求めているためである。しかし本書第三部第一章で既に論じたとおり、100a条と100b条の立法理由に立ち返ると、本件捜索の根拠を100b条に限定することには違和感がある。100a条と100b条がどちらもマルウェアを用いたエンドデバイスへの侵入という同一の態様を取りながら、異なる条文において異なる犯罪を対象として制定された際には、制約される憲法上

の権利の性質が異なることを主たる根拠としていた。そうだとすれば、ある行為が100a条か100b条のどちらが想定している行為であるのかということは、裁判所が裁量をもって判断できる事項ではなく、具体的な事案に基づいて区別されるべきものである。上述したとおり、本件では当初オランダの通信網を用いた傍受を試みたが、通信の暗号化により傍受ができなかったのでエンドデバイスに侵入したという経緯がある。その事実関係によれば、本件における広義のオンライン捜索は、ドイツ国内法上100a条の射程に含まれる行為と位置付けることが適当であるように思われ、上級地裁決定のように100e条6項1号による本件捜索の正当化のために100b条のみを根拠条文と考えることには疑問を抱かざるをえない。

4 日本への示唆——最決令和3年2月1日との比較から

1 最決令和3年2月1日の概略

本章はここまでに、国際司法共助により得られた証拠を刑事手続において利用する場合に生じる憲法上の問題について、EncroChatに関するベルリン地裁決定及び上級地裁決定を比較しつつ検討した。次に本章第3節第3款で示した問題意識を日本の現況と接合することにより、本章の議論から導かれる日本法への示唆を示したい。

ここで比較対象として取り上げる事例は、最決令和3年2月1日刑集75巻2号123頁（FC2事件決定）である。本決定の概要及び決定に対する評釈は既に複数公表されており、[24]本書第三部第四章でも詳しく扱うため、ここでは本章の扱う事例との比較において重要と思われる問題意識に焦点を当てて論ずることとしたい。

警察が相手方の任意の承諾なく、リモートアクセスに必要な情報・物品を任意提出させたことが争点の一つとなったこの決定で、最高裁判所は「刑訴法が

---

[24] 指宿信「越境捜査を合憲適法とした最高裁判所令和3年2月1日決定：クラウド時代における域外データ取得方法とその課題」Law&Technology No.92（2021）40頁以下、大橋充直「検証 サイバー（ハイテク）犯罪の捜査（第106回） 越境遠隔操作（国外サーバへの国境越えリモートアクセス）の捜査での保証は違法だが証拠能力を認めた事案判例」捜査研究70巻6号（2021）56頁以下など。Law & Technology Vol.93（2021）では、本決定について特集が組まれている。

日本国内にある記録媒体を対象とするリモートアクセス等のみを想定しているとは解されない」との前提に立つ。その根拠として、刑事訴訟法99条2項及び218条2項の文言と、これらの規定の立法過程においてサイバー犯罪に関する条約が影響を与えた点が重視された。更にサイバー犯罪に関する条約32条に基づき、「以下の2要件を満たす場合、国際捜査共助によることなく同記録媒体へのリモートアクセス及び同記録の複写を行うことは許される」とした。その要件とは、「①電磁的記録を保管した記録媒体がサイバー犯罪に関する条約の締約国に所在すること、②記録を開示する正当な権限を有する者の合法的かつ任意の同意があること」である。本件ではこの要件を充足しているとして、リモートアクセスにより得られた証拠の排除は認められなかった。

2　ドイツの事例を通じて明らかになった問題意識との対比・分析

　本章が示した問題意識との関係で注目されるのは、任意の承諾なくリモートアクセスに必要な情報・物品を任意提出させたことに対する裁判所の評価である。裁判所は以下の2つの根拠に基づき、この行為について重大な違法があるということはできず、当該手続を経て得られた証拠は排除されないとした。

　第一の根拠は、「実質的には、司法審査を経て発付された前記捜索差押許可状に基づく手続ということができ」、「同許可状が許可する処分の範囲を超えた証拠の収集等を行ったものとは認められない」ことである。

　この点については、令状において対象を限定する趣旨を没却するものとなっていないか、との疑問が生じるが、本章第3節までに示したドイツを含む国際的な状況に鑑みると、そもそも裁判所による捜査機関の活動の事前統制の仕組みの機能不全が世界的に問題となっていること、そしてこのことがどのような法的課題を指し示すものなのかということを考える契機として注目される。EncroChatの事例を見ると、日本において令状主義の機能不全として問題視されている事象は、情報技術の発展に伴って世界で生じている共通の事象であるとも思われるのである。ここで重要なのは、このような事象が発生している原因である。筆者は、情報技術の発展により現代刑事訴訟の基礎を成す憲法上の価値観がなんらかの「挑戦」を受けていることがその原因の一ではないか、との仮説を呈示する（本章第5節においては、この「挑戦」の像を描くことを試みることとする）。

第二の根拠は、「本件の事実関係の下においては、警察官が、国際捜査共助によらずにY関係者（引用者注：Yは本件被告人が運営に関与していたインターネットサイトの運営管理会社）の任意の承諾を得てリモートアクセス等を行うという方針を採ったこと自体が不相当であるということはできず、警察官が任意の承諾に基づく捜査である旨の明確な説明を欠いたこと以外にY関係者の承諾を強要するような言動をしたとか、警察官に令状主義に関する諸規定を潜脱する意図があったとも認められない」とする点である。この点については、①任意提出の任意性を担保する最大の根拠を欠いており、錯誤に基づいて任意提出が行われている事実を認定した上でなお令状主義の潜脱意図が否定されることの趣旨が明確でないこと、②憲法上の権利保障への意識が希薄で、令状主義の潜脱意図という主観的要素が非常に重視されているように見えることが問題であると考える。

　特に②に関連して、侵害対象となる憲法上の権利についての議論は、捜査における強制処分法定主義や公判における違法収集証拠排除法則に関係する。違法収集証拠排除法則において、被告人の権利保障以外の目的とされる司法の廉潔性や将来の違法捜査の抑止も、構造上終局的には憲法上の権利の保障を目指しているにもかかわらず、日本の判例法理ではその点が矮小化され、警察官の意図という主観的要素が重視されてきた。このような主観的要素の極端な重視という判例の傾向については刑事訴訟法領域においてもその問題点が指摘されているところであるが[25]、ドイツにおける証拠の使用禁止論や、刑事訴訟法100a条及び100b条の対象犯罪の具体的嫌疑を認定する時期が争点となる状況と対比してみると、日本の最高裁判所が憲法上の権利を、その重要性に鑑みて適切に評価してきたとはいえないように思われる。これは本章第5節で述べる、憲法上の価値観が受けている「挑戦」の具体的な内容とも直結する問題である。

5　小　括

　本章は、国際司法共助により得られた証拠を刑事手続において利用する場合

---

[25] 中川孝博「違法収集証拠排除法則における『重大な違法』」後藤昭（編集代表）『裁判員時代の刑事証拠法』（日本評論社・2021）351頁以下、斎藤司『刑事訴訟法の思考プロセス』（日本評論社・2019）381頁。

に生じる問題について、特に憲法学の観点から検討してきた。検討の結果として、本章第4節において「日本で起きている情報技術を用いた捜査における令状主義の機能不全は、世界共通の事象と類似しており、その原因は情報技術の発展により憲法上の価値観がなんらかの『挑戦』を受けていることにあるのではないか」との仮説を導出した。ここではむすびにかえて、具体的に「いかなる憲法上の価値観が『挑戦』を受けているのか」ということについて、筆者の考えを述べたい。

　筆者はこの「挑戦」の実体について、2つの可能性があると考えている。

　第一は、侵害される権利の性質に対する挑戦であるという可能性である。秘匿的な捜査により侵害される権利の核心はなにか、という問題について、日本では憲法13条「プライバシー」の問題が拡大解釈されてきたように思う。しかし日本国憲法自体にはプライバシーという言葉が含まれていない一方で、その考え方については21条2項後段（通信の秘密）や35条（住居の不可侵）に細分化されて組み込まれている。プライバシーの新しい定義や機能について論ずるよりもむしろ、既に憲法に組み込まれたプライバシーの考え方の意義を再考すべきであると筆者は考えている。本章を通じて検討したドイツの事例について、100a条の射程におさまる端末通信傍受と100b条で特に重大な犯罪に限定されたオンライン捜索を区別する趣旨を踏まえて、地裁決定・上級地裁決定を比較してみると、侵害される憲法上の権利の実質的な価値が異なることにより、裁判所の審査基準や立法における捜査手法の規律密度に大きな影響が生じるということが看取できる。このように、憲法上の権利の保障の意義と統治機構の機能のあり方が関連していることから見ても、侵害される憲法上の権利の自由権としての性質を問い直す営みは必要である。

　第二の可能性は、国際司法共助と情報技術の発展に由来する。ここでの本質的な課題は、国家共同体の権力行使の正統性に対する挑戦であると筆者は考えている。国際司法共助における各国主権の衝突の調整は、従来から論じられてきたテーマであり、情報技術の発展に伴う新たな法的課題とはいえないとも思われる。しかしインターネットを通じた犯罪の広がりと越境的な刑事訴追権限の行使という局面においては、刑事訴追権限を基礎づける民主的正統性の所在に関わる問題が、これまで以上に恒常的に顕現することになろう。民主主義と国家権力行使の理論的背景を支えてきた、民主的正統性が国家権力行使の最大

の根拠となるという論理構成もまた、挑戦を受けている可能性がある。

第四章　国際司法共助を経ずに得た証拠の刑事手続における使用と主権
　　──日・FC2事件から

1　はじめに──主権侵害の違法性と憲法秩序

　本章の課題は、前章第4節で扱った最決令和3年2月1日を題材に、憲法の観点から国際司法共助を経ずに得た証拠の刑事手続における使用により惹起され得る主権侵害の、国内法上の違法性について論ずることである。

　本件に先立ち、リモートアクセスによる検証が問題となった東京高判平成28年12月7日高刑集第69巻2号5頁は、「本件検証は、（中略）本件検証許可状に基づいて行うことができない強制処分を行ったものである。しかも、そのサーバが外国にある可能性があったのであるから、捜査機関としては、国際捜査共助等の捜査方法を取るべきであったともいえる」として、①令状主義、②主権侵害の二点を並列した上で、「そうすると、本件パソコンに対する検証許可状の発付は得ており、被告人に対する権利侵害の点については司法審査を経ていること、本件パソコンを差し押さえた本件捜索差押許可状には、本件検証で閲覧、保存したメール等について、リモートアクセスによる複写の処分が許可されていたことなどを考慮しても、本件検証の違法の程度は重大なものといえ」るという結論に至った（下線は引用者が付した）[1]。

　これに対して、最決令3・2・1刑集75巻2号123頁（以下、本決定）の法廷意見は、主権侵害の違法性の問題に直接触れず、一律に国際捜査共助によらねばならないという判断を退けた[2]。この点、補足意見は、「電磁的記録を保管した記録媒体が外国に所在する場合に、同記録媒体へのリモートアクセス及び同記録の複写を行うことは、当該外国の主権との関係で問題が生じ得る。」と明

---

1)　宇藤崇「差し押さえたパソコンに対する検証許可状によりサーバにアクセスし、メール等を閲覧・保存することの適否」法教445号（2017）152頁参照。
2)　前田雅英「国外サーバへのリモートアクセス」WLJ判例コラム227号（2021）5頁参照。

示している。

　この点、田中優企は、補足意見に比して「法廷意見は、主権侵害等と刑訴法上の違法を分けている」と端的に指摘しているところ、本決定の調査官解説は「本決定は、主権侵害がある場合の国内法（刑訴法）上の違法の有無についても、明言はしていないが（中略）主権侵害があったとされる場合には、国際法上だけでなく、国内法（刑訴法）上も違法と評価され得るという解釈を採っているものと推察」する。ここで憲法を専門とする筆者の視点からは、この裁判所の判断には単なる違法性判断の問題を超えた、法治国家の根源に関わる問題があるということを論証してみたい。

　この点に取り組むにあたって、「主権侵害は国際法上の問題であって、憲法上の問題ではないのではないか」という当然生じるであろう誇りを、筆者は正面から引き受ける。そして、本決定の憲法上の問題がどこにあるのか、本章の議論を通じて明瞭にする。

2　主権侵害と「重大な違法」

1　憲法を頂点とする法制度を是認する国家にとっての他国の主権
　　　──法治国家のレーゾンデートル

　四方光の整理によれば、「我が国の捜査権を外国に及ぼすことの適法性について、学説上の争いがあ」り、それは主として、属地主義の観点から明確な同意なき場合は他国での捜査は違法であると考える限定説と、他国の主権によりその適用が制限されているのみだから「外国に及ぶ捜査は可能ではないだけで違法ではない」とする外国主権制限説に分岐していたという。この対立から見ると、平成23年刑事訴訟法改正における立案担当者が「当該他国の主権との関係で問題を生じる可能性もあることから、この処分（引用者注：リモートアクセ

3）　田中優企「国際捜査共助によらずにリモートアクセスにより収集した証拠の証拠能力」法教490号（2021）149頁。
4）　吉戒純一「判解」曹時75巻6号（2023）1239頁。
5）　例えば、古谷修一「域外法執行措置と国家管轄権」土井輝生先生古稀記念『変動する国際社会と法』（敬文堂・1996）345頁以下の議論参照。
6）　四方光「越境リモートアクセスにより収集された証拠の証拠能力とわいせつ動画の投稿を促すサイト管理者の刑事責任」法教491号（2021）77頁。

スによるデータの差押え）を行うことは差し控え、当該他国の同意を取り付けるか、捜査共助を要請することが望ましい」と言及していることは、少なくとも立法府においては、限定説が採用されていないことを示しているといえよう。

しかし、四方が続けるとおり、「法改正時の想定をはるかに超えて、現実では、国際捜査共助によって電子証拠を入手することは極めて困難」であり、「特に、米国に対しては各国から共助要請が殺到しているため、短期間のうちに対応することが困難になっている[7]」。

「越境リモートアクセスの可否は現在も国際社会において議論されている問題[8]」であるが、笹倉宏紀が適切に整理するとおり、「越境アクセスが外国主権の侵害を伴うかについて国際的に統一された見解」が存在しない理由は、「関係国間で合意を形成することができなかった」からである[9]。最高裁判所調査官である吉戒純一の解説においても、本決定の判断内容の背景について、「越境アクセスについては、様々な事例が想定されるが、いまだ経験の集積が十分ではなく、国際法の内容も不明確であること、考慮すべき問題が極めて多岐にわたり、国内外の議論も様々に分かれていることなどに鑑み、最高裁として、現段階において、包括的、一般的な基準を定立することは避けるのが相当であると判断されたものと推察される」と語られている[10]。

ただ、ミクロな観点で見ると、このような争点は正当に看過され得るようにも思われる。前掲東京高判の評釈において、笹倉宏紀は、「外国主権の侵害という国際法違反の違法を、被処分者の権利侵害に対する事後的な是正措置である違法収集証拠排除法則の枠内に取り込むことには疑問がある」と指摘する[11]。この指摘は、本決定原審（大阪高判平成30年9月11日高刑速（平30）号344頁）の評釈において、「他国の主権侵害につき、被告人の主張適格が乏しいことも排除を否定した理由であろう」とする中島宏の指摘と並ぶものと位置付けられ[12]、こ

---

7) 四方、同上、77頁以下。
8) 四方、同上、79頁。
9) 笹倉宏紀「差押え済みのパソコンを『検証すべき物』とする検証許可状によりリモートアクセスをすることの許否」平29重判解（2018）183頁。
10) 吉戒純一「判解」ジュリ1562号（2021）104頁。国際的な議論の一端について、北嶋良蔵「越境リモートアクセスについて」警察学論集75巻11号（2022）129頁以下参照。
11) 笹倉、前掲注9）、183頁。
12) 中島宏「電磁的記録媒体の差押え等の適法性」法セミ768号（2019）130頁。

れらの指摘は訴訟法的に見れば、極めてまっとうな指摘と思われる[13]。

では、何が問題なのだろうか。ここで筆者が注目したいのは、「ある国家にとって他国の主権を尊重することは、憲法の観点から見てどのような意義があるのか？」という問いである。主権を侵害しうるとして、それが証拠法上違法かどうか、という問題はあとで論ずるとして、まずは他国の主権を尊重することの憲法上の意義について考えるということである。

検討の第一歩は、相互主義である。相互主義とは、「ある国から与えられた一定の待遇・譲許に対して、こちらも同等の待遇・譲許を与え」ることであると説明される[14]。外国裁判所ノ嘱託ニ因ル共助法１条ノ２（１項６号）は、「嘱託裁判所所属国カ同一又ハ類似ノ事項ニ付日本ノ裁判所ノ嘱託ニ因リ法律上ノ輔助ヲ為シ得ヘキ旨ノ保証ヲ為シタルコト」を司法共助の要件としており、相互主義の採用を明示している。

相互主義の前提として、各国家が独立して主権を有していること、且つ少なくとも当該国家が広い意味での法治国家であることが要求される。民主主義の採否や、法治主義の具体的内容は、ここでは問題ではない。そして主権は、領域（領土・領空・領海）に対応して発露する（いわゆる属地主義）。古田佑紀の整理によれば、「相互主義を要求する理由は、主権国家の対等性の協調にあり、平等の主権国家が一方的に司法共助を行うことは対等性を害するとする考え方が根底にある[15]」。また本決定の調査官解説が指摘する通り、「我が国は、従来から、外国の捜査機関が我が国において捜査活動を直接行うことは、我が国の主権との衝突の問題が生ずるとして一切認めておらず、相互主義の保証の観点から、我が国の捜査官が外国における直接の捜査活動を行うこともしていない[16]」。

この理解に立てば、他国の主権を尊重することは、翻って自国の主権を他国

---

13) 堀籠幸男「国際化と刑事手続：裁判の立場から」三井誠ほか（編集代表）『刑事手続（下）』（筑摩書房・1988）636頁以下参照。

14) 鈴木洋一「経済統合・国家主権・相互主義」中央大学社会科学研究所年報18号（2013）111頁。

15) 古田佑紀「国際化と刑事手続：検察の立場から」三井ほか（編）・前掲注13）648頁。ただし古田自身は、「相互主義については時代錯誤とする批判が強くなっている」と指摘した上で、被嘱託国の負担を考慮した場合の「司法共助の制限原則としての意義を認める余地がある」としている。

16) 吉戒、前掲注４）、1237頁。

第三部　捜　査

から侵犯されないことを一つの目的とするといえる。主権が憲法の淵源であることを考えれば、複数の主権国家が存在する国際社会の中で、立憲主義国家を維持するための前提条件、すなわち平時における憲法の前提条件が、他国の主権を尊重することであると言い換えることもできよう。

2　「重大な違法」の限定の欠缺——誰にとっての「重大」さか？

そうだとしても、主権の問題が、証拠排除の局面における「重大な違法」となんらかの関連を有するといえるだろうか。

前提として、伝統的な「重大な違法」の理解について確認しておきたい。小川佳樹によれば、「違法の重大性」の理論的根拠は、「証拠排除の要件についての重畳説のなかでも、一元説と二元説とに分かれている」。一元説は、「違法の重大性」を「違法捜査抑止の観点」から「証拠排除を正当化」するための「必要条件」と位置づけ、二元説は「司法の無瑕性の維持の観点からも、また、違法捜査の抑止という観点からも」証拠排除が正当化できる場合に排除を認めるという理解である。[17]

小川は、「司法の無瑕性」論に対する批判として、「比較的軽微な瑕疵の故に有用な証拠が排除され、その結果、明らかに重大な事件の犯人であると思われる者の処罰が不可能となるときには、却って、国民の司法に対する不信、不満が高まる結果となる」とする井上正仁の見解を引き[18]、「司法の無瑕性論における利益衡量では、諸事情を総合考慮して、当該証拠を許容すると国民の信頼が損なわれるのか、それとも当該証拠を排除するとかえってそうなるのかを判断することになろう」と指摘する。[19]その上で小川は、「司法の無瑕性の維持の観点から証拠排除が正当化されるとの判断は、証拠排除によって国民の信頼を維持する必要があり、それが『事案の真相の究明』の必要性に優越するとの判断（二段階の利益衡量）である」と説明し、このような理解がこれまで顕在化して来なかった理由として、「証拠排除によって国民の信頼を維持する必要性は、

---

17)　二元説について、最判昭和53年9月7日刑集32巻6号1672頁、最判昭和58年7月12日刑集37巻6号791頁の伊藤正己裁判官補足意見参照。

18)　井上正仁『刑事訴訟における証拠排除』（弘文堂・1985）374頁。

19)　小川佳樹「排除法則について」酒巻匡＝大澤裕＝川出敏裕（編著）『井上正仁先生古稀祝賀論文集』（有斐閣・2019）659頁。

302

現在のわが国における法的な価値の体系上、『事案の真相の究明』の必要性に常に優越し、『国民の信頼は損なわれるが、事案の真相の究明のため、証拠排除はしない』とするのはおよそ許されないという立場がとられている」からだと推察する[20]。

　司法の無瑕性論に対して、アメリカの議論に則した批判的論陣を張るのは稲谷龍彦である。稲谷は、証拠排除法則には「人々の考える正義の観念との不一致についての批判がある」上、市民参加型法運用などの「方法論による場合に期待される、法執行者のエージェンシー・コストの引下げという効果を認めることは困難であることからすると、仮に、証拠排除法則に司法の無瑕性を通じて、法の正統性を高める可能性があるとしても、費用対効果という観点から、その政策的意義にはなお疑問が残る」と指摘する[21]。

　小川の見解と稲谷の見解を、司法の無瑕性に関する部分について見ると、国民の信頼の毀損を裁判所が判断するのか、更に証拠排除まで結びつけることができるのかという点については、両者の検討の粒度が異なっていることに気付く。それは、両者が検討の題材としたものの相違による。小川は裁判所が行う利益衡量の構造を見ており、稲谷は証拠排除法則の政策的意義を見ているのである。

　井上正仁は、憲法31条にいう「適正」さを、「英米における展開」を前提として、「当該社会なり時代なりの法意識の変遷に応じて、所与の権利・利益の実現ないしは保護の要請とそれに対立する他の利益の実現ないしは保護の要請との間の奈辺にその調整点を求めるのが最も『基本的な正義』の観念にかなうものであるのか」という判断を伴う問題と捉え、「適正手続の保障は、人権の保護や真実の究明といったいわば『排他的原則』相互の対立を止揚すべき『調和的原則』」と捉える[22]。その上で、「司法の無瑕性」はこれとは異なる要請、すなわち「裁判所自らが法に背馳するような行動をとることは、法ないしは司法に対する国民の尊敬、信頼を失なわしめ、司法制度の存在意義を疑わしいものにしてしまうという考慮に基づく」「司法制度自体に内在する規範的要請」と

---

20)　小川、同上、660頁以下。
21)　稲谷龍彦「証拠排除法則について」酒巻ほか（編著）、前掲注19）、687頁。
22)　井上、前掲注18）、371頁。

して主張されていると理解する。[23]

　井上が指摘するように、憲法31条以下の直接の要請としては、人権の保護と真実の究明の衡量が重視される。憲法31条から40条の条文は、憲法上「第三章」に配置されており、更に各条文は、刑事手続に内包された個人の生命・身体をはじめとする自由の保護に向けられているからである。

　しかしここでは「司法の無瑕性」論の意義について、憲法全体から論ずることの重要性に目を向けてみたいと思う。すなわち、人権の保護と真実の究明の衡量を実現する基盤はなにか？ということである。

　「当事者主義は憲法上の要請である」という命題は、歴史的には「決闘」を起源とする弾劾主義的な刑事手続観により支えられる。[24] 弾劾主義と糾問主義の間で、即ち刑事訴訟手続の枠内で議論をしているかぎり、「司法の無瑕性」は、稲谷の指摘したとおり政策的な意味しか持たない。しかし憲法学の見地からすると、自力救済を許すわけではない現代における当事者主義がいかなる前提によって成り立つのか？という点が、重要に思われる。

　筆者は当事者主義の前提が、ここでいう「司法の無瑕性」に基づく司法に対する一定の信頼にあるという理解を、排除することができない。むしろ、ここでいう「司法の無瑕性」に基づく司法に対する一定の信頼の主体（つまり信頼を「する」側）を、「国民」という抽象的な主体であると理解するのではなく、当該事件の当事者である、と理解することが重要ではないだろうか、と思われるのである。すなわち当事者主義を貫徹する前提は、司法が「法律に反した手続」を容認しない（であろう）ということを「当事者に」信じさせることであるとすると、その違法性が直接当事者の権利に関わらない違法、例えば他国の主権に関する国際法上の違法であったとしても、その違法性は当該事件の当事者にとって、当該事件における「司法」を信じることができない要因になり得るから、これを国内法（国内の刑事手続）上の違法として評価する要請が働くといえる。

---

23)　井上、同上、373頁。なお井上は、「『司法の無瑕性』の要請が、他の考慮を全く度外視してまで絶対的に追及され得るものでも、また、そうされるべきものでもない」という点を強調する。

24)　団藤重光「職権主義と当事者主義」瀧川幸辰（編集代表）『刑事法講座　第5巻　刑事訴訟法（1）』（有斐閣・1953）935頁以下。

3 ドイツの裁判例から見る越境捜索と「主権」

1 EncroChat オンライン捜索事件第一審

以上のとおり、「立憲主義国家の前提条件である他国の主権の尊重は、当事者主義のもとでは、訴訟当事者が当該事件において司法を信じる根拠ともなる」という理解を前提に置くとして、越境捜索の国内法上の違法性を評価する段階においては、憲法はいかなる役割を果たすのだろうか。

この点について検討するため、ドイツの事例を取り上げよう。

ドイツでは端末通信傍受（100a 条）やオンライン捜索（100b 条）が、刑事訴訟法上許容されている。[25] 複数の憲法上の課題を内包したこれらの捜査手法は、新たな技術の社会への取り込みとともに急速に展開し、新たな問題をも惹起した。その一つが、国境を越えた捜査におけるオンライン捜索の問題である。

元々、EU における通信監視のための共同体は、諜報領域を中心に発展していたが（シェンゲン協定）[26]、刑事訴追の領域においては、他国が収集した情報を自国国内の刑事事件の証拠として用いるための「刑事事件における欧州調査命令に関する指令（Richtlinie 2014/41/EU、以下欧州調査命令指令）」が、2014年に締結された。これは、欧州調査命令を情報保有国の司法機関が拒否するために一定要件の充足を必要とする相互協定である。このように各国間の結びつきの間で秘匿的な情報収集がなされている状況で、問題の一例を示す事案が発生した。既に前章で取り上げた、EncroChat に対する大規模な国際協働捜査である。

事案の詳細については前章を参照いただきたいが、本章にとって最低限必要な範囲については、重複を厭わず再掲する。本事件で問題となったのは、「オランダ・フランスの合同捜査によって得られた情報を、ドイツの訴追機関が、いかなる場合に国内の刑事訴訟において証拠として用いることができるか」という点であった。この点、第一審であるベルリン地裁決定は本件データの証拠[27]

---

[25] 本書第三部第一章。
[26] シェンゲン協定について、田口守一「国境を越えた捜査活動（その１）：シェンゲン協定とその運用状況」比較法学33巻2号（2000）31頁以下、澤田マルガレーテ「人の自由移動をめぐる諸問題：シェンゲン協定を中心として」上智法學論集34巻1号（1991）81頁以下参照。
[27] LG Berlin, Beschluß v. 1. 7. 2021 - (525 KLs) 254 Js 592/20 (10/21) -.

305

能力を否定し、訴えを却下した。却下の理由は、本件証拠の取得が、IT基本権及び通信の秘密という憲法上の権利を侵害し、国際法上の違法と国内法上の違法の両者を含むことによる。

同裁判所は、国際法上の違法については、欧州調査命令指令31条及びこの実施のために定められた刑事事件における国際司法共助についての法律（IRG）91条6項に対する違反があることを指摘した。欧州調査命令指令31条1項は、措置の開始前（a号）または対象者がドイツに所在することがわかったとき直ちに（b号）、管轄のドイツの部局に通知をしなければならず、そのような通知なしに措置の実施・続行はできないとするが、この手続が実施されなかったことが違法とされるとともに、措置の対象者（Zielpersonen）がプロバイダであったことにより、このような通知を欠いたことが容認されるともいえないとされた。

国内法上の違法については、ドイツ刑事訴訟法100a条及び100b条に列挙された対象犯罪の十分な具体的嫌疑（genügende konkrete Verdacht）が、被告人について措置実施前に存在しない状態で捜査が行われたことが違法性の根拠とされた。

証拠の収集過程が違法であるとしても、訴訟手続から取得証拠が排除される（証拠の）使用禁止（Verwertungverbot）は、法律上明記されていない場合、あらゆる事態の比較ののち例外的なケースでのみ介入し得、特に重大な法律違反があることが求められる。具体的には、個別のケースごとに真実の調査への国家的利益、つまり真実発見と、適切に機能する刑事司法の利益（Belange einer funktionstüchtigen Strafrechtspflege）より優先すべき重大な理由が必要で、この「重大な理由」が存在するかが、ここでの争点である。

本件の国内法上の証拠使用禁止の判断にあたって、「重大な理由がある」と判断された理由は、大きく分けて二つある。第一に、欧州調査命令指令31条（及びこれを実施するドイツ国内法）違反の重大性である。これは欧州調査指令31条の趣旨が、国民の基本的人権の保障にあることに由来している。第二に、刑事訴訟法100a条、100b条に列挙された犯罪の具体的な嫌疑があることは通信監視の「基本的な前提条件」であり、これを欠くことは「ドイツの法的理解に従うと、客観的にもはや法治国家的なものとはみなされえない」ことから、重大な違法であるとの判断が下された。

2　抗告審を踏まえた検討と考察

　本章の主題の検討という視点から、本裁判例の抗告審[28]と第一審の判断の相違に注目する。

　抗告審裁判所であるベルリン上級地裁は、別の手続において発見された証拠の利用に関する規定である刑事訴訟法100e条6項1号[29]の本件における適用について、同号が「基本的に、刑事訴訟法100b条、100c条に従って命じられ得たかもしれない（hätten angeordnet werden können）監視措置に基づく犯罪行為の解明のための通信データの利用を容認する」ものだという前提を確認した上で、「越境的情報交換に関して、利用と使用（Verwendung und Verwertung）の問題は要請する側の国家の法に基づいていると認められていて、それゆえ当該国家は刑事手続を指揮し、同時に外国の手続に由来する情報を使用することを欲するのである。それに応じて、自国の規定も越境的な事象を含むように方向づけられる。いま刑事訴訟法100e条6項1号に関して、この場合にあたらないとすべき根拠はない」と判断した。[30]

　そして、第一審が否定したEncroChatへのオンライン捜索実施時点での被告人の嫌疑の存在については、「刑事訴訟法100b条に従った措置の命令のための前提条件は、決定的な時点で本件刑事被告人に関連して存在していた」と判断し[31]、判断にあたっては100e条6項1号を念頭に置いた評価をすべきであるとした。[32]

　以上の相違を踏まえ、第一審の意義について、改めて考えてみたい。第一審

---

28)　KG Berlin, Beschluß v. 30. 8. 2021 – 2 Ws 93/21 - 161 AR 134/21 -.
29)　100e条6項1号は、次のとおりである。「100b条または100c条に従った措置を通じて獲得し、使用可能となった個人関連データは、以下の基準のもとで他の目的のため利用することができる。1．本データは、100b条又は100c条に従った措置に基づき指示された犯罪行為の解明のため、又はそれらの犯罪行為の罪に問われる者の居所を捜査するためにのみ、監視された者の同意なく他の刑事手続において利用されうる」。
30)　KG Berlin, Beschluß v. 30. 8. 2021, Rn. 45.
31)　Ebd., Rn. 46.
32)　なお抗告審に次いで、連邦通常裁判所においても決定が出ているが、これは全面的に抗告審の見解を承認している（BGH, Beschluß v. 8. 2. 2022 – 6 StR 639/21 -）。また同様の問題について、異なる被告人が上訴した事件の連邦最高裁判所決定（BGH, Beschluß v. 2. 3. 2022 – 5 StR 457/21 -）は、「刑事訴訟法100e条6項は海外から取得したデータの使用に直接適用されえない」ので、「単にそこで具体化された評価は、憲法に基づき与えられた比例性の原則に相応して考慮されるもの」であると判断している（Rn. 25, 65 ff.）。

第三部　捜　査

はあくまでラント地方裁判所レベルの判断であるが、100a 条・100b 条に挙げられた対象犯罪の十分な具体的嫌疑を必要とし、条約に基づく国際司法共助の限界を、主権者による国内法の立法の要件をもって画したことは、日本の状況に対しても、一定の示唆を与えるものと評価できる。この示唆には、二つの側面がある。法治国家としての矜持・基本的人権の保護義務を国家が徹底する姿勢が表れたこと、情報化社会における国際司法共助の課題を析出したことである。

ここから、更に二つの問題意識が浮かび上がる。一つめは、国際法上の違法性が国内法上の違法とどのように結びつくか、という点について、憲法の観点から詳述することの意義を重んじるべきではないか、という問題意識である。自国の憲法秩序に基づく国家の存立を守るという究極的な目的のために、相手国の主権の侵害を回避し、法的基盤の異なる相手国の国民一人ひとりや私企業の権利保障を担保することが、司法共助手続によらねばならない根拠であるとすると、少なくとも強力な国家権力の行使の発露と認識される刑事手続において、国際法上の違法を国内法上評価するという要請は、憲法の根源において見出すことができるものであると筆者は考える[33]。

二つめは、前章でも触れたが、現代刑事訴訟の基礎を成す憲法上の価値観が

---

[33] 筆者があくまで、国際法と国内法という二元的な理解を維持したままに、国内の裁判において国際法上の違法性を適切に評価すべきとする立場に立つ理論的な根拠については、機会を改めて論ずることとしたいが、筆者の意見は、例えば江島晶子「憲法のデザイン：パンデミックを契機として人権志向型を目指す」柳原正治ほか（編）『国際法秩序とグローバル経済』（信山社・2021）188頁が述べるような端的な理解、すなわち、「憲法のデザイン」として、統治機構が負う「憲法上の権利に適合的に行動する義務」に、「日本が批准した国際人権条約を加えるならば（国会、内閣、裁判所は統治機構として、それぞれが人権条約を実施する義務を負う）、制定以来改正されていない日本国憲法のカタログを豊かなものにすることが可能である」という理解を、素直には受容しない結論を生じさせるものとなる可能性がある。江島の想定している性善説的な状況が発生する可能性はもちろんあるが、他方で条約の締結が内閣の権限とされていることから、国際人権条約は、日本国憲法のカタログを枯渇させる「抜け道」になる虞があるという非常に古典的な問題意識に、主権（と主権への懐疑）の観点から立ち返る必要性は未だ否定できない、ということである。筆者は、近代主権国家の像が未だ消え失せてはいないという認識に立つ以上、また当該主権国家による国家権力の行使が第一義的には国内法上の効力を有する以上、その「抜け道」の可能性を形作るプロセスが主権の観点から許容しうるものといえるのか、ひいてはそもそも主権そのものは如何様に変容している／しうる性質のものなのか、といった建設的な検討を重ねることに、今後貢献していきたいと考えている。

ただし、このような筆者の見解は、伝統的な憲法学研究者に特有の態度と揶揄されかねないものであると理解している（このような立場を含めて、国内外の動向に基づき鳥瞰的に整理した先行研究である山元一『国境を越える憲法理論：〈法のグローバル化〉と立憲主義の変容』

情報技術の発展により挑戦を受けているのではないか、という問題意識である。違法収集証拠排除法則などの個別の原則や、司法共助の仕組みという手続法上のレベルに留まらず、憲法における人身の自由の保護の在り方や国家主権の概念といったレベルで、よりラディカルな見直しを迫られているという切迫した認識が、ここにはある。

この問題は、捜査法の問題にとどまらず、データ越境時代の権力アクターのゆらぎをも描写する。従来想定されていた国内の権力アクター（行政府、立法府、大企業など）からの圧力という構図と複雑にからみあった、国外アクターとの間接的軋轢が発生している現代においてもなお、司法権が終局的審査を引き受けるべき憲法上の諸要求が重要であるとするならば、この保障を空洞化させないためにいかなる手立てをとるべきか、ということは、憲法の観点から一層検討の課題とされなければならない。

4　小　括

本章では憲法の観点から、「立憲主義国家の前提条件である他国の主権の尊重は、当事者主義のもとでは、訴訟当事者が司法を信じる根拠ともなる」とする仮説を示した上で、違法収集証拠排除法則の根拠としての「司法の無瑕性」に関する検討を通じて、他国の主権侵害という国際法上の違法を国内の刑事手続上の違法として評価することの意義を明らかにした。

更にドイツの事例を参照し、国際司法共助の限界を主権者による国内法の立法の要件をもって画するという構成を端緒として、データ越境時代の刑事訴訟が直面する課題に、憲法学が取り組まなければならない理由と、その重要性を示した。

（日本評論社・2023）219頁以下は非常に重要である）。筆者が関心を抱いているのは、山元、同上、233頁がMatthias Kummの見解を基礎として主張する「憲法学と国際法学」の「二つのディシプリンを公法学という名のもとに共通の学問分野として再結合させる」という営みの当否を論ずる際に、少なくとも刑事司法が国内法のドグマーティク（及びその基礎となる暴力独占）から解放されていないことを看過できないとすると、「民主主義的自己統治」という観点に限定されない、主権の問題に対する複合的な観点に基づく態度決定をすべきであるように思われるが、そのような態度決定は、誰が如何なる方法でなしうるのだろうか、という点である。この点、示唆的な先行研究として、越智萌「刑事に関する国際法の発展における人権：矛盾論再考」小畑郁＝山元一（編）『国際人権法の理論』（信山社・2023）149頁以下参照。

第四部
諜報・捜査の共通課題と統制システム

第一章　予防的国家活動における比例原則の空転
―― je-desto 公式と「安全」

1　国家の情報収集活動の裁判所による統制

　本章では、諜報・捜査の両者に共通する背景として、予防国家の台頭を取り上げ、予防国家のもとで本来基本的人権保障を実効化するために必要な審査が機能しなくなっている原因とその対策について、ドイツの比例原則の空転という問題意識を契機として取り上げる。

1　比例原則と予防的警察活動
（1）比例原則

　ドイツの違憲審査基準の基礎をなす法原則は、比例原則である。比例原則（Verhältnismaßigkeit）とは、目的審査を前提に、必要性・適合性・狭義の比例性という三段階の手段に関する審査を行うことで、国家の活動が目的及び制約する基本権にとって比例的なものであるかを判断し、比例的でなければ当該国家活動を違憲とする、違憲審査における法の一般原則である[1]。現在では欧州人権裁判所においても準拠される法の一般原則となっているこの法原則は[2]、ドイツの戦後違憲審査基準の要として成熟し、世界的な潮流を生み出すまでに至った[3]。

　比例原則の要素は諸論あるが、その具体的内容については多くの先行研究が

---

1) Thomas Reuter, Die Verhältnismäßigkeit im engeren Sinne: das unbekannte Wesen, Jura 2009, S. 512.、オリバー・レプシウス（著）横内恵（訳）「比例原則の可能性と限界」自治研究89巻11号（2013）60頁、青柳幸一『個人の尊重と人間の尊厳』（尚学社・1996）342頁参照。
2) 須藤陽子『比例原則の現代的意義と機能』（法律文化社・2010）6頁以下、江島晶子「比例原則のグローバル化：人権の対話」比較法研究75号（2013）214頁以下。
3) Bernard Schlink, *Proportionality in constitutional law: Why Everywhere But Here?*, Duke Journal of Comparative & International law 2012, p. 296. Vgl. David Beatty, *The Ultimate Rule of Law*, Oxford University Press, 2004. Beattyはカナダの憲法学者である。

あり、またここで比例原則そのものの複雑な総体問題に立ち入ることは困難を極めるが、議論の前提として、比例原則に関する一定の理解を示す。

イスラエルの法学者である Cohen-Eliya／Porat が指摘するように、比例原則は、少なくともドイツやカナダにおいては、憲法の趣旨を訴訟上適切に反映する為の手段として、バランシングよりも構造的であると信じられている[6]。その根拠は、比例原則が論理的な審査順序と、段階的に補填し合う複数の分析的審査を有するためであるとされるが、我が国では米国の二重の基準論との関係で大きな議論のあるところであり、また比例原則とバランシングを二項対立的に見るのではなく、比例原則にバランシングが包括されていると見る見解もある[7]。

裁判所と比例原則の結びつきは、以下三つの機能を持つと Ulrich Jan Schröder は指摘する[8]。①裁判所が比例原則の遵守を制御する機能、②法または憲法を通じた形成領域を裁判所自体が保ち、固有の立場で比例原則を取り扱う機能、③裁判所が例外的に法の更なる形成に従事する際、その法に対し、同様に比例性を保持する機能である。すなわち比例原則は、裁判所の専権的な範囲での比例原則の適用を求めるのみならず、法の形成領域においても重要な役割を果たすといえる。また、裁判所を通じてだけではなく、法の一般原則としても、比例原則は立法や行政を拘束している[9]。

以上のような意義を有する違憲審査基準としての比例原則は、前述のとおり必要性審査・適合性（相当性）審査・狭義の比例性審査の三つに分かれる。

必要性審査とは、手段が目的達成のために必要か、審査する段階である。

適合性（相当性）審査とは、目的の実現に対し手段が有効か、審査する段階

---

[4] 江島晶子「多層的人権保障システムにおけるグローバル・モデルとしての比例原則の可能性」高橋和之先生古稀記念『現代立憲主義の諸相 下巻〔人権総論〕』（有斐閣・2013）85頁以下。

[5] 佐々木雅寿「カナダ憲法における比例原則の展開：『オークス・テスト (Oakes Test)』の内容と含意」北大法学論集第63巻2号（2012）1頁以下。

[6] Moshe Cohen-Eliya/Iddo Porat, *American balancing and German proportionality: The historical origins*, I・CON8, 2010, p. 268.

[7] Schlink, Fn.3, p. 293.

[8] *Ulrich Jan Schröder*, Der Grundsatz der Verhältnismäßigkeit als Maßstab richterlicher Entscheidung, RohR 2/16, 2016, S. 51 ff.

[9] *Reuter*, a.a.O. (Anm.1) S. 515.

である。手段が規制目的実現を促進する場合に肯定されるが、完全な目的達成をもたらさなければ否定されるというものではない。

狭義の比例性審査とは、手段が目的に対して適当であるか、審査する段階である。

なお目的審査は、従来の理解における比例原則の要素には含まれていない。しかし、Klatt／Meister[10]やMike Wienbracke[11]などによる比例原則に関する2010年代の業績は、先に示した三つの前段階の枠組みとして、目的の正当性・手段の正当性という大枠の審査の存在を示し、これらを含めた二層構造（目的と手段の二段階・手段の中での三段階）の審査を比例原則の内容としている。これは連邦憲法裁判所における2008年の情報的監視の下での情報システムの機密性・統合性を要求する個人の主観的権利に関する判決が、比例原則の枠組みに関し、上記二層構造の構造化に言及したことに起因する流れといわれている。[12]

(2)「予防」的警察活動

次に、予防的警察活動について、伝統的な警察活動との相違を踏まえて概観したい。比例原則は他でもない伝統的な警察活動の統制理論として生起したにも関わらず、予防的警察活動に対しては適切に機能していないことから、両者の相違は重要である。

伝統的な警察活動は、民主主義原理・社会国家原理・法治国家原理に基づく危険防御を中心的な任務とする。[13]伝統的な警察活動において、事前的な活動は例外的である。これに対し「予防」は、「事前的に」行われる点にその本質がある。[14]警察活動が法規制や裁判所命令による統制を受けることなく行われることで、正当化困難な基本権の侵害を伴う恐れがあるために、伝統的な警察活動においては「予防」的な活動は忌避されてきたが、本書全体を通じて論じてきたとおり、現代の構造変化により、予防的警察活動もまた、積極的な国家活動

---

10) *Matthias Klatt/Moritz Meister*, Der Grundsatz der Verhältnismäßigkeit: Ein Strukturelement des globalen konstitutionalismus, Jus 2014, S. 193 ff.

11) *Mike Wienbracke*, Der Verhältnismäßigkeitsgrundsatz, ZJS 2/2013, S. 148 ff.

12) BVerfGE 120, 274, Urteil des Ersten Senats v. 27. 2. 2008, Rn. 218 ff.

13) *Christoph Gusy/Johannes Eichenhofer*, Polizei- und Ordnungsrecht, 11 Aufl., Mohr Siebeck, 2023, S. 36 f.

14) *Dieter Grimm*, Verfassungsrechtliche Anmerkungen zum Thema Prävention, in: ders., Die Zukunft der Verfassung, 2. Aufl., Suhrkamp, 1994, S. 197 f.

の一つとして描かれるようになった。

　比例原則はドイツの伝統的警察活動を起源とし、法治国家原理の発展として理解されてきたが[15]、予防的警察活動については、上記のような伝統的警察活動との相違から、本書第一部第一章で論じたとおり、比例原則が適切に機能しない「比例原則の空転」という問題が生起する[16]。

　この空転を回避するために、比例原則の一部を変形させて適用するドイツのje-desto 公式は我が国でも注目されている[17]。しかし、以下に見る通り、je-desto 公式は狭義の比例性審査を緩める結果を齎す。そのため、比例原則という原理との関係で je-desto 公式がどのように解釈されうるかという問題を看過して、その利便性に飛びつくことは賢明でないと思われ、慎重な精査が必要であると筆者は考える。精査の方法として、本章では Robert Alexy の重要性公式を用いた狭義の比例性審査の解釈を通じて、比例原則の中での je-desto 公式の位置付けの正当性について論ずる。

2　予防的警察活動に関するドイツの裁判例と je-desto 公式

　ドイツでは、予防的警察活動に関する訴訟が多く提起されている。ここでは予防的警察活動について比例原則を応用して違憲審査を行い、その後の秘密的情報収集の判断の基礎となっている2つの判例を中心に扱う。その二判例とは、戦略的監視判決[18]及びラスター捜査決定[19]である。両者の法令違憲の審査に関する狭義の比例性審査にかかる部分が、本章では重要である。

（1）　戦略的監視判決——BVerfGE 100, 313

　戦略的監視とは、本書第二部第三章でも取り上げた G10 法を法的根拠として行われている、国家による国民の個人データに関する事前告知のない広範囲な監視行動である[20]。戦略的監視判決は、第三次盗聴判決とも呼ばれ、第一次盗聴判決[21]、第二次盗聴判決[22]と同一の系譜において語られる。

---

15)　須藤、前掲注2)、6頁以下。
16)　小山剛「『安全』と情報自己決定権」法律時報82巻2号（2010）103頁。
17)　小山剛「『戦略的監視』と情報自己決定権」法学研究79巻6号（2006）1頁以下。
18)　BVerfGE 100, 313, Urteil des Ersten Senats v. 14. 7. 1999.
19)　BVerfGE 115, 320, Beschluß des Ersten Senats v. 4. 4. 2006.
20)　Vgl. *Peter Welsch*, "Der tendenzielle Fall der Freiheit", Tectum, 2013, S. 130 f.

戦略的監視がG10法により規定された1968年当初、監視対象となる嫌疑は、憲法的危険状態を惹起する国家への武力攻撃に限られていた。このような厳しい限定の根拠は、本書第二部第二章及び第三章で詳細に論じた基本法10条2項2文にある。[23]ドイツでは1970年代から「公共の安全（öffentliche Sicherheit）」に個人の主観的権利を含むとする理解が一般的であるが、「連邦及びラントの存立もしくは安全」は、文言上個人の主観的権利を含まないものと理解することが妥当であると認識されていた。[24]そのため「自由で民主的な基本秩序の擁護」「連邦及びラントの存立もしくは安全の擁護」を厳密に解釈し、戦略的監視の範囲を限定していたのが初期のG10法であった。

　しかし、1994年の犯罪対処法に基づく改正により、上記に加えて、国際テロ攻撃（G10法3条1項2文2号）、兵器の国際的取引（3号）、対ドイツの薬物の輸出（4号）、外国における通貨偽造（5号）、3〜5号で挙げられた活動に関連した資金洗浄行為（6号）が戦略的監視の対象とされた。小山剛は「1994年の法改正は、戦略的監視と『個人』とのかかわりを増大させている」と改正法を評する。[25]

　戦略的監視判決は、連邦情報局がG10法を根拠として個人の通信を広域的に監視する権限（G10法3条1項2文2号〜6号）や、取得データを他官庁と共同して利用するために引き渡す権限（G10法3条3項・5項・7項）、情報取得対象者への限定的な通知義務（G10法3条8項）等の違憲性について争われた。連邦憲法裁判所は、G10法3条1項1文、2文5号、3項、4項、5項1文、7項1文、8項2文、9条2項3文を基本法10条に違反し違憲とし、またG10法3条8項2文を基本法19条4項に違反し違憲と判断した。[26]本件には複数の争点があるが、ここでは予防的警察活動と比例原則という観点に絞って、本判決の理由付けとその意義について考察する。

---

21) BVerfGE 30, 1, Urteil des Zweiten Senats v. 15. 12. 1970.
22) BVerfGE 67, 157, Beschluß des Ersten Senats v. 20. 6. 1984.
23) BGBl I, S. 709.
24) *Hans H. Klein*, Zur Auslegung des Rechtsbegriffs der "öffentlichen Sicherheit und Ordnung", DVBl 1971, S. 233.
25) 小山、前掲注17)、4頁。
26) BVerfGE 100, 313, Rn. 159 ff.

比例原則との関連で注目したい点が二点ある。一点目は戦略的監視の権限範囲の限定に関する論理構成、二点目は他機関との情報の共同利用の制約に関する論理構成である。

一点めの戦略的監視の権限の範囲に関して、戦略的監視そのものの根拠規範（3条1項2文各号）のうち、基本法10条に反して違憲と判断されたのは、通貨偽造に関するG10法3条5号のみである。裁判所は「嫌疑なく行われる監視」について、その目的を「その毀損が対外的・対内的な平和と個人の法益に重大な損害を与える高次の共同体の利益（hochrangige Gemeinschaftsgüter）」の保全として正当性を認め、必要性・適合性についても認めた上で[27]、法律が比例原則の中で狭義の比例性を満たしているかを中心に判断した。衡量の要素は「個人の利益」と「公共の利益」である。裁判所は「個人の利益」については「介入閾値」「当事者の数」「侵害強度」の三点を基準として、「公共の利益」については「目的の重要性」「利害の重要性」の二点を決定的要素として判断を下した[28]。

Markus Möstl が指摘したように、一点目の部分に関する本判決の肝は、後述する je-desto 公式を用いて、具体的な危険の前域における包括的な概念を、危険防御の狭い概念と取り替えた点にある[29]。本判決は危険の捉え方と具体的な権限の限界に関する比例性審査が深い繋がりを持つことを明確に表しただけでなく、その変容をも示している。

二点めの他機関との情報の共同利用の制約に関して、判決はまず基本法10条の保護領域を、通信の内容のみでなく、その後のデータ処理にも及ぶとした[30]。G10法3条3項1文の「目的」要件は、取得のみならずその後の使用も含め、基本法10条の要請に従って合憲的に解釈出来得る範囲で認められることとなる。判決は基本法10条の要請に基づく判断基準として、目的拘束性と比例性の二点を挙げた。目的拘束性も重要な争点であるが[31]、ここでは深く立ち入らな

---

27) BVerfGE 100, 313, Rn. 212 f.
28) BVerfGE, 100, 313, Rn. 221.; *Claus Arndt*, Zum Abhörurteil des BVerfG, NJW 2000, S. 47 f.
29) *Markus Möstl*, Verfassunsrechtliche Vorgaben für die strategische Fernmeldeaufklärung und die informationelle Vorfeldarbeit im allgemeinen, DVBl 1999, S. 1394.
30) BVerfGE, 100, 313, Rn. 190.
31) BVerfGE, 100, 313, Rn. 167 ff.

い。比例性については、後述する je-desto 公式（反比例公式）に基づき情報提供閾値を緩和した上で、なお法令を一部違憲としている[32]。具体的には、まず他官庁への情報提供それ自体が、戦略的監視を担当する連邦情報局の情報取得・保有・利用より重大で、個別の基本権侵害を生むとした。

　本章の問題関心に照らし重要なのは、判決の狭義の比例性判断に関する部分である。裁判所は、狭義の比例制判断に際し、①国家活動により保護される法益の高い重要性があること、②嫌疑に対する十分な事実上の根拠があることを必要不可欠なものとして摘示し、この要件充足に関する判断基準として、二つの je-desto 公式（反比例公式）を提示する。

　一点めの je-desto 公式は、国家活動により保護される法益の重要性と危険の蓋然性に関するものである。具体的には、「法益が重大なものであればあるほど、或いはその行為によって広く損害を受けるのであればあるほど、脅かされたる損害あるいは生じた損害について要求される蓋然性は低く、或いは嫌疑の基礎となる事実は不確実であってもよい」という基準である[33]。これは後述のラスター捜査でも類似の判断が提示されている、予防的な国家活動に特有の基準である[34]。

　二点めは、情報提供の閾値に関する限定的な je-desto 公式である[35]。具体的には「法益が重要であればあるほど、情報提供の閾値は、脅かされている法益侵害の前域において行うことが許される」というものである。より詳細には、「立法者が保護法益を複数の高次のものに限定し、その法益に対して生じる損害が極めて重要なものである場合」には情報提供閾値を相対的に低く定めることが出来る一方で、「危険の程度が相対的に低い行為についても予防しなければならないものとする場合は、情報提供の閾値は高くなければならない」とした。Ralf Müller-Terpitz は、本判決のドグマティッシュな意義を、他官庁との情報共有に関する部分も含めて、基本法10条の妥当する空間を形成した点に求めている[36]。また、目的拘束性の原則を基礎として、秘密情報機関・警察・憲

32）BVerfGE, 100, 313, Rn. 269 ff.
33）BVerfGE, 100, 313, Rn. 273.
34）*Volkmar Götz* / Max-Emanuel Geis, Allgemeines Polizei- und Ordnungsrecht, 17 Aufl., C.H. BECK, 2022, S. 89.
35）BVerfGE, 100, 313, Rn. 274.

法擁護庁などの国家機関間における情報の相互参照を原則として禁止し、情報の使用用途を目的により限定する法理である官庁間の情報共有に関する分離原則につながる予防的な国家活動により収集された情報の管理に言及している点で、判例法理への影響も大きい。[37]

　ここで、本判決に含まれる2つのje-desto公式を比較したい。両者には、二点の相違が見られる。一点めの相違は、法益の重大性xと反比例する「変数y」が何か、という点である。前者の変数yは、危険の要件である「蓋然性」について要求されるレベルである。後述するように、危険の存否は、どの国家機関が如何なる形態で介入することが出来るか、という介入の閾値を判断するための決定的な要素である。しかし翻って言えば、介入閾値そのものは異なる要素も含めて別途判断されなければならない。一方、後者の変数yは介入閾値のレベルそのものである。二点めの相違は、後者の閾値の設定において、保護される法益の重要性と深く関連する保護される法益の範囲の広狭が、特に指摘されている点である。これは判決の結論と関係する。判決は、G10法2条により通信の秘密の制限を命じられているもののデータ提供の他は、十分な限定がかけられていないとする。その根拠として、①連邦情報局が他の官庁に情報を提供し得る犯罪行為に多種多様なものが含まれていること、②要求される事実の基礎についても、刑事訴訟法よりも低い程度しか要求していないこと、③情報提供のタイミングが可罰的未遂よりも前倒しになっていることが挙げられたが、[38] 保護する法益の範囲の広狭という問題を指摘する本判決は、①の

36）　*Ralf Müller-Terpitz*, Die"strategische Kontrolle "des internationalen Telekommunikationsverkehrs durch den Bundesnachrichtendienst, Jura 2000, S. 301 f.

37）　判例の展開として、三判決を挙げる。① BVerfGE, 133, 277, Urteil des Ersten Senats v. 24. 4. 2013. Vgl. *Jan-Willem Prügel*, Entscheidungsanmerkung, ZIS 2013, S. 533 ff.（なお、本判決を受け、反テロデータ法が改正された（Gesetz zur Änderung des Antiterrordateigesetzes und anderer Gesetze vom 18. Dezember 2014（BGBl. I S. 2318)、2015年1月施行。これをもって、同法は時限立法でなくなった）。渡辺富久子「ドイツにおけるテロ防止のための情報収集：テロ対策データベースと通信履歴の保存を中心に」外国の立法269号（2016）24頁以下参照)、② BVerfGE, 141, 220, Urteil des Ersten Senats v. 20.4.2016. Vgl. *Kurt Graulich*, Polizeiliche Gefahrenabwehr mit heimlichen Überwachungsmaßnahmen, KriPoZ 2016, S. 79 f.; *Wolfgang Durner*, Anmerkung, DVBl 2016, S. 780 ff.、③ BVerfG, Urteil des Ersten Senats v. 1.10.2024, 1 BvR 1160/19.

38）　BVerfGE, 100, 313, Rn. 275 ff.

根拠を重く見ていると評価し得る。

（2）　ラスター捜査決定——BVerfGE 115, 320

　本件は、ノルトライン・ヴェストファーレン州に住むモロッコ国籍の学生によって提起された、同州警察法31条（1990年2月24日公布）に基づき実施されたラスター捜査による情報自己決定権（基本法1条1項、2条1項）等の基本権侵害に関する憲法異議の訴えに関する決定である[39]。

　本書第三部までに既に何度か触れているが、ラスター捜査とは、公私諸機関で電子的に蓄積された個人データを、特定の事項への該当性についてまとめて照合する捜査手法である。ラスター捜査は、予防的な場面ではない通常の犯罪捜査過程において、特定事件の被疑者を捜し出すためにも用いられるが、予防的警察活動としてのラスター捜査では「実際はなんら犯罪行為と無関係な市民が、多く捜査対象とされ」るとともに「比例原則が空転し、捜査により守られる憲法上の利益（「安全」）と、同捜査により脅かされる憲法上の権利（「自由」）との調整の基準が不明確」であるという固有の問題がある、とScheweは指摘する[40]。

　2001年9月11日の世界同時多発テロで、実行犯が過去ドイツに潜伏していたという事実が発覚し、ドイツ政府は潜在的テロリストを発見すべく、9.11事件の被疑者らが共通して持っていた特徴を手がかりに、全国的なラスター捜査を展開した。多くのイスラム教徒学生等から訴えが提起されていたが、本件はそのうちの一件である。

　予防的なラスター捜査の根拠規定がおかれるようになった契機は、1970年代の赤軍派テロへの対応であったが、その根拠規定は2008年の連邦刑事局法改正に至るまで、各州警察法によって定められていたのみであった。各州警察法の規定は、その限界に差異があり、厳格な要件を求める州では、危険の程度について時間的近接性や切迫性を求めるものもあった[41]。本件の対象となるノルトライン・ヴェストファーレン州警察法31条（以下、PolG NW 31条）は、ラスター捜査発動のため「現在の」危険の存在を要求しており、またラスター捜査が許

---

39)　BVerfGE, 115, 320.
40)　*Christoph S. Schewe*, Das Ende der präventiven Rasterfahndung zur Terrorismusbekämpfung?, NVwZ 2007, S. 174 f.
41)　宮地基「安全と自由をめぐる一視角」法政論集230号（2009）338頁。

されるためには例外なく裁判官の命令を必要とし、事後にはラスター捜査に関する情報公開を必要とするという厳格な規定であった。

　本決定は、法令自体については合憲とした一方で、本件に限った法令の適用行為については違憲とした。法令違憲についての判断において、連邦憲法裁判所は通例通り三段階審査を用いる。情報自己決定権の保護領域について言及した後、PolG NW 31条に基づき「電子的なデータ処理を目的として個人に関する情報が収集され、蓄積される場合」に、警察の観察または監視活動は基本権への制約としての法的性質を持つ可能性があるとして、制約の可能性を認めた[42]。その上で、PolG NW 31条を比例原則に基づき正当化する。必要性・適切性については共に存在すると簡単に認めており、実質的な争点は狭義の比例性審査に置かれた。

　裁判所は、ラスター捜査により保護される利益を「連邦若しくは州の存立・安全又は人の身体・生命・自由」とし、この利益に対する「現在の危険を防ぐこと」をラスター捜査の目的として正当性を認めている。この「利益は、憲法上高い重要性を持った保護法益である。平和と秩序を維持する、制度化された権力としての国家の安全と、それによって―個人の尊厳と固有の価値に基づく尊重のもとで―保障される住民の安全は、他の高い価値と同じレベルの憲法上の価値を有する」と述べる[43]。ここで言及される「安全」の内容は、本書第一部第一章で論じたとおり、特定の個人や事象に還元することが困難な法益として描かれる。次にラスター捜査によって侵される憲法上の利益について、裁判所は、情報自己決定権という重要な利益に対し、ラスター捜査は極めて重大な介入の権限を与えられていると判断する。介入の重大性の根拠は、照合によるデータ結合が人格に関わる覗き見を可能にする場合があること、対象データが多様・広範であること、捜査対象にされたことが周囲に知られることによる偏見等の不利益が重大であること、通知は限定的で多くは秘密的捜査に留まること、匿名性は永続的でなく、後続の捜査では失われるものであるということ、不特定多数の、具体的容疑や責任がない人々を対象にしているということ等に求められた[44]。

---

42)　BVerfGE 115, 320, Rn. 70.
43)　BVerfGE 115, 320, Rn. 83 ff.

第一章　予防的国家活動における比例原則の空転

　裁判所は、以下のとおり説示する。両者の利益を単純に衡量する限り、PolG NW 31条は比例性に反するとはいえない。しかしラスター捜査は「脅かされる法益に対する危険が充分具体的なものになった段階で、はじめて介入出来るということを立法者が定めることによって、法治国家原理の要請を守っている場合に限り」比例性を維持しており、「具体的危険」が発生する前にはラスター捜査を行うことが出来ない。この点、PolG NW 31条は「現在の危険」を要求しており、文言上比例性を維持しているといえる、と。

　本章の問題意識に関連して、法令を合憲とした部分の判断で注目すべきは、どの程度の危険が基本法上要求されているか、という点についての判示である。裁判所は、憲法が「現在の危険」の存在までを要求するものではなく、継続的危険をも含む可能性のある、損害発生の十分な蓋然性及び蓋然性予測の具体的な事実的基礎を内容とする「具体的危険」で足りるとした上で、「脅かされるあるいは導かれる法益侵害が重大であればあるほど、そして基本権侵害の重要性が軽微であればあるほど、(引用者注：危険発生の)蓋然性は低くて良く」「嫌疑の基礎となる事実の根拠も小さくて良い」とするje-desto公式を示した。具体的には、「ラスター捜査が一般的に要する時間を考慮すると、極めて近い将来に、確実に近い蓋然性をもって損害発生が予想されることを法律上要求するならば、この要件が満たされるほとんどのケースにおいて、ラスター捜査は効果を発揮するには遅すぎる。(引用者注：ラスター捜査によって守られる法益)が高い価値を有することを考えれば、比例性の原則を守るためこの捜査手法をこれほどまでに広範囲に制限することが要求されるわけではない」とした。

　本決定は、州によって異なっていたラスター捜査の発動要件に関して、連邦全体での統一に向けた一定の指針を定めたという意義を有する。本決定（2006年4月4日）を受けて、2006年8月28日に基本法が改正される。基本法73条に規定される連邦の専属的立法分野に、「州をまたぐ危険が存在する場合、1つの州警察官庁の管轄が認識し得ない場合、又は州最上級官庁が委託を要請した

---

44)　Ebd., 宮地、前掲注41)、350頁。
45)　BVerfGE 115, 320, Rn. 125.
46)　BVerfGE 115, 320, Rn. 136.
47)　BVerfGE 115, 320, Rn. 143.

場合における、連邦刑事警察官庁による国際テロリズムの防除(同上9号a)」が加えられたのである。[48] 本改正を受けて、これまで各州で定められていたラスター捜査の規定が、連邦刑事庁法の一環として規定された。[49] 連邦刑事庁法20j条1項は、「連邦刑事庁は、国家の存立若しくは安全に対する危険又は個人の身体、生命、自由又は重要な価値を有するもので、その維持が公益に必要なものに対する危険を防止するために必要な範囲において」ラスター捜査を行うことが許容されるとした。ここには「具体的危険」という文言は見られないが、判決の文言に準拠した具体的な危険に該当する事項が列挙されている。このような「危険」に該当した場合、同法20k条に基づいて秘密裡でのラスター捜査が許容される。この措置を行うには、例外なく裁判所の命令を必要とする。

このように、本決定は立法の場面においても強い影響力を持った反面、特にラスター捜査を推し進める側から批判を受けることになる。最たる存在感を示したのはHass裁判官による本決定の少数意見である。[50] Haasはラント上級裁判所の判断を支持し、多数意見の判断を批判する。その要点は四つである。①ラスター捜査による情報自己決定権への介入の程度は軽微であるということ、②多数意見は、ラスター捜査は自由を保護・促進するための措置であるという本質を見逃し、侵害的な措置として一面的に構成しているということ、③危険の程度の問題、④多数意見の見解は問題解決に必要な範囲を超えているということである。③について、Haasは、犯罪発生の前段階における予防的活動をリスクに対する対処として行うことについては、基本法から見ても高い意義があることを根拠に、PolG NW 31条に規定される「現在の危険」はもちろん、多数意見が述べる「(引用者注：伝統的なものより要件の緩和された)具体的危険」すら憲法は要求していないとした。

次に、「本件国家行為が重大な侵害にあたるか」という点について、本判決多数意見を部分的に支持しながら、一部Haasの見解に賛同する学説の一として、Christian Hillgruberの見解を紹介する。[51]

---

48) 植松健一「連邦刑事庁(BKA)・ラスター捜査・オンライン捜索(1)：憲法学的観点からみたドイツにおける『テロ対策』の現段階」島大法学52巻3・4号(2009)6頁以下。
49) BGBl. I, S. 3083 ff. 外国の立法247号(2011)65頁以下、山口和人「海外法律情報ドイツ 連邦刑事局法の改正：新たな国際テロ対策立法」ジュリスト1371号(2009)45頁。
50) BVerfGE 115, 320, Abweichende Meinung [Evelyn Haas].

Hillgruberは、「ラスター捜査による情報自己決定権侵害がセンシティブな情報に関わるものではないため重大でない」という意見については、ラスター捜査は情報自己決定権という個人の基本権だけではなく「共同の基本権」[52]をも脅かしているという根拠に基づき、批判的な態度をとる。一方で自由と安全の均衡について、永続的国家目的としての「国民の安全と保護」が基本法上の保護義務を形成すること、基本権侵害は保護義務の限界であることの二点を、判決の多数意見が確認していることについて言及する。その上で、ラスター捜査のような新しい形の捜査は、伝統的法治国家の枠組みから離れたものであるが、新たな脅威に対抗するため、立法者にその正当化を要求する必要があり、ここで伝統的法治国家の枠組みから離れた自由と安全の均衡を図る手段としては、Haas裁判官の意見が有益であるとする。すなわち、保護義務に基づいてなされる捜査は、そもそも自由権を強化する性質の国家活動である、とする意見である。

　Hillgruberは、捜査対象が単純情報か否かという点によってラスター捜査による基本権侵害の重大性は左右されることはないが、そもそも伝統的法治国家の枠組みから捜査の重大性を判断すること自体が適当ではないのではないか、という見解を示している。

　続けて、「要求する危険蓋然性のレベルを、『具体的危険』としたことの当否」について、本決定多数意見を批判する学説の一として、Scheweの見解を紹介する。

　Scheweは、本決定を、テロリズム撲滅の手段としてのラスター捜査の実効性を削ぐものとして批判するが、この前提として、ラスター捜査を二つの段階に区別して理解する。①メルクマールの網掛け（Raster）を作ってデータの捜索・伝達を行う段階、②実際にそのデータを利用した捜査を行う段階である。①の段階で規則的に集められた情報から「（侵害者というよりむしろ）推測された行為者」に対して、警察は事実上の監視や証人による供述をもって、捜査を行うことになる。[53]

---

51) *Christian Hillgruber*, Der Staat des Grundgesetzes - nur bedingt abwehrbereit?, JZ 2007, S. 209 ff.
52) Hillgruberはこの語を、「公共の福祉」と同義に使う。

Scheweの見解の最も重要な点は、連邦憲法裁判所の「具体的危険」の基準によるならば、ラスター捜査は制限的な場合にのみ機能する捜査手法であるところ、テロリズムは地理的・時間的に広範囲に渡るものであるため、テロリズム撲滅の手段として機能しないという点である。すなわち、「具体的危険」の基準のもとでは、②に実効的につながる①の実行は困難だ、という指摘である。

　上述のように、本決定においてje-desto公式が示されたのは、「具体的危険」の程度に関する部分であった。後述のとおり、伝統的な意味に置ける具体的危険概念は、伝統的には国家の介入がないとき、近い将来規範的に保護される利益に対する加害行為がなされる十分な蓋然性が個別に存在する状態を指す。しかし本決定では、具体的危険が生ずる前の介入は許されないとしながら、「具体的危険」とは現在の危険までを要求するものではなく、「継続的危険（Dauergefahr）」の場合も含むとした[54]。具体的危険概念について同旨を述べた2008年のオンライン捜索判決[55]に関して、島田茂は「判決の表現は極めて微妙であり、『近い将来、損害が発生する十分な蓋然性』までは求められないが、特定の事実に基づいて、法益侵害に向けた状況の展開を『時間的に見通せる』ことは必要であると述べて」いる点に注目し、「時間的近接性の要件がなおも維持されている、ということもできる」と連邦憲法裁判所の具体的危険の要件緩和の程度につき、留保を加えた[56]。要件緩和の程度はともあれ、従来の比例性を侵害される法益の重大性を用いて修正したことは間違いない[57]。

53）　*Schewe*, a.a.O. (Anm.40), S. 174.
54）　BVefGE 115, 320, Rn. 145 f.
55）　BVerfGE, 120, 274, Urteil v. 27. 2. 2008, 1 BvR 370/07.
56）　島田茂「予防的警察措置の法的統制と比例原則の適用：ドイツ連邦刑事庁法の改正を手がかりとして」甲南法学50巻1号（2009）84頁。ラスター捜査判決による時間的近接性に関して、併せて同『警察法の理論と法治主義』（信山社・2017）288頁以下参照。
57）　なお、適用違憲について裁判所は、以下のように説示した（BVerfGE 115, 320, Rn. 154 ff）。2001年9月11日以降のドイツ国内における状況に関する指摘は、ドイツにおいて今テロの攻撃あるいは準備がなされているという認識があることを証明するものではなく、危険認定についての事実の基礎が漠然としているため、PolG NW 31条にいう「現在の危険」にあたらず、本件ラスター捜査の発動要件充足性を認めた下級審の判断は「現在の危険」概念を不当に拡大解釈したものであり違憲である、と。

2 je-desto公式と狭義の比例性審査

1 比例原則とje-desto公式

以上の二判決の違憲審査の在り方に共通するのが、je-desto公式である。反比例公式とも言われるこの公式について、本章の問題意識に即してその定義を確認したい。

玉蟲由樹は、je-desto公式を「憲法上の権利に対する制限が重大であればあるほど、その制限を正当化する公益は重要でなければならない」ことを内容とするものと理解する。「je-desto（……であればあるほど、ますます……）」という言葉の本義に立てば、このような理解も可能であり、ドイツでもZippelius／Würtenbergerは、玉蟲と同様のje-desto公式理解を採用するが、筆者はこの立場に立たない。玉蟲の引用する小山や、行政法領域においてje-desto公式をかなり早い時期に紹介した桑原勇進ら、複数の邦語文献が、明確にje-desto公式を「反比例公式」と表現しているが、この理解の基礎は上述した戦略的監視判決及びラスター判決が、「国家の守る保護法益の重要性」と「介入閾値（又は介入閾値の前提となる危険存在の蓋然性の程度）」の関係を反比例的に捉えてきたことにある。例えば、Götz/Geisは「反比例のルール（Regel der umgekehrten Proportionalität）（Je-desto公式 "Je-desto-Formel"）」と明確に表記して、その内容を「危惧される損害が大きくまたは重大な結果を齎すものであればあるほど、損害発生の蓋然性の要求は僅かでよい」とする定式と理解している。またSteffen Tannebergerは、je-desto公式を「前域的措置の領域において、具体的犯罪の危険防御あるいは訴追に関する措置に基づき、具体的犯罪についての特定の事実と近接性の欠如を条件として、法的利益の侵害蓋然性の要求段階を

---

58) 玉蟲由樹『人間の尊厳保障の法理：人間の尊厳条項の規範的意義と動態』（尚学社・2013）334頁以下。
59) *Reinhold Zippelius/Thomas Würtenberger*, Deutsches Staatsrecht, 33. Aufl., C.H. BECK 2018, S. 115.
60) 小山、前掲注17)、46頁。
61) 桑原勇進「危険概念の考察」金子宏先生古稀祝賀『公法学の法と政策 下巻』（有斐閣・2000）652頁。
62) 実質的な区別を示唆するものとして、島田、前掲注56)（2009）、72頁以下参照。
63) *Götz/Geis*, a.a.O. (Anm.34), S. 89.

弱めるもの」と指摘しており、先に示した二判例に見られる je-desto 公式を正確に把握した表現の一を示しているといえよう[64]。

玉蟲は正比例と反比例の違いを「問題となる基本権や基本権介入の性質」の問題と述べるが[65]、この理解は後述する Alexy の重要性公式のように、狭義の比例性審査の理論的説明の場面において基本権と国家活動が保護する保護法益をフラットに考える形式とは適合的である。しかし筆者は、反比例型の事例においては、後述するように基本権の性質から導かれる最低のラインが存在するのか等、衡量法則一般には当てはまらない固有の問題があることから、正比例の場合と同一のパースペクティブに則る理解のみでは足りず、正比例の場合と明確に区別をする必要があると考える。以上の理由から本章では、比例的な狭義の比例性審査と反比例原則 je-desto 公式を明確に区別する Tanneberger の定義を採用する立場に立つこととしたい。

次に具体的な je-desto 公式の位置づけについて、危険概念との関連性から見る。ここで危険との関係を取り上げる理由は、上述のように判例でも重要な役割を果たして来た「危険」概念の本質的要素である十分な蓋然性・時間的近接性の要件を緩和した je-desto 公式は、「危険」という概念の扱い、規範的に必要とされる危険の程度の変化、実際の危険の存否判断の方法といった問題と複雑に関係するためである。

危険とリスクの関係に関する議論については本書第一部第一章で既に論じたが、Götz/Geis は、損害発生蓋然性の「十分さ」について、「『十分な蓋然性』の向こうには『単なる可能性（bloße Möglichkeit）』が存在する」と表し、危険の「十分」性は、抽象的な「安全」によって判断されるものではないとし、その線引きが明確であるべきことを示唆する[66]。Götz/Geis はここで、蓋然性と可能性の概念的区別を流動的なものだとする一方で、損害発生の確率が極めて高い場合には、最早その事象の発生に関しては蓋然性という段階で評価する必要はないとする。すなわち「十分な蓋然性」の判断が要求されるのは、発生確率が未だ極めて高いとは言えない段階において、しかし一定程度の確率を持って

---

64) *Steffen Tanneberger*, Die Sicherheitsverfassung, Mohr Siebeck, 2014, S. 395 ff.
65) 玉蟲、前掲注58）、335頁。
66) *Götz/Geis*, a.a.O. (Anm.34), S. 88 f.

損害発生が見込まれると評価される場合であることを意味する。

では「十分な蓋然性」という要件の充足は、どのように判断されるのか。

まず、十分な蓋然性判断を基礎付ける事実上の根拠は何か。Götz/Geis は、十分な蓋然性の背後にあるものは抽象的な安全性ではないとする立場に立ち、「損害発生の蓋然性に関する予測は、確認された事実からの結論により導かれる」とする[67]。「確認された事実からの結論」とは、具体的には経験的知識や、学問・技術に基づき広く認められた学問的成果を言う。特に重要な根拠となるのは、直接知覚可能であり、論理的説明を必要としない経験的知識である。

「確認された事実からの結論」により、法的に「十分」といえる蓋然性が存在するかを判断するには、具体的に蓋然性を判断する基準を導き出す必要がある。まず既に損害が発生している場合が、最早危険のレベルで語れるものはないとして排除される[68]。十分な蓋然性の議論は、官庁間の権限分配の問題を惹起するため、「蓋然性」の段階を越えて既に損害が発生している場合とは区別されなければならない。Gusy/Eichenhofer は十分な蓋然性の判断に関する一般的な規範を「警察的な保護利益を毀損すると客観的に予期される事象に関し、十分な発生根拠が存在」し、しかも「ただ社会的に妥当なリスクに曝されているだけではない」と言い得ることとする[69]。そして、具体的にこの規範を判断する指標として、①（具体的な）環境下での事実の知覚、②知覚された事実が、将来的に継続するという予測の二つを示す[70]。①事実の知覚とは、しばしば法的な根拠（Anhaltspunkt）とされるものであり、複数の異なる知覚の在り方が想定される。たとえば、危険の元となるような事象に直面した官吏の狭義の知覚、起こりうる危険についての第三者の言明である。これに対して、②事実の将来的な継続予測は、これら全ての知覚から導き出されるものではなく、知覚の更なる要素として付け加えられるものである。

では危険概念は、je-desto 公式との関係ではどのような意味を持つか。上述のとおり、je-desto 公式のベースとなる考え方は、「ある国家活動の保護する

---

67) Ebd, S. 89.
68) *Christoph Gusy/Johannes Eichenhofer*, Polizei- und Ordnungsrecht, 11. Aufl., Mohr Siebeck, 2023, S. 55.
69) Ebd., S. 56.
70) Ebd.

法益」を変数 x、「介入の閾値・強度ないしその前提となる危険発生の蓋然性の程度」を変数 y と定める反比例であった。変数 x は類型化しうるとしても、その本質は変動的な性質を有する。しかし、従来変数 y は定数 p であった。危険概念は、介入の強度・閾値ないし危険発生の蓋然性の程度を、定数 p として固定する意義を有していたのである。それは危険概念が「十分な蓋然性」や「将来の時点」という曖昧な性質を要素とするものでありながら、これらの要素を定式化することで警察等の活動における恣意性を排除しようとしてきた試みの成果である。そのため、国家活動の保護する法益の重要性は、従来介入の閾値・強度ではなく、比例原則中の目的審査に関する部分に対して効果を持ち、一方で介入の閾値・強度は国家活動により侵害される法益（たとえば、基本権）の重要性によって変動するものであった。しかし、je-desto 公式は、十分な蓋然性そのものを判断する基準ではなく、要求される蓋然性の「十分」性の程度を決定する基準として働く[71]。これは、je-desto 公式が、蓋然性判断の定数 p を、変数 y に代える効力を有するということを意味する。つまり、危険概念は、その決定的要素の一である「十分な蓋然性」要件の本質を、je-desto 公式によって変質させられているといえよう。

2　je-desto 公式の位置付け——Alexy の重要性公式を用いた試論

　では、je-desto 公式は狭義の比例性審査の一として、理解し得るものなのだろうか。この疑問に応答すべく、狭義の比例性審査の定式化について、Alexy が2003年にまとめた重要性公式（Gewichtsformel）[72]、及びこれに対する2013年の Klatt／Schmidt による批判を概観し、特に je-desto 公式との関係について考察を加えたい。

---

71)　*Götz/Geis*, a.a.O. (Anm.34), S. 88 f.
72)　*Robert Alexy*, Die Gewichtsformel, in *Joachim Jickeli／Peter Kreutz／Diter Reuter (Hrsg.)*, Gedähtnisschrift für Jürgen Sonnenschein, De Gruyter, 2003, S. 771 ff. *ders*, Constitutional Rights and Proportionality, Revus 22, 2014, pp. 54. Alexy の重要性公式は多方面から注目を浴びている。ドイツでの各分野からの議論として、法哲学分野から *Jan C. Joerden*, Logik im Recht: Grundlagen und Anwendungsbeispiele, 2. Aufl., Springer, 2010, S. 344 ff.、行政法分野から *Ekkehard Hofmann*, Abwägung im Recht, Mohr Siebeck, 2007, S. 281 ff. ただし長尾一紘『基本権解釈と利益衡量の法理』（中央大学出版部・2012）84頁［初出1998年］が指摘するように、Alexy 自身が実定法の解釈段階への導入を論証している部分以外の所論は、「法理学上の

(1) Alexyの重要性公式

　重要性公式は、数的或いは幾何学的思考を用い、比例原則の曖昧性・恣意性を排除しようとする目的を持った公式として、ドイツで違憲審査基準に関する議論の一角をなしている。後述するように、重要性公式はje-desto公式の正当性を理論的に説明するツールとしても理解しうることから、ここで取り上げる[73]。

　Alexyはまず、比例原則の中核をなす衡量（Abwägung）という手法には、①構造、②合理性、③正当性の三点についての問題があるとする[74]。これらの中で根源的な問題は①構造である。なぜなら、③正当性は法的な議論においては②合理性の問題に帰結し、②合理性のもとでの比較衡量は、①構造によって決定されるからである。Alexyにとって、比較衡量の構造問題を決定する根本的な発想は「ルール・原理論」である。Ronald Dworkinの議論に端を発し[75]、ドイツにおいてはAlexyが先陣を切ったこの議論は、日本でも各論者が紹介をしているため[76]、仔細の紹介は割愛するが、端的に言えば、まず従来性質上の区

ものであって、法解釈上のものではない」。

73) Gewichtsformelを、松原光宏「ドメスティック・グローバルモデルとしての比例原則」法哲学年報（2010）176頁以下は英語論文における表記に準じて「ウェイト・フォーミュラ」、毛利透「アレクシーの原理理論における形式的原理と立法裁量」辻村みよ子先生古稀記念論集『憲法の普遍性と歴史性』（日本評論社・2019）88頁以下は「重みづけ定式」と訳すが、本章では「重要性公式」と訳出する。松原がまま「ウェイト」とする理由は、Gewicht ≒ Weightが「重み（重さ）」と「重要性」という意味の二義を持ち、日本語では両者が区分されているためであると推測されるところ、本章は上記論文におけるGewichtの意味は主として後者にあると理解する。① Gewichtsformel記号法上のGがGewichtを示していること（記号Gは文脈上明らかに重要性を意味する）、② Gewichtsformelは、重要性を最も合理的に表現することが出来る公式である、との言及をAlexyが論文中にしていることの二点を根拠とする。

74) Alexy, a.a.O. (Anm.72) (2003), S. 771.

75) ロナルド・ドゥウォーキン（著）／木下毅＝小林公＝野坂泰司（訳）『権利論〔増補版〕』（木鐸社・2003）98頁以下、104頁以下。

76) ルール・原理論について、渡辺康行「憲法学における『ルール』と『原理』区分論の意義：R・アレクシーをめぐる論争を素材として」栗城壽夫先生古稀記念『日独憲法学の創造力　上巻』（信山社・2003）1頁以下、松原、前掲注73）、早川のぞみ「ドゥオーキンの法理論における原理の役割と機能：批判的法学研究との対比を手掛かりに」桃山法学15巻（2010）329頁以下、高橋和之「審査基準論の理論的基礎（上）」ジュリスト1363号（2008）65頁以下、同「違憲審査方法に関する学説・判例の動向」法曹時報61巻12号（2009）3598頁以下、亀本洋「法におけるルールと原理：ドゥオーキンからアレクシーへの議論の展開を中心に１」法学論叢122巻2号（1987）18頁以下。

別がはっきりとはなされてこなかった憲法上の原則を「ルール Regeln」と「原理 Prinzip」の二つに区別するところから、この考えははじまる。「ルール」に分類される原則は形式的であり、ルール違反は即違憲と判断される一方、その強い効力とルール化の厳密性のため、適用範囲は狭い。代表例は検閲の禁止である（日本国憲法21条2項1文）。一方で「原理」は実体的であり、それ自体が憲法上の価値を有する。そのため、同様に憲法上の価値を有する他の「原理」との比較衡量が認められるという性質を持つ。代表例は、表現の自由である（日本国憲法21条1項）。

重要性公式の扱われるフィールドである比例原則が用いられる場面において問題となるのは、「原理」同士の対立である。原理同士の対立を調整する機能を有する比例原則は、必要性・適切性（相当性）・狭義の比例性の3要素に分割される。このうち、必要性と適切性（相当性）は、事実上の蓋然性に対して、パレート最適に則った相対的最適性を追求するものである。一方で、法的な蓋然性は狭義の比例性審査において判断される。狭義の比例性は、「ある原理の不充足あるいは侵害の程度が高ければ高い程、他の原理の充足蓋然性は大きくなる」という定式（衡量法則（Abwägunggesetz））をベースとしている。[77]

衡量法則は、三段階に解体できる。①原理の不充足・侵害の程度を確認する段階、②対立する原理の充足蓋然性を確認する段階、③対立する原理の充足蓋然性（②）が、もとの原理の侵害・不充足（①）を正当化するかどうかを判断する段階である。このように狭義の比例性審査を各要素に解体する試みは、Jürgen Habermas や Bernhard Schlink といった論者からの、狭義の比例性審査は「常に」主観的・恣意的な審査であり合理性を欠く、という批判を退けることが出来る。たとえば、①侵害強度が軽微であり、②侵害の基礎の重要性が高度である場合、③国家活動は正当化され、侵害の結果が重大なものではないという解答が明確に導き出される、ということである。Alexy はこのことを、煙草生産者判決[78]及びタイタニック誌判決[79]に基づき、論証している。[80]

この後 Alexy は、衡量法則の合理性を担保する構造の構築に取りかかる。

---

77) *Alexy*, a.a.O.（Anm.72）(2003), S. 772.
78) BVerfGE 95, 173, Beschluß des Zweiten Senats v. 22. 1. 1997.
79) BVerfGE 86. 1, Beschluß des Ersten Senats v. 25. 3. 1992.
80) *Alexy*, a.a.O.（Anm.72）(2003), S. 776.

ここでは、上述した三段階を類型的に表現する手段として、l（重要性低）・m（重要性中）・s（重要性高）という３つの記号が用いられる。このl・m・sの評価を下すにあたっては、①ある原理の不充足・侵害の程度、②対立する原理の充足蓋然性の両段階において確認された事実を比較することになる。酒匂一郎が指摘するとおり、Alexyは変数の値について、「当初は連続的尺度（０から１までの）で考えようとしていたが、たとえば基本権の抽象的な重さをこうした連続的尺度で測定することはほとんど不可能であることから、いずれの値についても離散的尺度、とくに三値尺度で考えることを提案している[81]」。

では、どのように比較を行うのか。Alexyは後述の通り、数的あるいは幾何学的な２つの手段を提示するが、その前提として、①の侵害強度と、②の抽象的重要性の関係性について論じる。

まず、各記号が以下のとおり定義される。

　　P_i ＝不充足・侵害の程度（①）に関する評価の変数

　　IP_i ＝ P_i に関する具体的な侵害の強度

　　GP_i ＝ P_i の重要性（②）（※従来は、抽象的重要性と解されてきた）

　　C ＝当該事例を決定する個々の事実の定数

Alexyによれば、従来の狭義の比例性審査の中では、衡量法則は侵害の強度IP_iに関する問題であると捉えられて来た。Cは、IP_iの具体性を明確化するために用いられ、IP_iは、IP_iCの最小値として表される。

この侵害強度（IP_iCないしIP_i）を表現するためには、当該事例の抽象的重要性を決定する定数Aを用いる。

　　P_iの抽象的重要性 ＝ GP_iA

伝統的理解によれば、抽象的重要性が明確になるとき、IP_iCにおけるCと、GP_iAにおけるAには類似性がみられる。すなわち、定数が、変数を伴う部分を具体化する機能を果たしているのである。

ここからAlexyは、重要性を具体的重要性と抽象的重要性に区別し、具体的重要性に焦点をあてる。

はじめに問題にしたのは「衡量法則の中で、対立する原理の充足に関する具

---

81) 酒匂一郎「比例性原則と比較衡量」法政研究90巻２号（2023）113頁。See, Alexy, Fn.72(2014), p. 55.

体的重要性を語るのは何か」ということである。Pi に対立する原理 Pj 充足のための介入措置は、Pi に関する不履行又は侵害についてどのような効果を齎すのかということに左右されるが、この両者の関係性が具体的重要性を語るためには重要である[82]。

次に具体的重要性をどのように表現するかが問題となる。単純に考えれば、「(具体的) 重要性 (Wichtigkeit) を W として、WPiC を IPiC と類似したものとして扱い、具体的重要性を示す」という手段が考えられる[83]。しかし、Alexy はよりシステマティックな熟慮に則って、伝統的な衡量法則モデルの解釈として、他の手段を導く。Pj の具体的重要性は、Pi に関する不履行又は侵害を通じた、Pj における侵害強度として形成されるとする。

以上を踏まえ、最終的に③対立する原理の充足蓋然性 (②) が、もとの原理の侵害・不充足 (①) を正当化するかどうかを判断する段階をどのように実行するかが問題となる。

まず数字を用いた2つの表現方法の前提となる、Pi と Pj の侵害強度の関係を示す。

$I_i > I_j$ (結論は、Pi が Pj より優先され、当該国家行為は違憲)

$I_i < I_j$ (結論は、Pj が Pi より優先され、当該国家行為は合憲)

$I_i = I_j$ (結論は、手詰まり。この比較だけでは結論を出せない)

I_i 及び I_j を表現するための手段として、l,m,s の段階的記号をもって Pi と Pj の優先度を確認することが、ここで描かれる伝統的な衡量法則を表現するためのモデルである。Alexy は、新しい衡量法則の捉え方を提示するにあたり、伝統的な衡量法則モデルの解釈の段階でも強調した具体的重要性を全面に押し出す。

最も端的に衡量法則を描き得るものとして、Alexy が公式化する差分公式 (Differenzformel) は、$G_{i,j} = I_i - I_j$ と表現される。注意しなければならないのは、$G_{i,j} \neq G_i / G_j$ だということである。上述のように、Gi は Pi の重要性を表現し、これによって Pi の侵害強度を表現するものであるが、$G_{i,j}$ は、Pi の具体的重要性と、Pj の具体的重要性の両方を用いて、最終的な国家による当

---

82) *Alexy*, a.a.O. (Anm.72) (2003), S. 779.
83) Ebd., S. 780.

該介入行為の重要性を示すことができるものであり、上記の C を用いた具体化が可能である。すなわち、Gi, j の具体化は GPi, jC であり、GPi, jC の最小値は Gi, j である。

　差分公式のように、数的（arithmetisch）発想の助けを借りて、伝統的モデルにおける Pi と Pj の関係性を重要性の観点から説明することには、二つの利益がある。一つめは単純化の利益、二つめは高度の直感的相当性を感じられるという利益である。

　これに対して、幾何学的（geometrisch）発想に立つと、Gi, j は以下のように表現出来る（重要性公式）。

$$G_{i,j} = \frac{I_i}{I_j} \quad \cdots X$$

　侵害強度と隣り合うこの重要性公式は、行われた措置の原理と、対立する原理の「抽象的」重要性を具体化し、経験的要求としての安全の段階性を受容する役割を果たす。[84]

　Alexy は Gi, j の表現として差分公式より重要性公式を採用すべきとするが、その理由の一つは、重要性公式が差分公式に比べ、よりはっきりと Pi、Pj 間の優位が現れるという点に求められる（具体的な値を l,m,s 値として代入すると、明確である）。

　上述のように衡量法則では、侵害強度と抽象的重要性の両者が役割を果たす。両者の蓋然性は、両者を区別するときに具体化する。侵害強度（Ii, Ij）と、抽象的重要性（Gi, Gj）の関係においては、以下３つのベースとなる状況が想定され得る。

（１）Ii ≠ Ij, Gi = Gj
（２）Ii = Ij, Gi ≠ Gj
（３）Ii ≠ Ij, Gi ≠ Gj

　どの状況となるかは四つの価値（Ii, Ij, Gi, Gj）に依存するが、この四つの価値全ての関係性を一括して表現するため、Alexy は Gi, j（Pi と Pj の具体的重要性）を用いる。

---

84) Ebd., S. 785.

$$G_{i,j} = \frac{(I_i \cdot G_i)}{(I_j \cdot G_j)} \quad \cdots Y$$

　Y式は、X式を、抽象的重要性を用いて具体化した形である。この限定的で具体的な重要性（Gi,j）と抽象的重要性（Gi）の間には、非限定的で具体的な重要性（Ii及びGi）が立ち現れてくる。相対的ではない具体的重要性は、以下のかたちで表すことができる。

$W_i = I_i \cdot G_i$

$W_j = I_j \cdot G_j$

　Y式によれば、基本権侵害の程度が大きければ大きい程、抽象的重要性、ひいては侵害の確信性が高くなければならない。この判断には、経験的（epistemisch）評価が必要である。経験的な衡量法則の評価は、伝統的なスケーリングに導入される。連邦憲法裁判所は共同決定判決[85]において、コントロールの強度を、侵害の確信性に基づきg（確実）、p（もっともらしい）、e（間違っているとはいえない）の三段階として描いており、具体的な状況の中での、Piの非実現と、Pjの実現に対する個別の措置の経験的なコントロールの強度を意味するSi、Sjは、この三段階のコントロールの強度のもと、SPiC／SPjCとして表される[86]。侵害の経験的（認識的）確信性を、重要性から切り離して個別化することで、より明確化した要素の取り入れを行うことが可能になる。

　Si, Sjを用い、Y式を完全化すると、Gi, jは以下のように表現される。

$$G_{i,j} = \frac{(I_i \cdot G_i \cdot S_i)}{(I_j \cdot G_j \cdot S_j)} \quad \cdots Z$$

　Z式は、Gi = Gjのときに単純化される。Gi = Gjとは、憲法上の抽象的重要性が同等であるということを示す。この状況で侵害強度が重大（s）である場合、この重大な侵害はPiに対する積極的措置の実行と、Pjに関する措置の中止が始点となる。この時、Piの重大な侵害は確信性が高い（g）が、それはPjについての確信性が正当化が可能な程度（p）に留まることを意味する[87]。Ii,

---

85) BVerfGE 50, 290, Urteil des Ersten Senats v. 1. 3. 1979.
86) *Alexy*, a.a.O. (Amn.72) (2003), S. 790. 酒匂はSiを「基本権への介入強度についての認識的確実性」、Sjを「対抗原理の充足の程度についての認識的確実度」と呼ぶ（酒匂、前掲注81）、113頁参照）。
87) Ebd.

Ij は相互に関連性を有し、Si, Sj は相互に関連性を持つのみならず、Ii, Ij とも相関関係を有する。

　Alexy の結論は、「対立する二つの原理 (Prinzip) の関係を最も完全に把握する手段」が「重要性公式（引用者注：Z 式）」である、というものである。[88]ここでは重要性公式の位置づけが、衡量法則として語られるのではなく、より広い射程を示唆する「対立する二つの原理の関係」と理解されている点にも、併せて注意が必要である。[89]

（２）　Alexy に対する Klatt ／ Schmidt の批判と対案

　Alexy の重要性公式に対して総合的な考察を加えた見解の一つとして、[90]Klatt ／ Schmidt の主張について検討する。[91]

　まず Klatt ／ Schmidt は、Alexy が二つの衡量法則を定式化したことを指摘する。[92]

①　基本権侵害が重大であればあるほど、侵害に関する主要な前提は確信性 (Gewissheit) をもたなければならない。

②　ある原理の不充足あるいは侵害の程度が高ければ高いほど、他の原理を遂行する重要性 (Wichtigkeit) は大きくなければならない。

（下線部は、表現は異なるものの、概ね同様の意味を示す。）[93]

　ここで示されたのは、①②の結合の具体化が、重要性公式 (Z 式) であるという理解である。

　Klatt ／ Schmidt がまず注目するのは、侵害の確信性から描いた個別的措置のコントロール強度を表現する、重要性公式に特有の記号 Si, j である。[94]Klatt

---

88)　なお、Pi に対する累積的な介入行為（累積回数 n）に関する重要性公式は、
$$G_{i,j} = \frac{(I_i \cdot G_i \cdot S_i)}{(I_j \cdot G_j \cdot S_j + \cdots + I_n \cdot G_n \cdot S_n)}$$
　　と表現される。Alexy, Fn.72 (2003), S. 791 f.
89)　Ebd., S. 791.
90)　Matthias Klatt/Johannes Schmidt, Spielräume im öffentlichen Recht, Mohr Siebeck, 2010, S. 11 ff.; Joerden, a.a.O. (Anm.72), S. 347 ff.; Hofmann, a.a.O. (Anm.72), S. 284 ff.
91)　Matthias Klatt/Johannes Schmidt, Abwägung unter Unsicherheit, in: Matthias Klatt (Hrsg.), Prinzipientheorie und Theorie der Abwägung, Mohr Siebeck, 2013, S. 105 ff. Alexy と Klatt ／ Schmidt の議論の関係について、Michael Kleiber, Der grundrechtliche Schutz künftiger Generationen, Mohr Siebeck, 2014, S. 95 f.
92)　Klatt/Schmidt, Ebd., S. 111.
93)　Ebd.

／Schmidtは、Si, jの程度は、特定の国家行為に対する立法府と裁判所のコントロール権限の分配を示唆しているという[95]。これを踏まえて、コントロール強度に関するスケーリングには二つの欠点があるとKlatt／Schmidtは批判する[96]。一点めの欠点は、Alexyが重要性公式を通じて表した上記二つの衡量法則が機能不全を起こすという点である。二点めの欠点は、コントロールの強度に関するSi, Sjの判断という役割を連邦憲法裁判所が行うことは不適切ではないかという点である。一方、この段階制を認める利点は、普遍的な経験的概念であるため、立法あるいは裁判所といった特定のコントロール関係に限定されず用いることができる点にある。

ここでKlatt／Schmidtは、Alexyの提唱する経験的な確信（empirische Gewissheit）を揶揄するように、経験的な不安定（empirische Unsicherheit）という概念を持ち出す。確信性を批判したKlatt／Schmidtの主眼は、Alexyが捨象する「衡量において排除することのできない不安定さ」の考慮を衡量法則にどのように取り入れるか、という点に主眼を置き、Alexyの行った数的・幾何学的な基本権的最適化の思考について、「国家的機能の行為無能力化を迫るもの」と断じる[97]。Klatt／Schmidtは、この経験的不安定性の元で行われる比較の特性に起因する二つの問題を示唆する[98]。(a) 不安定性が比較の構造それ自体とだけではなく、複数の原理と関わりを持つこと、(b) 不安定性が、司法上の実践とも比較の理論とも、関わりを持つことである。(a) は衡量法則の内的な構造及びその構造の内部での不安定性の効果を、(b) は衡量法則の外部における不安定性の効果を表している[99]。

Klatt／Schmidtは、重要性の段階について、経験的な不安定さの段階だけがコントロールの関係から独立しており、その段階付けの可能性は、二つの段階的連続性にその判断の基礎を有するとする。その連続性とは、不安定から安

---

94) 毛利、前掲注73）、81頁以下は、Si, Sj（「確実性」変数S）の導入が、Alexyの新たな形式的原理の定式化に影響を与え、これを奇異なものとしていると指摘する。

95) 重要性公式と立法裁量について、Martin Borowski, Formelle Prinzipen und Gewichtsformel, in: *Matthias Klatt (Hrsg.)*, a.a.O. (Anm.91), S. 154 ff.

96) *Klatt/Schmidt*, a.a.O. (Anm.91), S. 114.

97) Ebd., S. 110.

98) Ebd., S. 115.

99) Ebd., S. 117.

定までの段階的連続性、及び悲観から楽観までの段階的連続性である。この段階的連続性について、特定の段階がどのように関係する原理に影響を及ぼすのかを検討する必要があり、そのための用いられる手段が段階的衡量（Einstufungsabwägung）である。[100] 段階的衡量の大きな枠組みは、（あ）重大な危険の有無の判断をする段階、（い）危険の程度が軽微である場合に限り、重要性を特定する段階である。段階的衡量は、重要性公式との間で発見的な関係にあり、侵害強度の比較における外在的な正当性の一部として、対立する原理の間での本質的な比較を可能とする。[101]

　ここまで、経験的な不安定性の元での段階的衡量という手段を、経験的安定を無視した重要性公式に対する手段として提示したKlatt／Schmidtは、均衡を崩す不安定さには、経験的なもの以外に規範的なものも存在し、これをも比較の中で考慮しなければならないとする。経験的不安定性とは異なり、規範的不安定性はAlexyによっても考慮されている。Alexyにとっての規範的不安定性の一例は、重要性公式においては結論が1となる場合、結論が出ずに手詰まりとなってしまう場合である。Klatt／Schmidtにとって、比較を最終的に決定する場合に問題となるのは、規範的不安定性より経験的不安定性であるといえるが、彼らは規範的不安定性も、比較の決定の前域において影響を及ぼすと解している。彼らの理解によれば、規範的不安定性は、「意見表明の自由の抽象的重要性は、生命の権利より高いあるいは同等の重要性があるのか」というような重要性公式と侵害強度のジレンマに現れる。[102]

　経験的不安定性と規範的不安定性を区別するため、Klatt／Schmidtは重要性公式に第四の変数を取り入れることを提案する。それは経験的重要性に関する変数 Sn である。これは、従来の重要性公式における Se として示された経験的安定を前提とした変数と対置される変数であり、Sn をメルクマールとすることで、経験的安定と規範的安定の両者の価値に関する複雑な状況を、統一的な段階の中で把握することが出来ると考える。この統一的な段階の中では、経験的前提や規範的前提が不安定であるとき、認識論的な不安定性が捉えられ

---

100) Ebd., S. 124.
101) Ebd., S. 125.
102) Ebd., S. 130.

る。

　不安定性は、段階の中での裁量余地に関する問題を惹起する[103]。このことが具体的に現れて来たのが、上述したラスター捜査判決での多数意見と Haas 裁判官の反対意見の対立である。侵害の強度に対する両者の認識の相違に影響を与えたのは、規範的不安定性である。すなわち両者の見解の相違は既知の事実をどのように評価するかという、不安定性に基づく段階的な判断に拠る。両者共通の前提は、少なくとも軽微な基本権侵害は生じている、ということである。しかし、両者の判断のうちどちらがより適切かと言う命題については、最小のコンセンサスでは判断し得ない。Klatt／Schmidt は、この規範的不安定性の理解についても、段階的衡量という手段が機能すると考える。規範的不安定性は、ここでは中間的（mittel）であるとだけ評価され、不安定（unsicher）であるとは評価されない。この「中間的安定性」という段階は、侵害強度が高い段階にも、比較的低い段階にも含まれており、そのために相互の原理を同一のものとして中立化し、両者の侵害を対立的に把握することを可能にするのである[104]。この理解だけを見ると、判例の分析としては適切である一方で、段階的衡量の機能が不安定性のもとでは極めて限定的にしか機能しないようにも見える。しかし、衡量法則を机上の空論に貶めないためには、経験的不安定性・規範的不安定性の両者の要素を取り込む必要がある。

　そこで限定的にしか機能しなくなってしまう段階性理論を補填するのが、コントロールの配分、すなわち立法府と裁判所の権限分配の問題である。ここでは基本権が最適化原則としてとらえられる[105]。Alexy も同様の旨を述べており、そこでは「原理の理論は、経験的自由裁量の構造の一般的な考慮に照準を合わせることを、ほぼ自動的に可能とする」と表現されている[106]。この発想を、不安定性認識の際にも用いることで、段階的衡量の裁量余地を厳格なかたちで限定するということも考えられる。しかし、この発想には批判がある。それは、Alexy が権限と実体的比較の問題を混同しているように見える部分があることである。Alexy の重要性公式の発想の始発点は、立法の決定を権限付ける外的

---

103) Ebd., S. 136.
104) Ebd., S. 137 f.
105) Ebd., S. 139.
106) Robert Alexy, *A Theory of Constitutional Rights*, Oxford University Press, 2002, p. 416.

原理(国家介入の根拠となっている法益)と、対立する実体的憲法原理(国家行為により侵害される可能性のある個人の憲法上の権利)が、どのように対峙するかという点にある。Alexyはこの対立関係に対して、外在的な解決の間でどちらかの原理が抽象的な優先度を持つという結論を避け、前記二つの衡量法則を比較のための基準とした。しかし、この措置には問題があるとKlatt／Schmidtは指摘する[107]。なぜなら、原理の形式的側面に関して、二つの衡量法則が全く考慮されていないからである。すなわち、具体的な事例の検討以前に、優先度が一定程度決まって来るという立場からの批判である。この立場の代表的なものが、所謂二重の基準論である[108]。二重の基準論は、権限の問題(誰が(Wer)の部分)と、実際の比較(どのように(Wie)の部分)を区別する。Klatt／Schmidtは、Alexyの見解より二重の基準論が優れていると評価するが[109]、それは二重の基準論が特定の権限関係に囚われることなく機能するため、常に変化し、時に問題を孕む統制関係を通じてではなく、二重の基準を通じて具体的原理の比較が可能になると解するためである。Klatt／Schmidtは、二重の基準論との関係で相対的に重要性公式を批判するのみならず、権限分配の問題についても、①裁量余地の法的根拠が明確ではないこと、②権限の問題自体を比較の中でどう考慮していくのかという問題があること、③司法の自己抑制の正当性に関する懸念があることを指摘した[110]。

　Klatt／Schmidtの結論は、「前提となる不安定性は、経験的変数を通じた段階的衡量の中で考慮されなければならない」というものである。経験的・規範的な安定性は、「安定している」「中間的安定」「不安定」という三つの段階によって示され、衡量の中での経験的「安定性」が確認された場合の効果は、対立する二つの原理の攻防力が、それぞれの安定性の段階を相対的に強めるという形で現れる。その上で、二つの原理の比較の中からは段階的不安定さの問題は解決されない、とする重要性公式に対する留保を真正面から認め、後に残るのは経験的不安定性の基礎にある、立法府と裁判所の権限分配の問題に他な

---

107) *Klatt/Schmidt*, a.a.O.(Anm.91), S. 140.
108) 君塚正臣「司法審査基準論」同『司法権・憲法訴訟論 下巻』(法律文化社・2018)66頁以下参照。
109) *Klatt/Schmidt*, a.a.O.(Anm.91), S. 142 f.
110) Ebd., S. 144 ff.

らないと結論づけた。[111]

(3) その他の日独論者による指摘

Klatt ／ Schmidt 以外の論者の指摘についても、若干言及を試みたい。

まず Ekkehard Hofmann は、重要性公式の中では所与のものとして与えられる記号の描写について疑問を呈する。[112]すなわち、いかなるフォーマットの中に置かれた場合に、Ii, Gi, Si が定数として導かれ得るのか、という疑問である。この疑問に対し、Alexy が予てより基本権思想の背景として用いて来た討議理論[113]というフォーマットを糧にする、という応答がひとまずは可能であろう。そもそも記号化される定数についての議論を重要性公式の枠内で行わない理由は Alexy の基本権思想にあると考えられ、実際に Alexy は重要性公式と討議理論の関係を意識して「バランシングは、合理的な法的討議の主張形式である」と述べている。[114]しかし、行政法分野から国家行為と個人の利益の均衡決定及びコントロールを数的に議論する Hofmann が、討議理論のような不安定なフォーマットによって定数が導けるとする論理を首肯するかは疑問である。

また日本の論者では、松原光宏が重要性公式に関する二つの問題点を指摘している。[115]一つは、なぜ分子・分母を構成する原理たる Ii, Ij・Gi, Gj・Si, Sj がそれぞれ三段階に分けられるのかという点。いま一つは、Alexy が予てより主張して来た無差別曲線上の選択型利益衡量論と重要性公式とは、論理的に抵触

---

111) Ebd., S. 150.

112) *Hofmann*, a.a.O. (Anm.72), S. 283. Vgl. *Niels Petersen*, Verhältnismäßigkeit als Rationalitätskontrolle, Mohr Siebeck, 2015, S. 61 ff. Petersen の議論について、「比較衡量にはとくに共約不可能性という理論的問題がある」ということから、「比較衡量を回避しまたは合理化するための『解釈論的ツール』」を用いる各国裁判所の実務を分析する *Niels Petersen*, Proportionality and Judicial Activism: Fundamental Rights Adjudication in Canada, Germany and South Africa, Cambridge University Press, 2017を参照して論じる酒匂、前掲注81)、105頁以下を併せて参照。

113) 討議理論について、渡辺康行「国家と自由 憲法学の可能性・基本的諸自由の理論：ロールズとアレクシー」法律時報70巻12号（1998）109頁以下、同「討議理論による人権の基礎づけについて」憲法理論研究会編『憲法50年の人権と憲法裁判』（敬文堂・1997）153頁、同「人権理論の変容」岩村正彦ほか『岩波講座・現代の法1 現代国家と法』（岩波書店・1997）65頁以下参照。

114) Robert Alexy, The Construction of Constitutional Rights, Law & Ethics of Human Rights 4(1), 2010, pp. 32.

115) 松原、前掲注73)、182頁。

する部分があるが、その関係をどう説明するかが判然としないという点である。本章はこれらの争点に深入りする余裕を持たないが、特に後者の、自身の理論との一貫性という観点は、Alexyの主張の影響力の大きさに鑑みても重要な争点となろう。

（4） 重要性公式から見た je-desto 公式

では、重要性公式と je-desto 公式はどのような関係性にあるのか。ここで、再度注目されるのが、Klatt／Schmidt が、Alexy により重要性公式の中で定式化されたと指摘する二つの衡量法則である。

① 基本権侵害が重大であればあるほど、侵害に関する主要な前提は確信性（Gewissheit）をもたなければならない。

② ある原理の不充足あるいは侵害の程度が高ければ高いほど、他の原理を遂行する重要性（Wichtigkeit）は大きくなければならない。

この①②は、戦略的監視判決の示した je-desto 公式（(a) とする）に対応している。(a) の内容を今一度確認しよう。

(a)（国家行為の守る）法益が重大なものであればあるほど、またはその行為によって広く損害を受け、もしくは受けるのであればあるほど、脅かされたる損害あるいは生じた損害について要求される蓋然性は低く、嫌疑の基礎となる事実は不確実であってもよい。

ここで重要なのは、①②における「基本権」と、(a) における「法益」の対立を前提とし、国家行為の守る「法益」側から重要性公式を見ると、要求される重要性の閾値は、法益の重要性との関係から幾何学的直観により正当性が認識出来るものとして、低く設定されるということである。

この点は、重要性公式が幾何学的に表されることと相俟って、je-desto 公式を理論的に基礎付けうるものとして重要な意義を有する。①②は、Klatt／Schmidt が基本権の観点から Alexy の重要性公式を定式化したものだが、実は Alexy の重要性公式自体はこのような視点をとっていない。Alexy が企図するのは、あくまで国家行為が守ろうとする法益と、国家行為により脅かされる法益という「原理の対立」をフラットに見ることである。Alexy にとっては、重要性公式を用いる前段階の、l,m,s 値（あるいは g,p,e 値）を決定する段階で討議理論に基づく基本権への配慮がなされると理解され、重要性公式の段階では基本権への配慮を要しないと考えられているものと思われるためである。

このことは、衡量法則（正比例原則）を示した①②と、je-desto 公式（反比例原則）を示した (a) の両者が、一つの公式への l,m,s 値（あるいは g,p,e 値）の代入によって表現出来ることを意味している。

このように重要性公式は、比例原則と反比例原則たる je-desto 公式を、同一の理論の軌道において説明することが出来る点で有用であり、汎用性が高い。ただ Klatt ／ Schmidt の指摘するように、重要性公式そのものの機能性については疑問も多く、特に各変数のレベルの判断が所与のものではないという点は、とりわけ判断の基礎となる事実が脆弱であり、規範的に位置づけることが難しい予防的な情報収集活動に関する判決においては、大きな問題として立ちはだかることとなる。また、冒頭に述べたように、正比例と反比例を区別することには、基本権保障の観点から見て重要な意義があるところ、重要性公式では両者が同列に理解されるという課題も注目される。

3　小　括

本章では、予防国家のもとで本来基本的人権保障を実効化するために必要な審査が機能しなくなっている原因とその対策を、予防的警察活動に関係する判例と学説を通じて確認した上で、比例原則の空転に関わる理論的な学術論争について論じた。特に中心として論じてきたのは、比例原則の実質的な中心となる狭義の比例性審査の内部で je-desto 公式に関する議論である。現在のドイツにおいて、je-desto 公式は、狭義の比例性審査の枠内、ひいては従来の比例原則の枠内で、予防的な警察活動を全面禁止することなく、一定程度の規制をかけていく手法として理解することが可能である。ただし経済的自由の領域から警察法へ流入した je-desto 公式の成立背景を考えても[116]、je-desto 公式がそれ自体として受容されているとは言い難い日本の現状に鑑みても、基本権侵害の危険が高まるこの公式を狭義の比例性審査の中でどう理解するか、という点は重大な問題である。Alexy と Klatt ／ Schmidt の議論からは、この問題の一端が垣間見える。

では、Alexy と Klatt ／ Schmidt の主張の結論の相違は、予防的警察活動の事例の解決にあたっては、どのように表れるのか。まとめに代えて、ラスター

---

[116] 桑原、前掲注61)、652頁以下参照。

捜査決定を例に確認しておきたい。本決定は、上述のとおり、継続的危険をも含む可能性のある、損害発生の十分な蓋然性及び蓋然性予測の具体的な事実的基礎を内容とする「具体的危険」で足りるとしたが、Alexy の見解に立てば、国家による基本権侵害行為（ここではラスター捜査）が、確定的な三要素（Ii／Gi／Si）から決定され、Gi,j＜1 となる危険の程度が「具体的危険」であるかどうかを検証することになる。ここで Klatt／Schmidt の見解を考慮すると、この段階で確定的な要素ではない経験的不安定性の変数 Sn を織り込むこととなる。そのため、特に具体的な可視化の困難な「具体的危険」には、経験的不安定性という負の要素が強く考慮されることとなり、結果として合憲的な国家行為の範囲が狭まる可能性がある。また、Klatt／Schmidt の見解は、経験的不安定性の基礎にある立法府と裁判所の権限分配の問題についても、重要な示唆を与える。

　両者の議論からの示唆は、「狭義の比例性審査の枠組みは、国家行為の守る『法益』の内実について議論する場ではなく、具体的均衡をはかる場なのではないだろうか」という疑問をも生じさせる。すなわち、本来狭義の比例性審査ではなく、規制目的の中で国家活動の保護する「法益」の限定という段階で論じるべき内容まで、je-desto 公式の中で包括的に論じてしまっているのではないか、とも思われるのである。je-desto 公式が変数 x と y の両者の変動を前提とすることを踏まえれば、je-desto 公式の議論も、その本質は国家活動が守ろうとする「法益」の議論にあるといえるだろう。その意味で、本書第一部第一章で論じた「安全」概念の限定は、違憲審査においても重要な意義を有する。

第二章　予防的国家活動を統制する立法における立法評価

1　はじめに——刑事訴訟法上の捜査と個人情報

　本章では、予防的国家活動として行われるテロリズムに対抗するための情報収集活動により収集されたデータに関する立法と、その立法評価について検討する。この点について論ずるのは、情報収集活動や後続する情報の蓄積や利用の法的根拠となる立法が、その成果物としてのデータや情報の特性との関係で、いかなる統制を受けて成立・改正していくべきものであるのか、という点を明らかにする必要があると考えるためである。筆者は、テロリズムに対抗する情報収集活動に関する立法に限って言えば、立法者に全幅の信頼を置くことは望ましくなく、立法過程に対しても一定の統制をかける必要があると考えており、その手段として立法評価システムに一定の可能性を見出しているということでもある。

　テロリズムに対抗するデータに関する立法の特徴は、その対象に刑事訴訟法上の捜査、すなわち刑事訴追目的で取得されたデータと、予防的に取得されたデータをともに含む点にある。

　本章が検討対象とするのは、基本的に予防的な情報収集活動に限るが、上述したとおり両者の境界も曖昧であることから、検討の前提として、刑事訴訟法上の捜査の位置付けについての日独の相違を、改めて端的に確認するところから議論をはじめたい。

1　日本

　本書第一部第一章第5節にて詳述したとおり、我が国における刑事訴訟法上の捜査、その処分の性質から、任意処分と強制処分に区別されるとされるが[1]、

---

1)　最判昭和51年3月16日刑集30巻2号187頁。

近年、処分の性質を前提とする捜査機関の統制という場面に関する裁判例において、プライバシー権の解釈に混乱が見られると、稲谷龍彦は指摘する[2]。たとえば米子銀行強盗事件判決[3]では、所持品の内容を捜査官が一瞥する行為をプライバシー侵害性の低い行為と判断しているところ、宅配便X線検査事件決定[4]は、宅配便のX線検査をプライバシー侵害性の高い行為と認定している。宅配便X線検査事件決定では、目視による一瞥とX線検査の差異を明確にすることなく、異なる個別事例に対する判断としたが、両者が本質的な相違を有し、プライバシー侵害について異なる帰結を導くといえるのかは、不明瞭なままであった。

ただし上記両判例を含む従来のプライバシー権解釈を基礎とした裁判例は、個々の監視型捜査を強制処分と考えるか任意処分と考えるかはさておき、いずれも強制処分に該当すれば当然令状を要するという考え方に基づくものであった。これを覆した判決が、監視型捜査に関する「画期的判決」[5]とも評されたGPS捜査判決である。

本判決は、GPS捜査は刑事訴訟法上、特別の根拠がなければ許容されない強制の処分にあたるため、従来の判例に従えば令状が必要であると正面から認めた上で、GPS捜査は使用者の行動を継続的、網羅的に把握することを必然的に伴い、令状請求の審査を要することとされている趣旨を満たすことができないおそれがあり、またGPS捜査は秘かに行うのでなければ意味がなく、事前の令状呈示を行うことは想定できないとする。そして、同趣旨が担保される他の手段を選びうるが、捜査の実効性に配慮しつつ、どのような手段を選択するかは、第一次的に立法府に委ねられるとした。

本判決は、①下級審で判断が分かれていたGPS捜査を強制処分と認めたこと、②令状主義の真正面からの修正を容認したこと、③令状主義の趣旨を担保

---

[2] 稲谷龍彦『刑事手続におけるプライバシー保護：熟議による適正手続の実現を目指して』（弘文堂・2017）10頁以下。
[3] 最判昭和53年6月20日刑集32巻4号670頁。
[4] 最決平成21年9月28日刑集63巻7号868頁。
[5] 笹倉宏樹＝山本龍彦＝山田哲生＝緑大輔＝稲谷龍彦「強制・任意・プライヴァシー［続］：GPS捜査大法廷判決を読む、そしてその先へ」法律時報90巻1号（2018）54頁において引用される、山口厚最高裁判事の発言。

347

する異なる手段の立法を促したことの三点で、極めてインパクトの大きな判決であった。

　特に②について、令状主義は憲法35条の明文による要請であるところ、これを裁判所が拡大解釈し、且つその拡大の手段を立法府に委ねるという本判決の手法は、憲法の最高法規性を揺るがす重大な瑕疵を内包するおそれがある。実質的にも、私的領域への介入の制約を目的として令状を要求する35条の意義に立ち返るに[6]、このような運用が認められうるのかは疑問である。ただ、日本国憲法制定時には想定しえなかった技術的進歩が背景となっていることに鑑みれば、こと捜査とプライバシーという観点から見て令状主義の修正を余儀なくされていることは、本判決の指摘するとおりである。

　また本章の問題意識からは、③について、刑事立法と裁判の関係の転換を表出するものと捉えられる。中島宏は本判決について「かつての刑事立法が硬直化し、司法の法創造機能に法の発展を委ねざるをえなかった時代から、今世紀の司法制度改革を経て『立法の時代』へと展開したことが、解釈ではなく立法による解決を志向する本判決の姿勢を導いている」と評価する[7]。また大野正博は、立法の「沈黙」の転換点は1990年代以降の「オウム事件を契機とした組織的犯罪対策の必要性と反社会的団体による企業犯罪・経済犯罪の増加」にあると見る[8]。これらの指摘は、従来の令状主義の考え方には適さない、秘匿性のもとに実効性が担保される新しい技術的手段を用いた情報収集について、全てを退けられるべきものと考えるのは現実的ではなく、本質的な問題は、令状主義が性質上妥当し得ない態様による捜査手段の実効的な統制方法について、立法による個別の対応が出来る法的環境が日本には存在しないことにあるのではないか、という問題を示唆する。この問題は、強制処分法定主義と令状主義、そして法律の留保の関係を今一度検討することに直結し、更には技術的に新しい情報収集の手段に対する広義の立法過程のあり方を考えることに繋がる。

　この点、後藤昭は、本判決を「強制処分法定主義の復活」と評しているが[9]、

---

[6]　長谷部恭男『憲法〔第8版〕』（新世社・2022）270頁以下、大石眞『権利保障の諸相』（三省堂・2014）264頁以下参照。
[7]　中島宏「GPS捜査最高裁判決の意義と射程」法学セミナー752号（2017）14頁。
[8]　大野正博「いわゆる『現代型捜査』の発展と法の変遷」法学セミナー752号（2017）26頁。
[9]　後藤昭「法定主義の復活？：最大判平成29年3月15日を読み解く」法律時報89巻6号（2017）

山田哲史の述べるとおり、法律の留保の原則の考え方を前提とすれば、「強制処分法定主義などというものをわざわざ設定する必要があるのか」という疑問が生じる。この点、實原隆志は、法律の留保と刑事訴訟法197条1項但書に関する議論を前提に「監視型の捜査手法に対する立法的措置の必要性を日本国憲法上どのように位置づけるかが問題」とするが、本章の立場からこれらの議論を考える際のGPS捜査判決の意義は、本判決を強制処分法定主義の復活と評価すべきか、従来の強制処分・任意処分の区別の相対化と評価すべきかという判断はひとまず措くとしても、個別具体的且つ段階的な立法上の対応を通じて、新たな技術を用いた情報収集活動を合憲的に運用する余地を探究する必要があることを示し、法律の留保原則の我が国刑事法における表出について、今一度真摯に向き合う契機となったことにあるといえる。

2　ドイツ

ドイツ刑事訴訟法においては、明文の根拠規定を持たず、且つ基本権に対する比較的重大でない侵害を伴う処分については、同法161条及び163条において包括的に捜査の権限が与えられているが、通信傍受や監視機器使用などの捜査手法については、基本権に対する比較的重大な侵害を伴うおそれがある処分として個別に規定されている。前者が日本における任意処分、後者が強制処分に該当するが、日本とドイツの理解には大きな違いがあることを併せて確認しておかなければならない。強制処分の個別規定には、通信傍受（100a, b条）、大

　5頁。
10)　山田哲史「GPS捜査と憲法」法学セミナー752号（2017）29頁。
11)　實原隆志「『GPS捜査』の憲法上の問題：比較対象としてのアメリカ国内の議論」福岡大学法学論叢63巻1号（2018）36頁、山本龍彦「GPS捜査違法判決というアポリア？」論究ジュリスト22号（2017）155頁以下参照。
12)　ドイツ刑事訴訟法161条1項は、「検察官は事実探求のため、あらゆる態様の調査活動を自ら行い、またはその捜査補助官（指定の警察官）に行わせることができる。」と定めており、本項がドイツにおける捜査活動の一般的授権規定と解されている（金尚均ほか『ドイツ刑事法入門』（法律文化社・2015）160頁参照）。なお、刑事訴訟法163条は、警察に対し捜査活動の一般的授権を行った規定である。
13)　1968年、通信傍受が同法100a条に規定されて以降、技術的手段における強制処分についての個別規定が順次定められた。辻本典央「刑事手続における私的秘密領域の保護：ドイツにおける住居内会話盗聴問題の理論的考察」近畿大学法学54巻2号（2006）177頁以下参照。

盗聴（100c, d条）、小盗聴（100f条）、写真・ビデオによる撮影（100h条1項1号）、GPS捜査を含む「監視を目的とする技術的手段」（100h条1項2号）等があり、技術的進歩に伴い、個別規定のメニューは随時追加されている。

特にGPS捜査の合憲性について、2005年の連邦憲法裁判所判決は、当該捜査が他の監視方法と組み合わせられることにより人格の包括的監視をもたらす場合には、情報自己決定権を侵害するおそれがあるものとした[14]。同判決を受けて2008年に新設された刑事訴訟法100h条は、①補充性の原則を満たすこと、②監視のみを目的とすること、③重大な犯罪を対象とする場合に限ることを要件としてGPS捜査を許容した[15]。強制処分の種類と要件を法律上詳細に規定するドイツの法体系においては、強制処分・任意処分の区別を裁判所が個別に行うという場面は限定されていく。更に、当該処分が任意処分に該当する場合の警察機関の情報収集の適法性について、實原は以下のように指摘する。「ドイツにおいては、『情報自己決定権に対する「侵害」ではない』との結論は、制約されている権利・利益が、手段の比例性（許容性）を審査すべきほどには重要でないことを意味する」、と[16]。このような理解は、任意処分の違法性を論ずる日本の裁判所とは、明確に異なる。

基本的人権の保障と法治主義、法律の留保の徹底が強く意識されたドイツの例から得られる示唆は、明文による令状主義の明文による要請という課題はあるにせよ、令状主義の趣旨を没却せずに技術的発展に即した捜査を可能としながら、立憲主義国家として憲法上強く要請される基本権の保障を全うするために、法整備を個人情報保護法制の中での行政、更には捜査機関の個別の捜査類型に対する立法的統制をかけていくことが有効である、ということである。これは前述した法律の留保の考え方が、個別の捜査の統制においてどのように立ち現れるべきかを検討するにあたり、本質的な命題である。特に捜査対象が嫌疑なき国民に広がる傾向にある、テロ対策のための警察活動に対する基本権の

---

14) BVerfGE 112, 304, Urteil des Zweiten Senats v. 12. 4. 2005. 川又伸彦「自動車の位置監視システムの合憲性」ドイツ憲法判例研究会（編）『ドイツの憲法判例Ⅲ』（信山社・2008）375頁以下参照。

15) 斎藤司「GPS監視と法律による規律：ドイツ法のアプローチ」刑事弁護89号（2017）112頁。

16) 實原隆志「行政・警察機関が情報を収集する場合の法律的根拠」ドイツ憲法判例研究会（編）『〈講座　憲法の規範力〉第4巻　憲法の規範力とメディア法』（信山社・2015）260頁。

保障という局面においては、このような統制に対する要請は強く現れる。以降、この点に留意しつつ、テロリズムに対抗するための情報収集活動の立法による統制のあり方について、収集される「データ」に関する立法を中心に論じる。

2 ドイツにおける立法の展開と裁判例

ドイツにおけるテロリズムに対抗するためのデータに関連した事項については、世界同時多発テロの発生を契機として一連の立法化が行われた。以下、その主たる立法の制定過程と、これに影響を及ぼした裁判例を時系列に沿って辿った上で[17]、裁判所が立法過程に与えた影響について分析する。

1 世界同時多発テロ発生以降――反テロ立法の確立

2001年の世界同時多発テロ直後、第一次反テロ一括法が成立する。団体結社法の宗教特権の削除や、国外での犯罪組織設立を犯罪行為の対象に含むことなどが主たる内容である[18]。

2002年、第一次反テロ一括法を補完する第二次反テロ一括法に関する議論を経て[19]、TBG（テロリズム撲滅法）が制定される[20]。本法は、銀行や資本企業、航空輸送会社、コンピューターサービスシステム、通信コミュニケーションまたは通信サービスの提供、航空旅客会社への調査から、明確な限定を設けて（且つ時限的に）情報を入手する体制を整えた。また同年、テロ対策の観点から複数の法律が改正される。税関法では、テロ組織の資金源となる税犯罪に関して、税関組織による統一的対応を可能とする改正が行われた。また刑法では、国内ないし国際的テロ組織の創設と支援を構成要件とする刑法129a条[21]・129b

---

17) *Heinrich Amadeus Wolff*, Moderne Sicherheitsgesetze: Verfassungsrechtliche Bewertung, in: *Hans Jürgen Papier / Ursula Münch / Gero Kellerman (Hrsg.)*, Freiheit und Sicherheit: Verfassungspolitik, Grund rechtsschutz, Sicherheitsgesetze, Nomos, 2016, S. 64 ff.
18) 坪郷實＝高橋進「9.11事件以後における国内政治の変動と市民社会」日本比較政治学会年報9号（2007）32頁以下。
19) *Peter Schaar*, Das Ende der Privatesphäre, S. 132 f.
20) *Philipp H. Schulte*, Terrorismus und Anti-Terrorismus-Gesetzgebung: Eine rechtssoziologische Analyse, WAXMANN, 2008, S. 183 ff.
21) 刑法129a条は「テロ組織の創設・参加」について、1項及び2項で創設・参加により1年

条につき、ドイツに関連する活動の範囲内で、国外組織にもこれを拡大した[23]。これらの規定は抽象的危険犯として定められており、「テロ組織に関与しただけで処罰され」ることとなるが、このような規定が容認される背景について、ドイツの刑法学者である Liane Wörner は、テロリズムが「重大な犯罪をする人の決意に対して展望的刑法保護を必要とするほどの人々の危殆化を内包する固有のダイナミクスを有しているということを考慮している」と考察する[24]。

2004年には、MADG（軍事保安局法）の第一次改正が行われた。本改正法の主たる目的のひとつは、海外の軍事拠点での情報収集・情報分析に関する任務行使を可能とすることであった（MADG14条）[25]。

ここまでは、いずれも世界同時多発テロに対する反応として、テロ対策にかかる国家の権限を強化する方向での法制定・法改正が中心であった。

2　2006年以降──連邦憲法裁判所判例と立法

2006年、GDG（一般的データ法）と ATDG（反テロデータ法）が制定される。GDG は一般的データに関する法だが、テロリズム撲滅に関連した情報をもつ他の官庁に対し、情報を要求する際のデータを対象に含む。ATDG はここから更に進んで、連邦と州の警察官庁と秘密諜報機関の間で共有することを前提としたデータベースに、テロ対策のためのデータ（反テロデータ）を設けることを専らの目的とした時限立法として制定された。後述するとおり、本法は、

　　以上10年以下の自由刑が課される対象となるテロ組織が「目的とする」犯罪類型を指定し、3項では1項及び2項で掲げた罪により脅迫を行うことを目的とした組織を創設した者を6月以上5年以下の自由刑を処すと定める。更に5項では、テロ組織を支援・宣伝したものは1項及び2項該当の組織については6月以上10年以下の自由刑、3項該当の組織については5年以下の自由刑または罰金刑に処すと定める。

[22]　刑法129b 条は、国外の犯罪とテロ組織について、以下のとおり定める。（1）129条・129a 条は、国外の組織についても効力を有する。EU の構成国以外の組織に関係する行為については、空間的適用範囲における法の範囲内で行われる活動があるか、行為者あるいは犠牲者がドイツ人であるか、（当該組織が）国内にいるかの場合にのみ効力を有する。（後略）

[23]　渡邉斉志「テロリスト犯罪規定を改正するための法律案：EU 法の国内法化」外国の立法218号（2003）150頁以下参照。

[24]　リァネ・ヴェルナー（著）金尚均（訳）「ドイツ法におけるテロの可罰的予備：前倒しによる刑法の拡張に対する批判的考察」龍谷法学47巻1号（2014）212頁。

[25]　*Wolf-Rüdiger Schnke/Kurt Graulich/Josef Ruthig (Hrsg.)*, Sicherheitsrecht des Bundes, 2. Aufl., C.H. BECK, 2018, S. 1560 f [Thomas Siems].

2013年の反テロデータ判決を受けて改正されることとなる。

　異なる権限を有する官庁の間でのデータの共有を前提とした両法の創設は、国家のテロ対策のための予防的情報収集活動にかかる権限強化に一役買った。一方で、法律の下でのデータ共有を明確にし、その限界を表した点においては、両法の創設は権限の拡大に留まらない統制的な意義を持つとも評価しうる。

　2006年、連邦憲法裁判所によるラスター捜査決定が下された。ラスター捜査決定については本書第一部第一章や第四部第一章で論じているため詳細は割愛するが、広範な条件によるデータの網掛け捜査（ラスター捜査）を行う根拠となったノルトライン・ヴェストファーレン州警察法（以下、PolG NW31条）とこれに基づく捜査の合憲性が争われた事件である。本決定において、連邦憲法裁判所は、憲法上是認しうるラスター捜査が開始される際に要求される法律の文言上の「危険」の程度について、発生すると予想される損害の程度が大きければ大きいほど、介入に必要とされる危険の程度は小さくてよいとされるje-desto公式を前提に、PolG NW31条が基準とする「現在の危険」まで要求されるものではなく、「損害発生の十分な蓋然性および蓋然性予測の具体的な事実的基礎」という、具体的な危険の要件を満たしていれば、狭義の比例性審査を充足するものと判示した。[26]

　本決定に関連して（あるいは本決定に関わる事象の影響を受けて）、この時期、三つの大きな立法上の動きが生じる。①連邦刑事庁を通じた国際テロの危険への防御に関する法律制定、②刑法改正、③基本法改正である。

　まず①について、基本法73条1項9号による国際的なテロリズムの危険に対する防御の権限は立法府にあると明示されていたが、[27]本決定を受けて改正された連邦刑事庁法は、各州が独力では克服できないテロリズムに直面した場合に、国際的なテロリズムの防御の予防的任務を担う連邦刑事庁に対し、20k条のオンライン捜査や、20l条の情報源の通信の監視、20h条の予防的な住居の監視の権限といった、秘密の情報調査の包括的権限を与えることと規定した。

---

26)　BVerfGE 115, 320, Beschluß des Ersten Senats v. 4. 4. 2006, Rn. 146.
27)　これは、連邦刑事庁の権限拡大の一環と見ることも出来る。植松健一「連邦刑事庁（BKA）・ラスター捜査・オンライン捜査（1）：憲法学的観点からみたドイツにおける「テロ対策」の現段階」島大法学第52巻第3・4号（2009）6頁以下。

353

次に②については、テロの計画・準備・指導などの処罰を定めた刑法89a条・89b条・91d条について、その前段階の行為を新たに処罰対象とした。これは、テロに関する行為につき、予防的行為にまで処罰を拡大する意義を有する。

最後に③について、基本法45d条が新設され、警察等とのデータ共有が可能な連邦の秘密的諜報機関に対する議会によるコントロールが強化された[28]。これはラスター捜査決定から直接導かれた改正とは言えないものの、従来から設置されていた議会統制委員会に基本法上の地位を新たに与えた点で、情報収集活動に対する議会の統制を基本法と結びつける役割を果たす[29]。その後の特筆すべき議会統制委員会の活動としては、2016年に発生したベルリン・クリスマスマーケットへのトラックテロの実行犯 Anis Amri（ISILと関係しており、当該事件発生前より予防的に情報収集の対象となっていた人物）に対する捜査機関の情報収集活動などに対して実施されたものがある[30]。現在の議会統制委員会の大きな役割の一つがテロリズムに対する情報収集活動を統制することにあるということを表す一例といえよう。

本書第四部第一章でその違憲審査の方法について論じたラスター捜査決定には、ラスター捜査を批判する立場からだけでなく、これを推進する立場からも批判があった。しかし、2001年以降のテロ対策立法の立法過程に与えた影響という観点に限って見れば、二つの大きな意義を有する決定であると評価できる。

---

28) 2009年7月17日改正法で追加された45d条1項は、以下の通り定める。「連邦議会は、連邦の秘密諜報機関の行動を統制するための委員会委員を任命する」。

29) 渡邉斉志「ドイツにおける議会による情報機関の統制」外国の立法230号（2006）124頁以下。同125頁では、Parlamentarisches Kontrollgremium (PKGr)に「議会監督委員会」の訳があてられているが、本書ではKontrollの語について憲法的統制を強調する観点から、「議会統制委員会」と訳している。45d条2項に従い、Gesetz über die parlamentarische Kontrolle nachrichtendienstlicher Tätigkeit des Bundes (PKGrG)に詳細が定められる。

30) BT-Drucksache 18/12585. *Thorsten Kingreen*, Parlamentarische Kontrolle, insbesondere durch Untersuchungsausschüsse（Art.44 GG）, Jura 2018, S. 883.; *Enrico Brissa*, Aktuelle Entwicklungen der parlamentarischen Kontrolle nachrichtendienstlicher Tätigkeit des Bundes, DÖV 2017, S. 767 f.; *Bernd Grzeszick*, Grenzen des parlamentarischen Untersuchungsrechts und Kompetenzen des Parlamentarischen Kontrollgremiums, DÖV 2018, S. 209 ff. などに見られるように、近年の国内外のテロリズムに対する情報収集活動に対する議会によるコントロールに、注目が集まっている。

一つは、ラスター捜査の限界を明確にし、従来ばらつきのあった各州警察法でのラスター捜査の基準を、連邦全体で統一化するに至ったことである。「現在の危険」よりも切迫性の低い「具体的危険」を要求するという合憲性の基準の当否については議論のあるところであるが、少なくとも同決定によって、捜査手段としてのラスター捜査は基本法との関係で一定の地位を確立し、今後の予防的警察活動の推進に対し示された基本法上の許容性が、連邦一律の基準として立法に反映された。

いま一つは、情報収集活動の議会による統制という観点が、基本法上明確になったことである。「具体的危険」の要求はあくまで捜査対象となる行為により生じる被害の大きさと具体性に依拠するものであり、その捜査対象範囲についての言及はなく、実際のラスター捜査でも国籍や年齢といった極めて一般的なデータでの網掛けが行われていた。これでは捜査対象範囲が広範囲に拡大し続け、基本権を不当に侵害するおそれがある。広く情報収集活動に対するコントロールを行うことを一つの役割とする議会統制委員会に、基本法上の地位が与えられたことは、本決定との関連では、情報収集活動を基本法の趣旨に従って議会が行政を統制するための一手段として機能する、と捉えることが可能であろう。

更に、連邦憲法裁判所は2013年、ATDG に基づき創設された反テロデータについて、判決を下した（以下、反テロデータ判決）[31]。本判決は、電子的な捜査手法に関する、一連の連邦憲法裁判所判決のひとまずの終着点と評価される[32]。

本判決は主な争点について、以下の通り判示する。

まず、反テロデータの取扱いについてである。前述のとおり ATDG は、連邦・州の警察官庁と秘密諜報機関など、複数の異なる官庁の間で共有することを前提とした反テロデータの蓄積・交換について定めている。反テロデータとしてのデータの共有は、異なる任務を持つ情報収集活動の主体を関連づけるこ

---

31) BVerfGE 133, 277, Urteil des Ersten Senats v. 24. 4. 2013; *Jan-Willem Prügel*, Entscheidungsanmerkung, ZIS 2013, S. 533 ff.

32) *Klaus Ferdinand Gärditz*, Anmerkung, JZ 2013, S. 633. オンライン捜索判決（BVerfGE 120, 274, Urteil des Ersten Senats v. 27. 2. 2008）、蓄積データ判決（BVerfGE 125, 260, Urteil des Ersten Senats v. 2. 3. 2010）、通信傍受新規律決定（BVerfGE 129, 208, Beschluß des Zweiten Senats v. 12. 10. 2011）などが、ここにいう一連の判決である。

ととなり、刑事罰を伴う危険防御及び刑事訴追を目的とした反テロデータの使用は、基本権に対する強度の侵害となりうる。特に、予防的な情報収集活動を任務とする諜報機関については、危険発生の前域における情報収集活動を行うことから、慎重な対応が要求される。[33]

そこで反テロデータの使用は、収集の目的に応じてデータを分離し、目的外のデータ利用に関しては新たな審査を必要とする「分離原則（Trennungsgebotz）」[34]を前提に、データの交換は原則として認められないと考える。分離原則の憲法上の地位は、国家及び憲法秩序、ひいては国民を保護するための情報収集を行う中央機関を、それぞれ設置することができると定めた基本法87条1項2文から導かれる。本規定は、法治国家と基本権の保障を刻印する。ただし、各官庁は収集の権限が異なり、特に警察官庁は諜報機関が収集するデータを自ら集めることが出来ないため、反テロデータ法を通じて分離原則は部分的に破棄され、例外的にデータ交換を認めることとなる。[35]これはまさしく反テロデータ法の目的そのものであり、この立法目的自体は合憲とされる。しかし、データの交換を前提とする以上、過度のデータ蓄積・結合や内容の限定・コントロールが不十分な場合については、情報自己決定権の侵害として、狭義の比例性を満たさず違憲となりうる。権限の異なる官庁の間でのデータの交換は、緩和された条件においても当該情報を取得することが正当化されうるほど、特に重要性の高い公共の利益に資するものでなければならず、明白な法律上の規

---

33) BVerfGE 133, 277, Rn. 112 ff.
34) *Prügel*, a.a.O.（Anm.31）, S. 529 ff; *Hans Peter Bull*, Datenschutz oder Schutz von Individualinteressen?, in: *Thomas Meyer / Udo Vorholt (Hrsg.)*, In Freiheit contra Sicherheit?, Projektverlag, 2012, S. 41 ff; *Dieter Grimm*, Der Datenschutz vor einer Neuorientierung, JZ 2013, S. 585 ff; *Julia Stunbenrauch*, Gemeinsame Verbunddateien von polizei und Nachrichtendiensten, Nomos, 2009. 入井凡乃「事後的是正義務と新規律義務」法学政治学論究101号（2014）117頁は、Trennungsgebotzを「分離原則」と訳出しており、この訳がTrennungsgebotzの実質的意義にも妥当すると思われるため、本章もこの訳に沿った。
35) BVerfGE 133, 277, Rn. 123. 上代庸平「安全確保権限の相互協力的行使と情報共有の憲法的課題」大沢秀介＝新井誠＝横大道聡（編著）『変容するテロリズムと法：各国における〈自由と安全〉法制の意向』（弘文堂・2017）174頁が指摘するように、反テロデータに関する情報の分離原則は、実態としては、具体的な危険を前提とした捜査をその権限とする警察機関が、特定の目的のもとで広範な情報収集を行う秘密諜報機関の取得したデータを利用する場合に発生する基本権侵害が問題となり、この基本権侵害の常態化の懸念は「比例原則の運用において深刻に考慮される余地があ」る。

定を根拠として、十分に具体的且つ適切な閾値が示されなければならない。[36]

本判決は、組織上の分離原則から基本権的分離原則を導いた、と評される。[37]本判決について、入井凡乃は情報分離原則と目的拘束原則との重複について指摘し[38]、上代庸平はデータ交換を前提とする情報分離原則の「相対化」の契機となったと指摘する[39]。分離原則については、その理論的・歴史的背景及び有効性を検証する意義があると考えるが、ここでは詳細には論じない。

更に、本章で取り扱う裁判例の立法過程への影響との関係においては、反テロデータの運用を適切にコントロールするための監督的権限に関する判示も重要である。ATDG10条1項は、データ保護のための監督機能について、「データ保護と情報の自由に資するデータ保護実施のコントロールは、連邦データ保護法24条1項により、連邦データ保護監察官（Beauftragter für den Datenschutz）の義務とされている（後略）」[40]と定めるが、本判決は、二年間という期間を示して、立法府及び監督官庁によってデータ保護の実施に関するコントロールとその確認を行うことを求め[41]、後述のとおり立法者へ大きな影響を与えた。

当時、時限立法であったATDGの更新規定には、「具体的に誰が評価を実行するのか、どのような手段で評価を行うか」について言及がなかった。本判決がなされる前の2013年3月に、連邦政府は「重要性や基準、詳細な分析に関する更なる規定がない中、立法府は、法的に定義される目標設定と基本権の可能な制約との関係における観点において、テロ対策のためのデータという手段の包括的な分析と利用を意図」しなければならないと述べたが、この点、裁判所

---

36) BVerfGE 133, 277, Rn. 123, 138 ff. 上代、同上、173頁。
37) Gärditz, a.a.O. (Anm.32), S. 634.
38) 入井凡乃「情報機関・警察の情報共有と情報自己決定権：テロ対策データファイル法判決」ドイツ憲法判例研究会（編）『ドイツの憲法判例Ⅳ』（信山社・2018）49頁。
39) 上代、前掲注35）、178頁。
40) 松本和彦『基本権保障の憲法理論』（大阪大学出版会・2001）98頁によれば、連邦データ保護監察官（連邦データ保護受託官）とは、連邦データ保護法に創設時より設けられた「データ保護の統制・監督のための、一種のオンブズマン」としての役割である。連邦データ保護及び情報の自由に関する保護監察官について扱う邦語の先行研究として、寺田麻佑「特定個人情報保護委員会の機能と役割」情報処理学会研究報告 EIP69－Vol.14（2015）6頁、佐藤結美「個人情報の刑法的保護の可能性と限界について（4）」北大法学論集67巻1号（2016）97頁以下参照。
41) BVerfGE, 133, 277, Rn. 214 ff.

から具体的な是正の要請が示されたといえる。この要請は判決の中で、「事後的是正義務（Nachbesserungspflicht）」「新規律義務（Neuregelungspflicht）」と呼ばれる。

本判決を受けて、ATDGが改正された（2015年1月1日施行）。改正後のATDGについては立法評価のシステムを検討する中で論ずるが、従来国際的テロリズムの克服を目的として、各官庁が保有するデータの蓄積・結合・利用の権限と制約を定める時限立法であったATDGは、本判決による同法合憲性の裏付けを背景として時限立法でなくなる一方、判旨に従い、データ保護の実施について、議会による定期的なコントロールを目的とした確認義務が課された。改正後のATDGに新設された10条2項は、「（同）1項に規定する機関は、権限の枠組みに応じて、少なくとも二年ごとにデータ保護の実施のコントロールを行うことを義務とする」と定めている。また、同法9条3項は、「連邦刑事庁は、2017年8月1日から、三年ごとに、反テロデータベースのデータ概要及び利用について連邦議会に報告する」と定めた。

ラスター捜査決定ならびに反テロデータ判決の両者が立法に与えた影響として共通する特徴は、法の運用のチェック機能としての「立法府及びその関係機関による統制」が、憲法上の要請に基づいて立法に反映されている点である。以下、この動きとの関係から論じられている、テロリズム対策に関わる法の立法評価の研究について、憲法学的観点から論じる。

---

42) BT-Drucksache 17/12665(neu), S. 6 f. Vgl. *Matthias Kötter*, Von den Daten zur Empfehlung: Folgerungen aus der wirkungsbezogenen und der juristisch-normativen Evaluierung von Sicherheitsgesetzen, in: *Chrsitoph Gusy (Hrsg.)*, Evaluation von Sicherheitsgesetzen, Springer, 2015, S. 60 f. なお、植松健一「ドイツの治安法制における立法事後評価（1）」立命館法学379号（2018）35頁以下のとおり、この連邦政府の報告は、ATDGの運用について、5年ごとの連邦議会への報告を義務づける共通データベース法の規定に基づくものである。

43) 入井、前掲注34）、117頁は、従来ドイツの学説・判例において混同して用いられる両概念の判別を論ずる。併せて入井凡乃「立法者の事後的是正義務の法的構造：ドイツの判例・学説を中心に」法学政治学論究139号（2023）1頁以下参照。

44) BGBl. I, 2014, S. 2318. 渡辺富久子「ドイツにおけるテロ防止のための情報収集：テロ対策データベースと通信履歴の保存を中心に」外国の立法269号（2016）24頁以下参照。

45) 渡辺、同上、48頁以下参照。なお、改正前の2項は、改正後同条3項となっている。

46) 本章では反テロデータ判決までを中心に取り扱うため、注記するに留めるが、連邦憲法裁判所は2016年、2009年の連邦刑事庁法改正による国際的なテロリズムの防御の予防的任務を担う連邦刑事庁の情報調査の包括的権限について、権限自体は合憲的であるとする一方、措置の要

3 立法のチェック機能——立法評価

1 立法評価論の憲法学上の位置付け

　従来我が国の法学領域において、立法評価は、主に政策評価との関連で論じられてきた[47]。手塚貴大は、法律の有する「実効性・効率性」を担保するための評価が不可欠であり、そのための「法律の影響アセスメント（Gesetzesfolgenabschätzung）」が理論的に要求されるとする。ここでの「法律の影響アセスメント」は、「"法律の実施によって生ずる諸々の影響を把握し、それをベースとして当該法律の実効性・効率性等を評価する作用"」と定義づけられる[48]。手塚は「法律の影響アセスメント」が要求される実質的な理由の一つを、「法律の過多の解消」のため、当該立法を制定すべきであるか否かの厳格な審査を行うべきである、という点にあるとする。

　一方、我が国の憲法学において立法評価が意識的な議論の対象となった端緒の一といえるのは、大石眞による立法府の機能に関する言及である[49]。大石は

　　件の更なる厳格化を要求する判決を下した（連邦刑事庁法データ判決（BVerfG 141, 220, Urteil des Ersten Senats v. 20. 4. 2016. Vgl. *Kurt Graulich*, Polizeiliche Gefahrenabwehr mit heimlichen Überwachungsmaßnahmen, KriPoZ 2016, S. 79 f.; *Wolfgang Durner*, Anmerkung, DVBl 2016, S. 780 ff.、石塚壮太郎「ドイツ憲法判例研究（206）連邦刑事庁による秘密裏の情報収集およびその利用・伝達に課される諸条件：連邦刑事庁法違憲判決」自治研究94巻7号（2018）145頁以下、同「テロ防止のための情報収集・利用に対する司法的統制とその限界」大沢＝新井＝横大道（編著）、前掲注35）、180頁以下）。この要請に対応してBKAGが全面的に改正された（2018年5月25日施行（BGBl. I, 2017, S. 1354））。この改正を受け、更なる法令一部違憲の判断を下した連邦憲法裁判所判決として、連邦刑事庁法Ⅱ判決（BVerfG, Urteil v. 1. 10. 2024 - 1 BvR 1160/19 -）参照。

47)　福岡英明「フランスにおける法律の施行統制・立法評価・政策評価：議会立法評価局・議会政策評価局をめぐって」高岡法学11巻1号（1999）81頁以下、同「フランスの政策評価・立法に対するデクレと通達：旧稿の補遺」高岡法学12巻2号（2001）227頁以下、手塚貴大「立法過程における政策形成と法（一）：ドイツ立法学に係る議論の一端の概観」広島法学第28巻3号（2005）65頁以下、同「立法過程における政策形成と法（二）：ドイツ立法学に係る議論の一端の概観」広島法学28巻4号（2005）67頁以下、同「立法過程における政策形成と法（三・完）：ドイツ立法学に係る議論の一端の概観」広島法学29巻1号（2005）73頁以下、同「行財政改革・政策評価・行政法：政策評価法等を素材とした公共政策・立法評価の現状と課題」広島法学33巻2号（2009）1頁以下、同『租税政策の形成と租税立法』（信山社・2013）。

48)　手塚、同上、広島法学第28巻3号（2005）66頁。

49)　大石眞『統治機構の憲法構想』（法律文化社・2016）151頁以下、同「立法府の機能をめぐる課題と方策」佐藤幸治先生古稀記念『国民主権と法の支配 上巻』（成文堂・2008）323頁以下。

「立法評価（Evaluation der Gesetze）」について、ドイツの議論を参考にして提示された韓国法制研究院の用語を参照し、「法形式を備えた規範が全体適用領域に対して及ぶ財政的及び非財政的、意図的及び非意図的影響全般を分析するもの」とした上で、以下のように述べる。「国民生活の基盤を形づくる包括的・総合的な立法」については立法評価になじまないが、「ドイツにおいて、立法評価（Evaluation der Gesetze）が裁判官による合憲性の統制（richterliche Kontrolle der Verfassungsmäßigkeit）及び行政による実施可能性（Durchführbarkeitskontrolle durch die Verwaltung）とともに語られるとき、立法統制（Kontrolle der Gesetzgebung）という広い文脈の中で、その一つの形態として位置付けられている」ことを自覚する必要がある、と。[50]

大石の視点は、憲法学的観点における立法評価という営為が、立法統制の総体的なシステム構築の一部として位置づけられることを示唆する。裁判所による違憲審査との関連で、内在的評価システムの存在が、裁判において実施される比例性審査の前に要求される衡量の厳格さを決定付けることを指摘する君塚正臣の指摘も、着眼点は異なるものの、同旨の発想であるといえよう。[51]

ドイツの社会学・行政社会学の大家である Renate Mayntz は、憲法学的観点における立法評価の意義を、①基本法（特に人権）を軸とする目的決定、②民主的目的決定への貢献、③権力分立に基づく目的決定にあるとし、またその効果を（a）古典的な法的結論の査定、（b）侵害に関する知識の更新にあるとする。[52]（a）については、予期される効果と制定法のコストについて、仮定的に算出するメソッドの集合から算出される。[53]（b）については、具体的な実情に対する憲法上の審査を具体化したものとして、評価の内容と手続の両者を含む法的な評価に関する条項を置き、評価実施の際の立法者の義務について定めることで、侵害に関する知識の更新を担保する。

Mayntz が論じる立法評価の古典的な意義・効果について、政治学者の Ste-

---

50) 大石、同上（2016）158頁以下。
51) 君塚正臣『司法権・憲法訴訟論 下巻』（法律文化社・2018）66頁以下、高橋和之「違憲判断の基準、その変遷と現状」自由と正義60巻7号（2009）112頁。
52) *Renate Mayntz*, Regulative Politik in der Krise?, in: *Joachim Matthes (Hrsg.)*, Deutsche Gesellschaft für Soziologie, 1979, S. 55 ff.
53) *Kötter*, a.a.O. (Anm.42), S. 63 f.

ven Schäller は、「立法評価は首尾一貫性の萌芽であ」[54]り、以下二つの局面で利用されると考えた。[55](あ) 新たな法の制定に際し、法的領域の前域における知識を立法手続へ提供するという局面、(い) 一度実現された立法との関係において、規範の測定可能な帰結に関する知識を、その形成領域において事実上有効な規範として効果を現すように、立法者へ情報提供するという局面の二つである。この指摘は、先に引用した大石の議論のように裁判所や行政との関連性に対する意識が顕在化しているものではないが、立法手続との関係から、これらのステークホルダーの位置付けが立ち現れることを示唆している。

　本章では、このような文脈の中に位置づけられる議論として、テロ対策立法の特殊性を踏まえ、テロリズムに対抗するためのデータに関する立法評価について論ずる。

　ここで、手塚の「法律の評価アセスメント (Gesetzesfolgenabschätzung)」と、大石の「立法評価 (Evaluation der Geseteze)」について、その差異を確認しておく必要がある。後に取り上げる Debus ／ Piesker は、両者の用語を区別せずに用いることを明示する。[56]個別の立法を前提とした評価手法として捉える場合、両者の内容に決定的な相違はないと思われるが、一方で Evaluation der Geseteze という場合には、立法形成手段としての Gesetzesfolgenabschätzung を含む、より広義の意味内容を含む場合がある点には注意が必要である。梁邵英は、「立法評価」を「当該立法の影響だけでなく、立法者や立法過程の評価等、法令の制定に関連する全ての部分の包括的な評価を含んでいると解釈される用語」とし、制度としての立法影響評価とは区別すべきであることから、立法権の不当な制約となる誤解を招かないよう「立法影響評価」の用語を Gesetzesfolgenabschätzung の訳として用いるべきだと主張する。[57]本章で

---

54) 首尾一貫性について、ギュンター・クラウス（著）フーブリヒト・マンフレッド（訳）「首尾一貫性の規範的概念：法律的論証の理論のために」産大法学38巻3／4号（2005）556頁以下、高橋和也「ドイツ連邦憲法裁判所が活用する首尾一貫性の要請の機能について：司法審査の民主主義的正当性という問題を中心に」一橋法学13巻3号（2014）1065頁以下参照。

55) *Steven Schäller*, Föderalisms und Souveränität im Bundesstaat: Ideengeschichtliche Grundlagen und die Rechtsprechung des Bundesverfassury Gerichts, Springer, 2016, S. 154 ff.

56) *Alfred G. Debus/Axel Piesker*, Ex-post-Gesetzesevaluationen zur Ermittlung datenschutzrechtlicher Folgen, in: Gusy (Hrsg.), a.a.O. (Anm.42), S. 194.

57) 梁邵英「韓国における『立法影響評価』をめぐる議論の展開（二）」法学論叢178巻6号

は、梁の抱く懸念をふまえた上で、具体的な法律を前提とした評価手法としての「法律を評価する」という営為を、立法府と裁判所の関係も含んだ広い視野から総体的システムとして論じる必要があると考えるところ、この点では両者の意義に差異はないとの立場から、Gesetzesfolgenabschätzung と Evaluation der Geseteze の両者を、ともに「立法評価」と訳す。なお前述のとおり、本章での「立法評価」は、事後の立法評価を対象とする植松健一の「立法事後評価（Gesetzesevaluation）」[58]を含む。

2 テロリズム対策立法と立法評価——ATDG を題材に
（1） テロ対策立法の立法評価の意義——他領域の立法評価との比較

テロ対策立法の立法評価システムについて論ずる前に、テロ対策立法の立法評価の意義について、ドイツにおける他領域の立法評価との比較から確認する。

ドイツにおける他領域の立法評価に関し、2000年代以降特に注目された実績の一つとしてあげられるものに、行政手続費用（Bürokratiekosten）の削減に関する分野がある。ドイツでは2006年、行政手続費用の削減を目的とした独立の諮問機関たる国家法規監理委員会（Nationaler Normenkontrollrat）が設置された[59]。これは、形式的な行政手続により生じるコストを削減すべく、オランダの取り組みを参考に設置された機関で、「企業の行政手続費用負担を客観的に算定するための標準費用モデル」（Standardkosten-Modell (SKM)）を用いた行政手続費用の算定を行う。当初首相は「この委員会を組織令（Organisationserlass）によって設置する考えであったが」、「法律の質の向上は立法者の重大な関心事であ」ることを明らかにし、また「重要なプログラムにおける『脱議会政治化（Entparlamentarisierung）』の印象を避けるため」に、与党が「議会の関与を強

　　（2016）71頁以下。
58)　植松、前掲注42)、18頁以下は、事前の影響予測ではマクロ的な視点が中心となることから、「基本権の保護という観点から立法をコントロールする上では、事後評価の方が事前の影響予測よりも有用である」とするが、本章は立法評価を総体的なシステムと捉えて、立法評価の主体の役割を検討する観点から、あえて事前・事後の両者について論ずる。
59)　齋藤純子「ドイツの国家法規監理委員会法：法規による行政手続事務負担の軽減に向けて」外国の立法231号（2007）99頁以下。委員会及び調整官の訳語は、同101頁に準拠する。

く求めた[60]」。このような経緯のもとで、行政手続費用を客観的基準により算定し、形式主義的行政手続により生じる無駄なコストを廃止するための法改正に資することを目的とした諮問機関である国家法規監理委員会は、標準費用モデルという客観的基準に基づく独立した評価の基礎を形成し、国家法規監理委員会の評価のフィードバックを受けた立法府が立法評価を行うとともに、機関の存立根拠に立法府が関与するという、立法評価システムのモデルの一つが出来上がった[61]。

　行政手続費用に関する立法と同様、テロ対策立法も、ある期間ごとに再検証する必要性が高い。ただし、形式行政手続からの脱却によるコスト削減を目的とした行政手続費用に関する立法の検証とは、再検証を必要とする理由が大きく異なる。先に述べたように、テロリズムに対抗する立法は治安リスクに対して行われるものであるために、介入閾値が明確でない。それにも関わらず、前述のドイツにおけるテロ対策立法の立法過程からも見てとれるように、大規模なテロリズムが発生した直後は、しばしば過度な規制を伴う立法が行われる。そのため、一時的な「不安」を源泉とした、基本権侵害を伴う過度な規制がなされていないかという点について、再検証を繰り返す必要性が高い、ということがテロ対策立法の特性である。

　更にテロ対策は、行政手続費用のように定量化して検証することが出来ないという性質を持つ。行政手続費用の立法評価は、標準費用モデルがその基礎の重要な部分を担うこととなるが、テロ対策に関してこのような定量的基準を用いることは出来ない。では、定量的基準に代わる立法評価の客観性を担保するため、どのような手段が想定されるか。結論から述べると、テロ対策立法の立法評価について、その客観性を担保するにあたっては、裁判所が大きな役割を果たす。その役割とは、主として立法評価を担う立法府の外から、一定の組織的独立性と判断の客観性を有する機関が、立法評価の基礎となる情報を提供

---

60)　齋藤、同上、101頁以下。
61)　*Stephan Förster*, Das Verhältnis von Standardkostenmodell und Gesetzesfolgenabschätzung, in: *Stephan Hensel/Kilian Bizer/Martin Führ/Joachim Lange (Hrsg.)*, Gesetzesfolgenabschätzung in der Anwendung: Perspektiven und Entwicklungstendenzen, 2010, S. 71 ff は、法改正を通じ「良き法（gute Gesetze）」の実現を目指す営為としての立法評価と、その基礎段階の基準としての標準費用モデルの関係について論じている。

し、場合によっては評価の方向性を示唆することで、立法評価の客観性を担保するという役割である。以下、テロ対策立法の立法評価システムの分析においては、この点に注目して論ずる。

(２) テロリズムに対抗するためのデータに関する立法評価システムの分析

本項では、まずDebus／Piesker の論稿[62]を題材に、立法評価システムの段階と機能について論じ、その後Matthias Kötter[63]の主張からテロ対策立法の立法評価のシステム的分析の指標となる各局面について論じる。立法評価の枠組みにおける両者の見解を見た後、ATDGに関する立法評価への両者の見解を確認することで、テロリズムに対抗するためのデータに関する立法評価の特徴と、具体的な立法評価の手法について検討する。

(ⅰ) 立法評価の形式と機能

Debus／Piesker は、立法評価の形式について、政治的形成過程の分割された各局面により命ぜられる以下三つの段階に分けられるとする見解を採用する。①施行前立法評価（pGFA）、②補完的立法評価（bGFA）、③施行後立法評価（rGFA）である[64]。この見解は、2001年刊行の立法評価に関するHandBuchで定立された、立法評価モジュールの考え方による。

3つの立法評価の段階は、異なる目標と手段を用いる一方、評価の主題を限定するという共通の役割を持つ。表1は、立法評価モジュールの各段階の機能を整理したものである。

①施行前立法評価（pGFA）は、問題定義の段階において実施される。ここでは、第一の措置として問題解決に資する法的規定のモデルが示された後、第

---

62) Alfred G. Debus 及び Axel Piesker は、Deutsches Forschungsinstitut für öffentliche Verweltung（FÖV）の下部組織である Das Institut für Gesetzesfolgenabschätzung und Evaluation（InGFA）に所属した公法学者である。InGFAは2009年以降、立法評価に関して様々な法律を題材に研究を行っており、2018年に終了したプロジェクトでは、MADG（軍事保安局法）やBNDG（連邦情報局法）などにおけるテロリズム撲滅に関わる規定の評価について検討対象とした。

63) Matthias Kötter は、本章初出執筆当時の2018年には Wissenschaftszentrum Berlin für Sozialforschung（WZB）に属する公法学者であって、2025年現在においてはHochschule für Wirtschaft und Recht Berlin 教授として、法の支配や安全に関する論考を、ドイツ語圏並びに英語圏において精力的に発表している。

64) Debus/Piesker, a.a.O.（Anm.56）, S. 197 ff. なお、韓国での先行研究を参照して本分類に言及するものとして、梁、前掲注57）、71頁。各段階の名称訳出は、梁の訳に従った。

【表1　立法評価モジュールの各段階】[65]

立法評価モジュールの名称	各段階を方向付ける要素			結果（プロダクト）
	各段階の具体的目標	時系列上の位置付け	手段	
①施行前立法評価（pGFA）	規定の意図を確認し、必然性の有無を調査すること	法制定前	規定の意図及び帰結に関する最適化	必然性のない規定の排除　最善の代替手段の設定
②補完的立法評価（bGFA）	規定の原型を形成すること	法制定過程	効果の分析と定式の利用	討議草案
③施行後立法評価（rGFA）	有効な法的規定の実証審査を行うこと	施行後	規定の意図を踏まえた実現性の再確認	チェック基準

二の措置としてそれぞれの規定を選択した結果として生ずる状況の評価が実施され、最善の選択肢は何かを比較検討することとなる。pGFAは、規定の選択肢の発展に基づくシステム化を通じた政治的定式化の過程、またはそれぞれの局面における個別の結果の査定を通じて支えられる。

②補完的立法評価（bGFA）は、①を経た後の政治的意思決定プロセスにおいて投入される。①において公式化された最善の法理について、執行能力・服従可能性・理解可能性・コストと利益の関係・法的機能性などから、具体的に当該立法を評価する。ここでは、テストメソッド（実践テスト、図上作戦）及び各種検査手法（利用価値分析、インターフェイス分析、機能系統図、基準コストモデルなど）が用いられる。

最後に③施行後立法評価（rGFA）において、実践の上で法的規定の有効性が実証される程度を検証する。検証の着眼点は、これらの規定に関する政治的意図に到達しているか、または意図せぬ結果が発生しているかという点にある。rGFAの枠組みにおける目標指向性のもとでの認識と効果は、評価対象となった法的規定を場合によっては改正し、停止し、あるいは新たな法を形成するための基礎となる。

---

65) *Carl Böhret/Götz Konzendorf*, Handbuch Gesetzesfolgenabschätzung（GFA）, Nomos, 2001, S. 2を参考に、Debus/Piesker の論稿を踏まえ、筆者が再編した。

これらの評価段階全体における立法評価の機能は、大きく四つに分けられると Debus ／ Piesker は述べる。(a) 認識機能、(b) コントロール機能、(c) 対話機能、(d) 適法化機能である。[66] 立法評価の段階性を前提とすれば、立法評価の営為における時間的・財政的リソースの分配は、どの機能に重点が置かれるのかという点に左右される。

システムとしての立法評価は、立法形成の各段階における具体的な評価を与え、整理する機能を持つ。筆者が特に注目すべきと考えるのは、これら三つの立法評価の段階と、立法評価全体として有する四つの機能が、立法府や行政府、また政治家と専門家という垣根を超えた対話を、立法の制定の過程という時間軸の中で細分化し、目標管理して分類することにより、技術的な変化や予測していない法的結果を踏まえたきめ細やかな修正していくことを可能とする点である。この効果は、テロ対策の分野においては、科学技術や環境分野での効果とは異なる意味を有する。科学技術や環境分野においては、技術的に「予測していなかった結果」が発生することに対する修正という意義が大きいが、テロ対策の分野では「目的達成にとって、真に必要な範囲に限定されているのか」「恣意的に特定の（政治的・宗教的）表現を抑圧する内容となっていないか」を繰り返し問うこと自体に意味がある。これは、前述のテロ対策立法の立法評価の意義に関する箇所において言及したとおり、大きなテロが発生した直後などに見られる過激な立法の動きを、冷静に検証し、または省みることが、テロ対策立法により侵害されるおそれのある基本権の保障を担保するための営為として必要である、ということを改めて示唆している。

（ⅱ）　立法評価分析の指標となる各局面

次に、Kötter の見解を見たい。立法評価モジュールの三段階が、政治的意思決定過程の時系列内部に位置づけられた総体的な立法評価の局面を表していることとは異なり、Kötter の提示する三つの観点は、ある立法の法的効果とその評価主体に着眼している。そのため、必ずしも時系列に即したものとはならないが、特に立法府と裁判所の立法評価における役割と関係性を明らかにしている点が特徴的である。

Kötter にとってのテロ対策立法に関する立法評価の出発点は、被制約利益

---

66) *Debus/Piesker*, a.a.O.（Anm.56）, S. 199 f.

が結社の自由に代表される政治的自由に関わる憲法上の権利であるにもかかわらず、制約根拠が不確定かつ政治的恣意性の流入するおそれのある「安全」であるために審査の厳格性が流動的になっているところを、「安全」概念の法的根拠となる個別の条項を評価することで安定させよう、という発想である。本書が一貫して注目している、予防的な情報収集活動の恣意性を統制する困難に対し、立法過程からのアプローチを試みようとする見解と整理できる。

テロ対策立法を中心とする安全に関する法を評価するにあたって、Kötterは以下の三つの観点を重視する[67]。①経験的にどのような方法で侵害に関する知識に到達するかという観点、②効果に即した法的・規範的観点、③憲法により要求される事項を法が満たしているかという点を立法者が検討するために必要とされる情報についての観点である。

では、これら三つの観点は、立法評価の中でどのように顕現するのか。安全保障に関係する立法の、効果相関的且つ法的・規範的な評価からの帰結は、立法評価に基づき、どのような評価基準と枠組条件が設定されるかということに依存する[68]。Kötterはこの前提として、立法の因果的な効果の分析を重視し、以下三つの観点から、立法評価の内容を区分する。(a) 侵害に関する知識がもたらす社会的結果の精査、(b) 効果に即した法的規範の表明手段としての比例原則、(c) 憲法上立法者に義務づけられたチェック機能及びその基礎となる情報（の確認）である。

まず、(a) 侵害に関する知識がもたらす社会的結果の精査とは、侵害に関する知識への到達と、当該知識がもたらす社会的結果に対する分析の局面である。この局面は、更に以下の２つに分けられる。（あ）実態分析、（い）効果分析である。

（あ）実態分析とは、1970年代の行政上の調査に端を発し、今日では法の適用段階における各種の法的問題の査定に基礎付けられる法律を起点として因果関係上引き起こされる社会的変化の分析をいう[69]。この分析は、行政を通じた法の適用と実行や、優遇措置や介入措置の決定といった条件付けに利用される。

---

67) *Kötter*, a.a.O. (Anm.42), S. 68 ff.
68) Ebd., S. 59 ff.
69) *Hubert Rottleuthner/Margret Rottleuthner-Lutter*, Recht und Kausalität, in: *Michelle Cottier/Josef Estermann/Michael Wrase (Hrsg.)*, Wie wirkt Recht?, Nomos, 2010, S. 23

実態分析を行う利点は、法的規制と行政行為の量的に算出された相互関係の単純化にある。

(い)効果分析とは、立法者が追求するべき目標について、制定された法がどの程度貢献しているかをはかる効果測定的分析である[70]。立法者の目標を到達すべき仮定的効果に置き換えることで、制定後再検査される(ただし立法者はこの再検査の結論について説明を加えることが出来ず、また結論は一定でなく突然変化することもあり得ることから、この再検査は実際上困難なものである)。ここでは、事実としての効果分析について、プレポスト均衡[71]の手段による分析が行われる[72]。この手段による理想的な結論の証明は、介入に対する第一基準となり、妨げとなる要因はプレポスト均衡の複数の基準を通じて、より適切なコントロールを受けた後、効果確認が行われる。

次に、(b)効果に即した法的規範の表明手段としての比例原則適用の局面についてである。具体的規定の実態分析・効果分析を軸として、効果に即した法的規範を打ち立てることで、法的領域に立法評価の議論を接続することが、この局面で達成すべき目的である。この法的規範は、法的効果の決定・評価を指向するものであり、実際の効果を示すものではない。反対に、社会的・経験的な手段による分析は、効果特定的であり、直接の法規範上の帰結につながるものではないともいえる。ここでの「比例原則」は、法適用の効果からの法的・規範的評価の独立性の担保として描かれる[73]。比例原則における法令審査は

---

70) Kötter, a.a.O. (Anm.42), S. 70 ff.
71) 達成しうる効果の評価に関する前後の均衡。例えば予防的な業務の評価についての統計モデル等がこれに該当する。医療や教育の分野など学際的に幅広く用いられている手法である。プレポストテストの分かりやすい一例として、農学等を専門とする筆者が教育的観点から同テストを説明した Greg La Barge, *Pre- and Post- Testing with More Impact*, Training and Development Journal 43(4), 2007, pp. 69を挙げる。
72) Kötter, a.a.O. (Anm.42), S. 71.
73) 宍戸常寿「『猿払基準』の再検討」法律時報83巻5号(2011)25頁は、行政法分野で発達した比例原則が、基本権制約の正当化判断で用いられることになった背景を考察する。行政法分野での比例原則に関する研究として、須藤陽子『比例原則の現代的意義と機能』(法律文化社・2010)が詳しい。その他、憲法・国際人権法の観点から比例原則を論じたものとして、江島晶子「多層的人権保障システムにおけるグローバル・モデルとしての比例原則の可能性」高橋和之先生古稀記念『現代立憲主義の諸相 下巻』(有斐閣・2013)85頁以下。また、比較的近年の論稿で比例原則について論じたものとして、*Mahhias Klatt/Moritz Meister*, Der Grundsatz der Verhältnismäßigkeit: Ein Strukturelement des globalen Konstitutionalismus, Jus

法律固有の目的達成に対する法律の内容の審査であり、安全に関する法の法的・規範的評価は特定の憲法的要求を求められるものと位置づけられる。ここで注意すべきは、法の憲法的評価は、終局的には連邦憲法裁判所による判断に委ねられるとしても、法律が制定される前域において当然に生じている、とKötter が考えていると推察される点である。法的・規範的評価は、相対的に短い形成期間しか持たない法については、しばしばなんら新しい認識をもたらしえないことがあると Kötter は述べる。それは、(a) の経験的な事実と当該事実の分析が、法的・規範的評価の根底に存在していなければならないと考えるからであろう。

　これを踏まえて、比例原則による安全に関する法の審査は、評価に際し、法が「効果的且つ必要不可欠で均衡のとれた」ものであるかどうかを審査することとなる。「(上述の) 経験的な効果分析の手段に基づく当該立法の有効性が確認されない場合でも、立法者が法の目的を追求するものではなく、当該法律上の規定が不適切且つ不均衡であるというわけではない」が、当該法的規制の「侵害効果が大きければ大きいほど、厳格な要求が立法者の審査義務にかかる」とKötter は述べる[74]。裁判所は、法的規制に関する侵害強度と比例性を基準として、その影響の範囲と典型的な付帯結果を審査することで、基本権に対する制約を正当化する。基本権の手続的保障と、その他の制度的な保障、あるいはこれらを実施するか否かの審査が予定されている限りで、裁判所に割り当てられた機能の範囲内における予防的な措置からの基本的人権保障は十分であるとされる。ここでは経験的な確認が第一に行われ、法的・規範的な適切性評価が続く。

　最後に、(c) 憲法上立法者に義務づけられたチェック機能及びその基礎となる情報（の確認）に関し、事実上の評価ならびに法的・規範的評価の客観性を担保するため、基本権の手続的保護ないしその他の制度的な保障の枠組みにおける立法者によるチェックを行う局面についてである。特に侵害に関する知識として蓄積されてきた事態の現実化が危惧される場合、立法者のチェック機能の実践は、憲法からの厳格な要請を受けることとなる[75]。学術的議論を前提とし

2014, S. 193 ff.; *Mike Wienbracke*, Der Verhältnismäßigkeitsgrundsatz, ZJS 2013, S. 148 ff.
74) *Kötter*, a.a.O.（Anm.42）, S. 77.

た手続論からは規則的に高度な要求がなされ、学術的仮説は立法府の選択を通じて証明されることとなる。

　(iii)　2013年反テロデータ判決を受けた ATDG に関する具体的な立法評価

　以上の議論の踏まえ、両論者による2013年反テロデータ判決を受けた改正 ATDG を題材に、両論者による立法評価の具体的活用例を見たい。

　Debus／Pisker は、前述の立法評価の段階と機能に関する議論を踏まえて、具体的な立法評価の基準を、①適法性、②コスト、③効率性、④効果、⑤需要、⑥実施能力、⑦付随的／結果的効果の七つに区分し、これらの諸観点から、施行後立法評価（rGFA）の段階における基本権の侵害強度の評価について、2013年の反テロデータ判決の連邦憲法裁判所判断を受けた ATDG の立法評価というかたちで例示する。[76]

　まず、反テロデータの活用による情報自己決定権侵害の違憲性は、連邦憲法裁判所で度々用いられた「個人的データの無制限な調査・蓄積・利用・転送」という内容ごとに判断されるが、ここでは情報自己決定権の侵害強度に応じた審査強度をもって法律の評価が実施されるべきであると Debus／Piesker は述べる。これは評価基準の①及び③に関連して、比較的高い侵害強度が認められる場合、十分明確に決定された法的規定が要求され、比例原則の評価に基づきその侵害を考慮しなければならないということになるものと解釈でき、前述した立法評価の機能から要請される。

　また侵害強度に関しては、評価基準の②コスト等に関連し、情報の「感度（Sensibilität）」が考慮される。それは、「電子的なデータ加工の諸制約のもとにあるとき、個人に関わるデータは『些細なもの』とは決して言いえない」ということでもある。[77] 加工可能なデータは増加しているにもかかわらず、伝統的な手法も、増大する基本権の危機的状況の電子的データ交換の可能性も修正されていない現状は、多くの基本権侵害の懸念を生む。そのうえ侵害の重大性については、データの取扱いに起因した結果的侵害の可能性が増大しているといえる。目的結合の基準が高まれば高まるほど、客観的に不都合な利用と主観的に

---

75)　*Kötter*, a.a.O.（Anm.42), S. 78 f.
76)　*Debus/Piesker*, a.a.O.（Anm.56), S. 203 ff.
77)　Ebd., S. 204.

感じられる侵害は観念しえなくなる一方で、目的結合は将来における措置でのデータ利用のリスクを持つことから、対象となるデータは、比較的長い期間、危険に曝されると解される。

次に、KötterによるATDGに関わる立法評価の具体的活用例を見る。

まず、(a)(あ)実態分析では、反テロデータの運用と利用に関する個別規定が問題となる。具体的には、各条文の運用から、その適切性が「データの運用・利用により立法者により導かれた目的に到達しうるか」「(データの運用・利用に)憲法上の必要性があるか」「より寛容な手段が用いられているかどうか」を論ずる。[78] 実態分析の局面では、法律上の各条項と、当該条項からもたらされる社会的変化の帰結という部分に限って焦点があてられるため、理論上は各条項から導き出される帰結は異なりうるが、実態としてはそのまま違憲審査の基準である比例性審査に直結することとなる帰結であることから、通常は各法の趣旨に基づき、総体として同一の帰結が導かれる。この帰結は、実態としては、比例原則に基づいた裁判所による憲法適合性の法令審査の内容と合致することになる。

(a)(い)効果分析において、注目すべきは法律の目的である。ATDGの目的は、情報収集の対象者・第三者等の基本権の同時的な保持を目指し、中心的な基盤の下での情報交換の最適化を通じて国際的テロリズムを撲滅することにある。Kötterは、連邦政府が「あらゆる観点の中で、ただ個別措置の結果だけを示すことは、ATDG評価の主題ではなく、同様に、反テロデータの基本権に関連する課題に対する目的達成の評価は慎重なものに留まる」としたことに言及し、ここに「量的・質的な手段から適用への混同 (Mix)」が発生した、と評価する。[79] 事実の分析は、あくまで直接的且つ技術的な目的達成の下でのみ獲得せられるものであり、上述の国際的テロリズムの撲滅のような包括的目的によるものであってはならないにもかかわらず、政府が「統計的な数値や中心的な対象グループに関する使用状況等の照会」や「反テロデータに関する専門家の答申に基づいた調査が証明されるまでの期間に、これらの効果の質量的な包括性や、特に捜査からの容疑者の同定により、テロリストによる襲撃のような

---

78) *Kötter*, a.a.O. (Anm.42), S. 70.
79) Ebd., S. 72.

重大な犯罪を反テロデータに基づき撲滅することが出来る確度は確実に上がった」としたことが、Kötter のいう「混同」の ATDG における具体的な内容である。一義的な立法目的のもとで、効果の量と質の区別をせず、そこから生じた捜査の結果を効果の指標とすることは、Kötter の言う「混同」によりもたらされる、忌避すべき結果となる。

　更に Kötter は、この後の局面において、反テロデータ判決やその後の立法過程に影響を与えた、立法過程における評価システムの中での ATDG の憲法的評価を実施する専門家集団に注目する。[80] ここで Kötter が、比例原則に基づく法令の合憲性判断の内容を (a) で論じ、その後の局面では立法評価に関わるステークホルダーに着眼する理由は、法的・規範的評価やそのチェックという段階で具体的に語られる立法評価の内容が、あくまで (a) 侵害に対する知識がもたらす社会的結果の精査から導き出されるものであると考えられており、これより後の段階においては、最終的に表出する立法評価の内容を左右するシステムの構造によってのみ評価の実体に変化が及ぼされると理解しているためではないかと推察される。連邦政府により2013年3月に設置された、2001年9月11日以降のドイツにおける安全構造と安全立法の検証に関する審査会 (Kommission zur Überprufung der Sicherheitarchitektur und -gesetzgebung in Deutschland nach dem 11. September 2001) は、テロに向けた立法の発展を批判的に検討し、ドイツにおける安全構造の将来の形態についての結論を導く。そして異なる官庁の共同作業、とくに重複した観点や複数の権限のもとでの任務と権限の発展を「批判的に概観」する。委員会から示された報告と、ドイツの安全構造のその他の発展は、ATDG の憲法的評価を証明したと Kötter は考える。専門家集団の評価の客観性を担保するのは、権限を有する評価の担い手の責任のもと、透明性の原則に基づいて行われる問題提起の具体化、専門家の選抜・委任、その他の枠組条件の決定である。通常は、問題設定を明確化することと、その立場における唯一の回答をする専門家が回答を行うことを必須の要件として、評価の学問的部分の結果があとづけられることにより、客観性が保障される。しかし、ATDG の評価については、科学的な唯一の回答を求めることはできず、選ばれた専門的な研究は、中立性を損ねる重大な危険をはらむ

---

80) *Kötter*, a.a.O. (Anm.42), S. 74 ff.

点に特に注意が必要である、と Kötter は述べる[81]。本書全体を通じて再三言及している立法の恣意性をどのように回避するかは、ここにおいても重要な課題となる。

なお、テロ対策に限定されるものではないため Kötter の議論には登場しないが、連邦政府に設置される専門家集団に対し、連邦議会に設置され、国家の個別的情報収集に関する憲法的評価を実施する専門家集団の例として、基本法10条審査会（G10-Kommission）が挙げられる[82]。既に本書第二部第三章で論じたが、同審査会は裁判官資格を有するものを構成員とし、前述した議会統制委員会と共同して、基本法10条を実効的に保障する観点から、「技術的専門知識を有する協力者を自由に使用する（G10法15条3項2文）」ことを含む広範な権限を持って「通信の秘密を制限する措置の全体の統制にあた」っている[83][84]。同審査会は情報収集を行う機関の具体的な措置に関して、その「妥当性について判断」することを任務とし[85]、立法評価を直接的に行うものではないが、具体的措置の統制を通じて立法者のチェック機能に影響を与えるという意味においては、間接的に立法評価の一部を構成しているといえる。

(iv) **若干の考察**

以上の議論について、筆者は二つの課題を指摘し、若干の考察を加えたい。

第一に、具体的な手段に対する「評価」という観点における、法的思考と社会学的分析の前後関係についてである。例えば Christoph Gusy は、社会的手段の評価の観点は、法的な専門性なくしては発生しえないと考える[86]。なぜなら、法の目的・実効性・効果等の能率を分析・評価する際には、法的手段に対する目的の確定が不可欠であり、個別の手段の評価のみから目標達成の判断を

---

81) Ebd., S. 82.
82) Vgl. *Stefan Hansen*, Neue deutsche Sicherheitsarchitektur, Peter Lang Pub Inc., 2009, S. 23 ff.
83) *Dennis-Kenji Kipker*, Informationelle Freiheit und staatliche Sicherheit, Mohr Siebeck, 2016, S. 104 f. 委員会の構成員は、連邦議会の任期の期間ごとに、議会統制委員会によって選出される（G10法15条1項4文）。
84) 渡邉斉志「ドイツ『信書、郵便及び電信電話の秘密の制限のための法律』の改訂」外国の立法217号（2003）121頁以下。
85) 渡邉、同上、126頁。
86) *Christoph Gusy*, Von der Evaluation zur Evaluationsforschung, in: *ders (Hrsg.)*, a.a.O. (Anm.42), S. 226 f.

行うことはできないからである。この点に限れば、社会的手段は法律的手段による下支えを必要としている。一方で法的手段による評価は、社会学的な専門性がなくとも、特定の場合については行いうる。たとえば、評価の対象が法的問題に限定されている場合である。しかし Debus／Piesker の議論においては両者の区別が明確でなく、Kötter は社会的手段による立法評価が、法的手段による立法評価の内実を実質的に決定すると解する。本章で取り上げた Kötter の主張に限って言えば、あくまでも法的問題に限定した評価の問題を除いて議論を展開していると理解することも出来るが、法的議論として展開する以上、法的思考と社会学的分析の関係性について、法律の形成・評価・解釈それぞれについて、更に細分化されたレベルにおいて論じる必要があろう。

　第二に、立法評価に関する裁判所の機能についてである。前述のとおり、Debus／Piesker の議論においては、評価の段階の内部における裁判所の位置付けは可視化されていない。一方 Kötter は、立法評価に関する裁判所の機能を限定的に解している。この傾向は、社会的結果としての侵害に関する知識への到達を、評価基準として具体的に検討する点に現れており、裁判所の採用する比例原則の基準に基づく効果測定の対象について、事前に効果の量と質を区分した状態にする事実の分析を行った後のものと解することで、裁判所の評価に限定を加える立場であるといえる。これにより Kötter は、効果の量と質を混同し、広範な目的に資する国家の行為を緩やかに認めることを否定する。Kötter の主張は、Debus／Piesker の議論で相対化されたステークホルダーの位置付けを明らかにしている点は評価出来るものの、裁判所の機能をどのように解すべきかという点については更なる精査が必要であろう。

　ただし、立法評価に関する裁判所の機能の限定的解釈の傾向を、先鋭的民主主義論・経験主義論と結びつけることや、裁判所を軽視しているものと断じることは適当でない。Kötter の主張は、権力分立の観点から立法評価の基礎となる事実の分析権限を立法府の専権的事項と解し、ドイツにおける裁判所による違憲審査の法的役割として、法の効力を判断することはできても、具体的評価を行うことには適さないと示すことで、法の評価という営為の責任の主たる所在を明確にしているともいえる。

　Kötter の見解の重要性を踏まえた上で、筆者は以下の考えに至った。立法府の自己検閲に高度な客観性を要求することは、困難が伴う。権力分立の本質

的な意義は、権力の一点集中を妨げることによって、相互のチェックを可能にすることであった[87]。この意義に立ち返れば、立法府主導の評価機能への過度な信頼には、慎重な態度をとる必要があるといえる。立法評価における立法府と裁判所の役割とその関係について、立法評価の先に、必然的に法改正の可能性があるという意味においては、立法府が立法評価の主な主体であるということには疑いがない。しかし、立法評価の基礎として客観性を担保した判断材料を必要とすることを考慮すると、立法評価の判断の基礎となる知見は、立法府から独立した機関により、立法府に対して与えられなければならない。その上で、民主的基盤を有する立法府が立法評価を行い、法改正に繋げることが望ましい。

　では、本章で扱ってきたテロリズムに対抗するためのデータに関する立法について、客観性を担保した立法評価の判断の基礎となる知見は、どのようにして提供されるべきか。前述のとおり、行政手続費用に関する立法評価では、独立諮問機関における標準費用モデルという客観的基準に基づいた知見が立法府に提供されていたが、テロ対策立法では、性質上このような定量的基準は観念しえず、また専門家の選定及び判断基準の客観性を担保することも難しい。そこで重要になるのが、テロ対策立法に関する裁判所の、比例原則に基づいた憲法適合性判断である。前述した Kötter の見解のとおり、比例原則は、法的・規範的評価の独立性の担保として描かれる。裁判所の機能を限定的に捉える Kötter の見解に対し、筆者は、法律的事項に関する専門的且つ終局的な判断

---

[87] 執政権の議論に関連して、権力分立に関する議論を見直す動きがある。権力分立を中心に扱った議論として、阪本昌成『権力分立：立憲国の条件』（有信堂・2016）41頁以下、鈴木陽子「権力分立と執政：執政に対するコントロールの可能性の検討」憲法研究48巻（2016）1頁以下、同「権力分立（三権分立）論をめぐる研究と問題の整理」東洋法学57巻2号（2014）107頁以下、ジュリアン・ブドン（著）佐藤五郎＝徳永貴志（訳）「権力分立の理論」北大法学論集65巻6号（2015）1876頁以下等。阪本は同46頁以下において、権力（power(s)）という言葉の意義について論ずる中で「厳密には power とは、権限または作用の意に限定して用いられるべきであ」り、この場合の「power には権力というニュアンスはない」とした上で、「司法とは権力ではなくして法的権限であ」り、「権力分立論のねらいは司法権を権力としないことにあったのだ」とまで断ずる。このような発想に立つ主張は、本章で取り上げた Kötter の立場を支えうるようにも見える。しかし、同49頁以降で述べられる「分散原理」「抑制原理」が適切に働くには（その対象がなんであれ）他の"作用"による抑制によってはじめて均衡が保たれるという論理構成そのものは変化しない。

375

機関として、法的思考と、法律の解釈・適用に関する社会学的分析の当否の両者を、裁判所が個別事案の憲法適合性判断の中で扱うと解することで、裁判所が立法府の行う立法評価に対し、立法府から独立した機関として、比例原則に基づく憲法適合性判断という客観性を担保した、立法評価の基礎となる知見を与えうるのではないかと考える。

　比例原則に基づく憲法適合性判断は、大規模なテロリズムが発生したことによる「過激な」立法に対し、憲法上の権利保障の観点から一定の歯止めをかけるという意味では有効である。ただしこれには、行政手続費用に関する標準費用モデルのような高度の客観性はない。また、裁判所は立法評価に対する知見を与えるのみで、立法評価の主体は立法府である、という構成は理論上のものであり、実質的には立法評価の内容を裁判所が形成してしまう危険性がある点には注意が必要である（立法府と裁判所の権限につき、本書第二部第二章参照）。

4　小　括

　本章で論じたように、ドイツでは、過剰な捜査や恣意的な情報収集から国民の基本的人権を保障することを目的の一つとして、国家による個人情報及びデータの取得や共有に関する立法がなされるとともに、憲法上の要請に基づき立法上の瑕疵をどのように修正するかという点について、立法評価という枠組みの中で議論する動きがある。本書全体を通じて再三言及しているとおり、個人情報やデータに関する権利を憲法上の要請と結びつけて考える以上、当該データの収集・利用・共有は法律の下で適正に運用されなければならず、またその法律自体の憲法適合性を問う必要がある。そのための手段として立法があり、裁判所による憲法適合性の判断があり、更には本章で取り上げた立法評価がある。

　日独の裁判例を比較すると、テロリズムが一旦発生した場合の被害の甚大さを鑑みれば予防的な情報収集活動も止むを得ない、という日本の公安「テロ」情報事件一審判決[88]の見解は、一見すると、本書第四部第一章で検討したドイツ連邦憲法裁判所のラスター捜査決定における je-desto 公式に類似しているようにもみえる。しかし、立法過程との関係から見れば、ラスター捜査決定は憲

---

88)　東京地判平成26年1月15日判時2215号30頁。

法適合的なテロ対策のための情報収集活動を限定する意義を有するとともに、立法がこれを反映することで予防的警察活動統制の一翼を担い、その後のテロ関係情報の共有・利用に関する議論に繋がったが、我が国において、第一部第一章で取り上げた公安「テロ」情報事件一審判決のあとに、同様の動きが起きているようには思われない。むしろ広域な水面下の情報収集を裁判所が是認してしまう結果を惹起しており（その例外として、第二部第四章で扱った大垣警察市民監視事件控訴審判決がある）[89]、また情報の共有・利用に関する議論にも十分繋がっていない状況である[90]。これは、先に整理した日独の刑事訴訟法上の捜査の位置付けの相違が前提にあり、また裁判所の権限も両国で異なることが大きな要因ではある。しかし本章で論じたように、テロ対策のための情報収集の特殊な性質に鑑み、侵害の虞がある基本的人権の価値を重視した問題意識を共有し、立法による措置を要求するという選択肢が存在することを認識することには、我が国においても共通の意義がある。

　2018年8月1日、2020年度開催の東京オリンピックを見据え、国際テロ対策等情報共有センターが新設された。ここでは内閣官房や捜査機関など、関係する11の省庁がテロに関する不審物や不審者の情報を共有する。式典・競技をつつがなく実施することは、もちろん極めて重要なことであるが、同時に国際的な注目を受ける場面において、個人情報やデータを不当に収集・利用したとなれば、法治国家としての我が国の信頼は国際的にも大きく毀損されうる。特に公安「テロ」情報事件で問題となった予防的情報収集活動のように、国籍や信教、モスクへの出入りなどをメルクマールとした情報収集を、具体的嫌疑も法律の規制もない中で行った場合には、国際的な問題を引き起こしかねない。

　本章ではドイツでの立法過程や裁判例を取り上げたが、我が国においても国家機関の内部でのテロ対策のための情報共有・利用・蓄積に対する問題意識を

89）　名古屋高判令和6年9月13日 LEX/DB25621036。
90）　2019年1月4日の中日新聞朝刊において、検察が顧客情報を入手する企業などのリスト（捜査上有効なデータ等へのアクセス方法等一覧表）を作成し、内部で共有していることが報じられた。同紙によれば、リストには約360種類のデータの取得先が記載されているが、そのうち、取得に令状を要することが明示されているのは22種類に留まり、その他は捜査関係事項照会などにより任意に提供されうるものという。我が国の国家活動としての情報収集に関する、データ保護の現状が垣間見える。

前提とした立法上の措置が必要であるのみならず、憲法上の権利の保障のために、更に一歩踏み込んだ対応が必要となる。この点、上代は、ドイツの統合型テロ対策組織のプロトタイプとしての統合テロリズム防止センター（GTAZ）について、その機能と法的評価を論じ、「わが国においても、国際テロ対策における組織化・統合下の有用性は十分に認識されている」とした上で、今後はテロ対策に対する「組織的権限行使」の憲法的統制が論点となると指摘する[91]。筆者は、上代の指摘を重く受け止め、テロ対策に対する憲法的統制の一つとして、立法上の措置の憲法適合性を担保する総合的なシステムの検討を見据えなければならず、その構成要素の一つとして、我が国においても、テロリズムに対抗するためのデータに関する立法への立法評価という営為を用いることが検討されるべきであると考える。その際には、テロ対策立法を客観的に分析・判断・評価することで、実効的な基本的人権の保障と必要なテロ対策を両立するために、立法府・裁判所及び専門家集団といったステークホルダーの役割を明確にすることが求められる。

---

91) 上代、前掲注35)、175頁以下。

第三章　統制システムの構想
―― 諜報・捜査の共通課題から

　本書最終章にあたる本章では、これまでに本書全体を通じて論じてきた各統制手段を有機的に結びつけるための考慮要素を示し、具体的な統制システムの構造を分析する。契機となるのは、諜報・捜査に共通する「情報収集」統制の視点と、その視点が憲法上の要請とどのように関連するのか、という点である。

1　情報収集統制の視点

1　「情報収集」と「監視」

　まず注目したいのは、「情報収集」と「監視」の区別である。本書では、国家がある目的のもとで情報を得る行為全体を表現するにあたり、主として「情報収集」という言葉を使ってきたが、ドイツにおいては同旨の活動を指す用語として「監視（Überwachung）」を用いる場合があり、本書も「監視」という表現を限定的に用いている場合がある。そこで遅まきながら、ここで「情報収集」と「監視」の区別を明確にしておきたい。

　「監視」という言葉の字義について確認すべく、本書で扱ってきた当局による情報の収集行為を表現する意味合いとは異なる「監視」の語について、立法過程における理解を見てみたい。行政機関の保有する情報の公開に関する法律（以下、情報公開法）の制定にあたり、1996年に情報公開法要綱案が策定された[1]。要綱案では、目的の一として、「国民による行政の監視・参加の充実に資すること」が挙げられる[2]。ここでの「監視・参加」とは「国民が行政の諸活動を注視し、行政機関に説明を求め又はその説明を聞いて行政に関する意見を形

---

1) 「情報公開法要綱案（最終報告）（平成 8 年11月）」季刊行政管理研究76巻（1996）68頁以下参照。
2) 「情報公開法要綱案（中間報告）全文」（https://www.soumu.go.jp/main_sosiki/gyoukan/kanri/b_20.htm）

成し、行政が適正に行われることを促すために、その意見を適宜の形で表明することなどのことを意味する。」と説明されていた。実際の情報公開法では「監視・参加」の語が用いられなかった経緯も興味深いが[3]、ここで注目したいのは、ここで「監視」という言葉が「注視」という言葉に代置されていることである。「監視」という言葉は、「（人が他を）見る」という行為を強調する表現であるといえよう。

「監視」と比較した場合、「情報収集」という用語には、①「情報」という無機物を中心とする（「監視」は、注視の主体である「人」の介在を中心とする）、②主体が限定されない（本書では捜査機関・諜報機関に主体を限定しているが、「情報収集」自体はこれに限定されない。「監視」は、特定の主体の行為である）、③前後に連なる国家活動が想定されている（「監視」は、独立している）という特徴を描き出すことができる、と筆者は考える。

これらの特徴のうち、本書との関係で最も重要な特徴といえるのは、情報収集には、③前後に連なる国家活動が想定されていることである。これまでに取り扱ったドイツの連邦憲法裁判所判例や立法に見られるように、情報収集には後続する措置（例えば、収集した情報の「蓄積」を前提とする共有データの存在や、収集した情報を結びつける「利用」）の存在が、明示的又は黙示的に意識されている。このことは、情報収集により制約される憲法上の権利を実効的に保障するためには、結果として情報管理全体に対する統制が必要とされる、ということを物語っている。山口いつ子は、現代の「情報」とは「人々の日常生活の基本概念として、異なる定義が複雑にせめぎ合う」ものであるが、「蓄積よりもむしろ『流れ（flow）』が本質であるものとして捉えられている」と指摘し[4]、「社会において情報が〈自由〉に流れることの原理的な価値や意義」の確認を本質的な要素として「情報に関する法を一つのまとまりとして捉える」ことの重要性に言及している[5]。

また小向太郎は、情報のデジタル化やネットワーク化に対応するために法制

---

3) 小林直樹「情報公開法改正の考察～情報公開条例との関連で～」社会科学雑誌（2012）96頁注19、右崎正博ほか（編）『新基本法コンメンタール　情報公開法・個人情報保護法・公文書管理法：情報関連7法』（日本評論社・2013）20頁［右崎正博］。
4) 山口いつ子『情報法の構造：情報の自由・規制・保護』（東京大学出版会・2010）2頁。
5) 山口、同上、19頁。

度に要求されることとして、「情報化が適切に進むような制度の実現（環境整備・規制緩和）」及び「新たに発生する発生する問題に関して必要なルールの整備（実体法・手続法）」の二つのアプローチをあげていた。このような問題意識[6]は、デジタル化・ネットワーク化の問題がある際に限られるものではなく、情報に関する法制度を現代の問題に則して見直す際に通底する。小向の二つのアプローチのうち、本書の問題意識は、後者に属する。あえてこのような問題意識との関係で、本章が自説の位置付けを明確にしようとするのは、後述するとおり、刑事訴追や諜報に関する情報収集及び情報管理を情報に関する法制度の枠外にあると考えるべきではない、と筆者が考えているためである。

以上を踏まえ、本章では、情報収集及びその後続行為を包括し、時間軸を通貫する段階的構造として捉えられる「情報管理」の構造に注目して、国家による情報収集の対象となる者の憲法上の権利を実効的に保障することができる統制システムの構築を目指し、議論を進めていく。

2　情報管理の端緒としての情報収集

後述のとおり情報管理の諸段階の整理は論者により異なるが、情報収集を始点とした国家活動としての情報管理を前提とする本章は、本書で扱ってきたドイツの判例や法制度を参考として、①収集（Erhebung）、②加工（Verarbeitung）、③蓄積（Speicherung）、④利用（Auswertung）、⑤提供（Übermittlung）という５つに段階を分けた。

上記諸段階の性質は既に本書第二部第二章で明らかにしているところであるが、ここでは、情報管理の端緒としての情報の「収集」と後続行為の定義と関係について、確認していきたい。

「収集」以降の情報管理の過程と、「収集」との関係をどのように整理するべ

---

[6]　小向太郎『情報法入門〔第５版〕』（NTT出版・2020）29頁。なお2025年現在における同書の最新版は、同『情報法入門〔第７版〕』（NTT出版・2025）であり、本書の他の箇所では現時点での最新版を引用しているが、第５版までは１－２－１「情報と法制度」で論じられていた２つの項（「法律は遅れているのか」／「法制度は何ができるか」）について、第６版以降では「法律は遅れているのか」のみが１－１－１「情報法とデジタル・ネットワーク」の末尾に移され、ここに引用した箇所を含む「法制度は何ができるか」は削除されているようである。そのため、ここでは第５版を参考文献として挙げる。

きか。注目したいのは、情報収集を中心として情報管理を捉え直す構造化の要請に関する山本龍彦の主張を中心とした「連続戦略」論争である[7]。

山本は、情報収集に後続する情報の保存・管理、分析・利用で生じる危険を情報取得行為の評価に取り込む「連続戦略」が、少なくとも現行法下では必要であると主張する[8]。山本の主張は、後続行為の危険を情報収集の評価とすることで、情報の取得時に違法性がなければプライバシー侵害の問題は生じないという姿勢を容認しないことにあると推察されるところ、本書はこの主旨に賛同する（なお筆者は、情報収集の段階に収斂できない情報の共同利用などの場面については、独立して違法性を評価すべきであり、取得場面と利用場面について個別の法的規律をかけるべきであると考えて統制システムを構築するものであるが、山本は「現在の法制度の下では」連続戦略を取るべきであると繰り返し強調した上で、「仮に警察による情報の保存・集積や利用・解析、廃棄手続等を明確かつ具体的に規律する法律が存在したならば、情報取得行為は、やはり取得行為それ自体として評価されるべき」と述べていることから、筆者の見解は山本の主張と対立するものではない）[9]。

これに対して笹倉宏紀は、取得場面と利用場面を個別の法的規律の対象と捉え、法益侵害の「総量規制」を念頭において取得行為への規制の緩急を論ずる「切断戦略」を主張する[10]。笹倉は、「ひとたび取得された情報の事後の取扱いに伴う法益侵害（「鈍痛」）の量は、予想される利用目的が累積すればするほど増え、それに比例して情報の取扱いの正当化が困難になる[11]」ことから、総量規制が必要であると主張する。

また稲谷龍彦は、「敵」の特定・弾圧というエージェンシースラックを念頭に、「連続戦略」が前提とする裁判所への信頼を批判し、国民による法律的規

---

[7] 以下の論争の整理は、西原博史「監視社会と犯罪捜査」佐藤博史（編）『シリーズ刑事司法を考える第2巻　捜査と弁護』（岩波書店・2017）68頁以下による。

[8] 山本龍彦『プライバシーの権利を考える』（信山社・2017）93頁以下。山本は、プライバシーを問題とする裁判所の違憲審査にあたって、構造審査の採用を提唱している。構造審査とは、特定の個人情報の個別の処理ではなく、情報管理システムの構造全体の堅牢性や健全性を審査する方法である（同54頁）。

[9] 山本、同上、95頁。

[10] 笹倉宏紀「捜査法の思考と情報プライヴァシー権：『監視捜査』統御の試み」法律時報87巻5号（2015）70頁以下。

[11] 笹倉、同上、71頁。

制の制度的構築による解決を志向している[12]。稲谷の見解に対しては、「立法府をプリンシパル（引用者注：としての国民）と同視するのは危険」であり、「その意味で多数決に抗してでも守るべき権利の擁護を任務とする裁判所の役割を過小評価することも適切ではない」とした西原の指摘が的確である[13]。筆者は、既に第四部第二章において、立法評価との関係で同様の指摘をしている。

3　予防的且つ秘密的な情報収集の特徴——情報管理の視点から

　本書の立場からは、山本を中心とした上述の論争が、あくまでも刑事訴追を前提とした捜査に限定された議論であることを、まず指摘しておかなければならない。しかしながら、①情報の収集という局面がその後続行為とどのような法的関係にあるのか、②情報管理の各段階に対する法的規律の制定にどのような立場を取るか、といった問題意識は、捜査に限定されるものではなく、むしろ「安全」を志向して行われる個別の人的対象に向けられた情報収集全体に共有されるべきものである。

　なぜなら、データの「蓄積」や目的外「利用」の必要性を完全に否定するのではないのであれば、情報収集そのものが捜査として行われるか、予防的警察活動として行われるか、あるいは諜報として行われるかは、情報収集の権限の画定において重要な前提ではあるものの、後続する諸段階におけるデータ及び情報の取扱いにとっては、権限の画定が本質的な問題とならないからである。本書はこの意味では、「切断戦略」を前提としている。本書において言及してきたとおり、テロリズムに対抗するための情報収集活動に限定すれば捜査機関と諜報機関は接近していると捉えることができるのであるが、少なくとも情報収集の権限に関する表面的な点では、この接近は強く顕現しない。なぜなら、あくまでも各国家機関には目的があり、情報収集はその目的に拘束されるからである。しかし、後続行為を前提とすると、その接近は顕著なものとなる。すなわち、情報収集の際に曲がりなりにも有していた収集の「目的」の変更を許容することで、後続行為においては、従来の収集主体の権限の限界という問題

---

12)　稲谷龍彦『刑事手続におけるプライバシー保護：熟議による適正手続の実現を目指して』（弘文堂・2017）274頁以下。
13)　西原、前掲注7）、69頁。

が変質していくのである。

2　情報の「提供」と憲法上の要請

1　情報の「提供」と情報公開

　このように本書では、情報管理の諸段階を、①収集（Erhebung）、②加工（Verarbeitung）、③蓄積（Speicherung）、④利用（Auswertung）、⑤提供（Übermittlung）に区分する。これらの諸段階は、上述のとおり、個々に異なった憲法上の権利の制約を生ぜしめる可能性がある。

　ただし先にも述べたとおり、このような五段階の設定は、一般的な区分とは言えない。例えば上述のとおり、山本は、この段階を「収集」「保存・管理」「分析・利用」、小向は「情報の取得（作成）」「情報の保有（利用）」「情報の提供（発信）」と区別する。[14]

　ここでは各段階を五段階に細分化した上で、「提供」の要素を独立した段階として捕捉する意義を確認してみたい。具体的には、本書が想定する状況下において情報の「提供」がいかなる憲法上の価値を担保するものであるのか、日本の個人情報の保護に関する法律（以下、個人情報保護法）及び行政機関の裁量を尊重する行政機関の保有する情報の公開に関する法律（以下、行政機関情報公開法）における情報公開を契機として考えてみたい。

　情報公開は、「民主制の正常な運営の前提」であり、憲法21条にその根拠を持つ所謂「知る権利」の重要な要素であると理解される。[15] もちろん、憲法21条から直接的に開示請求権を導くことができるとは考えられておらず、開示請求は立法による制度化が必要であるわけだが、ここでは、国家の安全や捜査中の事件に関する事項が「不開示情報」であるとされていることに注目する。[16] 個人情報保護法78条1項5号は、「開示することにより、犯罪の予防、鎮圧又は捜

14）　本書第二部第二章参照。
15）　宇賀克也＝長谷部恭男（編）『情報法』（有斐閣・2012）8頁。ただし、行政機関情報公開法において「知る権利」の明記はなく、「国民主権の理念にのっとり（同1条）」とされている。「知る権利」の憲法上の明記に関する議論として、「第193回国会衆議院憲法審査会議録第7回」（2017）14頁以下［宍戸常寿発言］参照。（http://www.shugiin.go.jp/internet/itdb_kaigiroku.nsf/html/kaigiroku/025019320170601007.htm）。
16）　宇賀＝長谷部（編）、同上。

査、公訴の維持、刑の執行その他の公共の安全と秩序の維持に支障を及ぼすおそれがあると当該行政機関の長又は地方公共団体の機関が認めることにつき相当の理由がある情報」を不開示情報とする（なお、「認めることにつき相当の理由がある」かどうかという基準の意義について、行政機関の裁量を一定認めるものと解されている[17]）。治安維持や犯罪捜査を目的とする情報収集により取得されたデータ及び情報は、基本的に同条号に含まれる不開示情報にあたると解されよう。村上裕章は、この規定について、「制定過程では比較的狭い裁量が想定され、国会審議において被告に立証責任がある旨明言されていたにもかかわらず、広範な裁量を認めたり、原告に立証責任を課す裁判例があ」るとして、法解釈に疑問を呈す[18]。

　ここには二つの意味があると筆者は考える。一つは、国家の安全や捜査中の事件に関して行政の保有する情報は、一般的な開示により、本質的に収集の目的を損なうおそれがあるということである。もう一つは、逆説的だが、国家の安全や捜査中の事件に関する情報も、個人情報保護法制及び行政機関情報公開法制の適用対象であるということである。個人情報保護法60条1項本文は、同76条1項以下で開示請求の対象とされる「保有個人情報」について行政機関の職員が「職務上作成し、又は取得した個人情報であって、当該行政機関等の職員が組織的に利用するものとして、当該行政機関等が保有しているもの」と定義する。同78条1項各号に定められた不開示情報の要件を見ても明白であるように、情報収集の目的が国家の安全や捜査中の事件に関する調査であっても、情報収集の主体が捜査機関であっても、同法制全体の適用除外となっているわけではないのである。これは、ただ法制度上の状況を示しているものではないと筆者は考える（本書第二部第四章参照）。本書が主として取り扱ってきた予防

---

[17]　国家公安委員会・警察庁「国家公安委員会・警察庁における情報公開審査基準」（2017）13頁は、情報公開法に関するものではあるが、詳らかに、「行政機関の長が認めることにつき相当の理由がある」という基準について「司法審査の場においては、裁判所は、第4号に規定する情報に該当するかどうかについての行政機関の長の第一次的な判断を尊重し、その判断が合理性を持つ判断として許容される限度内のものであるか（「相当の理由」があるか）否かについて審理・判断するのが適当であり、このような規定振りとしているものである」と述べる。ただし、宇賀克也『新・個人情報保護法の逐条解説』（有斐閣・2021）559頁以下は、この裁量の限界を意識した慎重な態度を示しているようにみえる。

[18]　村上裕章『行政情報の法理論』（有斐閣・2018）58頁。

的且つ秘密裡に行なわれる国家による情報の取り扱いについても、本来的には個人情報保護法制や情報公開法制を含む情報法制の趣旨、すなわち情報法制の基礎を成すプライバシーの保護や知る権利の保障といった憲法上の要請が妥当すると解すべきではないか、と思われるのである。

2　情報の「提供」としての令状呈示

　以上のとおり、情報収集及び後続する情報管理の諸段階は、(その収集目的が捜査及び治安維持に関係する場合であっても) 情報法制の趣旨を汲むものでなければならないというのが本書の立場である。そうだとすれば、本書が想定する情報収集により集められたデータ及び情報についての「提供」も、憲法上の要請を充足するものでなければならない。

　情報法制一般にいう情報の「提供」は、①当該情報に関連する当事者に対し、プライバシー保護や手続保障の観点から制度上情報を提供するもの（例えば個人情報保護法74条１項における個人情報ファイルの保有等に関する事前通知)、②当該情報に関連する当事者が、情報自己決定権や自己情報コントロール権行使の観点から情報開示を請求し、これに応じて情報を提供するもの（例えば同76条１項における自己情報の開示請求)、③当該情報に直接は関連しない第三者が、知る権利の観点から情報公開を請求し、これに応じて情報を提供するもの（例えば行政機関情報公開法３条による開示請求）に分けられる。

　この観点から捜査及び治安維持に関する制度を見ると、例えば現行の刑事訴訟法における令状制度は①の類型に含まれる制度といえる。ここでは、本書が検討の対象としてきた情報管理における情報の「提供」という段階が、現在の日本の法制度との関係ではどのように描写しうるのかを検証するため、令状の事前呈示という現在の日本に存在する手続との関係から、情報の「提供」行為の意義について説明を試みたい。

　令状主義は、住居の不可侵を保障した憲法35条の要請である。しかし、令状主義の射程、特に刑事訴訟法に定められた令状の事前呈示がいかなる憲法上の要請を反映しているのか（あるいは憲法上の要請を反映するものではなく、立法政策上の問題なのか）という点には争いがある。この点について井上正仁は、令状の事前呈示を憲法35条（令状主義）ではなく憲法31条（適正手続の保障）の要請と解し、事後的であっても不服申立の機会が与えられればよいとする。[19] より具

体的には、「呈示のもつはたらきは、捜索・差押えの実施による権利・利益の制約が令状に明示された範囲を超えないように——また、もし超えたのであれば不当に侵害された権利・利益を回復できるように——するというものである。それゆえ、捜索・差押えの実施にあたって事前呈示の原則に反する手続がとられたのであれ、権利・利益の制約が令状によって許された範囲を超えなければ、このような権利・利益の制約それじたいには合理的な理由を見いだすことができる」と言う岩下雅充の表現が、この立場を的確に説明している[20]。酒巻匡も、これと同様の見解を示す[21]。

令状主義の本旨が、プライバシーの保護のため、プライバシーを強度に侵害する捜査態様の行為について司法審査にかからせることをその内容としていることにあるならば、令状の事前呈示についてこのような理解を採ることに違和感はない(ただし、この立場に立つとしても、現行法上令状の事前呈示が必要とされている通常の捜索・押収との関係において、事前の令状呈示を行わないことが許されるためには、適正手続の保障の観点から、少なくとも当事者への事前の令状呈示と同視しうる手続的担保が必要とされるように思われる[22])。この理解は、令状の事前呈示の原則を認めたものと解されている入室後令状呈示決定の判旨[23](刑事訴訟法「222条1項、110条による捜索差押許可状の呈示は、手続の公正を担保するとともに、処分を受ける者の人権に配慮する趣旨に出たものであるから、令状の執行に着手する前の呈

---

19) 井上正仁『強制捜査と任意捜査〔新版〕』(有斐閣・2014) 159頁以下。なお、辻本典央「捜索差押令状の呈示のない住居等への立入」近畿大学法学53巻1号 (2005) 159頁が指摘するとおり、令状の呈示が憲法の要請であるという議論が肯定的に論じられるようになってきたのは近年である。

20) 岩下雅充「捜索令状・差押え令状の呈示:事前呈示の原則とその例外との関係:原則に対する例外と立ち入るために『必要な処分』との接点に着目して」京都学園法学64号 (2010) 61頁。

21) 酒巻匡「令状による捜索・差押え (2)」法学教室294号 (2005) 105頁以下。

22) 酒巻、同上、106頁は、「立法政策として、令状による強制処分一般について、処分の実効性確保のため必要やむを得ない合理的な理由が認められる場合に、処分実行の際には令状の呈示そのものを行わなくとも、令状の呈示と機能的に同程度の公正担保の代替的手当があれば、そのような立法も文面上違憲とはいえないと解されるであろう」と述べる。筆者はこの見解に対して、「令状の事前呈示」と機能的に同程度の公正担保の代替的手当が必要であると主張する立場である。そのため、酒巻が直後に立法例として挙げる「『通信傍受法』の傍受令状に基づく傍受の実施」は、筆者の立場からすると、これを十分に満たす代替的手当を制度化したものとはいえない。

23) 最決平成14年10月4日刑集56巻8号507頁。

示を原則とすべきである」）とも整合的である。

　しかし本決定には、憲法上の権利という観点から見ると、二つの疑問がある。一つめは、「手続の公正」という表現を用いつつも、憲法31条や告知・聴聞の手続を明示的に参照していないこと。いま一つは、「処分を受ける者の人権に配慮する趣旨」という文言における「人権」の内容を明確にしていないことである。本決定は令状の事前呈示を原則としたものの、結論としては本件で問題となった令状呈示前の立入りについて「警察官らが令状の執行に着手して入室した上その直後に呈示を行うことは、法意にもとるものではなく、捜索差押えの実効性を確保するためにやむを得ないところであって、適法というべきである」と結論付けているが、そのような抽象的な根拠に基づく結論に至った理由の一つは、この二点の疑問に顕れているように、事前呈示の原則の前提となる令状呈示の憲法上の根拠を明確にしていないことにあると筆者は考えている。山本正樹は、「証拠保全の観点から、証拠隠滅破棄の抽象的なおそれを令状執行機関の裁量に委ねる結果、捜索差押えの実効性の確保が被処分者の利益・権利の保護を凌ぐこととなり、令状主義による司法的抑制は大きく後退している」と述べるところ、[24] 令状執行機関の裁量統制にあたって重要となる裁量の限界は、令状呈示に向けられた憲法上の要請により定義付けられるべきである。

　では、その憲法上の要請の具体的内容とは、何であろうか。これを検討するため、当然に令状の呈示が不要とされる場面について考えてみたい。刑事訴訟法学の通説的見解によれば、①被処分者が令状呈示の利益を放棄したといえる場合、②被処分者が不在の場合には、それぞれ当然に令状の呈示が不要と解されていると辻本典央は述べる。[25] ②は実務的な観点に基づく限界の例であるといえるが、[26] ①は、令状の呈示のような情報収集の対象者に対する「通知」が保障する価値の一側面として、告知・聴聞の手続という適正手続の保障という価値のみならず、情報の「提供」によりプライバシー保護や「知る権利」の保障と

24）　山本正樹「令状による捜索・差押えに関する一考察」近畿大学法学58巻2・3号（2010）209頁。
25）　辻本、前掲注19）、166頁。
26）　川出敏裕『判例講座 刑事訴訟法［捜査・証拠篇］』（立花書房・2016）127頁は、②を「令状を呈示することができない合理的な理由がある場合」の例示とする。

いう価値を見いだすことを試みる本章の立場を裏付ける性質を描き出しているものと解釈しうる。すなわち、適正手続の保障の重要な目的を、「実体的真実に即した正確な刑事裁判」[27]の実現という公益にあると解するとして、ここにいう令状呈示の利益が専ら適正手続の保障を内容とするものであれば、理論上、これを令状の被処分者の意思で容易に「放棄」することは認められないという結論が導かれる。それにもかかわらず、刑事訴訟法上、被処分者に令状呈示の利益を放棄する権利があると考えられていることを（実務的な要請からだけではなく）理論的にも正当化しようとするならば、そこには公益に向けられた適正手続の保障の要請以外に、個人が持つ何らかの自由の一環として認められる価値が読み込まれていると考えざるを得ない。

　ここで令状の事前呈示を題材として検証したかったことは、（令状主義が如何なるものかということや、令状呈示により提供される情報が何かということではなく）テロリズムに対抗するための情報収集のように捜査や諜報の局面において行われる活動についても、情報法制の淵源と重なる部分のある情報の「提供」が、既に重要な役割を果たしているということである。このような観点からすると、治安維持に関する情報収集についての本人への通知を、情報の「提供」という段階のうちに捉えることへの違和感は幾分か和らぐ。

　もちろん一般の情報公開と同一に考えられない点は多々あり、その点については別途詳細な分析が必要となる。ここでは、これまで特殊の手続と考えられてきた捜査・諜報上の本人通知や令状呈示と、個人情報保護や情報公開に関連して語られる実質的な権利の関係の一端を明らかにしたものに留まる。

3　統制システム・縦軸——憲法上の統治機構の役割

1　情報管理と憲法上の統治機構

　以上に示した通り、「情報収集」と「監視」の相違を契機として、情報収集及びその後続行為を統制することで、結果として収集されたデータの取扱いの適正化を通じた情報収集対象者の憲法上の権利保障の実効化を求め、構造化を試みる立場から、これまでの議論を総括すべく、現代の諜報・捜査における国家の情報収集及びその後続行為を含む情報管理の統制システムを構築してい

---

27)　長谷部恭男『憲法〔第 8 版〕』（新世社・2022）264頁。

く。

そこで重要となるのは、憲法上の統治機構の役割である。ここではまず、情報管理と統治機構の関係から、本章前節までの研究を通じて明らかにしてきた内容をまとめて整理する（なおここでの記述は、本書第二部第二章第2節第2款と重複する部分がある）。

（1） 行政府——情報管理の主体と監督・統制

情報管理の諸段階の全てを通じて、情報管理の主体として立ち現れるのは、行政府である。本書で主として取り扱ってきた情報収集の主体としてだけではなく、その蓄積や利用、提供にあたっても、基本的に行政府が主体となる。

ただし、行政府の役割はそれだけではない。行政内部では、情報の収集や利用の主体となる行政庁に対し、監督・統制を果たす機関が存在しうる（例えば、本書第二部第一章から第三章で言及したドイツのデータ保護監察官や基本法10条審査会、日本の国家公安委員会など）。行政内部の監督・統制機関は、情報管理の主体となる行政庁にとっては抑止的存在であり、当該情報管理の過程で制約される憲法上の権利の保障の一翼を担うものともなりうる。一方で、行政内部の監督・統制一般に言えることだが、立法府・裁判所による統制と比べて柔軟且つ臨機応変な対応が可能である一方、同じ行政府による対応であることから、その監督・統制の客観性や実効性は劣る場合がある。この点を補完する組織的・手続的な工夫が必要であるとともに（例えば、本書第二部第三章で論じた基本法10条審査会のように、形式的には立法府に組織するなど）、原則として当該監督・統制機関の判断が終局的決定とならないことが要求される。[28]

なお、情報管理の主体の内部に実質的に包摂される組織であるならば、それは本書が想定する統制システムにおいては、監督・統制機関としての第一義的な資格を欠くこととなる。なぜならば実効的な監督・統制機関には、その性質上独立性・中立性が要求されるからである。その意味で本書第二部第三章で論じた日本の公安委員会は、監督・統制機関としての第一義的な資格を欠くものではなく、権限や手続の整備によっては監督機関としての役割を果たしうるものと考えられる。

---

[28] 同様のメカニズムは、現行の行政不服審査法と行政事件訴訟法との関係にも見られる。

（2）　立法府──枠組みの構築と評価の反映

　立法府は、情報管理の法的枠組みをつくる役割を担う。これには、情報管理全体を司る法制度の構築のみならず、情報収集の権限を法律上設定することや、情報提供を行わなければならない条件を法律上明確にすることなどを含む。このことを憲法との関係から見ると、立法府は、情報管理の諸段階において制約されうる憲法上の権利を適切に想定し、当該権利の保障を実効化する法制度を実現する責務を負っているといえる。情報管理の枠組みの構築について、立法府は、あくまでも憲法上の要請に反しない範囲で立法裁量を与えられている、と言い換えてもいい。

　また立法府は、特定の立法により与えられた行政府の権限の行使や、この運用をめぐって発生する社会的諸事象を分析するとともに、裁判所による司法審査における言及を十分に考慮し、当該立法を評価する機能を担う可能性がある（本書第四部第二章参照）。その評価は、当該立法や周辺各法の改正・制定に結びつく。ただし当然ながら、立法府は選挙を通じた国民の信任に基づく議員から構成され、多数決での決定を前提としているため、立法評価の内容が常に制定法に反映されるとはいえない。

（3）　裁判所──事前審査及び訴訟上の審査

　裁判所は、まず、事前の手続的審査を行う主体として立ち現れる。これは、情報収集が国家権力の行使として、私的生活に介入を来す可能性がある場合に行われる措置であり、事前的手続への裁判所の関与の一形態である。その最たる例が、本書第二部第三章や第三部で繰り返し扱ってきた刑事訴追のための捜査手続における令状審査であるが、令状発布のための手続や制度に遺漏がなくとも、それ以降の制度の形態によっては令状審査という手続が骨抜きになるおそれがある点には留意が必要である。これは、その他の事前手続に裁判所が関与する場合も同様である。

　更に、裁判所は、国家の情報管理を争点として含む訴訟における法の適用を行う。そこでは、違法性判断及び違憲審査が行われるが、違法性判断についてはその他の行政訴訟の例に漏れず、裁量の踰越の有無が争点となると想定される。その意味で、本書第一部第一章で論じた情報収集活動の目的として立ち現れる「安全」の限定は、重要な意義を有する。しかし、情報収集活動の権限を決定する個別の根拠法が存在しない場合（一般法により権限が根拠づけられると考

えられる場合)、「安全」の範囲は拡大する懸念があり、その意味でも目的の画定を裁判所に委ねて良いのかという点には懸念が残る。また違憲審査については、制約される憲法上の権利の画定、及び審査基準の決定が重要である。

この訴訟上の審査の結論は、個別の事案における終局的な法の適用の結論として、行政や立法の活動に一定の影響力を及ぼす。特に、大規模なテロリズムの勃発により過熱する「テロリズム」撲滅の要請が、多数派により特定の少数派が「テロリスト」のレッテルを張られることに結びついているような場合には、憲法上の権利保障のために裁判所が果たすべき役割は大きい。[29]

2 統制システムにおける情報管理の諸段階と情報収集

以上、憲法上の統治機構と国家による情報管理の関係を素描してきたが、ここで情報管理の諸段階の一としての情報収集が統制システムの内部でどのような位置付けにあるのか、という点に言及しておかなければならない。なぜならば、憲法上の統治機構との関係で情報管理を捉えるとき、各統治機構は個別の解決すべき問題への対応としてアクションを起こすこととなるが(例えば、蓄積されたデータの取扱いのための立法をする立法府、蓄積データの共同利用がプライバシーの自由を侵害することを根拠として提起された訴訟に対する裁判所の判断)、この一断面のみを切り取る場合、情報管理の諸段階における各統治機構の役割を明示することはできるものの、情報管理の諸段階における各統治機構の機能の重要性の程度を描くことができず、各段階は同等の価値を持つかの如く誤って描写されてしまいかねないからである。

この懸念に対して、本書がこれまでに情報収集を中心として議論してきたことの意義が、統制システムにおいて否定されるものでは決してないということを、ここでは確認しておきたい。むしろ情報収集統制の意義は、情報管理過程の中で強調されるべきものと考える。その根拠は、①情報管理は一般的に、収集の段階を欠いては始まりえないこと、②恣意性の生じやすい治安維持や犯罪

---

29) 本書第二部第二章でも触れたとおり、裁判所が事実上立法を上書きするかたちでの違憲審査権の行使については、民主主義の観点から疑義がある。当該争点に関する包括的な先行研究の例として、ジョン・ハート・イリィ(著)佐藤幸治=松井茂記(訳)『民主主義と司法審査』(成文堂・1990)があり、日本では松井茂記『司法審査と民主主義』(有斐閣・1991)、阪口正二郎『立憲主義と民主主義』(日本評論社・2001)参照。

捜査を目的とする秘密的・予防的・広域的な情報収集活動を端緒とする国家の情報管理においては、収集時に制約される憲法上の権利の性質の考慮と、この制約を正当化しうる法的担保の存在、そして適正な目的の限定が、強く要求されることに求められる。

この要求の淵源は、(a) 秘密的・予防的・広域的な国家の情報収集活動が、私的生活領域の自由のみならず、内心の自由の間接的制約をも形成しうるという点や、(b) 従来の危険防御の発想では対象となりえなかった国民が情報収集の対象とされ、許容されえなかった手段が許容されるといった当該情報収集活動の特質等に求められると筆者は考えている。すなわち、以下論ずる統制システムの横軸の整理においては、便宜上諸段階を並記しているが、その重点はあくまでも「収集」に置かれるということである。

4　統制システム・横軸——憲法上の権利の保障のための段階的アプローチ

以上を踏まえ、統制システムの中心となる情報管理の諸段階におけるアプローチについて、上述した憲法上の統治機構の役割の顕現に重点を置きつつ、本書のこれまでの議論を総括するかたちで整理を試みたい。

まず、「収集」段階では、①収集の目的、②収集の（人的・物理的・時間的）範囲、③収集の態様の適切な限定が重要である。その手段としては、第一義的に立法が重要である。しかし、予防的・広域的に行われることをその本質の一とする現代の諜報・捜査としての情報収集活動においては、①②の限定には限界がある（本書第一部第一章で述べた通り、「予防」は具体的な危険発生の前段階で行われることから、①②を適切に限定することは極めて困難であり、その意味では本質的な「広域」性があるため）。そのため、立法において特に重要となるのは、③の限定である。本書第二部第二章・第三章及び第三部各章で検討したとおり、多様な情報収集の手法のメニューを、法律において詳細に規定するドイツの実践は、参考とすべき点が多い。

立法上詳細に規定することが難しい①②の限定については、本書第四部第一章で論じたとおり、裁判所による違憲審査が最後の砦となる。ただし本書は、予防的・広域的な性質を持ち、秘密裡に行わなければ法律上定められた所掌事務の遂行を全く果たしえなくなる種類の国家による情報収集に対しては、その本質的な透明性の欠如に照らして裁判所による審査に一定の限界があることを

認めた上で、なお個人が当該情報収集の違憲性・違法性を争うことができる方法を探究する必要があると考えている（本書第二部第四章参照）。そしてその方法を探るためにも、段階的な統制システムが必要であるということを、再度強調しておきたい。

次に、「加工」の段階がある。本書では、「加工」について個別に論じることはしていないが、収集した生の「データ」を、目的に即した意味のある「情報」にするのが、この段階である。目的外の「情報」の形に「データ」を加工し、この後の蓄積段階に残しておくことなった場合、加工の段階に独立した違法性が生ずる可能性がある。

その後、「蓄積」の段階がある。先に述べたとおり、「蓄積」は「利用」と密接な関係を有する。例えば、他の官庁がアクセスできる状態でのデータの蓄積は、データの目的外利用の問題を惹起する蓄積・利用の段階では、特に行政内部でのデータ・情報の取扱いの監督・統制が重要となる。

そして、「提供」の段階がある。本章前節にて述べたとおり、本書における提供には、行政の情報管理と同様に、①当該情報に関連する当事者に、制度上情報提供を行うもの、②当該情報に関連する当事者が情報開示を請求し、これに応じて情報を提供するもの、③当該情報に直接は関連しない第三者が情報公開を請求し、これに応じて情報を提供するものの三つが含まれる。ただし、高度な秘密性が要求される治安維持目的での情報収集活動において、②③の範囲をどう設定するかは、別途議論が必要である。①については、本書第二部第三章で論じたとおり、第三者機関により収集対象者への通知の個別判断の当否が包括的に審査される制度を置くことで、情報収集対象者に対する事前の通知の欠缺によるプライバシー侵害が憲法上正当化されるという構造を採用するという方途が、有力な選択肢の一つとなりうる。この手段によると、第三者機関による審査により必要やむを得ない最小限の場合であると判断されたケース以外は、原則として本人への通知が促され、ひいてはその当否が立法府や裁判所、更には国民の審判に委ねられることとなるからである。ただしその主体たる第三者機関は、立法府・裁判所・行政府のいずれに置くとしても、独立性・中立性を保っていなければその役割を果しえない。

5　小　括

　以上、本章の提案する統制システムについて、憲法上の統治機構を縦軸、情報管理の諸段階を横軸として描写を試みた。小括として、統制システムの発展可能性と課題に言及する。

　繰り返し述べてきたとおり、統制システムの本旨は、憲法上の権利保障を実効化することにある。そのため統制システムは、従来「収集」の段階における憲法上の権利の制約のみが問われてきた場面であっても、「収集」以降の諸段階における権利制約について考慮した上で国家活動が行われなければならないことを示すとともに、「収集」以降の各段階固有の権利制約を単独で認定することにも積極的な姿勢を示す。

　統制システムの発展可能性は、特に、憲法上の権利保障という基本的要請を充足する仕組みづくりに寄与する立法府・裁判所・行政府の活動を、情報管理の諸段階において促す点に求められる。統制システムは、治安維持や犯罪捜査を目的とした国家の情報収集活動の特性から、従来の訴訟上の統制が機能不全を起こす可能性があることを正面から認めた上で、情報管理の諸段階における憲法上の統治機構の権限の行使を期待するものである。その基礎となる立法においては、当然に立法裁量が存在するが、その立法裁量も憲法上の要請に拘束される。憲法上の権利保障の実効化のための仕組みづくりは、立法府の責務である。その意味で、統制システムが立法府に一定の期待を寄せるものであることは否定されない。

　ただし、その時点の多数派により形成される立法府による決定は、権力分立の機能的配分の中で、特に裁判所による抑止的判断からの適切な影響を受けるべきである。裁判所の判断は、事前的な手続において、あるいは事後的に訴訟において行われる。

　日本における治安維持目的での国家の情報収集活動を拘束する事前的な手続における裁判所の役割は、（戦後においては）上述のとおり令状審査が代表的である。英米法の影響を強く受けて成立した戦後の新・刑事訴訟法施行の翌年（1949年）の著作において、団藤重光は、捜査手続における裁判所の役割について「被疑者の人権の保護」という観点から見ると、「捜査手続について細かい法律的な制限を置かなければならない。いな、制限を置いただけでは足りない

ので、その制限を保障するための機構が必要である。その機構をどこに求めるかというと、公平な立場にあるべき裁判官である」と述べる[30]。情報化社会への発展以前に語られたこの言説は、捜査の司法審査の必要性を指摘しているのみならず、複雑化した現代国家の情報収集の統制の機構としての裁判所に対する信頼の憲法上の意義を、いま一度検証するよう我々に迫っているように筆者には思われる。

また当該立法により実現された仕組みの行政府による運用について、適切な評価を行うべきであることも、統制システムは示している。

ただし、この点に発展可能性を求める以上は、統制システムの内在的課題にも言及しておかなければならない。すなわち、本章では情報管理の諸段階の中で統制システムを可視化したが、この諸段階の設定が、国家による諜報や捜査における情報収集活動を適切に統制するための最適解であるかどうか、という課題である。前述のとおり、本章では「提供」の段階の価値を、令状制度との関係から示したが、収集・加工・蓄積・利用・提供の他にも考慮すべき段階が存在するとも考えられる。例えば、本書第三部第一章で言及した端末通信傍受やオンライン捜索は、マルウェアを用いて情報収集を行うが、このような情報技術を用いる場合、そもそも「収集」の前段階として、当該情報技術の使用を選択する「技術導入」の適法性が問われうる。本章が提案した統制システムにおいては、このような場合も「収集」の問題とすることとなるが、新規の技術的手段を、情報収集を行う機関が立法上の根拠なく導入する可能性を考慮するとき、果たしてそのような理解は統制システムの本旨に照らして適当といえるのだろうか（立法上の根拠を持たない侵害的な技術的手段の導入自体に違法性があると解するべきではないのか）、という疑問が生ずる。

また、理論上更なる追究が必要となる点として、立法府・行政府・裁判所の関係性を避けて通ることはできない。統制システムは、情報管理の諸段階における統治機構の顕現のみを取り上げ、権力分立の本質的な課題に迫っていな

---

30) 団藤重光『刑事訴訟法』（勁草書房・1949）27頁。なお同書は、1950年に本書での引用箇所について一切の変更がない改訂版が刊行された後、1953年に三訂版が刊行された。三訂版では引用箇所にあたる「第二講 捜査 第一総説」が刷新され、「人権を保障した上で検挙率をあげ」る方法としての「科学的捜査」の重要性が注目されている（同『刑事訴訟法〔三訂版〕』（勁草書房・1953）23頁）。

い。例えば、裁判所の違憲審査が個別の領域における立法裁量を限定する効果を有することを統制システムは肯定的に評価するが、これは民主主義を冒すこととならないのか。行政の裁量はどこまで認められるのか。これらの本質的な課題を捨象した状態では、統制システムは表面的且つ技術的な存在に留まってしまう危険性があり、この危険性は統制システムの濫用のおそれを惹起する。本書では、この点について立ち入った議論をすることが叶わないが、今後の重要な課題として更なる追究を試みたい。

おわりに

　本書は、テロリズムに対抗するための情報収集活動の統制について、いくつかの点で従来の議論とは異なる視点・手法を用いた議論を行い、最終的には情報管理の諸段階において、憲法上の権利保障のために機能する統治機構の権限行使のモデル化としての統制システムの構築を試みた。より具体的には、情報管理の諸段階の中で統制システムを構築することにより、統制における立法府・行政府・裁判所を中心とした憲法上の統治機構の憲法上の権利保障の機能が顕在化するのみならず、情報管理諸段階の遮断を前提とした法的関係が明確となること、諸段階の中での「収集」段階の重要性が確認されることなどの特徴があることを示した。

　一方で本書第四部第三章の末尾に示したとおり、統制システムには、①諸段階の区分が「収集・加工・蓄積・利用・提供」という五段階でよいのか、②憲法上の統治機構相互の関係の原理的諸問題に向き合う必要があるといった課題もある。これらの課題については、憲法上の権利保障の観点から見た情報法及び刑事法と憲法の関係や、権力分立の原理的課題の研究を通じて、更に深められなければならない。ここでは本書のむすびとして、分野横断的な視点から見た本書の位置づけを示しておきたい。

　「安全」の保障という共通の目的を持つ国家活動、その主たる担い手である捜査機関と諜報機関の相違を意識しつつも、実務上の両者の接近や、データの共有といった現象を踏まえて憲法上の権利の保障を中心に据えた結果として「情報収集」という共通の行為態様に着眼した本書は、特に刑事法の分野に対しては、一種グロテスクな印象すら与えるかもしれない。もしそのような印象を抱く読者がいるとすれば、それは筆者の本望である。なぜならば、本書の示す国家の情報収集活動の統制システムの根底にあるのは、多様化する捜査や諜報による「情報収集」の手法とその統制のあり方が、捜査法の構造論に転換を要求するものではないか、という問題意識だからである。

　このような問題意識は新しいものではなく、情報化社会の初期段階から指摘

されてきたものである。渥美東洋は1979年の著作において、従来「世界の諸民族は、その態様こそ異なれ、一方でプライヴァシーを守りつつ、他方で法や習俗や習慣による人の行動の規律のための監視制度を設けて、両者のバランスをたくまず生み出しながら、長い歴史を送ってきた」が、「生活の便宜さや、サーヴィスを行きわたらせるための情報処理システムを開発したことにより、今や、プライヴァシーと監視のバランスは危機に瀕している」と指摘し、「この問題は背景が深く広いので、必然的に刑事訴訟を超えた考察が求められよう」と述べる[1]。ここでは犯罪捜査だけに留まらず、行政的調査・公安調査活動により取得される情報、更には背番号制や民間のオンラインの銀行取引から取得される情報までが「監視」の手段として用いられることが懸念されており、この意味で渥美の視野は、本書の射程よりもずっと広い。

そして、渥美は同書において、日本の刑事訴訟法は古典的な弾劾主義の理解から出発してはいないこと、アメリカでも「田園的・農村的社会」から「都市的社会・無名性の社会」への転換に伴い、捜査機関は組織化せざるを得ず、「厖大な組織内での計画的な捜査の実行は、ただでさえ密行的な性質を持つ捜査の可視性を低めることにな」り、「このような現実にあっては、理念的に当事者の有利さの均衡を解く『弾劾主義』は、当事者の均衡を達成しうるものではなくなってしまう」ことをも指摘しており、この指摘は、密行性の高い捜査機関の入手した証拠の開示により、「被告人側の防禦・挑戦が蟷螂の斧にたとえられてしまうことにならないこと」を志向する根拠として挙げられている[2]。これは公判における証拠開示について論じている箇所の記述だが、少なくともこの点に限って言えば、渥美は理想主義的な弾劾主義からの脱出を、被告人の実質的な権利保障と結びつけるかたちで語っていた。

渥美の指摘を端緒として刑事訴訟法学の近年の傾向について考えるにあたり、戦後刑事訴訟法学を歴史的に解釈する緑大輔の見解は、示唆に富んでいる。緑は、二項対立的な弾劾的捜査観のもとで、一貫して被疑者・被告人の人権保障を志向する平野龍一の捜査構造論が、冷戦崩壊以降の個別具体的な立法の活性化に対しては「力を発揮できなかった」と評価し、実際に立法を形成す

---

1) 渥美東洋『捜査の原理』(有斐閣・1979) 23頁以下。
2) 渥美、同上、278頁以下。

る推進力となったのは「個別具体的な事項について微調整を積み重ねて改善を目指す、『個別方式』のアプローチである」と分析する[3]。実際に、本書第一部第三章でも取り上げた1999年の通信傍受法制定以降、実務に強い影響力を持ったのは、利益衡量論を重視する論者たちであった[4]。

このことは憲法学の立場から見て、本来由々しきことであると評価せざるをえない。なぜならば、平野による弾劾的捜査観の提唱は、我が国の憲法と刑事訴訟法が、アメリカ的デュー・プロセスの価値観と日本の実務家の間にゆきわたっている実体的真実主義の価値観、「この二つの価値観にはさまれて苦悩している」ことに対する応答であったからである[5]。

平野は、両者の根底にある価値観の相違を、「刑法の社会統制の手段としての機能」に対する評価と、「国家権力に対する考え方」に見る。すなわち、手続的担保により被疑者・被告人の権利を保障することをその本旨とするデュー・プロセスの価値観は、捜査手続が「違法であったために、犯人が処罰されずにすんだとしても、それがただちに社会秩序に対する脅威だとは考えない」が、その前提には「国家権力に対する懐疑」がある[6]。一方で「実体的真実主義は、刑法の機能を大きく評価」し、刑法上「可罰的と規定された行為が処罰を免れることは、法秩序ひいては倫理秩序に対する重大な脅威」とされるが、それは実体的真実主義が国家権力に対する信頼に基礎をおいているからであり、「拘禁して取り調べても、警察は無茶はしないであろう、もし無茶なことをしたことが明らかになったなら、これに対する処置をとればよい」との考えを前提としている[7]。

---

3) 緑大輔「刑事訴訟法学と実務：刑事訴訟法学の『守備範囲』をめぐって」同『刑事捜査法の研究』（日本評論社・2022）384頁以下。

4) 井上正仁「刑事訴訟法学のアイデンティティを求めて—中間報告」法学協会雑誌130巻4号（2013）1頁以下参照。また、利益衡量論の推進に貢献した論者の一人である酒巻が、裁判官らとともに証拠開示制度の理論構築の成果とした、酒巻匡（編著）『刑事証拠開示の理論と実務』（判例タイムズ社・2009）は、捜査を通じて取得した証拠の取り扱いという意味で、本稿の立場からも非常に興味深い点が多い。

5) 平野龍一『捜査と人権』（有斐閣・1981）61頁以下。刑事訴訟法基礎理論研究会「平野龍一理論と刑事訴訟法：共同研究・刑事訴訟法の基礎理論（第2回）」近畿大学法学64巻3・4号（2017）1頁以下参照。

6) 平野、同上、62頁。

7) 平野、同上。

両者の価値観の相違と当時の日本の状況について、憲法の目指す価値観と実務の乖離を分析した平野は、「捜査手続の構造のちがいが、深く価値観の差にねざしているとすれば、その対立のはげしいわが国で、アメリカの最高裁判所のような判決によって、デュー・プロセスの方向に強引に急激にひっぱってゆくことには、問題があろう。しかし、すでに憲法は、その価値観をさし示しているのであるから、『あれかこれか』という選択となれば、デュー・プロセスの方向に賽は投げられているといわざるをえない」との結論に至る[8]。

もちろん平野の提唱した理想主義的二項対立を前提とする弾劾的捜査観は、渥美が指摘したとおり、現代の捜査及び将来的にこれに結び付く可能性のある国家の情報収集との関係では一定の修正を余儀なくされることは間違いない。しかし刑事訴訟法が憲法の理念の下で解釈される以上、その修正は、国家権力への懐疑を前提に、国民の権利保障のため国家権力を拘束するという、立憲主義の旗印と針路を常に同じくするものでなくてはならない。それは、平野が指摘した実体的真実主義の価値観の根底にある国家権力への信頼が、立憲主義の観点からは許容できないものであるということでもある。

皮肉なことに、刑事訴訟法学から立法に対する利益衡量重視の個別アプローチの傾向が強まった契機とされる1990年代後半は、憲法学においては「立憲主義のグローバル化」が声高に謳われるようになった時期でもある[9]。1980年前後に平野が有していた懸念は、憲法と刑事訴訟法が袂を分かつかたちで、一層明白な「苦悩」となったと評価することができよう。

このような主張をすると、「比例原則の空転」を議論の端緒とする本書の自己矛盾を指摘する批判が想定される。そのような批判にも十分理由があると認めた上で、筆者自身は、刑事訴訟法学における利益衡量と、比例原則の原理の中での利益衡量を同一視することは適切ではないと考えていることを、ここで明らかにしておきたい。少なくとも比例原則は、その衡量の中心に、国家から制約される憲法上の権利が据えられ、生身の利益衡量だけに留まらない検討が可能となるよう、段階的な運用が志向されているからである。筆者は、比例原

---

8) 平野、同上、65頁。
9) 阪口正二郎「権威の文化と正当化の文化：日本の違憲審査制はグローバル化に耐えうるか？」判例時報2390号（2019）113頁以下。

則に生身の利益衡量が含まれることを否定はしないが、例えば本書第四部第一章で論じた Robert Alexy の重要性公式は、この生身の利益衡量を避けることを目指すための理論の一つであると解することができる。

　緑は、「少なくとも、利益衡量的なアプローチの下で、刑事訴訟法学と実務の関係は、この30年間で飛躍的に深まった」と指摘する一方、そのようなアプローチに偏向しているかにも見える学会の傾向に柔和な態度で疑問を呈し、「公法領域（と法哲学）の議論に目配りをしつつ合理的な判断枠組みを設定しようとする」新たなアプローチの潮流を紹介する[10]（緑自身も、例えば憲法35条の解釈準則として憲法学上の合憲性判定基準を用いるべきだと論じており、この潮流を形成する論者の一人である）。

　筆者は、この指摘を受けとめるにあたり、佐藤幸治の述べる二つの言葉を想起する。一つは、1988年の著書で述べられた「『道徳的権利』としての人権を基礎におくことなしに、法的・実定的権利も生じえぬのではないか」という言葉[11]、もう一つは2015年の著書で述べられた「国家・国民が、個別的現象に対する情動的反応から徒に『力』や『支配』を求めて狂奔することなく、広い長期的な視点に立って地道に課題に取り組んでいく必要がある。その際求められるのは、多様な人間の共生を可能とする基礎的条件である『寛容』と『知恵の交換』である。われわれは、立憲主義を侮蔑し、『力』への信仰に走った国々によってあの第二次世界大戦という未曾有の悲劇が引き起こされたことを決して忘れてはならない」という言葉[12]である。

　佐藤の二つの言葉は、情報技術の加速度的発展に伴い、犯罪の形態も「安全」の意味も、これに対応する捜査や諜報のあり方も変化する時代における、当該分野での憲法学的分析の意義、特に憲法上の権利の保障を中心とした分析の意義を裏付けるものと筆者は考える。もちろんこれは、近年利益衡量論を前提として刑事訴訟法学と実務の距離が近付いたことを批判するものではなく、憲法上の権利の中核的で普遍的な価値の保障にとって必要と考えるならば、立法府に対して考え方の枠組みの変換を迫る試みが、（理念的な領域においてだけで

---

10)　緑、前掲注3）、388頁以下。
11)　佐藤幸治『現代国家と司法権』（有斐閣・1988）496頁。
12)　佐藤幸治『立憲主義について：成立過程と現代』（左右社・2015）10頁以下。

なく）個別で危急の対応を求められる問題設定の中においても、積極的に行われなければならないということを意味している。筆者は、これこそが、憲法学の果たすべき役割の一つであると考えるのである。そして、技術的に有為転変する情報管理のような分野、そして「テロリストは自分ではない」ことを前提とした国家に対する過度な「安全」の要求という「情動的反応」の熱量に動かされてしまうテロ対策のような問題領域においてこそ、時代に左右されることなく守られるべき憲法上の権利の価値を軸とする理論が、その意義を発揮すると筆者は考えている。それは、今後国際的な有事が発生した際、すなわち非常事態において、個人の自由を保障するための法解釈論の土台にも結びつく。

　この意味で、本書第四部第三章において示した統制システムの構想は、時代に左右されない憲法上の権利の価値を中心とする構造化の一例であり、「多様な人間の共生」の自由を追究する、本書全体を通じて実践された試みの表出であると位置づけられる。

事項索引

ABC

DSA	257
EncroChat	283
FC2事件決定	293
G10法	172, 174
GPS捜査判決	222, 347
IT基本権	171, 245, 283, 287
je-desto公式	316, 319
Nシステム事件	219
NetzDG (Netzwerkdurchsetzungsgesetz)	256

あ行

暗号化	241
暗号化信号	84
安　全	3, 5, 10, 13, 23, 26, 28, 36, 40, 43
安全文化	29
伊方原発訴訟	231
萎縮効果	32
違法収集証拠排除法則	295
インターネット	70
インテリジェンス	97
営業の自由	258
欧州調査命令指令	286
大垣警察市民監視事件	212
オンライン捜索	243, 244, 282
オンライン捜索判決	249

か行

介入閾値	320
開放性	75
仮想のデータ新規利用	128
釜ヶ崎監視カメラ事件	217, 223
監　視	379
議会統制委員会	176, 354, 373
機関争訟	187, 191
危　険	16, 23, 24, 27
技術導入	396
機能の同等性	252
規範的要件事実	232
基本権の客観的機能	142
基本権保護義務	36, 40, 152
基本法10条審査会	176, 187, 194, 373
──当事者能力決定	185
客観法	139
──的側面	156
──的統制	123, 126, 129, 137, 153
京都府学連事件	217
強制処分	51
強制処分法定主義	295, 348
行政府	390
警察法	226
権力分立	157, 189, 197
公安「テロ」情報事件	7, 220, 376
公共圏	56, 63
国際司法共助	282, 296, 298
国勢調査判決	260
個人タクシー事件	224
国家の暴力独占	286, 290
国家目的	36

さ行

サイバー犯罪に関する条約	294
裁判官留保	278
裁判所	391
サード・パーティー・ルール	

事項索引

	107, 111
自衛隊情報保全隊事件	216, 220
シェンゲン協定	285
持続性	21
自動データ処理	77, 81, 90
司法の無瑕性	303
住基ネット訴訟事件	219
自由主義	72
重大な違法	302
重要性公式	331, 339
熟議民主主義	62
主権	299
受信担当者	264
主張・立証責任	231
証拠の使用禁止	289, 295
情報	
──管理	393
──技術	296
──公開	119
──自己決定権	89, 260, 262
──収集	52, 379
知る権利	119, 384
侵害閾値	127
人格的自律性	60
人身の自由	283
スノーデン事件	106
政治的公共圏	66
世界同時多発テロ	18
切断戦略	382
説明責任	110
前科照会事件	217
戦略的監視	180
戦略的監視判決	127
相互主義	301
捜査	51
──関係事項照会	256
──機関	49
──機関と諜報機関の接近	51
送達受取人	266
存否応答拒否	226

た行

体系化	136
宅配便X線検査事件	347
闘う民主制	161, 173
弾劾主義	304, 399
断片化した連帯	7, 15
端末通信傍受	241, 251, 282
中立性	121, 174, 200
調査委員会	179
諜報機関	49, 95, 97
通信の秘密	
	77, 167, 171, 241, 282, 287
通信傍受法	77
適正手続	224, 229
──の保障	386
デジタル・フォレンジック	81
手続保障	263
テロリズム	5, 7, 20, 48
電子的足かせ	85, 86
同意	260
統制機関	163
統制システム	117, 157, 389
透明性	95, 136, 162
特定電子計算機	80
独立性	121, 174, 200

な行

成田新法事件	224
「二重扉」モデル	276, 280
任意処分	51
人間の尊厳	88

は行

バイ・デザイン	270
発展的開放性	170
反テロデータ法判決	131

405

ビッグデータ	56, 58, 256	米子銀行強盗事件	347
秘密委員会	180	予防	3, 45
秘密国家	138	予防国家	45, 313
秘密性	49, 95, 110, 137	予防的警察活動	49
比例原則	4, 246, 313, 368		
——の空転	4, 313	ら行	
プライバシー	222		
プラットフォーマー	255, 278	ラスター捜査決定	10, 321, 353
プラットフォーム	56, 70	リスク	23, 25, 27, 35
分離原則	103, 128	——マネジメント	21
防御権	141, 143	立法評価	91
法治国家	46, 137	立法府	391
法律の留保	348	令状主義	207, 294, 298, 347, 386
本質的な透明性の欠如	110, 120, 235, 393	令状の事前呈示	386
		連続戦略	382
		連邦情報局	123, 161
ま行		——法外国通信偵察違憲判決	123

マルウェア	284	わ行	
民主主義	70, 72, 137		
民主的正統性	200	早稲田大学江沢民事件	217
目的拘束	103		

や行

ユーロポール	285

■著者紹介

小西葉子(こにし・ようこ)
　関西学院大学総合政策学部専任講師
　主要業績
　「国家の情報収集に関わる外国人の通信の秘密とDPF規制」法律時報96巻5号（2024）
　27-32頁。
　「裁判官に対する『国民の信頼』は、何のために必要か？」一橋法学22巻2号（2023）
　49-66頁。

Horitsu Bunka Sha

現代の諜報・捜査と憲法
―― 自由と安全の日独比較研究

2025年4月30日　初版第1刷発行

著　者	小西葉子
発行者	畑　　光
発行所	株式会社 法律文化社

〒603-8053 京都市北区上賀茂岩ヶ垣内町71
電話 075(791)7131　FAX 075(721)8400
customer.h@hou-bun.co.jp
https://www.hou-bun.com/

印刷：中村印刷㈱／製本：新生製本㈱
装幀：仁井谷伴子

ISBN 978-4-589-04413-6

©2025　Yoko Konishi　Printed in Japan

乱丁など不良品がありましたら、ご連絡下さい。送料小社負担にて
お取り替えいたします。
本書についてのご意見・ご感想は、小社ウェブサイト、トップページの
「読者カード」にてお聞かせ下さい。

JCOPY　〈出版者著作権管理機構　委託出版物〉

本書の無断複写は著作権法上での例外を除き禁じられています。複写される
場合は、そのつど事前に、出版者著作権管理機構（電話 03-5244-5088、
FAX 03-5244-5089, e-mail: info@jcopy.or.jp）の許諾を得て下さい。

山本龍彦 監修　［2025年刊行予定］

講座 情報法の未来をひらく：AI時代の新論点
A5判・並製

ポストAI時代のパラダイムシフトをリードする法学の主役としての情報法

第1巻	ガバナンス	稲谷龍彦 編	［近刊］
第2巻	法	松尾 陽 編	［近刊］
第3巻	プライバシー	音無知展・山本龍彦 編	4180円
第4巻	プラットフォーム	成原 慧 編	［近刊］
第5巻	表現の自由	水谷瑛嗣郎 編	［近刊］
第6巻	経済・金融	藤谷武史 編	［近刊］
第7巻	安全保障	石井由梨佳 編	4290円

水谷瑛嗣郎編

リーディング メディア法・情報法
A5判・308頁・3190円

メディア制作者のための法知識とプラットフォーム事業者のための法知識という情報法学の新枠組みを提示。基本論点とともに、"ネット上の誹謗中傷"などのポスト・デジタル時代の新論点をよみとき、多角的に未来社会・未来法学のあり方を導く。

指宿 信・板倉陽一郎編

越境するデータと法
――サイバー捜査と個人情報保護を考える――
A5判・386頁・5940円

越境する捜査活動をめぐる法的課題に、比較法的・分野横断的に取り組む論文集。「第一部 越境捜索を問う」「第二部 世界の越境捜索とその規律」「第三部 越境捜索と令和3年最高裁決定」「第四部 データ駆動型捜査と個人情報収集の規律」の構成で論考21本を収録。

法律文化社

表示価格は消費税10%を含んだ価格です